Lukas auf Fränkisch

1506

Hartmut Preß (Hg.)

Lukas auf Fränkisch

70 Franken übersetzen ein Evangelium

Verlag Fränkischer Tag

Umschlagbild: Albrecht Dürer, »Der zwölfjährige Jesus unter den Schriftgelehrten« (1506), © Museo Thyssen-Bornemisza, Madrid. Frontispiz: Albrecht Dürer, »Zwei Paar Hände« (1506), © Germanisches Nationalmuseum Nürnberg. Schlussbild: Albrecht Dürer, »Hände des zwölfjährigen Jesus« (1506), © Germanisches Nationalmuseum Nürnberg. Die Mundartversion des Vaterunsers auf der Buchrückseite stammt von Franziska Schumm.

© 2001 Verlag Fränkischer Tag, Bamberg
Alle Rechte vorbehalten
Lektorat: Monika Beer
Satz und Gestaltung: Erich Weiß
Druck: creo Druck & Medienservice, Bamberg
Printed in Germany
ISBN 3-928648-72-1

Inhaltsverzeichnis

Vorwort

»Jetzt hob ich endlich amol des Evangelium in meiner Sprach ghört.« So sagte es eine treue Kirchgängerin, als ihr die Enkeltochter daheim ein Stück aus dem »Markusevangelium in Fränkisch« vorgelesen hatte. Im Lauf ihres langen Lebens hatte die Frau schon mehrere tausend Lesungen in Gottesdiensten gehört und zwar in Schriftdeutsch. Natürlich versteht sie dieses Deutsch, natürlich hat sie das Evangelium in der Kirche verstanden, aber Schriftdeutsch ist nicht ihre Muttersprache. Nun aber das Evangelium erstmals in Fränkisch, in ihrer Muttersprache, zu hören, das muss ein besonderes Erlebnis gewesen sein. Diese Lesung ging ihr offenbar zu Herzen und hat sie bewegt. Vergleichbare Reaktionen habe ich landauf, landab bei vielen Lesungen bekommen. Das bestärkt nicht nur mich, weiter daran zu arbeiten, biblische Texte in die Mundart zu übersetzen. Im Plattdeutschen gibt es das längst, aber auch im Schwäbischen, Hessischen, Pfälzischen und Bayerischen. Auf den Kirchentagen in Stuttgart und Frankfurt gab es Foren »Mundart in der Kirche«.

»Jetzt hob ich endlich amol des Evangelium in meiner Sprach ghört.« Auch wenn dieser Satz als Begründung und Motivation für Mundartübersetzungen eigentlich ausreicht, muss ich doch auf eine Frage eingehen, die immer wieder gestellt wird: »Wird denn die Bibel durch die Übertragung in einen Dialekt nicht in ihrer Würde beschädigt?« In dieser Frage stecken zwei Unterstellungen: zum einen, Mundart sei eine Sprache minderer Qualität, und zum anderen, Mundart gehöre in die Gaudi-Ecke. Wenn einer in Mundart auftritt, so diese Meinung, dann wird es lustig. Zugegeben, es gibt einige Übertragungen biblischer Texte, die genau dieses Vorurteil bestätigen, dass Mundart eine Sprache zur Belustigung gebildeter Menschen sei. Gegen solche Unterstellungen wehre ich mich entschieden. Menschen, die Mundart reden, können sich mindestens genauso differenziert und poetisch ausdrücken wie Leute, die Schriftdeutsch sprechen. Beispiele aus dem Alltag und der Dichtung gibt es genug.

Weiter: natürlich kann man in Mundart Humoriges rüberbringen, aber eben genauso Ernstes, Nachdenkliches und Kritisches. Wenn mir jemand tief bewegt erzählt, »wie mei Fraa gschdorm is«, dann kann man in derselben Sprache erzählen, »wie der Jesus om Kreuz gschdorm is«, ohne dass »die Bibel in ihrer Würde beschädigt wird«. Oft ist es so, dass Menschen gerade dann in Mundart »verfallen«, wenn sie von sehr persönlichen und bewegenden Dingen reden. Für viele ist das angelernte Schriftdeutsch eine distanzierende Sprache, während Mundart besonders die unmittelbare Erfahrungs- und Gefühlsebene umfasst. Hier ist der ganze Mensch beteiligt. Deshalb halte ich Mundartübersetzungen für eine gute Möglichkeit, biblische Inhalte an den Mann und die Frau zu bringen, so dass es ihnen zu Herzen geht.

Dabei stellt das vorliegende Buch einen bisher wohl einmaligen Versuch dar. Unter dem Motto »Eine Region übersetzt ein Evangelium« haben siebzig Frauen und Männer im Alter von 14 bis 80 Jahren jeweils einen Abschnitt aus dem Lukasevangelium in ihren fränkischen Dialekt übersetzt. Da es bekanntlich eine einheitliche fränkische Sprache nicht gibt, ist ein bunter fränkischer Fleckerlteppich entstanden. Besonders reizvoll ist auch, dass zu manchen Abschnitten zwei bis drei Versionen vorliegen – derselbe Text, und doch sehr verschieden in Dialekt umgesetzt und interpretiert. Jede Übersetzung ist ja zugleich eine Deutung, es genügt nicht, nur fränkische Wörter hinzuschreiben, übersetzen verlangt mehr. Ein Teilnehmer hat es so ausgedrückt: »Ich will mich dieser Herausforderung stellen, do könn mä a weng Luther spieln.« Niemand bildet sich ein, auch nur annähernd Luthers Sprachgewalt zu erreichen, aber »a weng Luther«, das haben wir versucht, zumal dieser Luther gesagt hat, man müsse beim Übersetzen »dem Volk aufs Maul schauen«.

Als Gegenüber zu dem sprachlichen Fleckerlteppich habe ich eine Gesamtübertragung des Lukas für alle erstellt, die gerne ein ganzes Evangelium in einheitlichem Stil lesen möchten. Grundlage war der griechische Text, den ich mit Hilfe wissenschaftlicher Kommentare und Wörterbücher so exakt wie möglich zu erfassen suchte. Das ist die eine Seite, und die andere: Ich habe den griechischen Lukas in eine fränkische Mundart übertragen, wie ich sie spreche, nämlich eine abgeflachte Frankenmischung aus Bamberg-Hallstadt-Schwürbitz (letzteres liegt bei Lichtenfels). Wo es mir nötig schien, habe ich schwierige Begriffe wie »Reich Gottes« umschreibend und erklärend wiedergegeben. Sacherklärungen und interpretierende Zusätze sind in Klammern gesetzt und kursiv gedruckt. Ich habe mich nicht gescheut, einige Ausdrücke aus der heutigen Umgangssprache wie »Peanuts«, »abzocken« oder »Euro« zu verwenden. Da Mundart lebende Sprache ist, kann ihre Pflege sich nicht auf die Konservierung von Ausdrucksweisen aus der Zeit der Agrarkultur beschränken. Dialekt reden und neue Begriffe gebrauchen ist für mich kein Gegensatz.

Um den fortlaufenden Text nicht allzu oft mit Erklärungen zu unterbrechen, habe ich im Anhang noch einige »Sacherklärungen in Mundart« erstellt. Dort stehen Begriffe, die in der Bibel häufig vorkommen und heute schwer verständlich sind oder die heute eine andere Bedeutung als damals haben. Bei dem Wort »Sünde« ist das wohl besonders deutlich. Manches habe ich verkürzt und vereinfacht dargestellt, dafür bitte ich um Nachsicht.

Vor zehn Jahren habe ich unter Mithilfe von Hans Hagel das Markusevangelium ins Fränkische übersetzt, Titel: »Obä

Jesus hot gsocht«. Die Idee zu der Aktion »Eine Region übersetzt ein Evangelium« entstand, nachdem mich vor sieben Jahren die Kirchengemeinde Bernstein im Frankenwald zu einer Gemeindefreizeit eingeladen hatte. Dort übersetzten wir mit Jungen und Alten zwei Texte aus dem Markusevangelium in den heimischen Dialekt. Kleingruppen arbeiteten gemeinsam und stellten dann ihre Versionen in der großen Versammlung vor. Dabei zeigte sich, dass die sogenannten Laien originelle, sachgemäße und moderne Formulierungen gefunden hatten. Außerdem versicherten die Teilnehmer, diese Aufgabe habe Freude gemacht und sei zudem sehr spannend gewesen. Seitdem hat mich die Idee nicht mehr losgelassen, mit einer Gemeinde oder mit einer Sprachregion ein Evangelium zu übersetzen.

Nach entsprechenden Informationen über diesen Plan in den Medien fiel der offizielle Startschuss am 15. März 1998 im Gemeindeheim an der Johanneskirche in Hallstadt. Dort versammelten sich vierzig Frauen und Männer aus ganz Franken unter dem Motto »Wos haaßd etz des auf Frängisch?«. Andere hatten telefonisch ihr Interesse bekundet. Alle Übersetzungswilligen erhielten für den ihnen per Los zugeteilten Abschnitt aus dem Lukasevangelium vier verschiedene Übersetzungen, um mit dem nötigen Rüstzeug arbeiten zu können. Ursprünglich sollte das Ergebnis zur Jahrtausendwende als Buch vorliegen, der Arbeitstitel lautete »Lukas 2000«. Die Fülle der Arbeit, auch für mich als Organisator und Übersetzer, war jedoch viel größer als zunächst angenommen. Dazu kamen persönliche Umstände wie der Wechsel vom Pfarramt in den Ruhestand. So verzögerte sich die Herausgabe, ich hoffe aber, dass dies der Qualität des Vorgelegten zugute kommt. Die meisten Interessenten an dem Projekt hielten ihre Zusagen ein und lieferten ihre Manuskripte rechtzeitig ab. Manche zogen sich zurück, da »das

Übersetzen viel schwerer ist, als ich es mir vorgestellt hatte« – so hat es jemand gesagt und das ist zu akzeptieren.

Der Entstehungsprozess des »Lukas auf Fränkisch« erinnert an biblische Zeiten. Die Evangelisten, von 60 bis 100 n. Chr., waren »Sammler« von einzelnen Geschichten bis zu schriftlich vorliegenden Wort- und Geschichtensammlungen. Lukas hat das alles gesichtet, überarbeitet, geordnet und in eine einheitliche Sprachform gebracht. Ein Schwerpunkt war für ihn die Darstellung von Jesus als »Heiland« der Armen, der gesellschaftlich Verachteten (z. B. der Frauen), der völkisch und religiös Diskriminierten und aller, die vor Gott und den Menschen schuldig geworden sind, der Sünder. Als einziger Evangelist stellt Lukas die Geschichte von Jesus in den Rahmen der Weltgeschichte. Er macht sich Gedanken über das Thema »Weltgeschichte – Gottes Geschichte«, so wie in unserer Zeit viele Menschen über das Ziel oder über das mögliche Ende der Geschichte nachdenken.

In drei Abschnitten sieht Lukas Gott am Werk: in Israel, durch Jesus und jetzt in der Kirche. Er verkündet die Geschichte von Jesus nicht als eine Episode innerhalb der Weltgeschichte, sondern bezeugt, dass in Worten und Taten des irdischen Jesus mit seiner Zuwendung zu den Verlorenen, Verachteten, Armen und Kranken die neue Welt Gottes einzigartig sichtbar wird. Dieses rettende Handeln Gottes endet nicht mit Tod und Auferstehung Jesu, sondern schließt die weltweite Verkündigung des Evangeliums mit ein. Deshalb hat Lukas auch noch die Apostelgeschichte geschrieben, dort geht es um die Zeit der jungen Kirche auf dem Weg in die Welt.

Er wendet sich an alle Menschen in einer multireligiösen und multikulturellen Gesellschaft. Lukas hat die Zeit der weltweiten Kirche als eine eigenständige Phase der Heilsgeschichte Gottes in das Bewusstsein der Christen gerückt. Im

Vergleich zum Markusevangelium ist das Lukasevangelium um ein Drittel umfangreicher. Hier finden sich eine Reihe von Geschichten, die bei Markus nicht überliefert sind, wie die Weihnachtsgeschichte, der verlorene Sohn, der barmherzige Samariter, der reiche Mann und der arme Lazarus, der reiche Kornbauer, die Emmausjünger, die Erhöhung Jesu (»Himmelfahrt«).

Zum Stichwort »weltweite Kirche« ist anzufügen, dass die Mundartversion des Lukas eine ökumenische Unternehmung ist. Gemeinsame Grundlage für alle Übersetzer war die »Einheitsübersetzung«. Katholiken, Protestanten und Methodisten haben am Lukas mitgearbeitet. Als Ökumene an der Basis empfinde ich auch die Tatsache, dass ich als evangelischer Pfarrer zu Lesungen häufiger in katholische Gemeinden eingeladen wurde als in evangelische.

Die Schreibweise von Mundart ist ein unerschöpfliches Thema. Wenn man so schreiben will, wie gesprochen wird, dann muss man zu einer phonetischen Umschrift greifen, die Freude am Lesen kaum mehr zulässt, weil man sich mühsam durch den Text hindurchbuchstabieren muss. Das mag bei kurzen Gedichten noch akzeptabel sein, bei längeren Stücken aber machen sich nur noch wenige Dialekt-Fans diese Mühe. Selbst bei bester Umschrift wird jemand von außen die Sprachmelodie trotzdem nicht wiedergeben können. Wenn ich einen Nürnberger Text laut lese, klingt das komisch und jeder Einheimische hört sofort, dass einer etwas nachmachen will, was er eigentlich nicht kann. So wie Englisch und Französisch Sprachen sind, die anders gesprochen als geschrieben werden, so verhält sich das auch mit der Mundart. Gut sprechen können sie nur die, die hineingewachsen sind oder sie gründlich gelernt haben.

In diesem Buch werden zwei verschiedene Wege beschritten. Die Beiträge in dem »Fleckerlteppich« sind so geschrieben, dass sie die jeweilige Mundart so genau wie möglich im Schriftbild spiegeln. Das Lesen ist deshalb manchmal mühsam, aber da die einzelnen Abschnitte nicht zu lang sind, ist es für Mundartfreunde sicher ein Genuss, zumal es reizvoll ist, so viele fränkische Dialekte auf engstem Raum zu finden und miteinander zu vergleichen. Um das zu erleichtern, habe ich in alle Texte die Überschriften von der »Einheitsübersetzung« eingefügt. Manche ÜbersetzerInnen haben Zwischenüberschriften in Mundart mitgeliefert.

Mit meiner eigenen Gesamtübersetzung gehe ich einen anderen Weg. Sie ist so lesefreundlich geschrieben, wie ich es mit meinem fränkischen Gewissen gerade noch vereinbaren kann. Da steht also »mir hom gfragt« statt »mir hom gfroocht« oder es heißt »sie hom getragn« statt »sie hom getroong«. Um das häufige doppelte »aa« nicht ausufern zu lassen, habe ich zwar »der Klaa« geschrieben, aber »a Klaner« und »er geht haam«, aber »er is hamganga«. Auffällig ist vielleicht auch »die Hend« (Einzahl) gegenüber »die Händ« (Mehrzahl). Bei »a Haufn Leut« habe ich mich für die Großschreibung entschieden statt für »a haufn Leut«.

Ich gehe davon aus, dass die Franken das Geschriebene beim Lautlesen sowieso richtig aussprechen. Ich habe außerdem die leise Hoffnung, dass auch Nicht-Franken mit dieser Schreibweise etwas anfangen können. So möchte ich nicht zuletzt denen gerecht werden, die mir bei Lesungen gesagt haben: »Wir haben alles verstanden, aber mit dem Selberlesen tun wir uns sehr schwer.« Betonen möchte ich noch, dass es mir bei meiner Übersetzung nicht nur um die Mundart ging. »Mein« Lukas ist zugleich der Versuch einer Übertragung in heutige Sprache. Die Dialektfärbung gehört für mich dazu, weil der Dialekt zu Konkretion und Anschaulichkeit zwingt, und das kann bei theologischen Inhalten nur gut sein.

Zurück zur Schreibweise. Der Buchstabe ist also oft Schriftdeutsch, der Geist aber ist fränkisch. Man könnte das als den Versuch eines »Schriftfränkisch« bezeichnen. Wenn nicht alle Mundartfreunde diese Entscheidung akzeptieren, muss ich das hinnehmen, bitte aber zugleich, meine Schreibweise nicht als »Verrat am fränkischen Dialekt« zu interpretieren. Mein Ziel ist genau des Gegenteil, nämlich das Fränkische über die Region hinaus lesbar und verständlich zu machen und für dieses Evangelium eine möglichst weite Verbreitung zu erreichen.

Mein großer Dank gilt allen, die Beiträge für dieses Buch erarbeitet haben, auch wenn nicht alle im Druck erscheinen können. Als »Theologinnen und Theologen des Alltags« haben sie Bibel und heutiges Leben miteinander verbunden. Immer wieder habe ich gedacht: »So möchte ich übersetzen können.« Intuitives Erfassen des Gemeinten und Sprachkunst haben mich fasziniert. Einige ÜbersetzerInnen haben selbst mundartliche Bibliografien vorzuweisen, darauf ist im Anhang hingewiesen. Während bei den Übersetzungen nur die Mundart hinter den Namen angegeben ist, finden sich Wohnort und weitere Informationen ebenfalls im Anhang.

Weiter danke ich Dora Quicker, Oberhaid, der ich das ganze Evangelium vorlesen durfte; sie hat mundartliche und inhaltliche Anregungen und Korrekturen beigesteuert. Christl Müller, Hallstadt, und Elisabeth Schmidt, Bamberg, haben alles prüfend gelesen und mir mit ihren Anmerkungen geholfen. Als theologischer Fachmann hat Arno Lembke, Bischberg, das Manuskript gründlich durchgesehen und mir wertvolle Tipps gegeben. Dankbar bin ich auch Waldemar Bencker, Marktredwitz; ich durfte seine Übersetzung des Markusevangeliums »für die Schirndinger und die Rawetzer und dej aasn Sechsämterland« im Manuskript lesen. Diese außerordentlich gelungene Arbeit hat mir viele

Anregungen gegeben. Wichtig waren mir in den letzten Jahren die Tagungen des Arbeitskreises »Mundart in der Kirche« ebenso wie das Buch von Dr. Frithjof Gräßmann »Spricht Gott nur Hochdeutsch?«. Dankbar bin ich Monika Beer vom Buchverlag des Fränkischen Tags; sie hat mich ermuntert, »dran zu bleiben«, und sich engagiert und mit Sachverstand um dieses Buch gekümmert. Wenn die Gestaltung so gut gelungen ist, dann ist das auch ein Verdienst von Erich Weiß. Schließlich bedanke ich mich sehr bei meiner Familie und der Hallstadter Johannesgemeinde, dass sie mein Mundart-Hobby verständnisvoll, wohlwollend und geduldig begleitet haben.

Ich sehe Menschen vor mir, die beim Lesen selbst Lust zum Übersetzen bekommen: »Das müsste man anders ausdrücken« oder »in meinem Dialekt heißt das so...«. Solche Reaktionen würden mich besonders freuen. Das Evangelium auch in die eigene Mundart und in das eigene Leben übertragen, so könnte es mit diesem Buch weitergehen. Soviel kann ich versprechen: Übersetzen ist spannend und mä hot wos dävo.

Hartmut Preß

Lukas auf Fränkisch
Gesamtübertragung von Hartmut Preß

Die Einleitung: 1,1–4

1 Scho viel, des waaß mä ja, hom sich die Ärbet gemacht und hom schö der Reiha nach alla Gschichtn zammgstellt, die durchn Herrgott sei Wirkn bei uns angfangt und etz zum End gebracht worn sän. 2 Nei dera Sammlung hom sie nix andersch aufgenumma als wie nur des, wos uns die weitergebm hom, die scho am Anfang däbei warn und alles mit eigna Augn gesehn hom. Die hom mit Leib und Seel bericht und verkündt, genauso wies ihna der Herrgott aufgetragn hot. 3 Ich selber hob des alles gründlich ausgforscht und etz hob ich mer gedacht: Wos dodäbei rauskumma is, des schreib ich Ihna, sehr verehrter Herr Theophilus, der Reiha nach auf, und zwar vo Anfang an, 4 dämit Sie sich überzeugn könna, dass die Gschichtn hundert Prozent stimma, die mä Ihna über unsern Herrgott erzählt hot.

Die Geburt vom Johannes werd angekündigt: 1,5–25

5 Mir gehn etz zurück nei dera Zeit, wu der »Herodes der Große« König in Judäa war. Do hots an Priester gebn, der hot Zacharias ghaaßn. Er hot der Gruppn »Abia« anghört. (*Die Priester sän in 24 Gruppn eingetaalt. Jeda Gruppn hot zwaamol im Jahr für acht Tooch in Jerusalem im Templ ihrn Dienst.*) Dem Zacharias sei Fraa is aa aus aner Priesterfamilie rausgstammt. Sie war ana vo die »Töchter Aarons«, wie mä secht. Des war die Elisabeth. 6 Die zwaa warn anständiga und fromma Leut; die hom net bloß so getan, naa, die warns echt vor unsern Herrgott. In alla Gebote und Vorschriftn vo unsern Herrgott warn sie däham. Do hot mä ihna nix nachsagn könna. 7 Sie hom kana Kinner ghabt, und zwar deswechä, weil die Elisabeth kana kriegn könna hot, und etz warn sie alla zwaa scho recht alt. 8 Amol

is wos Besonders passiert. Weil sei Priestergruppn wieder
amol mitn Templdienst dran war, war aa der Zacharias mit
eingetaalt. 9 Wies der Brauch war bei die Priester, hom sie
ausgelost, wer des Räucheropfer bringa derfät. Die Aufgab
war a groẞa Ehr, und desmol is des Los aufn Zacharias gfalln.
Er hot nei den Templ gehn derfn, nei den »Heiligen«. 10 Er
is also neiganga und hot des Räucherwerk auf die glühetn
Kohln getan. *(Der Rauch war des Zeichn, dass die Gebete zum Herrgott
aufsteign.)* Der Zacharias hot sich noogeworfn und hot gebett.
Derweil warn die Leut im Vorhof gstandn und hom aa ge-
bett. 11 Drinna obä is auf amol den Zacharias der Engl vom
Herrgott erschiena, auf der rechtn Seitn vom Räucheraltar is
er gstandn. 12 Wie der Zacharias des gsehn hot, war er ganz
durchananander und hot sich arg gförcht. 13 Der Engl obä hot
zu na gsocht: »Tu dich net förchtn, Zacharias! Dei Gebet
is erhört, du werst sehn: Dei Fraa, die Elisabeth, kriegt an
Bubm und du sollst na den Noma ›Johannes‹ gebn. 14 Du
werst viel Freud mit na hom, du werst singa und jubeln vor
lauter Begeisterung. Viel Leut werdn sich amol freua, dass er
auf die Welt kumma is. 15 Der Herrgott hot nämlich groẞa
Plän mit den Johannes. So wie des scho früher mit besondera
Gottesmänner wor, werd er kan Wein trinkn und aa sonst
nix, wos na besoffn macht. Scho im Mutterleib hot der
wos Besonders in sich; ich soch dir, des is den Herrgott sei
Kraft, der Heilige Geist. 16 Der Johannes werds zammbringa,
dass viel ausn Volk Israel wieder zu ihrn Herrgott findn.
17 Bevor dass der Herrgott selber kummt, is scho der Johannes
aufn Weg. An Geist hot er und a Kraft wie seiner Zeit der
Elia. Er werd die Altn und die Junga zammbringa; und die,
die ka Gebote mehr gekennt hom, die werdn merkn, wie
vernünftig des is, wenn mä des tut, wos gerecht is. Auf die
Art tut der Johannes bei den Gottesvolk vorärbetn und der
Herrgott tut sich leichter mit ihna, wenn er dann selber

kummt.« 18 Und der Zacharias hot zu den Engl gsocht: »Wer
gibt mer denn a Garantie, dass des stimmt? Ich bin scho a
alter Moo und mei Fraa, die Elisabeth, hot aa scho a schöns
paar Jährla aufn Buckl.« 19 Der Engl hot na zur Antwort gebn:
»Ich bin der Gabriel. Dauernd bin ich in Herrgott seiner Näh
und horch, wos er secht. Er hot mir den Auftrag gebn, dass
ich mit dir redn und dir guta Nachrichtn bringa soll. 20 Und
etz hör amol gut zu: Du werst dei Stimm verliern und nim-
mer redn könna bis zu den Tooch, wu meina Ankündigunga
eintreffn. Des host etz dävo. Des is dodäfür, dass du net
geglabt host, wos ich dir gsocht hob. Der Herrgott werd sei
Versprechn wahr machn, wenns Zeit däfür is.« 21 Draußn
hom derweil die Leut auf den Zacharias gewart und sich
gewundert, dass er so lang im Templ gebliebn is. 22 Wie er
rauskumma is, hot er nix sagn könna und sie hom gemerkt,
dass er im Templ a Erscheinung gsehn hot. Er hot mit die
Händ rumgfuchtlt und däbei ka Wort rausgebracht. 23 Wie
nochäd die letztn Tooch vo sein Templdienst rum warn, is
er wieder haam ganga. 24 Net lang dänach is sei Fraa, die
Elisabeth, schwanger worn und sie hot sich fünf Monat lang
nimmer draußn sehn lassn und immer wieder amol hot
sie gsocht: 25 »Des hot der Herrgott gemacht. Grad in dena
Tooch hot er auf mir gschaut und hot mer des abgenumma,
wos in die Augn vo die Leut a Schand is.«

Die Maria hört a gewaltiga Botschaft: 1,26–38

26 Wie die Elisabeth im sechstn Monat war, hot der Herr-
gott den Engl Gabriel nei aner Stadt in Galiläa gschickt, die
haaßt Nazareth. 27 Er hot zu an Madla gsollt, des mitn Josef
verlobt war. Den sei Stammbaam is bis zum König David
zurückganga. Des Madla obä hot Maria ghaaßn. 28 Und der
Engl is nei ihrer Stubn kumma und hot gsocht: »Grüß dich
Gott, Maria! Du host a großa Gnad. Der Herrgott maants arg

gut mit dir.« [29] Sie obä is bei dera Red gscheit erschrockn
und hot gedacht: »Wos is etz des für a Begrüßung?« [30] Und
der Engl hot zu ihr gsocht: »Tu dich net förchtn, Maria, wos
Wunderbors is gschehn. Dich hot der Herrgott rausgsucht,
dämit du an ganz wichtign Auftrag für na erfülln sollst.
[31] Horch! Du werst an Bubm auf die Welt bringa. Du sollst
na Jesus haaßn. [32] Der werd amol a ganz Großer. ›Sohn des
Höchstn‹ werdn sie zu na sagn. Der Herrgott werd na die
Königsherrschaft vo sein Stammvorrä David gebn. [33] Und
er werd des Gottesvolk nei aller Ewigkeit regiern und sei
Herrschaft werd ka End hom.« [34] Do hot die Maria zu den
Engl gsocht: »Wie soll des geh? Ich waaß nix vo an Moo.«
[35] Der Engl hot ihr a Antwort gebn und hot gsocht: »Der
Heilig Geist werd über dir kumma und den Höchstn sei Kraft
werd wie a Schattn über dir sei. Deswechä werd des Heiliga,
des du auf die Welt bringst, ›Gottes Sohn‹ haaßn. [36] Und
noch wos soch ich dir: Vo deina Verwandtn die Elisabeth,
die is fei aa schwanger mit an Bubm, und des in ihrn Alter!
Etz is sie im sechstn Monat, däbei hots immer ghaaßn, sie
kriegät kana Kinner. [37] Bein Herrgott is nix unmöglich, in
an jedn Wort vo ihm steckt a gewaltiga Kraft.« [38] Die Maria
obä hot gsocht: »Ich wills glaabn, den Herrgott sei Maad
bin ich. Mir soll des gschehn, wos du verkündt host.« Und
der Engl is von ihr weg.

Die Maria macht an Besuch: 1,39–45

[39] In dena Tooch hot sich die Maria aufgemacht und is so
schnell, wie sie gekonnt hot, nauf die Berg vo Judäa geloffn
nei der Stadt, wu ihr Verwandtschaft war. [40] Und do is sie
nei den Häusla vom Zacharias ganga und is gleich noo
der Elisabeth, hot sie nei die Arm genumma und hot sie
lang und fest gedrückt. [41] Wie die Elisabeth die Haufn gutn
Wörter vo der Maria ghört hot, do is passiert, dass der Klaa

in ihrn Bauch des Strampln angfangt hot. Der Elisabeth is
ganz andersch worn, sie hot bloß noch des geredt, wos ihr
den Herrgott sei Heiliger Geist eingebn hot. 42 Und des hot
sie so laut rausgsocht, wie wenns a Haufn Leut hörn solltn:
»Du host an Segn kriegt, wie noch ka Fraa auf dera Welt.
Und derselb Segn is aa auf den neua Lebn, des in dir wachsn
tut. 43 Wie kumm ich däzu, dass die Murrä vo mein Herrn zu
mir herkummt? 44 Ich muss dir wos sagn: In den Moment,
wu ich dei Stimm ghört hab und deina gutn Wörter, do
hot der Klaa in mein Bauch des Strampeln angfangt, wie
wenn er an Freudntanz machn tät. 45 Glückselig is die, die
den Herrgott getraut hot, weil er a jeds Wort wahr macht,
wos er amol versprochn hot.«

Die Maria lobt den Herrgott: 1,46–56

46 Und aa die Maria hot ganz besonders geredt, wie wenn
sie an Psalm betn tät:

»Meiner Seel, ich möcht den Herrgott
noch höher hebn wie nein Himml.
47 Ich waaß gar net, wos ich tun soll
vor lauter Freud über den Herrgott, mein Heiland.
48 Mich, a graua Maus in die Leut ihra Augn,
mich hot er angschaut!
Und ihr werdt sehn, es dauert nimmer lang,
dann sagn die Leut überoll auf der Welt:
›Die Fraa hot des höchsta Glück gfundn.‹
49 Es is gewaltig, wos der Herrgott für mir getan hot.
Und sei Noma is heilig.
50 Dass er sich so wunderbar um die Leut kümmert,
des is net bloß heut so, des geht immer weiter,
er is für an jedn do, der a Ehrfurcht vor na hot.
51 Scho oft hot er mächtig eingegriffn,
er hot södda fortgejagd, die sich aufgführt hom

wie klana Herrgötter.
52 Die Großn hot er vo ihra Throne runtergezogn
und klana Leut hot er auf hoha Postn naufghobn.
53 Die Hungerleider hot er volla Tisch noogstellt
und die Reichn hot er leer ausgehn lassn.
54 Er hot sich um sein Knecht Israel gekümmert,
dämit ja kans maant, er hätt vergessn, wie
arg er na mooch.
Und wie, des zeigt er etz.
55 Genauso hot ers unsera Vorfahrn versprochn,
den Abraham und seina Kinner und seina
Kinnerskinner,
des gilt auf immer und ewig.«
56 Drei Monat is die Maria bei der Elisabeth gebliebn, dann
is sie wieder haam zu ihra Leut.

Der Johannes kummt auf die Welt: 1,57–66

57 Für die Elisabeth is dann ihr Zeit kumma, die Schwanger-
schaft war zu End und sie hot an Bubm auf die Welt gebracht.
58 Ihra Nachbarn und Verwandtn hom des ghört, dass der
Herrgott a groß Wunder getan und sich über ihr erbarmt
hot und sie hom sich alla mit ihr gfreut. 59 Am achtn Tooch
sän sie kumma und hom den Bubm beschnittn. (*So war des
in die Heilign Schriftn vorgschriebn. Des hot bedeut: »Du ghörst etz aa
zum Gottesvolk.«*) Däbei hom sie na, wie sies gewöhnt warn,
den Noma vo sein Vorrä Zacharias gebn wolln. 60 Sei Murrä
obä hot gsocht: »Naa, der kriegt an andern Noma, er soll
Johannes haaßn!« 61 Und sie hom zu ihr gsocht: »Des gibts
doch net! In deiner ganzn Verwandtschaft is kans, des so
an Noma hot.« 62 Dann hom sie mit die Händ auf sein Vorrä
gedeut, er sollät dämit rausruckn, wos er für an Noma
möcht. 63 Der Zacharias hot ihna Zeichn gemacht, dass er
a Schreibtäfela bräucht. Do hot er nochäd draufgschriebn:

»Sei Noma is Johannes«. Des hom sie schier net glaabn
könna. 64 Im selbn Augnblick hot der Zacharias sei Stimm
wieder kriegt und er hot die ärschdn Wörter rausgebracht.
Und gleich hot er des Redn angfangt und sein Herrgott Lob
und Dank gsocht. 65 Wos do passiert is, des wor a Schock
für die ganzn Nachbarn und sie warn gscheit erschrockn.
Es hot net lang gedauert, do is des wie a Laaffeuer in die
Gebirgsdörfer vo Judäa rumganga und überoll hom die Leut
drüber geredt, 66 und des wor net bloß so a Gewaaf. Die, die
des ghört hom, hom sich des zu Herzn genumma, hom viel
drüber nachgedacht und hom gsocht: »Wos werd aus den
Bubm noch amol werdn?« Irgendwie hom sie alla gemerkt:
Do hot der Herrgott sei Händ im Spiel.

Der Zacharias lobt den Herrgott: 1,67–80

67 Der Zacharias obä, der Vorrä vo den Bubm, der hot aus-
gsprochn, wos na der Herrgott selber eingebn hot. *(Däbei hot
er aa Vers aus die Heilign Schriftn vorgebracht und geredt wie a Dichter und
Prophet, mä könnt sagn: Der Heilig Geist hot aus na gsprochn. Er hot so
geredt, wie wenn des scho passiert wär, wos ja ärschd noch kummt.)*

68 »Ich kann na bloß lobn den Herrgott,
für Israel is er der anzig,
er hot sei Volk aufgsucht
und hot der Unterdrückung a End gemacht.
69 Er hot an starkn Retter auf die Welt kumma lassn,
ausn Königshaus von David stammt er raus
und der war a Herrscher, der alles für sein
Herrgott getan hot.
70 Scho in die ganz altn Zeitn hot der Herrgott
des alles durch die heilign Prophetn verkündt:
71 Er bringt uns Rettung vo unsera Feinde
und befreit uns aus die Händ vo alla,
die an Hass auf uns hom.

72 Er hot scho für unsera Vorfahrn a Herz ghabt
und vergisst net sein heilign Bund.
73 Er macht wahr, wos er unsern Urahn Abraham
hoch und heilig versprochn hot,
74 dass mir amol kana Ängstn mehr vor unsera
Feinde hom müssn,
wenn mir zeign, zu wos für an Herrgott mir ghörn,
75 und wenn mir wie Menschn lebn, die ihrn
Glaabn ernst nehma
und däfür sorgn, dass gerecht zugeht unteranander –
und des a Lebn lang.
76 Und vo dir, Bübla, werd mä sagn ›Prophet
des Höchstn‹.
Du gehst den Herrgott voraus
und tust für na den Weg herrichtn
77 und des haaßt: die Leut aufklärn,
wos die Rettung für des Volk is,
nämlich die Vergebung für ihra Sündn.
78 Des Elend is unsern Herrgott durch und
durch ganga
und deswechä sucht er uns auf.
Des is, wie wenn die Sunna aufgeht
und ihra Strahln durchdringa bis zu dena,
die in dunkla Löcher hockn
und bei dena ringsrum alles finster is,
weil sie bloß noch den Tod vor Augn hom.
79 Obä die Sunna, der Herrgott, bringt a Licht
und a Wärm,
dass unser Baa wie vo selber des Laafn anfanga
auf an Weg, wu Friedn is, und der dort noogeht,
wu der Friedn und des Glück vollkommen sän.«
80 Der Klaa obä is groß worn, a gscheiter Kerl mit an festn
Charakter. Er is net däham gebliebn, er hot sich in einsama

Gegendn aufghaltn, bis der Tooch komma is, wu er in Israel
öffentlich des Predign angfangt hot, so wies na vom Herrgott
aufgebn war.

Der Heiland kummt auf die Welt: 2,1–20

1 In dena Tooch is passiert, dass a Verordnung vom Kaiser
Augustus nausganga is: Alla Leut im Römischn Reich solltn
sich nei Steuerlistn einschreibn lassn. 2 A Einschreibung in
dera Art hots zuvor noch nie gebn ghabt und gschehn is sie,
wie in Syrien grad der Quirinius dran war, a klaner Stellver-
treter vom Kaiser. 3 Und alla hom sich auf die Baa gemacht,
dämit sie sich eintragn lassätn. A jeds is nei dera Stadt ganga,
wus geborn war. 4 Do hot sich aa der Josef aufn Weg gemacht.
Vo Galiläa aus der Stadt Nazareth is er auf Judäa naufgezogn,
nein David seiner Stadt, die haaßt Bethlehem. Der Josef
war nämlich aus den Königshaus raus, wos bis aufn David
zurückgeht. 5 Er hot sich mit der Maria einschreibn lassn.
Mit der war er verlobt und sie war schwanger. 6 Wie sie in
Bethlehem warn, is gschehn, dass ihr Zeit kumma is, sie war
so weit zum Entbindn. 7 Und sie hot ihrn ärschdn Bubm auf
die Welt gebracht. Sie hot na nei Windeln eingewicklt und
hot na nei aner Futterkrippn gelegt, weil mä kan andern Platz
für ihna ghabt hot in dera Herberg. 8 Und es warn Schafhirtn
in der nämlichn Gegnd, die warn draußn aufn Feld und
hom auf ihra Herdn aufgepasst. 9 Auf amol is a Engl vom
Herrgott auf ihna zuganga und den Herrgott sei Glanz hot
ringsrum aufgeleucht und sie hom sich arg gförcht. 10 Und
der Engl hot zu ihna gsocht:

»Tut euch net förchtn!
Passt etz genau auf!
Ich bring euch a guta Nachricht,
a riesiga Freud, des ganza Volk werd sie erlebn:
11 Heut is für euch der Heiland geborn,

der Messias is er, der höchst vo alla Herrscher,
im David seiner Stadt is er auf die Welt kumma.
12 Und dodran merkt ihr, dass des stimmt:
Ihr werdt a Kindla findn, des is in Windln eingewicklt
und liegt in aner Futterkrippn.«

13 Und auf amol war bei den Engl a riesn Haufn vo lauter
himmlischa Wesn, die hom andauernd den Herrgott gelobt
und gsocht hom sie:

14 »Im Himml werd Ehr gebn dem Herrgott,
auf Erdn werd Friedn für die Menschn,
die der Herrgott sich rausgsucht hot
(und dena er sein Friednskönig schickt).«

15 Und es is gschehn, wie die Engl vo ihna fortganga sän nein
Himml, do hom die Hirtn unteranander gsocht: »Hopp, mir
renna gleich nach Bethlehem! Nochäd werdn mir ja mit ei-
gna Augn sehn, wos vo dera Red eingetroffn is, die uns der
Herrgott hot ausrichtn lassn.« 16 Und sie sän gsprunga, sän
gerennt und gerennt, bis sies gfundn hom: die Maria und
den Josef und des Bübla, des war in aner Futterkrippn gelegn.
17 Und wie sie des alles gsehn hom, do hom sie gleich die
Red ausgeplaudert, die ihna über des Bübla do gsocht worn
war. 18 Und alla, die des ghört hom, hom sich über die Sachn
gewundert, die ihna vo die Schafhirtn gsocht worn sän. 19 Die
Maria obä hot alla Gschichtn in sich drinna gut aufghobn und
hot sie oft in ihrn Herz hie- und hergewendt. 20 Die Hirtn obä
hom kehrt gemacht, zurück zu ihra Schaf, und däbei hom sie
den Herrgott gelobt. An großn Dank hom sie na gsocht für
alles, wos sie ghört und gsehn hom, und wos fei alles genau
so war, wies ihna vom Engl versprochn war.

Des Bübla werd beschnittn: 2,21–24

21 Acht Tooch hom sie gewart, so wars die Vorschrift, dann
hom sie na beschnittn und däbei hot er den Noma Jesus

kriegt, so wie des der Engl scho seiner Zeit angebn hot, als
die Maria noch gar net schwanger war. Vierzig Tooch lang
nach der Entbindung is die Maria net unter die Leut und
ärschd recht net nei der Synagogn ganga, des war bei den
Mose vorgschriebn. 22 So wars nochäd a besonderer Tooch,
wie sie des ärschda Mol wieder auf Jerusalem nein Templ
ganga sän und a religiösa Pflicht erfüllt hom: Sie hom ihrn
Bubm den Herrgott gebracht. 23 Do steht nämlich in Herrgott
sein Gsetz gschriebn: Wenn a Murrä ihrn ärschdn Bubm
auf die Welt bringt, nochäd soll der den Herrgott ghörn
(und später amol im Templ Dienst machn). 24 Die Eltern derfn na
obä wieder mit haam nehma und er derf bei ihna bleibn.
Dodäfür hom sie a Opfer gebracht, des war wie a Ablöse
und is aa im Gsetz vom Herrgott festgelegt: zwaa Turtltäubla
oder zwaa junge Haustaubn. *(Der Sinn vo dera Feier im Templ is:
Die Eltern solln dran denkn, dass ihra Kinner a Gschenk sän und eigntlich
den Herrgott ghörn.)*

Wos der Simeon und die Hanna über des Jesusbübla sagn: 2,25–38

25 In Jerusalem hots an besondern Menschn gebn, Simeon
hot er ghaaßn. Der Moo war rechtschaffn und hot sein
Glaabn ernst genumma. Er hot jedn Tooch drauf gewart,
dass in Israel aner kummt, der den Elend und der Not a End
macht. In seina Gedanken war der Simeon viel mitn Herrgott
beschäftigt. 26 Däbei wars na, wie wenn der Herrgott selber
zu na gsocht hätt: »Du werst deina Augn ärschd dann für
immer zumachn, wenn sie zuvor den Messias gsehn hom,
der für Israel die Rettung bringt.« 27 Den Simeon hots den
Tooch ka Ruh gelassn, es hot na nein Templ gezogn. Und
so is er grad däzukumma, wie die Eltern ihrn klan Jesus
neigetragn hom, dämit sie des ausführn tätn, wos in die
Heilign Schriftn vorgschriebn war. 28 Der Simeon obä hot den

Klan auf die Arm genumma und hot den Herrgott gerühmt,
und wos er gsocht hot, war wie a Gedicht:

29 »Großer Gott,
die Mächtign in der Welt sän nix gechä dir,
a Lebn lang hab ich auf dir ghört
und alles getan, wos du verlangt host.
Etz is a End mit aller Plag,
du host wahr gemacht, wos du versprochn host,
deswechä kann ich in Friedn sterbn.
30 Mit eigna Augn hab ich gsehn ›Du bist die Rettung‹,
31 und etz sollns noch alle Völker sehn,
do ärbest du fest drauf zu.
32 Licht bringst du unter die Völker,
dämit sie sehn, wer du bist,
und dein Volk Israel host du a besondera Ehr gebn
(weil do des Kind geborn is).«

33 Der Vorrä und die Murrä hom sich gewundert, wos do
alles über ihr Bübla gsocht worn is. 34 Und der Simeon hot
ihna an Segn gebn und zu der Maria, den Jesus seiner Murrä,
hot er gsocht:

»Wos mit den Klan amol werd,
des hot der Herrgott scho längst bestimmt.
Für viel in Israel is er wie a Felsbrockn,
der ihna im Weg liegt.
Sie werdn sich dran stoßn
und dann ärschd recht nei ihrn Verderbn renna.
Für die andern obä is er wie a Fels,
wu sie ihrn Halt findn und Bodn unter die Füß kriegn.
Er zeigt die Leut im Gottesvolk, wos der Herrgott
für ihna tut,
obä viel redn bloß dägechä und machn na nieder.
35 Auf die Art kummts raus,
wos für Gedankn die meistn tief in ihrn Herzn hom.

Für dich werd des sei,
wie wenn ans a Schwert in dein Herz rumdreht.«
36 Und dann war do noch die Prophetin Hanna, a Tochter
vom Phanuel ausn Stamm Asser, die hot a schöns Alter ghabt.
Ihr Moo is gstorbn, wie sie noch a junga Fraa war, bloß siebn
Jahr war sie verheiert. 37 Etz war sie a Witfraa mit 84 Jahr.
Sie is praktisch nimmer ausn Templ rauskumma und hot
ihrn Herrgott Tooch und Nacht mit Fastn und Betn gedient.
38 Sie hot sich bei dera Familienfeier mit noogstellt und hot
auswendig a Loblied ausn Gsangbuch vorgebett. Und wenn
die Zeit dänach Leut zammkumma sän, die drauf gewart
hom, dass der Herrgott an Befreier für Jerusalem schickn
tät, dann hot sie vo den Bubm geredt.

Der Jesus wächst in Nazareth auf: 2,39–40

39 Wie die Feier vorbei war und der Josef und die Maria alles
so gemacht ghabt hom, wies nach die Heilign Schriftn sei
Ordnung hot, sän sie mit ihrn Bübla hamwärts nach Galiläa
gezogn, nei ihrer Stadt Nazareth. 40 Der Klaa is aufgewachsn
und a kräftigs Bürschla worn. Er war arg verständig und
hot sich scho viel Gedankn übern Glaabn gemacht. Do host
richtig gemerkt, wie arg na der Herrgott gemöcht hot.

Mit zwölf Jahr im Templ und a ernster Konflikt: 2,41–52

41 Dem Jesus seina Eltern warns gewöhnt, dass sie jeds Jahr
aa Mol mit aner Wallfahrt auf Jerusalem gezogn sän, do
hom sie des Passa gfeiert. *(Den ärschdn Freitooch/Samstooch nachn
Frühjahrsvollmond hom sie in Israel den »Auszug aus Ägyptn« beganga.)*
42 Und wie der Jesus zwölf Jahr alt war, hot er des ärschda
Mol mitgederft, wie sie wieder nach ihrer Gewohnheit auf
des Fest gewallfahrt sän. 43 Wie nochäd die Festwochn rum
war, hom sie sich aufn Hamweg gemacht, obä der Jesus
is in Jerusalem gebliebn. Seina Eltern is des gar net weiter

aufgfalln. 44 Sie hom gedacht, der löfft da vorn bei die Verwandtn und Nachbarn mit. Wie sie ohmds Station gemacht hom, hom sie doch nachgschaut, wu er steckt, obä er war net bei ihra Leut. 45 Wu sie aa gfragt hom, kans hot wos gsehn. Do hom sie schleunigst kehrt gemacht und sän wieder nach Jerusalem zurück und hom dort des Suchn angfangt. 46 Drei Tooch hom sie überoll gfragt und nei an jedn Eckela geguckt. Endlich hom sie na gfundn, im Templ war er ghockt mittn unter die Theologn und Biblwissnschaftler. Er hot ihna zughört und selber allerhand Fragn gstellt. 47 Und alla, die na ghört hom, homs gar net fassn könna, dass er die kompliziertestn Gedankn verstandn und auf die schwierigstn Fragn a Antwort gewisst hot. 48 Wie na die zwaa so gsehn hom, warn sie ganz ausn Häusla, und sei Murrä hot zu na gsocht: »Kind, waaßt du überhaupt, wos du uns angetan host? Dei Vorrä und ich, mir warn scho ganz verzweifelt, überoll hom mir dich gsucht.« 49 Und er hot zu ihna gsocht: »Warum habt ihr euch so abgetan? Däbei hätts des gar net gebraucht, dass ihr mich sucht. Habt ihr des net gewisst, dass ich in den Haus sei muss, wos mein Vorrä ghört und wu mä des hört, wos er scho alles getan hot und wos er will?« 50 Sie obä hom net verstandn, wos er gemaant hot. 51 Er is dann wieder mit ihna nach Nazareth haamganga und dort hot er die ganza Zeit des gemacht, wos sie na ghaaßn hom. Und sei Murrä hot in ihrn Herzn behaltn, wos er alles gsocht hot. Ka Wörtla hot sie vergessn. 52 Und der Jesus is so langsam a richtiger Moo worn und hot immer besser gelernt, wos gut is und wos net. Den Herrgott sei guter Einfluss hot sich bei na gezeigt und deswechä war er bei die Leut gut angsehn.

Der Johannes predigt am Jordan: 3,1–20

1 Wos etz kummt, is im fuchzehnten Regierungsjahr vom Kaiser Tiberius passiert. Der Pontius Pilatus war grad Besat-

zungschef in Judäa (*im Südn vo Israel*); Herodes (*a Sohn vo den*
berüchtigtn Herodes) hot als Marionettn vo die Römer in Galiläa
(*im Nordn*) regiern derfn; in Itumaräa und Trachonitis (*Nord-*
ostn) hom die Römer sein Bruder Philippus an Fürstn spieln
lassn und genauso wars mit den Lysanias in Abilene (*ganz obn*
bein Libanon). 2 In der jüdischn Gemaa hom der Hannas und
der Kaiphas die Leitung ghabt, sie hom die »Hohenpriester«
ghaaßn. Im selbn Jahr hot der Johannes, den Zacharias sei
Junger, immer noch in aner einsama Gegnd gelebt. Obä etz
hot der Herrgott mit na gsprochn – ob in Gedankn oder
durch an Menschn, des waaß mä net, auf jedn Fall hots den
Johannes ka Ruh mehr gelassn und er is vo dort wegganga.
3 Er is am Jordan entlang und hot überoll die Leut zugeredt,
sie solltn sich taafn lassn. Auf die Art könntn sie zeign, mir
wolln vo unsera falschn Wege umkehrn und den Herrgott
um Vergebung für unsera Sündn bittn. 4 Wos do mit den
Johannes gschehn is, is genau des, wos im Buch mit die
Aussprüch vom Prophetn Jesaja gschriebn is:

> »Horch! A Stimm! Do ruft aner in der Wüstn:
> ›Tut die Weg herrichtn, do, wu der Herrgott kummt!
> Macht die Straßn so zurecht, dass sie immer
> schö gradaus gehn!
> 5 Wu Gräbn sän, do soll mä sie zuschüttn,
> wus Buckl gibt, do soll mä sie wegmachn,
> und wus holprig is, do soll mä planiern!
> 6 Und die ganz Welt werd sehn und erlebn,
> wie der Herrgott aller Not a End macht.‹«

7 In Massn sän die Leut zu na naus noo den Jordan gströmt
und hom die Taaf gewollt. Er obä hot sie scharf angeredt: »Ihr
Schlangabrut, ihr Giftschleudern, wer hot euch weisgemacht,
dass ihr do auf die billig Tour euer Haut rettn könnt, wenn
der Herrgott etz endlich mit sein Zorn neifährt und die
Schlechtigkeit vo die Menschn a End macht. 8 Beweist ärschd

amol, ob ihrs ernst maant, dass etz andersch werd bei euch!
Redn kann mä viel, obä ich will Tatn sehn. Und fangt mir
ja net mit die altn Sprüch an: ›Uns kann nix passiern, mir
stamma vom Abraham ab und der is unser Schutzpatron.‹
Ich soch euch wos andersch. Euer Abstammung hilft euch
gar nix. Der Herrgott is auf södda wie euch net angewiesn,
der kann sich aus dena Staa neue Abrahamskinner schaffn.
[9] Ich sochs euch noch mol mit an Vergleich. Des Beil liegt
scho an die Wurzln vo die Baam. Und a jeder Baam, der kana
Äpfl oder Birn oder sonst a Obst trägt, werd umgemacht
und nein Feuer geworfn.« [10] Die Leut hom na gfragt: »Wos
soll mä denn machn?« [11] Und er hot ihna zur Antwort gebn:
»Wer wechä der Kält heut ohmd zwaa Jackn däbei hot, soll
den wos hergebn, der net vorgsorgt hot. Und wer a groß̈a
Brotzeit mitgenumma hot, der soll genauso wos hergebn.«
[12] Sogar a paar Zollpächter sän wechä dera Taaf kumma und
hom zu na gsocht: »Hochverehrter Herr Johannes, wos solln
mir machn?« [13] Er obä hot zu ihna gsocht: »Tut net dauernd
eura Steuerlistn manipuliern und tut net mehr kassiern als
wie in eura Tabelln steht!« [14] Die Soldatn hom na aa gfragt:
»Und wos solln mir machn?« Dena hot er gsocht: »Macht
kana Plünderunga, tut ka Geisln nehma und Geld däfür
erpressn! Seid mit den Geld zufriedn, wos sie euch jedn
Monat auszahln!« [15] Des ganza Gottesvolk war gspannt, wos
do noch kummt, und im Stilln hom sie gedacht, ob net der
Johannes selber der Messias wär. [16] Der Johannes hot des
gemerkt und hot laut gsocht, so dass sies alla ghört hom:
»Wenn ich euch im Jordan taaf, dann regt euch des vielleicht
a weng auf, obä es geht euch net so richtig an die Niern.
Obä es kummt noch aner, der werd euch ganz andersch
anpackn. Gechä den bin ich der letzte Dreck, do bin ich
net amol gut genug, dass ich na die Riema vo seina Sandaln
aufmach. Wenn der euch neis Gewissn redt, dann werd

euch des vorkumma wie wenn der ganz Mensch durch a
Feuer muss und däbei alles verbrennt, wos vorn Herrgott
net besteh kann. 17 Ich soch euch an Vergleich. Des Getraad
is gschnittn, die Ährn sän in aner offna Dreschhall zum
Trockna ausgebraat. Do kummt aner, der hot a riesiga Schaufl
in der Händ. Immer wieder fährt er mit der Schaufl nei
die Ährnhaufn und wirft des Zeuch nei der Höh. Wos dann
runterfällt, des sän die schwern Körner, die lagert er in
seina Scheuna. Die Spreu obä, die der Wind wegbläst, die
verbrennt er in an Feuer, des kans auslöschn kann.« 18 Des und
noch viel mehr hot der Johannes zum Gottesvolk gsocht und
ihna neis Gewissn geredt. Däbei hot er sie obä net nieder-
machn wolln, er hot ihna verkündt: »Der Herrgott will euch
die Rettung bringa.« 19 Für den Johannes sän später schwera
Zeitn kumma. Er hot sich getraut ghabt, den Herodes, der in
Galiläa regiert hot, ganz offn zu kritisiern, weil der mit der
Herodias, der Fraa vo sein eigna Bruder, nebn nausganga is
und sie nochäd gheiert hot. 20 Die Kritik hot den hohn Herrn
net gepasst und so hot er zu die vieln schlimma Sachn, die
er scho gemacht hot, noch a neua Schandtat vollbracht: Er
hot den Johannes einsperrn lassn.

Der Jesus werd getaaft: 3,21–22

21 Mit dera Gschicht sän mir obä der Zeit scho voraus, denn
zuärschd is noch wos andersch passiert. Wie des ganza
Gottesvolk vom Johannes getaaft worn is, do is aa der Jesus
getaaft worn, er is nämlich aa zum Johannes nausganga.
Der Jesus hot grod gebett, do war auf amol der Himml offn,
22 und der Heilig Geist, den Herrgott sei unsichtbora Kraft,
is wie a Wesn vo Fleisch und Blut, wie a Taubn auf den Jesus
runtergschwebt und ausn Himml war a Stimm do:

»Du bist mei Sohn, mei Herz hängt an dir,
du bist mei ganza Freud.«

Die Vorfahrn vom Jesus: 3,23–38

(Der Lukas bringt etz den Stammbaam vom Jesus. Däbei spieln die »heilign« Zahln siebn und zwölf a wichtiga Rolln und des hot a Bedeutung: Die Gschichte vo Israel und vo der ganzn Menschheit taalt der Lukas vom Josef an in elf mol siebn Generationa ein, und zwar zurück bis zum Herrgott selber, der die Menschn erschaffn hot; deswechä kann mä dann 77 Noma lesn. Der Jesus obä is der ärschd vo der zwölftn Generation, mit ihm fängt für die ganza Menschheit wos Neus an. Mit den Jesus kummt a Zeit, wu der Herrgott noch amol alles probiert, dämit die Menschn in Friedn mit ihrn Herrgott und mitanander lebn solln.)
[23] Und der Jesus war ungfähr dreißig Jahr alt, wie er angfangt hot, dass er im Auftrag vom Herrgott überoll im Land rumgezogn und unter die Leut ganga is. Er war, wie mä gemaant hot, der Sohn vom Josef. Die Listn vom Jesus seina Vorfahrn sieht so aus:
[24-38] Josef, Eli, Mattat, Levi, Melchi, Jannai, Josef,
Mattitja, Amos, Nahum, Hesli, Naggai, Mahat, Mattitja,
Schimi, Josech, Joda, Johanan, Resa, Serubbabel,
Schealtiel,
Neri, Melchi, Addi, Kosam, Elmadam, Er, Joschua,
Elieser, Jorim, Mattat, Levi, Simeon, Juda, Josef,
Jonam, Eljakim, Melea, Menna, Mattata, Natan, David,
Isai, Obed, Boas, Salmon, Nachschon, Amminadadab,
Admin,
Arni, Hezron, Perez, Juda, Jakob, Isaak, Abraham,
Terach, Nahor, Serug, Regu, Peleg, Eber, Schelach,
Kenan, Arpachschad, Sem, Noach, Lamech, Metuschelach,
Henoch,
Jered, Mahalalel, Kenan, Enosch, Set, Adam – Gott.

Der Teufl will den Jesus vom Herrgott wegbringa: 4,1–13

[1] Der Jesus hot nix mehr andersch als wie den Herrgott im Sinn ghabt; er is vom Jordan wieder wegganga und

der Herrgott hot na eingebn, dass er vierzig Tooch in aner
einsama Gegnd bleibn sollt. 2 In dera Zeit hot na der Teufl
auf die Prob gstellt. Der Jesus hot in dena Tooch nix gessn
und wie die vierzig Tooch rum warn, hot na der Hunger arg
geplagt. 3 Do hot der Teufl zu na gsocht: »Wenn du wirklich
den Herrgott sei Sohn bist, dann sprech a Machtwort zu den
Staa do, dass er zu an Laab Brot werdn soll.« 4 Der Jesus hot
na zur Antwort gebn: »In die Heilign Schriftn steht ›Es is net
des Brot allaa, wos a Mensch zum Lebn braucht‹«. 5 Do hot na
der Teufl hoch nauf gführt und hot na alla Regierungspaläst
(und Bankhochhäuser und Börsnplätz und Konzernzentraln) auf der ganzn
Welt gezeigt, sekundnschnell is des abgeloffn, wie in an
Traam. 6 Und dann hot er zu na gsocht: »Die ganza Macht,
die die hom, will ich dir gebn, und däzu ihrn Glanz und
ihrn Luxus. Ich hab des alles in der Hend und kanns gebn,
wem ich will. 7 Des alles ghört dir. Du brauchst mir bloß
a klana Unterschrift gebn, dass ich für dir der Chef bin.«
8 Der Jesus hot zu na gsocht: »In die Heilign Schriftn steht
gschriebn ›Du sollst dei Lebn dem Herrgott verschreibn.
Er allaa soll über dir bestimma. Und du sollst na anbetn
und alles tun, wos er dich haaßt‹«. 9 Do hot na der Teufl
auf Jerusalem gführt und hot na aufs öbersta Mäuerla vom
Templdach gstellt. Und dann hot er zu na gsocht: »Wenn du
wirklich den Herrgott sei Sohn bist, dann kannst dich einfach
do nunterstörzn. 10 In die Heilign Schriftn steht nämlich
gschriebn ›Der Herrgott hot seina Engl den Befehl gebn,
dass sie gut auf dir aufpassn‹. 11 Und a andersmol haaßts ›Sie
werdn dich auf die Händ tragn, dämit dir ja nix passiert. Net
amol an Kratzer an deina Baa sollst du kriegn‹«. 12 Der Jesus
obä hot na aa dodrauf a Antwort gebn: »Es is gsocht in die
Heilign Schriftn ›Du sollst den Herrgott net zwinga wolln,
dass er sei Macht für irgndwos zeigt, wos an Menschn grad
nein Sinn kummt‹«. 13 So also hot der Teufl probiert, dass

er den Jesus vom Herrgott wegbringt. Weil des obä gscheit danebn ganga is, hot er ärschd amol mit die Versuchunga aufghört und na geh gelassn. Er hot obä auf aner andern günstign Gelegnheit gelauert.

Des ärschda Mol in der Öffntlichkeit: 4,14–15

14 Der Jesus obä hot die Kraft vom Herrgott in sich gspürt
und is wieder nach Galiläa zurück. Dort hom die Leut scho
allerhand über na geredt, aa wenn sie noch nix genaus
über na gewisst hom. 15 Er hot in ihra Synagogn die Heilign
Schriftn ausgelegt. (*Des war nix besonders, denn seiner Zeit hot a jeder
Moo vo der Gemaa in der Synagogn vorlesn und redn derfn, wenn er sich
zuvor bein Synagognleiter angemeldt hot.*) Und alla hom sie den Jesus
sehr gelobt.

In Nazareth gibts a Aufregung: 4,16–30

16 Amol is er nach Nazareth kumma, wu er aufgewachsn is.
Wies Sabbat war, is er wie immer nei der Synagogn ganga.
Wie am End vo den Gottesdienst die Prophetnlesunga dran
warn, is der Jesus aufgstandn und hot gezeigt, dass er etz lesn
möcht. 17 Und der Synagogndiener hot na die Schriftrolln
vom Prophetn Jesaja gebn. Der Jesus hot die Rolln aufgemacht
und hot die Stell gfundn, wu gschriebn is:

18 »Den Herrgott sei Kraft is auf mir kumma,
weil er mich zum Messias gemacht hot.
Er hot mir den Auftrag gebn,
ich soll sogar die ärmstn Schlucker vom Herrgott ausrichtn,
dass er sich persönlich um ihna kümmert.
Ich soll öffentlich bekanntgebn,
dass die Gfangna freigelassn werdn
und dass die Blindn ihr Augnlicht wieder kriegn.
19 Dena, die unterdrückt und überoll hintn dro sän,

soll ich sagn, dass sie endlich frei über ihr
Lebn bestimma könna.
Ich soll verkündn, dass der Herrgott a Jubljahr veranstalt.«

*(Lang vorn Jesus seiner Zeit sän im altn Israel alla fuchzig Jahr Grund
und Bodn neu vertaalt und die Schuldn erlassn worn, dämit a jeds neu
hot anfanga könna. Vo doher kummt die Rednsart »Des gibts bloß alle
Jubljahr amol«.)* 20 Und der Jesus hot die Schrift zammgerollt
und hot sich nooghockt. *(So wars der Brauch, wenn aner predign
wollt.)* Und alla Leut hom ganz gspannt auf den Jesus geguckt.
21 Sei ärschder Satz war: »Wos do gschriebn is, des is heut
in Erfüllung ganga. Eura Ohrn hom den ghört, vo den do
gschriebn is.« 22 Alla hom sie na beigepflicht, obä sie hom
sich aa gewundert, dass er so gsprochn hot. Des hot sich ja
so anghört, wie wenn er selber dem Herrgott sei Hilf und
Freundschaft zu ihna bringa tät. Sie hom gsocht: »Is des net
dem Josef sei Junger?« 23 Und er hot zu ihna gsocht: »Etz
werd ihr mir gleich des Sprichwort daherbringa ›Dokter,
mach dich selber gsund‹ *(dann siecht mä, wos du drauf host)* und
ihr werdt sagn ›Mir hom fei ghört, wos alles in Kapernaum
passiert is, etz mach amol desselbe do bei uns, wu du däham
bist‹«. 24 Und weiter hot er gsocht: »Gwieß wahr is, wos ich
euch soch: Es gibt kan Prophetn, der däham in seiner eigna
Stadt wos geltn tut *(weil a Prophet net bloß des sagn derf, wos seina
Leut gfällt; er muss ausrichtn, wos der Herrgott will, und des is net immer
leicht zu verkraftn)*. 25 Ich soch euch, wos wahr is, und däzu geb
ich euch zwaa Beispiel vo früher, vo die altn Prophetn. In
die Tooch vom Elia hots amol drei Jahr und sechs Monat
ka Tröpfla geregnt, im ganzn Land hots a großa Hungerkatastrophn gebn. Des hot besonders die Haufn Witfrauen in
Israel neigerissn. 26 Obä zu kaner vo dena hot der Herrgott
den Elia gschickt, naa, der is zu aner anzign Witfraa ganga,
und des war a ausländischa, in Sidon war sie däham. *(Es*

hot also kana Sonderrechte für Israel gebn.) 27 Des andera Beispiel: In
die Tooch vom Prophetn Elisa hots viel Aussätziga in Israel
gebn, obä der Elisa hot kan vo dena gsund gemacht, bloß an
Ausländer hot er gholfn, den Naeman vo Syrien.« *(Aa do hots
kana Sonderrechte für Israel gebn. A Prophet muss machn, wos der Herrgott
secht; er kann ka Rücksicht nehma auf des, wos seina Leut vo na wolln.
Do gibts ka Vetterleswirtschaft.)* 28 Wie die Leut in der Synagogn
des ghört hom, hom sie an gscheitn Brass kriegt. 29 Sie sän
aufgsprunga, hom na gepackt, hom na vor sich hergetriebn
und dann aus der Stadt nausgschlaaft bis noo der höchstn
Stell vo den Berg, wu die Stadt draufgebaut war. Sie hom na
auf an steiln Felsn gezerrt und hom na nunterstörzn wolln.
30 Er obä is mittn durch die Leut und auf amol war er fort.

In der Synagogn vo Kapernaum gibts an schwern Kampf mit aner Krankheit: 4,31–37

31 Und der Jesus is nach Kapernaum geloffn, des war a Stadt
in Galiläa. Dort hot er am Sabbat aus die Heilign Schriftn
gelesn und aa dodrüber gepredigt. 32 Und des, wos er do
vorgebracht hot, des hot die Leut arg aufgewühlt. Er hot mit
aner Autorität gsprochn, wie wenn er sie vom Herrgott hätt.
33 In der Synagogn war a Moo däbei, der war schlimm dran,
der hot manchmol nimmer gewisst, wos er macht. Dann
hot er gschriea und gschlagn, wie wenn a böser Geist in na
steckn tät, »Dämon« hot mä früher gsocht. Und der Dämon
hot rumgebläkt: 34 »Hör endlich auf! Hom mir irgndwos mit
dir zu schaffn, Jesus vo Nazareth? Du bist kumma, weil du
uns hiemachn willst. Ich waaß, wer du bist, der Heilige vom
Herrgott.« 35 Der Jesus hot na scharf angfahrn: »Du hältst
sofort dei Maul! Und gehst raus vo den Moo! Hau ab!« Der
Dämon hot den Moo dermaßn gebeutlt, dass der mittn unter
die Leut zammgebrochn is, obä nochäd war der Dämon auf
amol fort und hot na nix mehr getan. 36 Do sän sie alla gscheit

erschrockn und hom aufgeregt mitanander geredt und hom
gsocht: »Wie gibts denn des, dass aner allaa bloß mit an Wort
so wos zammbringt? Wos steckt do dähinter, dass er mit so
aner Autorität und Kraft die schlimmstn Geister Befehle gebn
kann, und die folgn und haun ab?« 37 So is net ausgebliebn,
dass mä überoll in der Gegnd über den Jesus gsprochn hot;
a jeds hot wos Neus gewisst.

Der Jesus macht den Petrus sei Schwiegermurrä gsund: 4,38–39

38 Er obä hot sich aufgemacht und is vo der Synagogn aus
nei den Haus vom Simon ganga. Den sei Schwiegermurrä is
vo an gscheitn Fieber gebeutlt worn und sie hom den Jesus
gfragt, ob er net helfn könnt. 39 Der hot sich noo bei ihrer
Bettstatt gstellt und hot des Fieber angfahrn wie an Feind.
Und sie is aufgstandn vo ihrn Lager und hot ihna a Brotzeit
gericht.

Der Jesus zeigt sich als Heiland: 4,40–41

40 Wie die Sunna unterganga war, sän alla zu na kumma, die
däham kranka Leut mit die verschiednstn Leidn ghobt hom,
und sie hom na ihra Leut gebracht. Und er hot an jedn extra
die Händ aufgelegt und hot sie gsund gemacht. 41 Bei viel
hot ers fertiggebracht, dass sie die Gedankn und Stimma los
worn sän, die sie gequält hom. Es warn Leut däbei, die warn
nimmer bei sich und hom gschriea: »Du bist der Sohn vom
Herrgott.« Und er hot die Krankheit angfahrn, wie wenn sie
a böser Geist wär, und die fremdn Stimma hot er nimmer
redn lassn, weil die gewisst hom, dass er der Messias is.

Der Heiland is für alla do: 4,42–44

42 Wies wieder Tooch worn is, is der Jesus fortganga und hot
sich a einsams Plätzla gsucht. Die Haufn Leut obä sän na

nach und hom na bald gfundn. Und scho warn sie alla um na rum und hom na nimmer fortlassn wolln. 43 Do hot er zu ihna gsocht: »Leut, ihr müsst mich geh lassn. Ich hab an Auftrag vom Herrgott. Ich muss aa noch in andera Städt die gut Nachricht verkündign, dass der Herrgott etz eingreift und sei Macht zeigt und ausbraat.« 44 Und so war er die nächsta Zeit in die Synagogn im galiläischn Land unterwegs und hot gepredigt.

So an Fischfang hots noch nie gebn: 5,1–11

1 Amol war der Jesus am Ufer vom See Genezaret. Die Leut hom a Gemöhr um na rum gemacht, weil sie hörn wolltn, wos er vom Herrgott gsocht hot. 2 Do hot er zwaa Schelch gsehn, die am Ufer festgemacht warn. Die Fischer warn scho ausgstiegn und hom ihra Netze sauber gemacht. 3 Er obä is nei an Schelch gstiegn, der hot den Simon ghört. Und er hot den Simon gebitt, dass er a weng vom Land weg fahrät. Er hot sich auf an Ruderbänkla ghockt und hot vom Schelch aus zu die Leut gsprochn. 4 Wie er fertig war, hot er zum Simon gsocht: »Fahr noch amol naus aufn See. Werft eura Netze aus, ich denk, ihr fangt noch wos.« 5 Der Simon obä hot na zur Antwort gebn: »Verehrter Rabbi (*so redt mä an Theologn an*), die ganza Nacht hom mä uns geplagt und kan anzign Fisch erwischt. Obä weil dus gsocht host, will ich die Netze noch amol auswerfn.« 6 Und wie sie des gemacht hom, hom sie sich vor Fisch fast nimmer rettn könna, so viel hom sie gfangt, und die Netze hots aa scho zerrissn. 7 Sie hom ihra Kumpl in den andern Schelch gewinkt, dass sie aa kumma und mit anpackn solltn. Die sän schnell noogfahrn und dann hots net lang gedauert, do warn die zwaa Schelch so voll, dass sie beinah unterganga wärn. 8 Wie der Simon Petrus des gsehn hot, is er vor den Jesus nei die Knie ganga und hot gsocht: »Du kannst do net bleibn, du musst weggeh vo mir.

Ich bin a Mensch, der fürn Herrgott nix taugt. Mir passn net
zamm, du bist ja wie der Herrgott selber.« 9 Er hot richtig
gezittert wie nach an Schock und die andern aa, die mit
däbei warn, ganz nebndraußn warn sie wechä die Haufn
Fisch, die sie gfangt hom. 10 Genau so is den Jakobus und
den Johannes ganga, die Junga vom Zebedäus, die warn den
Simon sei Kollegn. Und der Jesus hot zum Simon gsocht:
»Tu dich net förchtn! Du kriegst etz a neua Ärbet. Du werst
Menschn fischn.« (*»Du werst sie rausziehn, wenn ihna des Wasser übern
Kopf zammschlägt und wenn sie untergehn in ihra Sorgn und Probleme und
wenn sie sich auf Sachn eingelassn hom, die sie nein Abgrund ziehn.«*) 11 Sie
hom ihra Schelche an Land gezogn, hom alles liegn und steh
lassn und sän auf sein Weg mitganga, ihm nach.

A Aussätziger kriegt a neus Lebn: 5,12–16

12 In aner vo die Städt, die er besucht hot, is passiert, dass er
an Moo getroffn hot, der überoll an sein Körper den Aussatz
ghobt hot. Wie der Moo den Jesus gsehn hot, is er vor na
niedergfalln, hot sei Gsicht nein Staub gedrückt und hot den
Jesus angfleht: »Du bist vom Herrgott, wenn du willst, dann
kannst mei Haut gsund machn.« 13 Der Jesus hot seina Händ
ausgstreckt, hot na angelangt und hot gsocht: »Ich wills,
rein sollst du sei!« Und auf der Stell war der Aussatz wie
weggeblasn. 14 Der Jesus hot na streng verbotn, dass er die
Leut wos erzähln tät. Außerdem hot er zu na gsocht: »Du
gehst etz do fort und zeigst dich den Priester. Und wenn der
dich vor Gott und die Menschn für gsund erklärt hot, dann
gibst na so Opfergabn wie a Lämmla oder a Mehl oder a Öl,
so wie des im Mose seina Gsetze vorgschriebn is. Ich schick
dich zu die Priester, dämit sie sehn, dass ich mich an die
Gsetze halt.« (*Die Priester hom seiner Zeit aa des machn müssn, wos heut
des Gsundheitsamt macht: Sie hom Gsundheitszeugnisse ausgstellt.*) 15 Die
Red über den Jesus obä is noch viel mehr rumganga und vo

überoll her sän die Leut in Massn zammgeloffn, dämit sie
na zughört hom und vo ihra Krankheitn gheilt wäretn. 16 Er
obä hot sich vor ihna versteckt, er hot sich an einsama Plätz
aufghaltn und hot gebett.

Hauptsach gsund?: 5,17–26

17 Es war an so an Tooch, wu er viel vom Herrgott gepre-
digt hot, do warn um na rum aa Pharisäer und gstudierta
Theologn ghockt. Vo jedn Dorf in Galiläa und Judäa sän
sie kumma. Und den Herrgott sei Kraft hot bei den Jesus
gewirkt, so dass er die Krankn gsund gemacht hot. 18 Do is
passiert, dass a paar Männer an andern Moo auf aner Pritschn
gebracht hom, der war gelähmt. Sie hom rumprobiert, wie
sie ihrn Freund neis Haus tragn und vorn Jesus noolegn
könntn. 19 Wie sie gemerkt hom, dass do wechä die Haufn
Leut nix ganga is, sän sie über die Außntreppn aufs Dach
gstiegn, hom des a weng abgedeckt und hom na durch des
Loch mit a paar Strick nuntergelassn – mittn nei, direkt
vorn Jesus noo. 20 Wie der ihrn Glaabn gsehn hot, hot er zu
den Moo gsocht: »Du kannst sei, wer du willst, ich soch
dir: Dir sän deina Sündn vergebn.« 21 Do hom die Theologn
und Pharisäer bei sich des Überlegn angfangt und für sich
gsocht: »Des is ja a Gotteslästerung! Es kann doch bloß
aner die Sündn vergebn, und des is der Herrgott selber.«
22 Der Jesus obä hot ihra Gedankn gekennt und hot ihna
zur Antwort gebn: »Wos habt ihr do für Gedankn in euch
drinna *(dass ihr maant, ich wär a Feind vom Herrgott)*? 23 Wos is
leichter: Zu sagn ›Dir sän deina Sündn vergebn‹ oder zu sagn
›Steh auf und zeig, wie du laafn kannst‹? *(Mir sän uns einig,
dass des zweita leichter is, weil Sündn vergebn für an Menschn unmöglich
is.)* 24 Dämit ihr obä sehn könnt, dass do aner vor euch steht,
der vom Herrgott den Auftrag hot, auf dera Erdn Sündn zu
vergebn…, *(dass die Sündn wirklich weg sän, des sieht mä nach eurer*

Lehr ja do dran, dass a Kranker wieder gsund werd. Weil ihr des glabt, lass
ich mich do drauf ein und zeig euch, dass mei Sündnvergebung net bloß a leera
Behauptung is)«, hot er zu den Gelähmtn gsocht: »Ich soch
dir, steh auf, nehm dei Pritschn und geh haam!« 25 Noch
im selbign Moment is der Moo auf seina Füß gsprunga,
hot sei Unterlag zammgepackt und is haam geloffn. Däbei
hot er sein Herrgott gedankt. 26 Die andern warn alla ganz
durchananander. Auf der an Seitn hom sie gsocht: »Des hot der
Herrgott gemacht.« Auf der andern Seitn wars ihna Angst
und Bang. Sie hom gsocht: »Wos mir heut gsehn hom, des
kann mä gar net glaabn.«

A »saubera« Gsellschaft: 5,27–32

27 Wie des vorbei war, is der Jesus wegganga. Do hot er an
Zollpächter gsehn, der war in sein Zollhäusla ghockt, Levi
hot er ghaaßn. Zu den hot er gsocht: »Du musst etz gleich
mit mir geh!« 28 Und der hot alles liegn und steh gelassn
und is mit na ganga auf sein Weg, ihm nach. 29 Bevors obä so
weit war, hot der Levi ärschd amol a schöns Festla bei sich
däham ausgericht. Do warn a Haufn vo seina Kollegn däbei
und aa noch andera Leut hom mitgfeiert. 30 Die Pharisäer
und a paar Theologn, die aa zu der Gemeinschaft vo die
Pharisäer ghört hom, die hom des alles beobacht. Sie hom
sich aufgeregt und rumgemotzt und zu seina Jünger hom
sie gsocht: »Warum hocktn ihr euch noo an Tisch mit die
Zollpächter und den andern Gschwerl und tut mit södda essn
und trinkn?« 31 Der Jesus hot ihna zur Antwort gebn: »Die
Gsundn brauchn kan Dokter, obä die Krankn. 32 Ich hab net
den Auftrag, dass ich vom Herrgott aus die ansprechn soll,
wu alles in Ordnung is, obä zu dena soll ich noo, die in ihrn
Lebn viel verkehrt gemacht hom und wu viel dänebn ganga
is; die söddn soll ich ansprechn, dämit sie sich andersch
besinna und dämits wieder gut werd mit ihna.«

Wie is des mitn Fastn?: 5,33–39

33 Die obä hom noch weiter auf na eingeredt: »Den Johannes seina Jünger machn oft Fastnzeitn und haltn viel Gebetsstundn, do is des so ähnlich wie bei die Pharisäer ihr Leut. Deina Leut obä essn und trinkn (*wie wenn mä kana Bußleistunga nötig hätt und alles bestns wär mit uns und den Herrgott*).« 34 Der Jesus obä hot zu ihna gsocht: »Ich bring euch an Vergleich. Bei aner Hochzeit kann mä net verlanga, dass die Kumpl vom Bräutigam fastn solln, solang die Feier noch löfft. (*Scho im Altn Testament warn »Hochzeitsessn« und »Bräutigam« Gleichnisse für solcha Zeitn, wu der Herrgott die Menschn erlöst und mit ihna feiert.*) 35 Es werdn obä Zeitn kumma, wu der Bräutigam fort muss, in sella Tooch wern seina Kumpl freiwillig fastn.« (*Der Lukas hot in aner Zeit gelebt, wu aa die Christn manchmol Fastnzeitn gemacht hom. An bestimmta Tooch hom sie dran gedacht, wie der Jesus hot leidn und sterbn müssn.*) 36 Der Jesus hot ihna dann noch zwaa andera Gleichnisse gsocht: »Kans schneidt a Stückla vo an neua Mantl raus und flickt des auf an altn drauf. Wenns obä doch ans machät, dann wär des a großer Krampf. Ärschdens hätt er den neua Mantl hiegemacht und zweitns tät der neua Flickfleck auf den altn Mantl gar net draufpassn. 37 Ka vernünftiger Mensch schütt an junga Wein nei alta Schläuch. Wenn obä doch ans den Blödsinn machät, dann zerreißät der jung Wein die Schläuch und laafät aus, und die Schläuch wärn aa hie. (*Mä hot die Haut vo an Schaf oder aner Gaß abgezogn und do drin den Wein »gelagert«. Die Schläuch, vo dena der Jesus redt, warn also Tierhäut.*) 38 Es is klar, dass des andersch geh muss. A junger Wein ghört nei neua Schläuch. (*In dena zwaa Gleichnisse gehts um des Verhältnis vo aner neua, junga Bewegung, wie sie der Jesus angstoßn hot, zum altn jüdischn Glaabn, wu scho viel eingfahrn und festgelegt war. Mancha hom gemaant, mä könnt des irgend wie zammflickn oder zammbringa. Do obä steht: Des tut ka gut.*) 39 Und kaner, der an ältern Wein trinkt,

will sich auf den neua einlassn, weil er secht: ›Der alt is mild und süffig‹«. *(Ob mä des neua net doch amol probiern sollt? Dodrüber solln die nachdenkn, die maana, die alt Frömmigkeit is angenehmer als wie des neua, wos sich in der christlichn Gemaa geregt hot.)*

Streit übern Feiertooch: 6,1–5

1 Dann is passiert, dass der Jesus am Sabbat durch die Korn-
felder ganga is. Seina Jünger hom däbei Ährla rogerupft
und hom sie zwischn die Händ zerriebn. Wenn die Körner
rausgfalln sän, hom sie sie gessn. 2 A paar vo die Pharisäer
hom gsocht: »Wos machtn ihr do? Am Sabbat derf mä des
fei net!« 3 Der Jesus hot ihna die Antwort gebn: »Habt ihr
des net gelesn, wos der David gemacht hot, wie na amol
der Hunger geplagt hat, ihn und seina Leut?« *(Do warn sie grad
auf der Flucht vorn König Saul.)* 4 Der David is nei den Herrgott
sein Haus ganga und hot die Brote, die fürs Opfer hergericht
warn, abgeräumt und gessn und seina Leut hot er aa welcha
gebn. Habt ihr des net gelesn? Däbei is eigntlich verbotn,
dass ans vo dena Brote isst, bloß die Priester derfn des.«
5 Und dann hot er noch zu ihna gsocht: »Wos mä am Sabbat
derf und wos net, des hot den Herrgott sei Bevollmächtigter
zu bestimma, ›der Menschnsohn‹«.

Wos mä am Feiertooch derf und wos net: 6,6–11

6 An aan andern Sabbat is passiert, dass der Jesus nei der
Synagogn ganga is. Er hot die Heilign Schriftn ausgelegt
und gepredigt. Do war a Moo mit drinna, den sei rechta
Hend war gelähmt. 7 Die Theologn und Pharisäer hom genau
aufgepasst, ob er den Moo am Sabbat gsund machät. Dann
hättn sie a Anklag gechä na ghabt. *(A ärztlicha Hilfeleistung war
am Sabbat bloß erlaubt, wenn ans in Lebnsgfahr war, und bei den Moo hätts
ja Zeit ghabt.)* 8 Der Jesus obä hot ihra Gedankn gekennt. Er hot
zu den Moo mit der gelähmtn Hend gsocht: »Steh amol auf

und stell dich do nei der Mittn!« Und der is aufgstandn und
nei der Mittn ganga. 9 Zu die andern obä, die na beobacht
hom, hot der Jesus gsocht: »Ich will euch wos fragn. Derf mä
am Sabbat wos Guts tun? Und wenn mäs net tut, derf mäs
dann zulassn, dass a Mensch wos Schlimms aushaltn muss?
Des obä haaßät ja dann, dass mä eigntlich wös Böses tut.
Derf mä des am Sabbat? Anders gfragt: Derf mä a Lebn rettn
oder muss mä zuguckn, wie aner leidn muss und langsam
däbei draufgeht?« (*»Däbei is doch der Sabbat den Herrgott sei Tooch
und der Herrgott hot nix lieber, als dass die Menschn a Freud am Lebn
hom.«*) 10 Der Jesus hot sie der Reiha nach angschaut und dann
hot er zu den Moo gsocht: »Streck dei Hend aus!« Der hots
gemacht und sei Hend war wieder hergstellt. 11 Do sän sie fast
ausgerast und hom nimmer klar denkn könna. Unternander
hom sie hie und her geredt, wos sie mit den Jesus machn
könntn.

Der Jesus sucht sich seina Apostl: 6,12–16

12 In dena Tooch is passiert, dass er aufn Berg gstiegn is und
gebett hot. Die ganz Nacht is er aufgebliebn und hot nix
andersch gemacht als mitn Herrgott geredt. 13 Wies Tooch
worn is, hot er seina Jünger hergschriea und hot zwölf vo
ihna rausgsucht. Dena hot er den Noma »Apostl« gebn. Ich
zähl amol auf, wer do alles däbei war: 14 der Simon, zu den
hot er aa »Petrus« (*Fels*) gsocht, und der Andreas, den Simon
sei Bruder, der Jakobus und der Johannes, der Philippus
und der Bartholomäus, 15 der Matthäus und der Thomas,
der Jakobus, den Alphäus sei Junger, und der Simon mitn
Spitznoma »Zelotes« (*»Fanatiker« – die Zelotn warn arga Nationalistn,
die gsocht hom: »Mä muss die Feinde mit alla Mittl angreifn, wie und wo mä
sie erwischt.«*) 16 Der Judas war däbei, den Jakobus sei Junger,
und der Judas Iskarioth (*der Moo aus Karioth*), der später der
Verräter worn is.

Die Massn ströma: 6,17–19

[17] Der Jesus is mit ihna vom Berg runterganga und hot auf
an freia Platz Halt gemacht. A Haufn Jünger warn däbei und
a Massa Leut vo ganz Judäa und vo Jerusalem und aa von
Küstngebiet bei Tyrus und Sidon. [18] Sie sän kumma, weil sie na
hörn und vo ihra Krankheitn gheilt werdn wolltn. Und aa die
Leut, die vo schlimma Gemüts- und Geisteskrankeitn geplagt
warn, sän gheilt worn. [19] Und alla Leut hom probiert, dass
sie na anlanga könntn, weil a großa Kraft vo na wegganga is
und alla gsund gemacht hot.

Wer gut dran is und wer schlecht dran is: 6,20–26

[20] Er hot dann besonders zu seina Jünger noogschaut und
hot gsocht:

»Gut seid ihr dran, die gar nix hom,
weil ihr seid däbei, wenn der Herrgott etz
gerechta Zuständ schafft.
[21] Gut seid ihr dran, die der Hunger plagt,
weil ihr kriegt so viel, dass ihr euch satt essn könnt.
Gut seid ihr dran, die etz greina müssn,
weil ihr werdt lachn könna.
[22] Gut seid ihr dran, auf dena die Menschn an Hass
hom und die sie aus der Gemaa verbanna und
als Verbrecher noostelln, weil sie zu mir ghörn –
[23] freut euch an den Tooch, der kummt, und
hupft nei der Höh,
weil der Herrgott hot a großa Belohnung für euch.
Und denkt in eura schlechtn Tooch dran: So
wie mit euch homs dena ihra Vorfahrn aa scho
mit die Prophetn gemacht.
[24] Schlimm dran seid ihr, die an Haufn Zeuch hom,
weil für euch werds trostlos.

25 Schlimm dran seid ihr, die sich etz dauernd
vollghaut hom,
weil euch werds gscheit hungern.
Schlimm dran seid ihr, die etz lachn und sich
lustig machn,
weil ihr werdt jammern und greina.
26 Schlimm dran seid ihr, dies gern hom, wenn alla
Leut sie vollschleima. Des hom die Leut scho seiner
Zeit gemacht, und zwar bei södda Prophetn, die net
des verkündt hom, wos der Herrgott will, sondern
wos die Leut gern ghört hom.

Wos mä seina Feinde antun soll: 6,27–36

27 Wenn ihr etz noch zuhört, dann soch ich euch: Ihr sollt
zu eura Feinde so sei wie zu die Leut, die ihr mögt; ihr sollt
dena Guts tun, die an Hass auf euch hom. 28 Ihr sollt guta
Wörter für die hom, die euch verfluchn; ihr sollt für dena
betn, die euch vor die andern runtermachn. 29 Wenn dich
aner neis Gsicht haut, dann sollst na dei Gsicht noch amol
noohaltn. *(Bei dera Sach gehts net um a Schlägerei oder um an Angriff, wu
Leib und Lebn in Gfahr sän, sondern um a Schelln als Zeichn für a schwera
Beleidigung.)* Wenn dich aner überfalln und dir dein Mantl
runtergerissn hot, dann geb na freiwillig dei Jackn aa noch.
30 Wenn aner vo dir wos braucht, dann sollst na des gebn,
egal wer der is. Wenn aner wos genumma hot, wos dir ghört,
nochäd sollst des net zurückverlanga. 31 Wos die andern Leut
für euch tun solln, des is euch klar, obä genau desselba sollt
ihr für die andern aa machn. 32 Wenn ihr die mögt, die euch
aa mögn, und für dena do seid, die für euch aa do sind, dann
is des, genau betracht, a Gschäft auf Gegnseitigkeit. Maant
ihr vielleicht, do müsst euch der Herrgott extra belohna? Ihr
braucht bloß zu dena nooschaun, die sich nix ausn Glaabn
und die Gebote machn – die gebn aa für södda wos her, bei

dena sie wissn, dass wos zurückkummt. 33 Und wenn ihr dena wos Guts tut, die euch aa wos Guts tun, wieso soll euch der Herrgott dodäfür extra belohna? Desselba bringa aa die zamm, die nix nachn Herrgott fragn. 34 Wenn ihr dena Leut a Geld borgt, wu ihr maant, dass ihrs wiederkriegt, wieso sollt euch der Herrgott dodäfür extra belohna? Aa die Gottlosn borgn die Gottlosn a Geld, weil sie maana, dass sies wieder zurückkriegn. 35 Bei euch soll des wos andersch sei als wie a Gschäft auf Gegnseitigkeit. Ihr sollt eura Feinde so mögn, wie ihr eura eigna Leut mögt, und sollt ihna Guts tun und sollt ihna Geld borgn, aa wenn ka Hoffnung is, dass do wos zurückkummt. Des werd sich für euch zigfach lohna und ihr werdt bei den do obn däham sei. Der Herrgott is nämlich selber aner, der gut is zu die unangenehma Typn und bösn Leut. 36 Ihr sollt a Herz für andra Leut hom, so wie euer Vorrä a Herz für dena hot, die untn sän.

Die Fehler vo die andern und die eigna Fehler: 6,37–42

37 Ihr sollt über kan Menschn Gericht haltn, dann werd über euch aa net Gericht ghaltn. Und ihr sollt kan Menschn verurteiln, nochäd werd ihr aa net verurteilt. Ihr sollt an jedn sei Schuld vergebn, nochäd werd euer Schuld aa vergebn. 38 Ihr sollt des Herschenkn praktiziern, nochäd werd ihr aa oft wos gschenkt kriegn. An schön großn Messbecher werdn sie euch vollmachn, sie werdn na schüttln und so viel neistopfn wie nur geht und noch mehr; des alles werdn sie nei eura Taschn schüttn. Do merkt ihr dann: Mit den Messbecher, wu ihr ausgetaalt habt, mit denselbn Messbecher werd euch zugetaalt.« 39 Er hot dann noch a paar Vergleiche gebracht: »Kann vielleicht a Blinder an Blindn richtig führn? Werdn sie net alla zwaa nein Grabn falln? 40 Aner, der noch lernt, is net über sein Lehrer oder Master. Ärschd wenn er alles gelernt hot, dann kann er sich mit sein Lehrer vergleichn. *(A Herz*

hom für die andern, des soll mä bein Herrgott lerna, so wies der Jesus gezeigt
hot. Wer des net lerna will, der taugt net als Jünger oder Apostl.) 41 Wos
schaustn du auf a winzigs Spreißela im Aug vo den Nachbarn
und vo den Riesnprügl in dein eigna Aug merkst du gar nix?
42 Wie kannst du zu dein Nachbarn sagn, ›Nachbar, pass auf,
du host do wos im Aug, ich zieh dir des Spreißela raus‹, und
merkst gar net, dass du in dein Aug an Balkn host? Mensch,
bist du a Heuchler! Zieh ärschd amol den Balkn aus dein Aug
raus und dann kannst du dir des Spreißela im Aug vo dein
Nachbarn anschaun und rausziehn.

Verschiedna Baam und wos drauf wächst: 6,43–46

43 Des gibts ja net, dass a guter gsunder Baam a schlechts an-
gfaults Obst hot, und andersrum: A schlechter kranker Baam
hot ka guts gsunds Obst. 44 An jedn Baam erkennst do dran,
wos drauf wächst. Vo an Dornagstrüpp kannst kana Feign
runtertun und vo an Brombeerstrauch kana Weintraubn. 45 A
guter Mensch is aner, der guta Gedankn und Plän in sein
Herz gsammlt hot wie in aner Schatzkammer, und deswechä
kummt do aa wos Guts bei den raus. Und a böser Mensch,
der hot bösa Gedankn und Plän in sich drinna, und deswechä
kummt bei den wos Schlechts raus. So oder so, wenns in an
Menschn drinna richtig ärbet, so dass sei Herz des Pumpern
anfängt, dann muss des raus. Und dann werd er so redn,
wies na ums Herz is. 46 Wos bringt denn des, wenn ihr mich
anredt, wie wenn ich der Herrgott wär, und wenn ihr in
aner Tour ›Herr, Herr‹ zu mir socht, und dann macht ihr
doch net des, wos ich soch.

Der Mensch braucht a Fundament: 6,47–49

47 Wenn aner zu mir kummt und hört, wos ich soch, und
macht des dann aa – dodäzu erzähl ich euch an Vergleich. 48 Er
is so ähnlich wie a Moo, der a Haus gebaut hot. Der hot sein

Grund ausghobn und däbei hot er so tief neigegrabn, dass er aufn Fels kumma is, und auf den Fels hot er sei Fundament draufgemacht. Wies amol a Hochwasser gebn hot, do is der Fluss wie a reißnder Strom dahergschossn und hot des Haus erwischt. Er hots obä net zum Einsturz gebracht, weil des
solid gebaut war. [49] Des is die aa Seitn vo den Vergleich und
etz kummt die ander. Wenn aner hört, wos ich soch, und machts obä net, dann is des ähnlich wie bei an Moo, der sei Haus einfach aufn blankn Erdbodn gebaut und kan Grund ausghobn hot. Wie do nochäd der Fluss bein Hochwasser mit aner großn Wucht auf des Haus zugschossn is, do is des Haus gleich zammgekracht. Es hot an gewaltign Schlag getan und des Haus war bloß noch a Staahaufn.«

Do kann mä des Glaabn lerna: 7,1–10

[1] Wie der Jesus alles gsocht ghabt hot, wos na wichtig war,
und des vor die Ohrn vo die Leut ausn ganzn Land, is er dä-
nach auf Kapernaum geloffn. [2] Dort hots an schwern Krank-
heitsfall gebn. Der Sklave vo an Hauptmoo war sterbnskrank
und grad an den Bürschla war sei Chef besonders ghängt.
(Der Hauptmoo oder »Zenturio« war der Chef vo hundert Mann bei der
römischn Besatzungsarmee, er hot net zum jüdischn Glaabn ghört.) [3] Wie
der Hauptmoo wos vom Jesus ghört hot, hot er die Ältestn
(des warn die Vertreter vo der jüdischn Gemaa) zu na gschickt und
hot fragn lassn, ob er net kumma und sein Sklavn aus dera
schlimma Lag rettn könnt. [4] Die Ältestn warn ganz aufgeregt
und hom den Jesus inständig gebitt und däbei hom sie noch
gsocht: »Wenns aner verdient hot, dass du na an Wunsch
erfüllst, dann der Hauptmoo. [5] Der mooch unsera Leut und
hot selber däfür gsorgt, dass die Synagogn gebaut worn is.«
[6] Der Jesus is mit ihna ganga. Wie er nimmer weit weg vo
den Hauptmoo sein Haus war, hot der na a paar Freunde
entgechägschickt und hot na ausrichtn lassn: »Du mächtiger

Gottesmoo, mach dir ka Ärbet mit mir. Ich bin des net wert,
dass du bloß an Fuß über meiner Türschwelln setzt. *(Der
Hauptmoo hot gewisst, dass es für an jüdischn Moo verbotn war, nei den Haus
vo an Heidn zu geh.)* 7 Deswechä hob ich mir gedacht, dass ich
aa net des Recht hab, selber zu dir noozugeh. Obä wenn du
nur bloß aa Wort sechst, dann muss mei ›Bu‹ wieder gsund
werdn *(ich häng an den Kerl wie an meina eigna Kinner)*. 8 Ich bin
ja aa a Mensch, der waaß, wos Befehl und Gehorsam sän.
Ich muss meina Överstn folgn, do gibts nix. Auf der andern
Seitn hob ich meina Soldatn unter mir. Wenn ich zu an soch
›Abmarsch!‹, dann marschiert der ab, und wenn ich zu an
andern soch ›do her!‹, dann springt der, und wenn ich zu
mein Sklavn soch ›mach des!‹, dann macht ders.« 9 Wie der
Jesus des ghört hot, hot er sich gewundert. Er hot sich zu
die Leut rumgedreht, die mit na unterwegs warn, und hot
gsocht: »Des muss ich euch sagn, in ganz Israel hob ich
so an Glaabn net gfundn.« 10 Die Leut, die der Hauptmoo
ausgschickt hot, sän wieder hamwärts ganga, und wie sie
nein Haus kumma sän, hom sie den Sklavn getroffn und
der war gsund!

Der Tod is net allmächtig: 7,11–17

11 Es hot net lang gedauert, do is der Jesus nei aner Stadt
ganga, die haaßt Nain, und seina Jünger sän mitgeloffn und
däzu a Haufn Leut. 12 Wie er nei der Näh vo den Stadttor
kumma is, do hot er wos Traurigs gsehn. Sie hom an Totn
rausgetrogn, der war des anziga Kind vo seiner Murrä, und
die war a Witfraa. Die meistn Leut aus der Stadt sän mit
ihr ganga. 13 Der Jesus, der aans is mitn Herrgott, hot die
Fraa angschaut. Do is na ihr Jammer durch und durch ganga
und er hot zu ihr gsocht: »Tu nimmer greina!« 14 Dann is
er nooganga und hot den Sarg angelangt. Die Träger sän
steh gebliebn. Der Jesus hot gsocht: »So jung is er noch. Pass

auf, ich red mit dir! Ich soch dir: Steh auf!« [15] Der Tote hot
sich grad aufgsetzt und des Redn angfangt. Und der Jesus
hot na seiner Murrä zurückgebn. [16] Do hom sies alla mit der
Angst zu tun kriegt, obä trotzdem hom sie den Herrgott Lob
und Dank gsocht und dann hom sie noch gsocht: »A großer
Prophet is unter uns aufgstandn« und »Der Herrgott hot sich
um seina Leut gekümmert und hot sie aufgsucht«. [17] Des Ge-
red über den Jesus is in ganzn jüdischn Land rumganga und
aa über die Grenzn drübn hot mä über na gsprochn.

A wichtiga Frag: 7,18–23

[18] Aa die Jünger vom Johannes hom ihrn Chef über die ganzn
Gschichtn Bericht gebn. Der Johannes hot dann noch amol
zwaa vo seina Leut extra zu sich bestellt. [19] Er hot ihna den
Auftrag gebn, dass sie zu den Jesus – vo den mir sagn, »Er is
aans mitn Herrgott« – noogeh und wos Wichtigs ausrichtn
solltn: »Bist du der, der vom Herrgott als Messias kumma
soll, oder solln mir auf an andern wartn?« [20] Wie die zwaa
nochäd bein Jesus warn, hom sie gsocht: »Der Johannes der
Täufer schickt uns und mir solln dich wos fragn: Bist du der,
der vom Herrgott als Messias kumma soll, oder solln mir auf
an andern wartn?« [21] Der Jesus war grad arg beschäftigt, er
hot sich um viel Leut gekümmert und hot sie vo Krankheitn
und schlimma Leidn gheilt. Aa dena hot er gholfn, dies bös
gebeutlt hot mit Geistes- und Gemütskrankheitn. Und viel
blinda Leut hot er des Augnlicht wieder gebn. [22] Mittn in dera
Ärbet hot der Jesus die Johannesleut a Antwort gebn: »Geht
noo und vermeldt dem Johannes, wos ihr gsehn und ghört
habt: ›Die Blindn sehn, die Lahma laafn rum, die Aussätzign
kriegn a gsunda Haut, die Totn werdn aufgeweckt, die ganz
arma Leut kriegn gsocht, dass sich der Herrgott um ihna
kümmert. [23] Und gut dran is der, der sich net über mir ärgert
und sich net vo mir wegbringa lässt.‹«

Wos der Jesus vom Johannes ghaltn hot: 7,24–35

24 Wie den Johannes seina Leut wieder fort warn, hot der Jesus
angfangt, vor dera riesign Versammlung übern Johannes zu
redn: »Wie ihr seiner Zeit naus der Einöd zum Johannes ge-
loffn seid, wos habt ihr do eigntlich sehn wolln? A Schilfrohr
vielleicht, des der Wind hie- und herschaukIt? *(Deswechä seid*
ihr net naus, weil a Schilf gibts do untn am Jordan immer zu sehn.) 25 Also,
wos habt ihr nochäd sehn wolln, wie ihr do naus geloffn
seid? An Moo vielleicht, in vornehma Klaader? Des kanns
ja aa net gewesn sei. Mir wissn doch alla, dass södda, die
so a sündhaft teuers Zeug anhabn und im Luxus lebn, dass
södda net in aner Einöd, sondern in die Paläste zu findn
sän. 26 Wenns des alles net war, wos habt ihr nochäd sehn
wolln, wie ihr do naus geloffn seid? An Prophetn? Etz sän
mir bein Thema. Ich soch euch sogar: Mehr wie an Prophetn
habt ihr do draußn gsehn! 27 Der Johannes is der, vo den
in die Heilign Schriftn gschriebn is: ›Pass auf‹, secht der
Herrgott, ›ich schick mein Engl vor dir her, der werd dein
Weg herrichtn‹. *(Gemaant is der Weg vom Messias.)* 28 Ich soch
euch, es hot unter der Sunna kan größern Prophetn gebn als
wie den Johannes. Obä genauso wahr is des ander: Es kann
aner des klänsta Licht sein und bei mir mitmachn, dämit in
dera Welt passiert, wos der Herrgott will – dann is so a klans
Licht immer noch wichtiger als wie der Johannes.« 29 Der
Jesus hot noch weiter geredt: »Praktisch des ganza Gottesvolk
hot den Johannes zughört und sogar die Zollpächter hom na
Recht gebn in dem, wos er vom Herrgott gepredigt hot, und
sie hom sich taafn lassn. 30 Die Pharisäer obä und die Expertn,
die die Gsetze in die Heilign Schriftn studiern und auslegn,
grad die hom sich gechän Herrgott und seina Plän mit ihna
gstellt und hom sich net vom Johannes taafn lassn. 31 Ich
such amol an Vergleich däfür, wie unsera Zeitgenossn sich

aufführn, wenn sie den Johannes hörn und wenn sie mich
hörn. 32 Sie kumma mir vor wie Kinner, die aufn Marktplatz
hockn. Spieln tun sie net, weil sie gstrittn hom, und mit
nix sän sie zufriedn, obä schreia tun sie. Sie plärrn die altn
Versla, ihr kennt sie ja: ›Hochzeitsliedla hom mir gspielt,
obä ihr habt net getanzt.‹ So bläkt die ärschda Gruppn.
›Trauerliedla hom mir gsunga, obä ihr habt net gegrinna.‹
So bläkt die zweita Gruppn. *(Lustig oder traurig, nix passt ihna,
sie wissn net, wos sie wolln. Bei euch is des genauso.)* 33 Johannes der
Täufer is kumma. Der hots mitn Fastn ghabt, der hot ka Brot
gessn und kan Wein getrunkn, do socht ihr: ›Der spinnt,
der hot an bösn Wahn.‹ 34 Den Herrgott sei Bevollmächtigter
is kumma, ›der Menschnsohn‹. Der macht sei Brotzeit, der
trinkt sei Schöppla Wein, do socht ihr: ›Do schau noo, der
frisst und säuft! Und a Kumpl vo die Zollpächter und vo die
Gottlosn, die ka Gebote mehr kenna, is er aa noch.‹ *(Dass
der Herrgott durch den Johannes spricht und dass er durch mich wos Neus
angfangt hot, des könna bloß die aufnehma, die sich ganz drauf einlassn. Die
sän net wie södda, die überoll wos auszusetzn hom, oder wie sella Kinner aufn
Marktplatz, die bei nix richtig mitmachn und net wissn, wos sie wolln. Es
gibt ja noch andera Kinner, die sich wos sagn lassn und gern mitmachn. Die
sän a Beispiel für des, wos glaabn haaßt.)* 35 Alla Gotteskinner, dies
den Herrgott glaabn, dass er wie a guter Vorrä alles für seina
Kinner tut, hom den Johannes schließlich Recht gebn: ›Den
Herrgott sei Weisheit hot uns gholfn und net des, wos an
die Leut einredn wolln.‹«

Mit »so aner« lässt sich der Jesus ein: 7,36–50

36 Aner vo die Pharisäer hot amol den Jesus zum Essn einge-
ladn. Und er is nei den sein Haus ganga und hot sich mit
noon Tisch gelegt. *(Seiner Zeit hot mä sich bei an Festessn auf Polster
gelegt. Mitn linkn Arm hot mä sich aufgstützt und mit der rechtn Hend hot
mä zugelangt. Der Tisch war natürlich arg niedrig. Nebern Essn war wichtig,*

dass mä mitanander geredt hot. Die Türn warn weit offn, so dass aa fremda
Leut hom neigehn und zuhörn könna.) 37 Etz war in dera Stadt a Fraa,
vo deras ghaaßn hot, dass sie für Geld alles mitmachät. Wie
die Fraa erfahrn hot, dass der Jesus im Haus vo an Pharisäer
bein Feiern wär, hot sie a Alabasterdösla mit aner teuern
Creme genumma und is aa dortnoo ganga. 38 Vo rückwärts,
wu den Jesus seina Füß warn, is sie zu na noo. Obä weil sie
gegrinna hot, sän a poor Träna auf seina Füß gfalln und sie
hot na mit ihra Haar abgetrocknt. Dann hot sie seina Füß
noch abgeküsst und die teuer Creme draufgetan. 39 Wie der
Pharisäer, der na eigeladn hat, des gsehn hot, do hot er bei
sich gedacht: »Wenn der a Prophet wär, dann hätt er scho
längst gemerkt, wos des für ana is, die do an na rummacht.
A Schand is so a Weib!« 40 Der Jesus hot des mitgekriegt und
hot zu na gsocht: »Simon, ich muss dir wos sagn.« Der Simon
hot geantwort: »Du bist der Experte in die Heilign Schriftn,
red und ich hör.« Der Jesus hot angfangt: 41 »Zwaa Männer
hom bei an Geldverleiher an Kredit aufgenumma. Der ane
war na 500 Euro schuldig, der zweite 50 Euro. 42 Wie sies
net zurückzahln gekönnt hom, hot der Gläubiger alla zwaa
ihr Schuld erlassn. Welcher vo dena zwaa werd na mehr
gemocht hom?« 43 Der Simon hot geantwort: »Ich maan der,
der mehr gschenkt kriegt hot.« Der Jesus hot zu na gsocht:
»Du host richtig entschiedn.« 44 Und er hot sich zu der Fraa
noogedreht und hot däbei zum Simon gsocht: »Siehst du
überhaupt, wos für a Mensch die Fraa in Wirklichkeit is?
Ich bin nei dein Haus kumma, und du host mir ka Wasser
noogstellt, wie sichs eigntlich ghört, dämit ich meina Füß
hätt waschn könna. Obä die Fraa hot meina Füß mit ihra
Träna nass gemacht und hot sie mit ihra Haar abgetrocknt.
45 Du host mir kan Kuss zur Begrüßung gebn, wie sichs
eigntlich ghört. Obä die Fraa hot gar nimmer aufghört, meina
Füß zu küssn, seitdem sie do reinkumma is. 46 Du host mir

net die Ehr gebn, a Creme auf mein Kopf zu tun, obä die
Fraa hot mir a teura Creme auf die Füß getan. 47 Deswechä
soch ich dir: Der Fraa sän ihra Haufn Sündn vergebn worn.
Des sieht mä do dran, dass ihr nix zu viel war für den, der
sie mooch. Aner, der wenig Vergebung braucht, der werd aa
kaum begreifn, wos mä alles für jemand tut, der an mooch
und der an Guts getan hot.« 48 Und zu der Fraa hot er gsocht:
»Deina Sündn sän dir vergebn.« 49 Die andern, die mit na
am Tisch warn, hom unternander des Redn angfangt: »Wer
isn der, dass er Sündn vergibt?« 50 Der Jesus obä hot zu der
Fraa gsocht: »Dei Vertraun zum Herrgott und zu mir hot
dei Lebn auf an gutn Weg gebracht. Geh haam und du werst
sehn: Der Herrgott machts gut mit dir.«

Damals war des a Skandal: Frauen hom den Jesus begleit: 8,1–3

1 Wie des rum war, is der Jesus die ganz Zeit vo aner Stadt
nei der andern und vo an Dorf nei den andern gezogn.
Däbei hot er öffentlich zu die Leut gsprochn und ihna die
gut Nachricht gebracht, dass der Herrgott dran ärbetn tät,
dass die Leut auf na hörn und endlich in Glück und Friedn
lebn könntn. Und die Zwölf sän mit na gezogn 2 und a paar
Frauen, die er vo schlimma Krankheitn gheilt hot, aa vo
solcha Zuständ, wu sie nimmer gewisst hom, was sie machn.
Die Maria war däbei, die aa Magdalena ghaaßn hot, weil
sie vo Magdala war. Die hot er vo ihra krankhaftn Ängste
und vo der Zerstörungswut befreit. Mä könnt sagn, siebn
bösa Geister hom in ihrn Lebn ghaust und hom sie gequält
ghabt. 3 Die Johanna war däbei, die Fraa vom Chuza, der bein
Herodes in der Verwaltung war. Und weiter warn däbei: die
Susanna und noch viel andera, die sich gekümmert hom,
dass der Jesus und seina Leut wos zum Essn kriegt hom, und
des hom die Frauen aus ihrer eigna Taschn bezahlt.

Des Gleichnis vom Sämoo: 8,4–8

[4] Wie amol wieder a Haufn Leut zammkumma und vo jeder
Stadt zum Jesus noogströmt sän, do hot er a Gleichnis her-
genumma und zu ihna gsocht: [5] »A Bauer is naus sein Acker
ganga und hot den Soma ausgeworfn. Beim Säa is passiert,
dass aa Taal dänebn aufn Weg gfalln und dort neigsappt
worn is. Do sän die Vögela kumma und hom die Körner
aufgepickt. [6] A anderer Taal is auf an staanign Bodn gfalln. Do
is a weng wos aufganga, obä nochäd is es ausgetrocknt, weils
ka Feuchtigkeit ghabt hot. [7] Und wieder a Taal is mittn unter
die Dörner gerieselt und die Dörner sän mit aufgewachsn
und hom alles erstickt. [8] Und aa Taal is auf an gutn Bodn
gfalln, is gewachsn und hot hundertfach Körner getragn.«
Dann hot der Jesus noch extra gsocht: »Macht eura Ohrn
weit auf, dämit des neigeht, wos wichtig is.«

Schwer zum Begreifn: 8,9–10

[9] Seina Jünger hom gfragt, wos des Gleichnis bedeutn sollt.
[10] Er hot zu ihna gsocht: »Ihr habt scho so viel mitn Herrgott
erlebt, dass ihr des Gleichnis versteht, wus drum geht, wie
er immer mehr Menschn auf seiner Seitn zieht. Die andern
obä, die bis etz noch net mitgemacht hom, die kriegns
in Gleichnisse gsocht, so dass sie alles vor Augn hom und
trotzdem net sehn, wos los is. Es geht ihna alles nei die Ohrn
und sie verstehn trotzdem nix vo dem, wos gsocht werd.
(Dena kann mäs noch so schö erklärn, die wolln nix sehn und die wolln nix verstehn.)«

Wos der Herrgott secht, werd sehr verschiedn aufgenumma: 8,11–15

[11] Etz soch ich euch, wos des Gleichnis bedeut. Der Soma is
des, wos der Herrgott die Menschn zu sagn hot. [12] Wos mit

den Soma am Weg passiert, is desselba, wos passiert, wenn
der Herrgott wos zu die Menschn secht. Do sän welcha,
die hörn scho zu, obä nochäd kummt der Teufl und reißt
a jeds Wort wieder aus ihrn Herz raus wie a Pflänzla ausn
Bodn, dämit sie nix glaabn und aa net gerett werdn. 13 Bei die
andern gehts zu wie bei den Soma, der auf an staanign Bodn
gfalln is. Des sän Leut, die hörn zu und nehma alles mit
Begeisterung auf, wos ihna vom Herrgott gsocht werd, obä
des schlägt kana Wurzeln, des geht net tiefer nei bei dena.
Für a kurza Zeit hom sie an Glaabn, obä in die schwierign
Zeitn falln sie ab. 14 Bei dem, wos nei die Dörner gfalln is,
muss mä wieder an andera Leut denkn. Die hörn scho auf
des, wos ihna vom Herrgott gsocht werd, obä nochäd hom
sie den Kopf voll Sorgn, sie sän dämit beschäftigt, wie sie ihr
Geld am bestn anlegn, und sie wolln nix auslassn, wos Spaß
macht im Lebn. So bringa sie ihra Tooch zu, fürn Herrgott
bleibt immer wenger Zeit, der Glaabn geht ein wie a Primela,
wenns ka Wasser hot, do kann sich nix entwickln. 15 Wos
ganz andersch is des mit dem, wos auf an gutn Bodn gfalln
is. Wos do passiert, is a Gleichnis für die Leut, die des, wos
vom Herrgott gsocht is, net bloß mit die Ohrn hörn. Die
hom a weits und guts Herz, do nehma sies auf und lassns
aa drinna. Sie könna wartn, bis wos wächst, und bringa
Frucht.«

Sein Glaabn soll mä net versteckn: 8,16–18

16 *(Des nächsta Gleichnis geht nei aner andern Richtung. Wos die Jünger
bein Jesus lerna, soll nei der Öffntlichkeit.)* »Ka vernünftiger Mensch
zündt a Kerzn an und deckt sie nochäd mit an Kochtopf
zu oder stellt sie unter aner Bettstatt, des wär a Blödsinn.
Sondern mä stellt die Kerzn auf an Leuchter, dämit alla, die
nei der Stubn kumma, a Licht hom und wos sehn könna.
17 Wos ich verkündt, des soll net in a paar gstudierta Grüppla

versteckt werdn, sondern des soll unter die Leut. Wos ich
verkünd, des is ka Geheimlehre, sondern des soll öffntlich
ausgebraat werdn, dämit alla wos dävon hom. 18 Für euch
kummts etz drauf an, dass des, wos ich euch soch, net bei
an Ohr nei und bein andern wieder naus geht, do soll wos
hänga bleibn! Wenn aner wos aufgenumma hot, der kriegt
noch mehr däzu, und wenn aner nix aufnimmt, dann werd
na des bissla, wu er sich einbildt, er hätt wos, aa noch ge-
numma.«

Den Jesus seina richtign Verwandtn: 8,19–21

19 Amol sän sei Murrä und seina Brüder zu na kumma, obä
wechä die Haufn Leut hom sie ka Familientreffn machn
könna, sie sän gar net bis zu na durchkumma. 20 Do hom
na a paar vermeldt: »Dei Murrä und deina Brüder stehn
draußn und wolln dich sehn.« 21 Er obä hot geantwort und
hot gsocht: »Mei Murrä und meina Brüder sän die, die hörn
und tun, wos ihna vom Herrgott gsocht is.«

Beinah unterganga und doch gerett: 8,22–25

22 An andern Tooch in dera Zeit is passiert, dass er nei an
Schelch gstiegn is und seina Jünger warn aa däbei. Er hot zu
ihna gsocht: »Mir wolln nüberfahrn auf die ander Seitn.«
Und sie hom des Rudern angfangt. 23 Wie sie scho a schöns
Stückla draußn warn, is er eingschlafn. Auf amol is vo die
Berg her a Sturmwind auf den See nuntergfahrn, des Bootla
hots mit Wasser vollghaut, und etz is gfährlich worn für ihna.
24 Do sän sie zum Jesus noo, hom na aufgeweckt und hom
gschriea: »Chef! Chef! Mir saufn ab! Mir sän verlorn!« Do is
er aufgwacht und hot den Sturm und die Welln angeherrscht.
Und die hom des Tobn aufghört und ka Lüftla hot sich mehr
geregt. 25 Er obä hot zu ihna gsocht: »Wu isn euer Glaabn
gebliebn?« Sie warn erschrockn und hom nimmer gewisst,

wie sie dran warn. Unteranander hom sie gsocht: »Wer isn
des, dass er den Sturm und die Welln Befehle gebn kann,
und die hörn auf na?«

Die bösn Geister müssn raus: 8,26–39

26 Dänach sän sie nüber zu den Gebiet vo die Gerasener
gfahrn. Des liegt gechäüber vo Galiläa. 27 Wie der Jesus an
Land ganga war, is na a Moo aus der Stadt nein Weg geloffn,
der war geisteskrank. (*Er hot Stimma ghört und manchmol hot er
a Zeug geredt, des net aus na selber war.*) Er hot fast nix anghabt,
bloß a paar Fetzn sän an na rumgschlottert. Er is nimmer
däham gebliebn, sondern hot bei die Gräber ghaust. 28 Wie
er den Jesus gsehn hot, hot er an Brüller getan, hot sich
vor na noogeworfn und hot mit gewaltiger Stimm gebläkt:
»Wos willstn du vo mir, Jesus, Sohn vom höchstn Gott? Ich
fleh dich an, quäl mich net!« 29 Der Jesus war nämlich grad
däbei gewesn, dera Krankheit, die den Moo verwirrt und
gequält hot, den Befehl zu gebn, dass sie aus na rausgeh
sollät. Scho die ganza Zeit hot die Krankheit den Moo in
ihra Klaua ghobt, und mä hot na an Händ und Füß mit
Kettn gfesslt und anghängt ghobt, und außerdem hot mä na
bewacht. Obä der hot die Fessln zerbrochn. Es war a böser
Geist in na drin, der hot na an einsama Plätz nausgetriebn.
30 Etz war er also bein Jesus und der hot den bösn Geist
befragt, wie wenn er a extra Person in dem Krankn drinna
wär: »Wie is dei Noma?« Und a Stimm hot gsocht: »Legion.«
In dem Moo warn a Haufn Stimma und Gedankn, die na
gequält hom, »Dämona« hot mä seiner Zeit gsocht. 31 Und
die Dämona hom den Jesus gebitt, dass er ihna ja net den
Befehl gebn sollt, nei der tiefstn Höll zu störzn. 32 Etz war dort
am Berg grad a großa Herd Säu auf der Weidn. Die Dämona
hom den Jesus gebitt, er möchäts zulassn, dass sie in die
Säu gehn tätn. Und er hots gelittn. 33 Do sän die Dämona

aus dem Moo raus- und in die Säu neiganga. Die Herd hot angfangt zu renna, sie sän den steiln Ranga nuntergschossn bis nein See und dort sän sie alla ersoffn. [34] Wie die Säuhirtn gsehn hom, wos do passiert is, sän sie abghaut und hom überoll vo dera Gschicht erzählt, in die Städt und in die Käffer aufn Land. [35] Do sän die Leut nausgeloffn und hom die Neuigkeit sehn wolln. Sie sän noo bein Jesus kumma und hom den Moo gfundn, vo den die Dämona rausganga warn. Und etz kummt die Überraschung: Der Moo war bein Jesus seina Füß ghockt, er war gscheit angezogn und hot an richtig vernünftign Eindruck gemacht. Des hom die gar net fassn könna und sie hom sich arg gförcht. [36] Sie hom obä gleich erfahrn, wos alles passiert war. Dies mit eigna Augn gsehn hom, wie »der Moo mit die Dämona« gerett worn is, die hom ihna alles bericht. [37] Und die ganzn Leut aus der Gegnd vo Gerasa hom än Jesus gebitt, er sollät vo ihna fortgeh. Sie hom nämlich großa Ängstn kriegt ghabt. Do is er nei an Boot gstiegn und is zurück gfahrn. [38] Der Moo obä, vo den die Dämona rausganga warn, hot na zuvor noch gebitt, dass er bei na bleibn derfät. Der Jesus obä hot na fortgschickt und hot zu na gsocht: [39] »Es is besser, du gehst wieder haam und erzählst dort, wie viel der Herrgott für dich getan hat.« Und der Moo is wegganga und hot in der ganzn Stadt verkündt, wos der Jesus für na getan hot.

Alles geglabt und alles gewunna: 8,40–56

[40] Wie der Jesus aus dera ausländischn Gegnd zurückkumma is, hot na des Volk gleich in Empfang genumma. Sie hom nämlich alla scho auf na gewart. [41] Dann is wieder wos Besonders passiert. A Moo is zu na kumma, der hot Jairus ghaaßn und war in der Synagogn der Vorstand. Der hot sich vorn Jesus sei Füß geworfn und hot na inständig gebitt, er möchät nei sein Haus kumma, [42] er hätt a anzigs Töchterla vo

zwölf Jahr und die liegät im Sterbn. Der Jesus hot sich gleich
aufgemacht, obä die Haufn Leut hom so auf na zugschobn,
dass er fast ka Luft mehr kriegt hot. [43] Do war a Fraa däbei,
bei dera hom seit zwölf Jahr die Blutunga nimmer aufghört,
ka Dokter hot ihr helfn könna. [44] Die Fraa is vo hintn her
zu na nooganga und hot ana vo die Quastn angelangt, die
an sein Mantl warn. *(Die Quastn warn des Zeichn, dass der Jesus die
Gebote beacht hot.)* Im nämlichn Augnblick sän ihra Blutunga
zum Stillstand kumma. [45] Und der Jesus hot gsocht: »Wer
hot mich angelangt?« Wie kans wos zugebn hot, hot der
Petrus gsocht: »Chef, des is halt des Gemöhr vo die Leut,
die schiebn do rum, dass nimmer feierlich is.« [46] Obä der
Jesus hot gsocht: »Aans hot mich angelangt, ich hob des
gspürt, des war, wie wenn mit an Schlag mei ganza Kraft
weg gewesn wär, so wie nach aner schwern Ärbet.« [47] Die
Fraa hätt sich am liebstn nei an Mausloch verkrochn, so
hot sie sich geniert, etz sollät alles rauskumma. Am ganzn
Körper hot sie gezittert, wie sie zu na noo is. Sie hot sich
vor na noogeworfn und dann hot sie vor alla Leut erzählt,
warum sie na angelangt hot und wie sie auf der Stell gheilt
worn is. [48] Der Jesus obä hot zu ihr gsocht: »Tochter, dei
Glaabn hot dich gerett. Geh deina Weg im Friedn, der vom
Herrgott kummt. [49] Er war noch bein Redn, do kummt aner
vo den Synagognvorstand seina Leut und secht zu den: »Dei
Töchterla is gstorbn. Lass den Lehrer vo die Heilign Schriftn
in Ruh, alla Mühn sän etz umsonst.« [50] Der Jesus obä hot
des aufgschnappt und hot zu den Vorstand gsocht: »Hab
ka Angst! Verlass dich ganz aufn Herrgott. Du werst sehn,
es gibt a Rettung für dei Madla.« [51] Wie der Jesus noo den
Haus kumma is, hot er kans mit neigelassn, bloß den Petrus
und den Johannes und den Jakobus, däzu den Vorrä und die
Murrä vo den Kind. [52] Alla Leut hom laut gegrinna und um
des Madla getrauert. Der Jesus obä hot gsocht: [53] »Hört mitn

Greina auf! Die is net gstorbn, die schlöfft nur bloß.« Do
hom sie na ausgelacht, sie hom ja gewisst, dass sie gstorbn
war. 54 Er obä hot ihr Hend angepackt und hot laut gerufn:
»Kind, wach auf!« 55 Do is wieder Lebn nei ihr kumma und
sie is auf der Stell aufgstandn. Und der Jesus hot angebn,
mä sollät ihr wos zum Essn gebn. 56 Ihra Eltern warn ganz
durchananderr. Der Jesus hot ihna eingschärft, dass sie zu
kan Menschn wos sagn derfätn über des, wos do passiert
is.

Die Zwölf werdn unter die Leut gschickt: 9,1–6

1 Amol hot der Jesus die zwölf Apostl zammgerufn und
hot ihna die göttlicha Kraft gebn, dämit sie die schlimma
Krankheitn und Süchte besiegn könntn, die den Geist und
die Seele vo die Menschn kaputt machn, und dämit sie
aa die andern schwern Krankheitn heiln könntn. 2 Er hot
sie ausgschickt, dass sie öffntlich verkündign solltn: »Der
Herrgott richt etz sei Herrschaft auf«, und dass sie die Leut
gsund machn solltn. 3 Und er hot zu ihna gsocht: »Auf
euern Weg sollt ihr nix mitnehma, kan Wanderstock, kan
Rucksack, ka Brot, ka Geld, net amol a zweits Unterhemd
zum Wechsln. 4 Wenn ihr in an Haus Aufnahm gfundn habt,
nochäd bleibt bei dena Leut (*und sucht net rum, ob ihr vielleicht
wos Bessers findt*). Zieht ärschd weiter, wenn ihr in dera Gegnd
euer Ärbet getan habt. 5 Wenn sie euch in aner Stadt net
aufnehma, nochäd geht gleich wieder fort vo dena und
schüttlt den Staub vo eura Füß. Des zeigt, dass ihr mit dena
nix mehr zu tun habt (*net amol des bissla Dreck wollt ihr vo dena
mitnehma*) und dass etz der Herrgott über ihna richtn werd.«
6 Do hom sie sich aufn Weg gemacht und sän vo an Dorf
nein andern gezogn. Sie hom dena Leut gsocht, dass der
Herrgott etz sein Heiland zu die Menschn gschickt hätt, und
überoll hom sie welcha gsund gemacht.

Der Herodes möcht wissn, wer der Jesus is: 9,7–9

7 Wos do alles passiert is, des is aa den Herodes zu Ohrn
kumma, der in Galiläa der Herrscher war. Den hots ka
Ruh gelassn, weil a paar gsocht hom: »Der Johannes is vo
die Totn aufgstandn.« 8 Andera hom gemaant: »Der Elia is
erschiena.« Und wieder andera hom behaupt: »Der Jesus,
des is aner vo die altn Prophetn, der wieder aufgstandn is.«
9 Der Herodes hot gsocht: »Den Johannes hab ich an Kopf
kürzer gemacht. Wer is nocher der, vo den solcha Sachn
erzählt werdn?« Er hot alla Hebl in Bewegung gsetzt, dass
er na zu sehn kriegn tät.

Die Zwölf kumma zurück und fünftausend Mann werdn vo wenig satt: 9,10–17

10 Derweil sän die Apostl zurückkumma und hom den Jesus
ausführlich bericht, wos für gewaltiga Sachn sie zammge-
bracht hom. Er obä hot ihna an Wink gebn, do hom sie sich
vo die andern Leut zurückgezogn und dann sän sie zamm
nei aner andern Stadt, die haaßt Bethsaida. 11 Die Leut obä
hom des rausgebracht und sän na nach. Er hot sie zu sich
noo gelassn und hot ihna vom Herrgott erzählt, wie der
etz immer mehr Menschn für sich gewinnt, und er hot die
gheilt, die sei Hilfe gebraucht hom. 12 Derweil is langsam
aufn Ohmnd zuganga. Do sän die Zwölf zu na kumma und
hom gsocht: »Du solläst die Leut etz fortschickn, dämit sie
nei die Dörfer und zu die Bauern gehn und a weng einkehrn
und Brotzeit machn, weil mä in dera einsama Gegnd do nix
kriegt.« 13 Er obä hot zu ihna gsocht: »Gebt doch ihr ihna
wos zum Essn!« Sie hom na zur Antwort gebn: »Alles, wos
mir hom, sän fünf Laab Brot und zwaa Fisch. Wenn des
mehr werdn soll, dann müsst mä ärschd fortgeh und gscheit

einkaafn. Für des ganza Volk do bräucht mä an Wagn voll
Brot.« 14 Es warn dort ungfähr fünftausend Mann. Und der
Jesus hot zu seina Jünger gsocht: »Geht noo und socht zu die
Leut, dass sie sich noohockn solln, immer fuchzig Mann solln
sich zammtun (*so viel wie sonst bei an Festmahl*).« 15 Genauso hom
sies gemacht und däfür gsorgt, dass sich alla nooghockt hom.
16 Dann hot der Jesus die fünf Laab Brot genumma und die
zwaa Fisch, hot naufn Himml gschaut, hot a Gebet über alles
gsprochn und hots nei lauter klana Stückla getaalt. Dänach
hot ers die Jünger gebn, dämit sies dera riesn Gsellschaft
bringa sollтn. 17 Und alla hom sie gessn und alla sän sie satt
worn. Wos vo die Brote übrig war, is aufghobn worn, des
warn zwölf Tragkörb.

Wer der Jesus is: 9,18–20

18 Amol hot der Jesus für sich ganz allaa gebett und nur seina
Jünger warn bei na. Do hot er sie gfragt: »Wenn die Leut
unernander redn, wos maana sie, wer ich bin?« 19 Der Petrus
hot die Antwort gebn und hot gsocht: »Johannes der Täufer,
andera ›Elia‹, andera ›aner vo die altn Prophetn is wieder
lebendig worn‹«. 20 Und er hot zu ihna gsocht: »Und wos
maant ihr, wer ich bin?« Wieder hot der Petrus die Antwort
gebn und hot gsocht: »Der Messia vom Herrgott.«

Zum ärschdn Mol spricht der Jesus vo sein Tod: 9,21–22

21 Er hot ihna eingetrichtert, dass sie des zu ja kan Menschn
sagn sollтn. 22 Dann hot er gsocht: »Der vom Herrgott kummt
und in die Heilign Schriftn ›Menschnsohn‹ haaßt, der muss
viel leidn und werd aus der jüdischn Gemaa ausgstoßn vo
die Öberstn in der Gemaa, vo die Ältestn, die Hohenpriester
und die Theologn. Es is na bestimmt, dass er umgebracht
werd und dass er vo die Totn auferweckt werd.«

Lebn verliern und Lebn gewinna: 9,23–27

[23] Und dann hot er zu alla gsocht: »Wenn aner den Weg gehn
will, den ich vorausgeh, dann muss er sei eigna Person total
zurückstelln und Tooch für Tooch sei Kreuz auf sich nehma
und auf mein Weg gehn, mir nach. [24] Wenn aner alles im
Lebn kriegn will, wos er sich vorgstellt hot, der werd am End
mit leera Händ dostehn. Wenn aner sei ganza Lebnsplanung
wechä mir übern Haufn werfn kann, dann werd der am
End sagn könna: ›Mei Lebn hot an Sinn ghabt.‹ [25] Wos hilftn
des, wenn aner sich alles leistn und kaafn kann, und des,
wos sei Lebn ausmachn tät, gehät däbei flötn, nämlich gut
sei mitanander, a Freud hom, für andera wos tun, Zeit hom
für sich und den Herrgott. [26] Wer sich däfür geniert, dass er
zu mir ghört, und wer zu feig is, sich zu mir zu bekenna,
der werds erlebn, wie den Herrgott sei Bevollmächtigter,
der ›Menschnsohn‹, sich für ihn aa geniert und nix vo na
wissn will. Des werd dann sei, wenn er ganz andersch zu die
Menschn kummt als wie etz, nämlich mit der Herrlichkeit,
die er nach seiner Auferstehung hot, und mit der Macht,
die wie a Lichtglanz vo sein Vorrä im Himml und vo die
heilign Engl ausgeht. [27] Wos ich euch sag, is gwieß wahr: A
paar vo dena, die etz do stehn, die werdn so lang net sterbn
bis sie sehn, wie der Herrgott immer mehr Leut gewinnt
und wie a Gemeinschaft wächst, wu a Gottvertraun do is
und a echta Nächstnliebe.«

A Durchblick wie nur seltn: 9,28–36

[28] Es warn ungfähr acht Tooch nach dena Redn vorbei, do
hot der Jesus den Petrus und den Johannes und den Jakobus
mitgenumma und is auf den Berg gstiegn. Do hot er betn
wolln. [29] Wie er grad bein Betn war, do is passiert, dass auf
amol sei Gsicht ganz andersch ausgschaut hot, und seina

Klaader hom weiß gstrahlt und geglänzt. 30 Zwaa Männer hom mit na geredt, des warn der Mose und der Elia, 31 die sän in an Lichtglanz erschiena und hom mit na über sei End gsprochn, wie er in Jerusalem alles nachn Herrgott sein Willn zum Abschluss bringa sollät. 32 Den Petrus obä und die zwaa andern Jünger hot der Schlaf überwältigt. Wie sie dann aufgewacht sän, hom sie den Jesus sein Lichtglanz gsehn und die zwaa Männer, die bei na warn. 33 Und dann wars, wie wenn die zwaa vom Jesus fortgeh wollten. Do hot der Petrus zum Jesus gsocht: »Chef, des is a groß Glück, dass mir do beinander sän. Geh zu, mir baun etz drei Zelte, aans für dich, aans fürn Mose und aans fürn Elia.« – Der Petrus hot gar net gewisst, wos er do eigntlich gsocht hot. *(Wie kann mä sich einbildn, dass mä so a Erscheinung festhaltn kann?)* – 34 Wie der Petrus noch so geredt hot, war auf amol a Wolkn do und hot ihrn Schattn über ihna geworfn. *(Do is ka Regnwolkn gemaant. In die Heilign Schriftn is die Wolkn des Zeichn, dass der Herrgott in der Näh is.)* Sie homs mit der Angst zu tun kriegt, wie sie in die Wolkn neigeratn sän. 35 Dann war a Stimm aus der Wolkn raus do und die hot gsocht: »Der is mei Sohn, der is für besondera Aufträg auserwählt, auf den sollt ihr hörn.« 36 Die Stimm war noch do, obä scho hot mä den Jesus bloß noch allaa gsehn. Sie hom des schö für sich behaltn und hom in dena Tooch kan Menschn wos verratn vo dem, wos sie gsehn hom.

A furchtbarer Quälgeist werd vertriebn: 9,37–43 a

37 Gleich am nächstn Tooch, wie sie vom Berg runtergstiegn warn, sän ihna a Haufn Leut entgechä kumma. 38 A Moo hot laut gschriea: »Ehrwürdiger Lehrer der Heilign Schriftn, ich bitt dich, nehm dir a weng Zeit für mein Bubm, er is mei anziger. 39 A schlimma Krankheit hot na in ihrer Gewalt, des muss a böser Geist sei. Der wenn na packt, dann schreit er

plötzlich, es haut na hie und her, er hot Schaum vorn Mund.
Es is furchtbar, bis des endlich amol nachlässt, und dann is
der Bu in an Zustand, wie wenn sie na gfoltert hättn. 40 Ich
hab deina Jünger gebitt, dass sie na den bösn Geist austreibn
solltn, obä sie homs net zammgebracht.« 41 Der Jesus hot
drauf gsocht: »Unter wos für Leut bin ich do neigeratn? Des
is, wies scho bein Mose war, sie hom kein Glaabn und ihr
Lebn is a heillos Durchananander. Wie lang muss ich noch bei
euch sei und euch ertragn? 42 Bring dein Bubm doher bei
mir!« Der Bu wollt grad aufn Jesus zugeh, do hot na der
böse Geist aufn Boden geworfn und mit an Krampf gequält.
Der Jesus obä hot den bösn Geist scharf angfahrn und so
hot er den Bubm gheilt und hot na sein Vorrä zurückgebn.
43 a Alla ringsrum warn außer sich vor Schreckn und Stauna
dodrüber, wos für a gewaltiga Macht der Herrgott hot.

Zum zweitn Mol spricht der Jesus vo sein Tod: 9,43 b–45

43 b Und wie sie sich noch gewundert hom über alles, wos der
Jesus getan hot, hot der zu seina Jünger gsocht: 44 »Wos ich
etz sag, des müsst ihr euch gut merkn. Der Bevollmächtigte
vom Herrgott, ›der Menschnsohn‹, werd nei die Händ vo
Menschn übergebn.« 45 Sie obä hom die Red net verstandn.
Sie homs net begriffn, wos er gemaant hot, sie hom den
ganzn Sinn net kapiert. Sie hom sich obä aa net getraut, den
Jesus wechä dera Red zu fragn.

Wer is der Größt?: 9,46–48

46 Amol is unter die Jünger a Diskussion aufkumma, wer
wohl der Größt vo ihna wär. 47 Der Jesus hot gewisst, wie
wichtig ihna des Thema war. Etz war do grad a klans Kind
in der Näh, des hot er bei der Hend genumma und hots
neber sich noogstellt. 48 Dann hot er zu ihna gsocht: »Wer
des Kind aufnimmt, wer na Schutz und Liebe gibt, weil er

verstandn hot, dass des für mich wichtig is, wer also des Kind aufnimmt, der nimmt in Wirklichkeit mich selber auf. Und wer mich aufnimmt, der nimmt den auf, der mich nei dera Welt gschickt hot. Wer der Klänst is vo euch alla *(weil er sich aa um die ganz Klan und Hilflosn kümmert)*, der is der Größt.«

Hauptsach, es tut aner wos Guts: 9,49–50

[49] Dänach hot der Johannes zum Jesus gsocht: »Chef, mir hom an kennagelernt, der treibt in dein Noma die bösn Geister aus. Mir hom na des verbotn, weil er net mit uns aufn Weg is, dir nach.« [50] Der Jesus obä hot zum Johannes gsocht: »Legt den Moo nix nein Weg. Denn wenn aner net gechä euch ärbet, dann is er auf eurer Seitn.«

Fanatischa Anhänger hom bein Jesus nix verlorn: 9,51–56

[51] Es is etz die Zeit kumma, wu des Wichtigsta passiern sollt, wos der Herrgott mitn Jesus vorghabt hot: Er hot sterbn müssn, er is vo die Totn auferweckt worn, er is nein Herrgott seiner unsichtbarn Welt aufgenumma worn. Der Jesus hot gewisst, wos auf na zukummt, und er hots angreifn wolln. Er hot alles drauf ausgericht, dass er etz nach Jerusalem gehät. [52] Er hot a paar vo seina Leut vorausgschickt. Wie sie unterwegs warn, sän sie nei an Dorf vo die Samaritaner ganga, dämit sie dort Quartier für na machn könntn. *(Zwischn die Judn und die Samaritaner hots a uralta Feindschaft gebn, do hom die Religion und die Rasse a Rolln gspielt.)* [53] Die Leut dort hom angeblich nix für den Jesus frei ghabt, er war schließlich aner, der nach Jerusalem unterwegs war. [54] Zwaa Jünger, der Jakobus und der Johannes, hom des mitkriegt und hom zum Jesus gsocht: »Mächtig bist du wie der Herrgott. Willst du, dass mir a Machtwort sprechn, dämit Feuer vom Himml fällt und sie alla verbrenna, so wie des seiner Zeit der Elia gemacht hot?«

55 Er obä is rumgfahrn und hot sie scharf angeredt: »Wisst ihr net, wos für a Geist do aus euch spricht? Der Bevollmächtigte vom Herrgott, ›der Menschnsohn‹, is net kumma, dass er die Menschn kaputt machn, sondern dass er ihna helfn soll.«
56 Und sie sän nei an andern Dorf gezogn.

Entweder – oder: 9,57–62

57 Wie sie aufn Weg warn, secht aner zum Jesus: »Ich will mit auf dein Weg, dir nach. Du kannst noogeh, wu du willst.«
58 Der Jesus hot zu na gsocht: »Die Füchs hom ihrn Bau und die Vögl ihra Nester, obä den Herrgott sei Bevollmächtigter, ›der Menschnsohn‹, hot ka Plätzla, wu er sich a weng
noolegn kann.« 59 Zu an andern hot er gsocht: »Geh mit auf mein Weg, mir nach!« Der obä hot gsocht: »Du musst mirs erlaubn, dass ich zuvor noogeh und mein Vorrä begrab.«
60 Der Jesus obä hot gsocht: »Lass die Totn ihra Totn begrabn. *(Wenn sie den Tod so viel Ehr gebn, dass sie bloß noch ihr Trauer kenna, dann sän sie selber scho wie tot.)* Du obä geh noo aner andern Aufgab. Du sollst verkündn, dass der Herrgott etz Lebn schafft bei
die Krankn und Ausgstoßna und Traurign.« 61 A andrer hot gsocht: »Ich will mit dir auf dein Weg geh, dir nach, du bist für mir wie der Herrgott. Zuvor obä musst mir erlaubn,
dass ich mit meina Leut däham Abschied feier.« 62 Zu den hot der Jesus gsocht: »Kaner, der wos vom Ackern versteht, legt sei Händ aufn Pflug und guckt hinter sich. Do tät er ja lauter krumma Furchn ziehn. So aner, der zurückschaut, passt net fürn Herrgott sei Ärbet, wu mä sich konzentriern und ganz für die Leut do sein muss.«

Den Jesus seina Leut solln Friedn bringa: 10,1–12

1 Nach dena Gschichtn hot der Jesus, der aans is mitn Herrgott, noch siebzig andera Jünger an besondern Auftrag gebn. *(Im 1. Mosebuch werd die Zahl vo alla Völker mit siebzig angebn.)* Wie a

König seina Herolde vor sich herschickt, so hot er die Siebzig als Botn vorausgschickt. Immer zu zweit hom sie nei dena Städte und Ortschaftn geh solln, wu er später noogewollt hot. 2 Er hot zu ihna gsocht: »A riesn Ernt wart auf die Äcker, es sän obä bloß a paar, die die Ärbet machn. Der Herrgott is der, den die Ernt ghört. Ihr müsst na bittn, dass er Leut nausschickt, die die Ernt reibringa. 3 Geht ihr noo! Ich schick euch wie Schaf unter die Wölf. 4 Ihr sollt kan Geldbeutl einsteckn, ihr sollt kan Rucksack mitnehma und aa ka zweits Paar Sandaln. Lasst euch unterwegs net aufhaltn mit langa Begrüßungs-Zeremonien. 5 Wenn ihr nei an Haus kummt, sollt ihr als Ärschdes sagn: ›Mir wünschn Friedn für des Haus.‹ 6 Und wenn dort aner is, der den Friedn annehma kann, bei den werd der Friedn bleibn. Wenn ihr obä kan söddn findt, dann kummt der Friedn wie a unsichtbara Kraft wieder zu euch zurück. 7 In an Haus, wu der Friedn is, sollt ihr bleibn. Ihr sollt essn und trinkn, wos ihr vo dena Leut kriegt, ihr könnt des gutn Gewissns annehma. Wer im Auftrag vom Herrgott ärbet, der hot aa an Lohn verdient. Ihr sollt im selbn Haus bleibn und net umananader ziehn. *(Des sieht sonst so aus, wie wenn ihr net zufriedn seid und a bessers Quartier sucht. Und so wos macht mä net!)* 8 Wenn ihr nei aner Stadt kummt und sie euch aufnehma *(braucht ihr wechä die jüdischn Speisevorschriftn net ängstlich sein)*, dann sollt ihr alles essn, wos sie euch anbietn. 9 Ihr sollt ihra Krankn gsund machn und ihna sagn: ›Den Herrgott sei Messias is scho unterwegs zu euch. Immer mehr Leut werdn auf na hörn, er is stärker als des Böse, wos des Lebn vo die Menschn so oft kaputt macht.‹
10 Wenn ihr nei aner Stadt kummt und sie euch dort net habn wolln, dann geht naus auf die Straßn und socht: 11 ›Von euch wolln mir nix mitnehma, net amol den Staub, den mir vo eurer Stadt noch an die Füß hom. Den schüttln mir ab und lassn na euch do. Trotzdem sollt ihr wissn, dass der Herrgott

sein Messias gschickt hot. Der is im Land. Wos er tut und
secht, is für die Menschn a Glück.‹ 12 Ich soch euch: Für die
Leut vo Sodom werds am Tooch vom Herrgott sein Gericht
erträglicher sein als für sella Stadt.«

Wer net hörn will, muss fühln: 10,13–16

13 »Es is a Jammer mit dir, Chorazin, es is a Jammer mit dir,
Betsaida (*zwaa Städte in Galiläa*), an euch wenn ich denk, tut
mir des Herz weh. Wenn in Tyrus und Sidon (*zwaa heidnischa
Hafnstädt*) solcha Wunder durchn Herrgott sei Kraft gschehn
wärn, wie sie bei euch gschehn sän, dann hättn die Leut
dort sich scho längst in Sack und Asche getan und wärn vo
ihra bösn Wege umgekehrt. 14 Wenn der Herrgott Gericht
hält, nochäd werds für Tyrus und Sidon erträglicher sein als
für euch. 15 Und du, Kapernaum, wos hab ich net alles für
dich getan! Eigntlich müssäst du nein Himml ghobn werdn
und ganz nah bein Herrgott sein. Obä du werst nein tiefstn
Abgrund störzn, nei an gottverlassna Ort.« 16 (*Dann hot der Jesus
noch mol die Siebzig angeredt: »Ihr habt a großa Verantwortung. Vo den, wos
ihr verkündt, hängt des Schicksal vo Menschn ab.«*) »Wer euch hört,
der hört mich, und wer euch nauswirft, der wirft den naus,
der mich zu die Menschn gschickt hot.«

Wos die Jünger vo ihrer Ärbet hom: 10,17–20

17 Die Siebzig hom sich aufn Weg gemacht, und wie sie nach
aner Zeit wieder zurückkumma sän, do warn sie voller
Begeisterung und hom zu na gsocht: »Du bist aans mitn
Herrgott, wenn mir dein Noma sagn, dann hom sogar die
schlimmstn Geisteskrankheitn ihr Macht verlorn.« 18 Der
Jesus obä hot zu ihna gsocht: »Ich hab a Vision ghabt. Der
Satan is vom Himml runtergstörzt wie a Blitz. (*Er hot sei
Macht als Ankläger vo die Menschn vorn Herrgott sein Thron verlorn.*)
19 Ich hab euch die besonder Macht vom Herrgott gebn,

dass ihr auf Schlanga und Skorpione tretn könnt (*Symbole für Hass und Feindschaft und bösa Angriffe auf die Jünger*) und dass ihr die Sieger bleibt, wenn euch der Feind, der Satan, vom Herrgott wegbringa will. Nix vo dem werd euch schadn
könna. [20] Obä net dodrüber sollt ihr euch freua, dass ihr Macht über unsichtbara Kräfte habt, euer größta Freud soll des sein, dass eura Noma im Himml gschriebn sän.« (*»Ihr steht im ›Buch des Lebens‹, ihr ghört zum Herrgott seina Freunde in Zeit und Ewigkeit.«*)

A seltsams Dankgebet vom Jesus: 10,21–22

[21] Etz hot der Jesus deutlich gemerkt, wie der Herrgott bei na war. Do is a großa Freud nei sein Herz kumma, die hot rausgemüsst, und deswechä hot er gsocht: »Lob und Dank soch ich dir, Vorrä. Der Himml und die Erdn ghörn dir. Ich dank dir, dass du bei dena Sachn, die etz passiern, die Gstudiertn und Religiösn net mitkumma lässt, und dass du dena des Verständnis gebn host, die sonst ka Chance hom, wenns um Bildung und Theologie geht. Ich freu mich, Vorrä, dass du so entschiedn host. Ich soch ›ja‹ däzu und
nochmol ›ja‹. [22] Alles wos im Lebn und im Sterbn wichtig is, des hot mir mei Vorrä anvertraut. Ka Mensch kann erfassn, wos im Sohn drinsteckt und wos er zu gebn hot. Und ka Mensch kann erfassn, wie mächtig der Vorrä is und wos für Plän er mit die Menschn hot, als wie nur bloß der Sohn und wems der Sohn offnlegn will.«

Der Jesus spricht seina Jünger »selig«: 10,23–24

[23] Dann hot der Jesus seina Jünger noch extra angsprochn:
»Gut dran sän die Augn, die des sehn, wos ihr seht. [24] Ich
soch euch: Viel Könige und Prophetn hättn sehn wolln, wos ihr seht, und sie homs net gsehn. Viel Könige und Prophetn hättn hörn wolln, wos ihr hört, und sie homs net ghört.«

(»Nämlich, dass etz den Herrgott sei Messias Heil bringt, aa für die, die sonst immer hintn dran sän.«)

Des wichtigsta Gebot: 10,25–28

25 Dann is noch wos Wichtigs passiert. A Theologe is zum
Jesus nooganga und hot rauskriegn wolln, ob der Jesus in
Glaubnsfragn auf der offizielln Linie war, und er hot gsocht:
»Du bist aner, der sich in die Heilign Schriftn auskennt.
Wos muss ich machn, dämit mir der Herrgott amol des
ewiga Lebn gibt?« 26 Der Jesus hot zu na gsocht: »Wos steht
in Mose seina Schriftn? Do gibts doch a paar Stelln, die
du jedn Tooch auswendig hersagn und betn tust.« 27 Der
Theologe hot zur Antwort gebn: »Du sollst dein Herrgott
liebn vo ganzn Herzn und vo ganzer Seel und mit deiner
ganzn Kraft und dein ganzn Verstand. Und du sollst dein
Nächstn liebn genauso wie dich selber!« 28 Der Jesus hot
zu na gsocht: »Richtig! Halt dich dran und du kriegst des
ewiga Lebn.«

Des Gleichnis vom barmherzign Samariter: 10,29–37

29 Der Theologe hot net zugebn wolln, dass des so einfach
wär und bloß für ihn so schwer, wenn er sich dron haltn
tät. Und deswechä wollt er dem Jesus zeign, dass des doch a
komplizierta Sach wär und er als Theologe scho Recht hätt,
wenn er do noch weiter diskutiern tät. Und so hot er den
Jesus gfragt: »Wer ghört etz alles däzu, wenn mä secht ›Du
sollst dein Nächstn liebn‹? ›Mei Nächster‹, wer isn des?«
30 Der Jesus is auf die Frag einganga und hot erzählt: »A Moo
is vo Jerusalem nach Jericho nunterganga und is vo a paar
Räuber überfalln worn. Die hom na alles abgenumma, sogar
seina Klaader hom sie na runtergerissn. Däbei hom sie na
brutal zammgschlagn. Dann sän sie abghaut und hom na
halbtot in dera einsama Gegnd liegn lassn. 31 Zufällig is in

dera Zeit a Priester auf demselbn Weg runterkumma. Und
wie er den Moo gsehn hot, is er auf die ander Seitn nüber
und is weiter geloffn. 32 Genau dasselba hot a Templdiener
gemacht. Wie der noo der Stell kumma is, is er auf die ander
Seitn nüber und is weiter geloffn. 33 Schließlich war aa noch
a Samaritaner aufn Weg. *(Zwischn Judn und Samaritaner hots an
uraltn Hass gebn.)* Der is auf den Moo zuganga, und wie er na
richtig nah gsehn hot, is na des durch und durch ganga.
34 Er hot sich noogekniet, hot die Wundn mit Öl und Wein
sauber gemacht und dann gleich verbundn. Dann hot er
den Moo auf sei Maultier ghobn, hot na nei an Gasthaus
gebracht und hot sich dort noch weiter um na gekümmert.
35 Am nächstn Tooch hot er zwaa Silberstücke rausgezogn,
hot sie dem Wirt gebn und hot gsocht: ›Kümmer dich weiter
um den Moo und wennsd noch mehr Ausgabn host, dann
zahl ich des, wenn ich wieder vorbeikumm.‹« 36 Nach der
Gschicht hot der Jesus zu den Theologn gsocht: »Etz frag
ich dich nach deiner Meinung. Wer vo dena drei war der
Nächste für den, der unter die Räuber gfalln is?« 37 Der
Theologe hot gsocht: »Der wos getan hat aus Mitleid mit
dem Moo.« *(»Der Samaritaner« hot er vielleicht deswechä net gsocht, weil
des für an Judn a verhasster Noma war.)* Der Jesus hot zu na gsocht:
»Geh deiner Weg und machs du genauso!«

Manchmol muss mä die Ärbet liegn lassn: 10,38–42

38 Der Jesus und seina Jünger warn weiter unterwegs und
sän nei an Dorf kumma. Dort hot sie a Fraa in ihrn Haus
aufgenumma, die hot Martha ghaaßn. 39 Ihr Schwester hot
Maria ghaaßn und war aa dort däham. Die hot sich bein
Jesus, der aans is mitn Herrgott, untn noo die Füß ghockt
und hot seiner Red zughört. 40 Die Martha obä hot sich fast
derrennt, so viel hot sie zu tun ghabt mit Kochn und Tisch
herrichtn, der Jesus war ja net allaa kumma. Es hot alles

bestens sein solln für die Gäst. Nach aner Weil is die Martha
dann doch bein Jesus steh gebliebn und hot gsocht: »Du
bist aans mitn Herrgott, macht dir des gar nix aus, dass mei
Schwesterherz mich do mit der ganzn Ärbet allaans hänga
lässt? Bittschön, soch du amol wos, dass sie aa mit anpackn
soll, sonst werd ich ja nie fertig.« 41 »Martha, Martha«, hot
der Jesus gsocht, »du schießt do rum und host a Haufn
Sorgn im Kopf und alles willst hundertprozentig machn,
42 obä glaab mirs, mir sän mit weniger aa zufriedn. Etz is
aner vo die Momente, wu bloß aans wichtig is. Dei Maria
hot des erfasst, sie hot sich für des entschiedn, wos etz des
Bessera is. Des derf mä ihr net wegnehma.«

Des Vaterunser – kurz und bündig und alles drin: 11,1–4

1 Es war an aan vo dena Tooch, wu der Jesus ganz allaans
für sich gebett hot. Des hot sei Zeit gedauert. Wie er fertig
war, hot aner vo seina Jünger zu na gsocht: »Du bist aans
mitn Herrgott, bring uns bitte a paar Gebete bei und zwar
in der Art, wie du betn tust. Der Johannes hot seina Jünger
aa seina Gebete gelernt.« 2 Er hot zu ihna gsocht: »Wenn ihr
betn tut, dann sollt ihr sagn:

Vorrä,
dass mir Vorrä zu dir sagn derfn, is wos Besonders,
des soll kans ausnützn, alla solln dein Noma
in Ehrn haltn.
Dei Friedn und dei Gerechtigkeit solln sich
durchsetzn.
Alla solln auf dein Messias hörn,
und so soll dei Reich kumma,
net aans vo dena Reiche, die mit Gewalt und
Waffn gebaut werdn.
3 Geb uns so viel Brot, dass mir morgn aa
noch lebn könna.

4 Und vergeb uns unsera Sündn,
wu mir dir und unsera Mitmenschn wos schuldig
gebliebn sän
oder wu mir euch wos angetan hom,
und mir vergebn an jedn, der uns wos schuldig
gebliebn is
oder wos angetan hot.
Und lass uns net nei Situationa geratn,
wu mir irr werdn an dir!«

A Beispiel, dass mä bein Betn net aufgebn soll: 11,5–8

5 Und weiter hot er zu ihna gsocht: »Stellt euch amol des vor:
Aner vo euch hot an Freund und in der Nacht um zwölfa
geht er zu den noo und secht zu na: ›Mensch Kumpl, borg
mir amol schnell drei Scheibn Brot! 6 Do is grad überraschnd
a alter Kumpl vo mir auf der Durchreise bei uns eingekehrt.
7 Und ich hob fei net amol mehr a Stückla Brot oder a Wurst
däham, nix kann ich na noostelln.‹ Und seller Freund schreit
vo drinna raus: ›Etz mach mir ka Unruh! Ich hob scho die
Tür zugeriegIt und meina Kinner liegn do neber mir in ihra
Bettn. Ich kann etz net aufsteh und dir wos gebn.‹ 8 Maant
ihr, dass a Freund vo euch so wos sagn tät? Bestimmt net.
Der hupfät doch aus sein Bett raus, weils sei Freund is, der
wos braucht. Obä gsetzt den Fall, die Freundschaft wär na
des net wert, nochäd tät er scho allaa deswechä aufstehn
und wos hergebn, weil sich der ander vor seiner Tür so
unverschämt aufführt und einfach ka Ruh mehr gibt.« (*»Er
müsst ja Angst hom, dass seina Kinner des Schreia anfanga.«*)

Der himmlisch Vorrä hot a Herz für seina Kinner: 11,9–13

9 »Ich soch euch etz, wos des bedeut: Wenn ihr wos bittn
wollt, dann sochts dem Herrgott, der werd euch gebn, wos
ihr braucht. Wenn ihr an Halt sucht, sochts dem Herrgott,

der lässt euch findn, wos euern Lebn an Sinn gibt. Wenn
ihr gechä zugsperrta Türn rennt, sochts dem Herrgott, der
macht euch auf und des Lebn steht euch wieder offn. 10 Wer
den Herrgott bitt, der kriegt, wos er braucht. Wer bein
Herrgott sucht, der findt, wos na hilft. Wer den Herrgott
die Tür einrennt, der hot des Lebn wieder vor sich. 11 Däzu
noch a Beispiel: Gibts bei euch an Vorrä, der a Schlanga
hergebät, wenn na sei Bu um an Fisch bittn tut? 12 Oder
der an Skorpion hergebät, wenn sei Bu a Ei vo na möcht? –
Unmöglich! 13 Und etz denkt amol weiter. Wenn scho ihr,
wu ihr bös seid, euch drauf versteht, eura Kinner Zeug zu
gebn, wos ihna gut tut – wieviel mehr werd des der Vorrä
machn, der ausn Himml dena sein gutn Geist gibt, die na
drum bittn.«

Wer steckt bein Jesus dähinter, der Teufl oder der Herrgott?: 11,14–23

14 Amol hot der Jesus an Moo helfn wolln, der war stumm.
Der hot redn wolln, obä er hot ka Wort rausgebracht. Es
war, wie wenn na a unsichtbara Kraft, a »Dämon«, in der
Gewalt ghabt hätt. Der Jesus hot sich angstrengt, dass er die
Krankheit wegbringät. Und wie der Dämon, der Quälgeist,
endlich draußn war, hot der Stumme des Redn angfangt. Die
Leut hom sich gewundert. 15 A paar vo ihna hom gsocht: »Der
kann die bösn Geister austreibn, weil er mitn Öberstn vo die
bösn Geister im Bund is, mitn Beelzebub.« 16 Andera hom
gemaant, er müsst beweisn, dass er vom Herrgott kummt.
Sie hom na so weit bringa wolln, dass er dem Herrgott
vorschreibn tät, wos der etz zu tun hätt. An die Stern, so
hom sie gemaant, müsst mä wos Besonders sehn, a riesn
Feuerwerk vielleicht, denn dann wärs klar, dass der Jesus
mitn Herrgott im Bund is. 17 Er obä hot ihra Absichtn durch-
schaut und hot zu ihna gsocht: »A jeder Staat, wu die ver-

schiedna Intressngruppn sich bekämpfn, der zerfällt, und
in an Bürgerkrieg werdn die Häuser zu Ruina. 18 Wenn
der Satan, die böse Macht, in sich selber zerstritten is, wie
kann sei Macht bestehn? So viel zu dem, dass ihr socht,
ich wär mitn Öberstn vo die bösn Geister im Bund und
könnt deswechä die bösn Geister austreibn. Des is doch a
Widerspruch in sich selber. 19 Wenn nämlich ich, wie ihr
socht, vom Beelzebub die Kraft krieg, die bösn Geister aus-
zutreibn, vo wem kriegn dann eura Leut ihr Kraft, die genau
desselba machn wie ich? Die werdn sich bedankn für euer
Gered und euch deutlich sagn, wos sie dävon haltn. 20 Wenn
ich obä die bösn Geister austreibn kann, weil der Herrgott
sei Hend im Spiel hot, dann hot sich doch gezeigt, dass der
Herrgott am Werk is: Mittn unter euch setzt er immer mehr
durch, wos er scho immer gewollt hot, dass nämlich seina
Leut in Friedn und Gsundheit und Gerechtigkeit lebn könna.
21 Zu der Sach noch a andersch Gleichnis: Wenn a Mächtiger
sich genug Waffn beschafft und sein Palast bewacht, dann is
sei Zeug und War in Sicherheit. 22 Wenn na obä aner angreift,
der noch mächtiger und größer is und den Kampf gewinnt,
nochäd werd der des ganza Waffnlager ausräuma, wu der
ander sich drauf verlassn hot, und werd den sei Zeug unter
seina Leut verteiln. 23 Ich kämpf im Herrgott sein Auftrag
gechä des Böse. Wer net klar auf meiner Seitn is, der is
gechä mir. Wer net mithilft, dass mir möglichst viel Leut
zammbringa und dass mir aa zammhaltn, der ärbet praktisch
den Feind nei die Händ. Wenn mir uns net einig sän, hom
mir praktisch ka Chance.«

A Mensch braucht wos, wos na ausfüllt, sonst is er verlorn: 11,24–26

24 *(»Für irgendwos muss sich a Mensch entscheidn, wenns drum geht, ob
er auf der Seitn vom Bösn oder vom Gutn mitmacht. Neutral bleibn wolln,*

des is a Illusion. Däzu a klaana Gschicht:«) »A Mensch is frei worn
vo bösa Gedankn, die na gequält hom, es kann aa a Sucht
gewesn sein. Der böse Geist is vo na weg. Obä dann is der
unterwegs an einsama Plätz, er sucht Ruh, obä er findt sie
net. Do secht er: ›Ich will nei den Haus zurück, wu ich grad
rausgemusst hab.‹ 25 Und er kummt und und findt des Haus
schö hergericht und sauber gemacht, obä leer. 26 Do geht er
hie und nimmt siebn andera Geister mit, die noch schlimmer
sän als wie er. Und zamm gehn sie nei den Haus und hausn
dort. So werds am End mit den Menschn schlimmer, als
wies zuvor noch war.« *(»Wenn jemand vo aaner Sucht befreit is und
nochäd nix gscheits hot, wos na ausfüllt, nochäd gibts an Rückfall und der
is schlimmer als wie des, wos zuvor war.«)*

Wer gut dran is – Zwaa Meinunga däzu: 11,27–28

27 Dann is passiert, wie er des alles geredt hot, dass mittn aus
die Leut raus a Fraa ganz laut gsocht hot: »Gut dran is die
Fraa, die dich in der Schwangerschaft getragn hot und die
dir in der Stillzeit die Brust gebn hot.« 28 Der Jesus obä hot
gsocht: »Des mag scho sein, obä ärschd recht gut dran sän
die, die auf des hörn, wos der Herrgott secht, und die des aa
in ihrn Herz und in ihra Gedankn ärbetn lassn.«

Aufn Jesus hörn und net auf Wunder wartn: 11,29–32

29 Immer mehr Leut sän zammgeloffn und hom aufn Jesus
zugschobn. Do hot er des Redn angfangt: »Die Menschn
heutzutooch sän a schlimma Gsellschaft. Sie verlanga vom
Herrgott, dass er sich vor ihna beweisn soll, großa Wunder
möchtn sie sehn, sonst könntn sie nix glaabn. Der Herrgott
obä gibt ihna nix andersch zu sehn als wie des, wos die Leut
seiner Zeit bein Jona gsehn hom. 30 Der Jona hot nix andersch
gemacht als wie gepredigt. Dodran hom die Leut vo Ninive
gemerkt, dass ihna der Herrgott wos zu sagn hot. Genauso

wie der Jona werd den Herrgott sei Bevollmächtigter, ›der
Menschnsohn‹, für die Leut heutzutooch sein. 31 Wenn des
Gericht über alla Menschn kummt, dann werd die Königin
ausn Südn zamm mit die Menschn, die heut lebn, auferweckt
und sie werd die Menschn verurteiln. Die is nämlich seiner
Zeit vom End der Welt bis doher kumma, bloß dämit sie die
Weisheitn hörn könnt, die der Salomo über Gott und die
Welt ausgsprochn hot. 32 Wenn des Gericht kummt, dann
werdn die Leut vo Ninive zamm mit die Menschn, die heut
lebn, auferweckt, und sie werdn die Heutign verurteiln. Die
Einwohner vo Ninive hom nämlich ihr Lebn geändert, wie
sie ghört hom, wos ihna der Jona vom Herrgott ausgericht
hot. Und vor eura Augn steht aner, der noch viel mehr is
als wie der Jona.«

Vom Licht und von die Augn: 11,33–36

33 *(Dann hot der Jesus noch a paar Vergleiche gebracht, dass er und sei
Botschaft wie a Licht is, des der Herrgott angezündt hot.)* »Ka Mensch
zündt a Kerzn an und stellt sie dann nei irgendan Eckla oder
unter an Aamer. A vernünftiger Mensch stellt die Kerzn auf
an Leuchter, dämit a jeds, des reinkummt, aa wos sehn kann.
34 Wos für den ganzn Menschn Licht bringt, des sän deina
Augn. Wenn deina Augn hell und klar sän und des Licht
aufnehma könna, dann sieht der ganza Mensch klar und er
strahlt wos aus, wos die andern gut tut. Wenn obä deina
Augn verdorbn sän, dann sieht des für den ganzn Menschn
finster aus. 35 Geb fei Obacht, dass dei Augnlicht net trüb
werd in der Finsternis. *(Und schau net dauernd noo auf die finstern
Machnschaftn vom Teufl und seina Leut.)* 36 Wenn des Licht, des ich
bring, dich ganz und gar hell macht und du nix mehr mit
der Finsternis zu schaffn host, dann kriegst du so a positiva
Ausstrahlung, wie mä sie bloß habn kann, wenn mä selber
vo aner starkn Lichtquelln angstrahlt werd.«

A scharfa Red an die Pharisäer und die Theologn: 11,37–54

37 Der Jesus war mit seiner Red am End, do hot na a Pharisäer
angsprochn und na zum Essn eingeladn. Der Jesus is mit
nei den sein Haus ganga und hot sich mit noo an Tisch
ghockt. 38 Der Pharisäer hot alles beobacht und hot den Jesus
merkn lassn, wie na des gewundert hot, dass der Jesus net
zuvor sei Händ nei der Schüssl mit Wasser getaucht hot, wies
Vorschrift war. 39 Der Jesus obä, der aans is mitn Herrgott,
hot zu den Pharisäer gsocht: »Ihr Pharisäer habts mit der
Sauberkeit, obä bloß vo außn. Ihr könnt eura Becher und
Teller net genug abwaschn, ihr selber obä seid inwendig
voller Gier und Schlechtigkeit. 40 Des Schlimmsta is, dass
ihr scho gar nimmer merkt, wie do wos net stimmt. Als
wenn bloß des Äußera, wos mä sieht, wichtig wär, und
des Innera, wos mä net sieht, des wär egal! Hot net der
Herrgott, der des Äußera gemacht hot, hot der net aa des
Innera gemacht? 41 Ich will euch wos sagn. Statt dass ihr so
viel rumtut mit den Saubermachn vo die Teller, gebt lieber
gleich des ganza Essn, wos aufn Teller is, dena Leut, die nix
zum Essn hom. Mit so wos steht ihr dann sauber do und
könnt euch vom Herrgott sehn lassn, egal wos es alles für
Sauberkeits-Vorschriftn gibt. 42 Es steht schlimm mit euch,
ihr Pharisäer. Zwar liefert ihr vo dem, wos ihr verdient und
habt, den zehnten Teil im Gotteshaus ab, sogar vo Minze,
Schnittlauch und wos sonst noch für Pimperleszeug im
Gartn wächst – um so wos macht ihr a Mordsgscheiß. Obä
dass es gerecht zugeht unter die Menschn und dass mä sein
Herrgott zeigt, wie mä na mooch, des, wos wirklich wichtig
is im Lebn, des lasst ihr links liegn. Kurz gsocht: Ihr sollt
des beachtn, wos wichtig is, und däbei des ander mit den
›Zehntn‹ net geh lassn. 43 Es steht schlimm mit euch, ihr

Pharisäer. Ihr legt großn Wert drauf, dass ihr in die Synagogn
vorn dran hockt, auf die gepolstertn Ehrnplätz, und dass euch
die Leut aufn Marktplatz ehrfürchtig grüßn, am bestn mit
›Hochwürdn‹. 44 Es steht schlimm mit euch, ihr Pharisäer,
weil ihr wie die altn eingfallna Gräber seid, wu mä nimmer
sieht, wos des is. Wenn die Leut rumlaafn und draufsappn,
dann merkn sie gar net, wos des für Folgn hot. Nach die
Vorschriftn sän sie etz ›unrein‹, weil sie noo an Grab kumma
sän, und des bedeut, dass sie etz acht Tooch nei kan Gottes-
haus mehr derfn und aa net in der Gemaa mitbetn. Do maana
die Leut also, wenn sie bei euch sän, gehts besonders heilig
zu, und sie merkn gar net, wie verkehrt ihr dran seid, ihr
Scheinheilign, und dass ihr sie vom Herrgott wegbringt.«
45 Dodrauf hot aner vo die Theologn, der sich in die religiösn
Gsetze gut auskennt, geantwort und zum Jesus gsocht: »Du
bist a Lehrer in die Heilign Schriftn. Wenn du so wos sagst,
dann is des für uns a Beleidigung.« 46 Der Jesus obä hot gsocht:
»Es steht schlimm, aa mit euch, ihr Theologn, weil ihr die
Menschn des Lebn mit religiösa Pflichtn schwer macht. Ihr
legt ihna Lastn auf, die unerträglich sän. Und ihr selber macht
kan Finger krumm, dämits die Leut a weng leichter hättn.
47 Es steht schlimm mit euch, weil ihr Denkmäler auf die
Gräber vo dena Prophetn baut, die eura Vorfahrn umgebracht
hom. *(Ihr habt nix dägechä, dass die Prophetn vo die Leut verehrt werdn.
Däbei seid ihr obä so raffiniert, dass ihr des verdreht, wos die Prophetn gsocht
hom, und zwar so verdreht, dass mä heutzutooch gar nimmer versteht, wos die
Prophetn im Auftrag vom Herrgott wirklich verkündigt hom.)* 48 Dodämit
is bewiesn, dass ihr mit dem einverstandn seid, wos eura
Vorfahrn gemacht hom. Die hom die Prophetn umgebracht,
obä ihr stellt großa Staa für sie auf und habt sie in Wirklichkeit
mit eura so genanntn ›Interpretationa‹ erst recht mundtot
gemacht. 49 Wos bei euch dähintersteckt, des hot der Herrgott
in seiner Weisheit scho vorausgsocht: ›Ich schick Prophetn

und Apostl zu ihna, und die an werdn sie umbringa und die andern verfolgn.‹ [50] So is es passiert und deswechä werd am End über alla Bluttatn Gericht ghaltn, und zwar bei dena, die etz lebn. Do gehts um des Blut vo alla Prophetn, des seit Anfang der Welt vergossn worn is. [51] Des geht bein Blut vom Abel an und geht bis zum Blut vom Zacharias (*net den Johannes den Täufer sei Vorrä!*), den sie zwischn Brandopferaltar und Templhaus umgebracht hom. (*Vom Abel is im ärschdn und vom Zacharias im letztn Buch vo der hebräischn Bibl gschriebn.*) Ich soch noch amol: Es werd Rechnschaft gfordert vo dena, die heut lebn. [52] Es steht schlimm mit euch, ihr Theologn. Ihr habt den Schlüssl zu der Tür weggeräumt, die zum Herrgott führt. So bleibt für die Menschn des verschlossn, wos der Herrgott will und tut. Ihr selber habt net wirklich zu na noo gewollt, und dena, die zu na noo gewollt hom, dena habt ihr den Zugang verbaut mit der Art, wie ihr die Heilign Schriftn erklärt. Tausnd Gsetze und Vorschriftn lest ihr do raus und nix vo den Herrgott, der sein Messias schickt, weil er seina Menschn helfn und sie rettn will.« [53] Wie der Jesus nochäd vo dort fortganga is, hom die Theologn und Pharisäer angfangt, dass sie na ganz genau beobacht und über a Haufn Zeug ausgfragt hom. [54] Däbei hom sie drauf gelauert, dass er irgnd an Satz rauslassät, für den sie na exkommuniziern könntn.

Alles kummt raus, es mag negativ oder positiv sein: 12,1–3

[1] Derweil hom sich a paar tausnd Leut zammgedrängt, des Gemöhr war so arg, dass sie sich scho auf die Füß gsappt sän. Do hot der Jesus des Redn angfangt, zuärschd zu seina Jünger: »Gebt Obacht auf den Sauerteig vo die Pharisäer, ich maan auf ihr Heuchelei und Scheinheiligkeit. Die is gfährlich, weil sie ansteckt und sich ausbraat wie der Sauerteig. [2] Do kann wos noch so raffiniert und schö eingewicklt sein, es kummt raus, wos wirklich drinna is. Do kann wos noch so gut versteckt

sein, es werd alles noon Licht gebracht. 3 In an andern Sinn
passt des aa auf euch. Alles, wos ihr etz in an finstern Eckela
socht, des wärd mä in aller Öffntlichkeit diskutiern, und wos
ihr heimlich in irgndwelcha Hinterzimmer weiter erzählt
habt, des werd obn auf die Dächer verkündt werdn.«

Wer zum Jesus ghört, soll offn zu na stehn: 12,4–12

4 »Weil ihr zu mir ghört und meina Freunde seid, soch ich
euch: Tut euch net vor dena förchtn, die euch umbringa
wolln. Die könna bloß den Körper tot machn, obä drüber
naus könna sie euch nix mehr anhabn. 5 Ich verrat euch etz,
vor wem ihr euch förchtn sollt. Förcht euch vor dem, der
euch tötn kann und die Macht hot, nei der Höll zu werfn. Ich
sochs noch amol, vor dem sollt ihr euch förchtn. – Ich will
euch deswechä ka Angst vorn Herrgott machn, obä vielleicht
hilfts euch, dass ihr euch weniger vor die Menschn förchtn
tut. 6 Etz soch ich euch noch wos zum Thema ›Gottvertraun‹.
Werdn net aufn Markt fünf Spatzn für a paar Cents verkafft?
Und doch hot der Herrgott kan anzign vo dena vergessn.
7 Bei euch sän sogar die Haar aufn Kopf anzln gezählt. Tut
euch net förchtn, seid ihr net viel mehr wert als wie a Haufn
Spatzn? 8 Ich soch euch, a jeder, der vor die Menschn zu
mir hält, kann sich drauf verlassn, dass den Herrgott sei
Bevollmächtigter, ›der Menschnsohn‹, vorn Herrgott seina
Engl aa zu na haltn werd, wenns des Gericht gibt. 9 Wer
mich obä vor die Menschn verleugnt, der werd vorn Herrgott
seina Engl aa verleugnt. 10 Jeder, der wos gechän Herrgott
sein Bevollmächtigtn, ›den Menschnsohn‹, secht, der kriegt
Vergebung. *(Weil der ›Menschnsohn‹ so unscheinbar daherkummt, kanns
ja sein, dass mancha net erkenna oder net erkenna wolln, wer dass er eigntlich
is.)* Wenn obä aans glasklar sieht, dass der ›Menschnsohn‹
vom Herrgott kummt, und wenn na der Herrgott selber
durch sein Heilign Geist des Herz und die Augn aufgemacht

hot – wenn so a Mensch trotzdem dägechä lästert und den
Herrgott nein Dreck zieht, dann werd so aner ka Vergebung
kriegn. [11] Wenn sie euch packn und vor die Gerichte zerrn
in die Synagogn und in die Regierungspaläst, dann macht
euch kana Sorgn, wie ihr euch verteidign oder was ihr sagn
sollt. [12] Den Herrgott sei Kraft werd in euch sein, er gibt euch
rechtzeitig ein, wos ihr sagn sollt.«

Des Gleichnis vo an reichn Bauern, der sich verrechnt hot: 12,13–21

[13] Aner ausn Volk hot den Jesus angeredt und gsocht: »Du bist
a Lehrer in die Heilign Schriftn, setz bittschö dei Autorität
ein und soch mein Bruder, dass er mir des Erbtaal auszahln
soll, wos mir zusteht.« [14] Er obä hot gsocht: »Du bist do an
der falschn Adress, mei lieber Moo. Do gibts andera, die
sowos zu entscheidn hom. Es is net mei Auftrag, dass ich bei
Erbstreiterein den Schiedsrichter spieln soll.« [15] Und dann hot
er ihna gsocht: »Passt fei gut auf, dass euch net die Raffgier
regiert. Es kann sich aner noch so viel anschaffn und sich
den größtn Luxus leistn, des, wos des Lebn ausmacht, kummt
net vo dem, wos mä hot.« [16] Dann hot er ihna a Gleichnis
erzählt: »Es war a reicher Moo. Auf den seina Äcker is alles
bestens gewachsn und es hot a super Ernte gebn. [17] Do hot
er für sich hie und her überlegt: ›Wos soll ich machn? Ich
hab net genug Platz, dass ich des ganza Zeug lagern kann.‹
[18] Und dann hot er sich gsocht: ›Do kummt mir a Idee. Ich
reiß die altn Scheuern ab und bau größera däfür, und dann
kann ich den ganzn Waaß (*Weizn*) zammfahrn und alles, wos
sonst noch auf meina Äcker gewachsn is. [19] Dann kann ich
mich zurücklehna und sagn: ›Freund, du host es gschafft, etz
is ausgsorgt. Du host soviel Vorrät angelegt, dass dirs langt,
und net bloß für die nächstn paar Jahr. Von heut ab haaßts:
die Baa hochgelegt, faulenzn, gut essn, gut trinkn, des Lebn

genießn.‹ [20] Der Herrgott obä hot zu na gsocht: ›Du Narr,
noch in dera Nacht werd der Tod an deiner Bettstatt steh und
sagn: Freund, dei Lebn is vorbei, du musst mit.‹ – Und dann
hot der Herrgott noch zu na gsocht: ›Wem ghört nochäd des
alles, wos du in deina Scheuern gelagert host?‹« [21] Und der
Jesus hot däzu gsocht: »So gehts an jedn, der an Tausnder
nachn andern schefflt, obä net für a Fünferla Zeit für sein
Herrgott hot. Däbei hätt grad der na viel zu gebn.«

Vo Sorgn, die nix bringa, und vo Sorgn, die wos bewegn: 12,22–32

[22] Dann hot der Jesus mit seina Jünger geredt: »Deswechä
soch ich euch: Macht euch kana Sorgn um euer Lebn, wos ihr
essn sollt, und um euer Aussehn oder um euer Gsundheit,
ob ihr wos Gscheits zum Anziehn habt. [23] Des Lebn selber is
mehr wert als wie des, wos mä essn und trinkn tut, und die
Gsundheit is mehr wert als wie des, wos mä zum Anziehn
braucht. [24] Betracht amol die Kräha. Die werfn kan Soma
auf die Äcker, die hom kana Silos und kana Scheuern, und
doch sorgt der Herrgott däfür, dass sie wos zum Fressn hom.
Und wieviel mehr wert seid ihr, viel mehr als wie die Vögl!
[25] Überlegt amol: Wenn aner sich noch so arg abtut und sich
Sorgn macht, kann der des dodämit schaffn, dass er a paar
Zentimeter größer werd? Mir wissn alla, dass des net geht.
[26] Wenn ihr obä net amol so a Kleinigkeit zammbringt, wos
macht ihr euch Sorgn um Sachn, die ihr ärschd recht net
in die Händ habt? *(Des täglicha Brot und die Gsundheit zum Beispiel;
die Sorgn dodrüber könnt ihr ruhig den Herrgott überlassn, wenn er euch
scho den gfährlichn Auftrag gibt, unter die Leut zu geh und zu predign.)*
[27] Oder: Betracht amol die Buschwindrösla. Die spinna kan
Fadn und webn kana Klaader, obä ich soch euch: Net amol der
König Salomo in seiner ganzn Pracht und Herrlichkeit war so
angezogn und hot so schö ausgsehn wie aans vo dena Blümla.

28 Und etz überlegt amol. Die Wald- und Wiesnbluma blüha
heut – und morgn scho sän sie im Schirokkowind verdörrt
und werdn als Heizmaterial im Ofn verbrennt. Wenn etz der
Herrgott die scho so wunderbar ›angezogn‹ hot, werd er des
net ärschd recht mit euch machn, ihr Mini-Gläubign? 29 Ihr
sollt euch net andauernd die Köpf zerbrechn, wu ihr wos zum
Essn und zum Trinkn herbringt. Ihr sollt euch aa net einbildn,
dass a einfachs Lebn net genug wär. 30 Mit solcha Sachn sän
alla Völker auf der Welt andauernd beschäftigt. Euer Vorrä
obä waaß genau, dass ihr des alles braucht. *(Deswechä brauchts net
euer Sorg sein.)* 31 Strengt euch lieber an, dass immer mehr Leut
aufn Herrgott hörn und gut zuanander sän. Derweil werd
euch der Herrgott des zukumma lassn, wos ihr zum Lebn
braucht. 32 Ihr seid a klans Häufla, trotzdem soch ich euch:
Tut euch net förchtn. Euer Vorrä hot nämlich beschlossn,
dass er euch a gewaltigs Gschenk macht. Ihr derfts miterlebn
und sogar aktiv däbei sein, wenn er Friedn und Gerechtigkeit
unter die Menschn schafft.«

Wos an ka Mensch nehma kann: 12,33–34

33 »Verkafft euer Zeug und War und tut des Geld spendn. *(Bild-
lich gsprochn:)* Macht euch Geldbeutl, die kana Löcher kriegn.
Legt euch a Konto an, wu ihr jeder Zeit wos abhebn könnt,
und zwar bein Herrgott selber. Der waaß, wos ihr Guts getan
habt, und der hält zu euch, egal wos kummt. So an Glaabn
kann euch ka Dieb nehma und den kann aa ka Mottn zer-
fressn. Mit so an Glaabn könnt ihr lebn und sterbn. 34 Fürn
Herrgott do sein oder fürn Besitz lebn – für aans müsst ihr
euch entscheidn, und für des aana schlägt dann euer Herz.«

Wachsamkeit is alles: 12,35–40

35 »Ihr sollt Leut sein, die schnell umschaltn könna, wenn der
Herrgott wos Neus anfängt. Ich sochs euch in an Vergleich. In

der Nacht müsst ihr schlafn wie die andern aa, obä ihr sollt
eura Klaader so noolegn, dass ihr sie gleich drübergezogn
habt, wenns amol nötig wär. Und ihr sollt die Öllampn
durchbrenna lassn. 36 Ihr sollt wie Hausangstellta sein, die
aufn Sprung sän, wenn ihr Chef vo aner Hochzeit arg spät
hamgeht. Sie müssn na sofort aufmachn könna, wenn er
hamkummt und ans Tor pumpert. 37 Gut dran sän die Angstelltn, die der Chef so antrifft, dass sie sofort voll da sän.
Gwieß wahr is, wos ich euch soch: Der Chef werd seina
Ärml naufkrempln, werd sie noon Tisch bittn und gleich
anfanga aufzutragn und sie zu bediena. *(A ›richtiger‹ Chef macht
so wos natürlich net, obä ich denk dran, wie der Herrgott mit seina Leut
amol umgeht, wenn die sich für na engagiert hom.)* 38 Es kann sein,
dass der Chef um Mitternacht oder noch später kummt –
egal! Wenn er sie antrifft als Leut, die auf na wartn, dann
sän sie gut dran, des soch ich euch. 39 Und dodäzu noch a
Gleichnis, des merkt euch gut! Wenn a Hausherr wissn tät,
wann genau a Einbrecher kummt, dann tät er aufpassn und
na sofort scheuchn, sobald der a Fenster aufstemmt. *(Weil
er so wos natürlich net waaß, muss er immer aufpassn).* 40 Aufpassn,
wachsam sein, jeder Zeit dämit rechna, dass der Herrgott
neua Plän mit euch hot – so sollt ihr lebn, denn ihr wisst
net die Stund, wenn den Herrgott sei Bevollmächtigter, ›der
Menschnsohn‹, kummt.«

Vo dena, die a besondera Verantwortung hom: 12,41–48

41 Do hot der Petrus gsocht: »Du bist aans mitn Herrgott,
host du des Gleichnis etz speziell für uns gemaant oder is des
für alla gedacht?« 42 Der Jesus hot gsocht: »Ich red vo dena,
die a besondera Verantwortung hom. Do hot zum Beispiel
der Chef an besondern Postn vergebn. Do müssn die Hausangstelltn und Arbeiter beaufsichtigt werdn, sie solln obä
aa pünktlich und gerecht ausbezahlt werdn. Wer is etz der

treue und gewissnhafte Verwalter auf den Postn, 43 wenn
der Chef im Ausland war und überraschnd wieder ham-
kummt? Ich kann euch sagn, gut dran is der Mitarbeiter, der
genau des gemacht hot, wos sei Auftrag war. 44 Gwieß wahr
is, wos ich euch soch: Der Chef werd na die Verwaltung
vo sein ganzn Besitz übertragn. 45 Die Gschicht könnt obä
aa ganz andersch laafn, wenn nämlich seller Mitarbeiter
bei sich spekuliert: ›Der Chef werd scho net so schnell
zurückkumma…‹ Und nochäd fängt er an, seina Leut zu
schikaniern und zu schlagn, und er selber lässt sichs gut geh.
Des Besta aus Küchn und Keller muss für na aufgfahrn werdn
und außerdem werdn richtiga Saufgelage veranstalt. 46 Obä
der Chef vo selln Verwalter werd an aan Tooch hamkumma,
wu der net dämit gerechnt hot, und zu an Zeitpunkt, wu
ders gar net merkt. Und dann kriegt er sei Straf. Er werd
mitn Schwert vonanderghaut und dort noo kumma, wu
die sän, die nix geglabt und gechän Herrgott geärbet hom.
47 A Mitarbeiter, der waaß, wos sei Chef vo na will, und
sich net drauf einstellt oder sogar gechän Chef seina Plän
ärbet, so aner werd hart bestraft und kriegt viel Schläg. 48 A
Mitarbeiter, der die Plän net kennt und des macht, wos a Straf
verdient hot, der kriegt weniger Schläg. Wenn a Mensch viel
Begabunga kriegt hot, dann werd mä untersuchn, ob viel
däbei rauskumma is. Wenn an Menschn viel anvertraut is,
dann werd mä umso mehr vo na fordern.«

Wenns um den Jesus geht, muss manchmol gstrittn werdn: 12,49–53

49 »Ich bin kumma, dass ich an Brandsatz auf die Erdn werf.
Wos ich soch und tu, is wie a Feuer, des alles verbrennt, wos
in Herrgott seina Augn nix wert is. Wos ich soch und tu, soll
etz brenna im Gewissn und am End gibts des Gericht, do
kummt alles ans Licht und es derf nix übrig bleibn, wos bös

is. Ich möchät, dass des Feuer scho richtig ärbetn tät. 50 Obä
zuvor muss ich in aner Flut vo Leid und Elend untergeh, do
muss ich arg viel mitmachn, bis des endlich vollbracht is.
51 Maant ihr vielleicht, dass ich kumma bin, an fauln Friedn
zu bringa auf dera Welt und alles schö zu redn? Naa, soch
ich euch. Ich bring die Leut ausanander und gechänander,
wenns um des geht, wos der Herrgott will. 52 Ab sofort werds
in an Haushalt, wu fünf Leut beinander sän, so zugeh: Es
werdn drei gechä zwaa streitn und zwaa gechä drei, 53 der
Vorrä gechä sein Junga und der Jung gechä sein Vorrä, die
Murrä gechä ihr Tochter und die Tochter gechä ihr Murrä,
die Schwiegermurrä gechä ihr Schwiegertochter und die
Schwiegertochter gechä ihr Schwiegermurra.«

Die Zeichn der Zeit: 12,54–57

54 Dann hot der Jesus zu die Haufn Leut gsocht: »Wenn ihr
a Wölkla im Westn aufsteign seht, dann socht ihr gleich:
›Es regnt bald.‹ Und so kummts aa. 55 Und wenn der Wind
vo Südn her weht, dann socht ihr: ›Etz kriegn mir heißa
Tooch.‹ Und so kummts aa. 56 Ihr Scheinheilign, ihr habt
den Durchblick, wenn ihr des Wetter beobacht. Wos do
am Himml zu sehn und auf der Erdn zu spürn is, bei so
wos kennt ihr euch aus. Und do regt sich bei euch gar nix,
wenn ihr betracht, wos sich in dera besondern Zeit alles tut?
57 Warum könnt ihr do net selber beurteiln, wos gerecht is
und wos zu tun is, dämits zwischn euch und den Herrgott
stimmt und dämits bei euch unternander stimmt? Warum
könnt ihr des net beurteiln, etz wu ich do bin und euch
zeig, wie der Herrgott is und wos er will?«

Lieber versöhna als an aan Streit zugrund gehn: 12,58–59

58 »Bloß a klans Beispiel: Stell dir vor, dass du als Schuldner
mit dein Gläubiger unterwegs aufs Gericht bist. Der hot

dich in der Hend. Deswechä setz auf den Weg alla Hebl in
Bewegung, dämit du noch mit na einig werst. Sonst zerrt
der dich vorn Richter und der Richter übergibt dich der
Polizei und die Polizei sorgt däfür, dass du eingelocht werst.
59 Ich soch dir, aus den Knast kummst du nimmer raus, bis
du dei Schuld bis aufn letztn Cent bezahlt host. Deswechä:
Versöhnt euch, solang noch Zeit is!«

Wos a Unglück zu sagn hot: 13,1–5

1 Grad in der Zeit sän a paar kumma und hom den Jesus vo
die Galiläer erzählt, bei dena der Pilatus a Blutbad angericht
hot und ihr Blut mit den Blut vo ihra Opfertiere vermischt
hot, die sie grad im Templ gschlacht hom. *(Wahrscheinlich
hot der Pilatus gemaant, dass unter dena Pilger a paar Terroristn warn.)*
2 Der Jesus hot dodrauf gsocht: »Ihr maant wohl, dass sella
Galiläer den Herrgott mehr missacht und ihra Mitmenschn
mehr gschädigt hom als wie alla andern Galiläer? Ihr maant
wohl, dass sie deswechä so elend hom sterbn müssn und
dass des a Straf für ihra Sündn wär? 3 Ich soch euch: Nie
und nimmer! Wos andersch is der Fall. Wenn ihr euch
net ändert, so wies der Herrgott will, dann werdt ihr alla
mitanander genauso elend sterbn. 4 Oder ich denk an die
achtzehn Leut, die der Turm bein Siloah-Weiher erschlagn
hot, wie er zammgstörzt is. Maant ihr, die Leut hom mehr
Schuld auf sich geladn als wie alla andern, die in Jerusalem
wohna? 5 Ich soch euch: Nie und nimmer! Wos andersch is
der Fall. Wenn ihr euch net ändert, wies der Herrgott will,
dann werdt ihr alla mitanander genauso elend sterbn.«

A letzta Chance noch: 13,6–9

6 Dänach hot er ihna a Gleichnis erzählt: »Es hot aner an
Feignbaam nei sein Weinberg gepflanzt, a schös paar Jährla
is er dort gewachsn. Dann is der Moo kumma und wollt

sehn, wieviel Feign der Baam getragn hot, obä er hot kana
gfundn. 7 Do hot er zu sein Winzer gsocht: ›Etz schau amol
her. Des sän etz fei scho drei Jahr, dass ich do her kumm
und a paar Feign an dem Baam sehn möchät und ich find
kana. Waaßt wos? Mach den Krüppl um! Zu wos soll der
noch länger den Bodn aussaugn?‹ 8 Der Winzer obä hot na
zur Antwort gebn: ›Ach Chef, lass na halt noch a Jährla steh!
Dera Zeit hack ich na noch mol gscheit und tu viel dünga.
9 Vielleicht trägt er doch noch wos, des wär ja dann aa für
die nächstn Jahr a Gewinn. Wenn freilich alles nix nützt,
dann kannst na immer noch ummachn.‹«

Der Jesus zeigt, für wos der Sabbat do is: 13,10–17

10 Dann war der Jesus amol wieder am Sabbat in aner vo die
Synagogn und hot die Heilign Schriftn ausgelegt. Wos die
Gebote und Gsetze heutzutooch bedeutn, hot er die Leut
gsocht, und außerdem hot er verkündt, dass etz a besondera
Zeit wär, wu der Herrgott sein Messias schickt, wie ers scho
lang versprochn hot. 11 Grad an den Sabbat war a Fraa do,
die hot seit achtzehn Jahr a schwera Behinderung ghabt. *(Do
muss seiner Zeit irgendwos über ihr kumma sein, wos sie net verkraft und bis
etz aa nimmer losgelassn hot.)* Sie hot ausgschaut, wie wenn sie an
schwern Mehlsack auf ihrn Buckl rumtragät, so krumm war
sie. Sie hot immer aufn Bodn guckn müssn und ihrn Kopf
hot sie höchstns a paar Zentimeter aufhebn könna. 12 Wie der
Jesus sie gesehn hot, hot er sie zu sich hergschriea und hot
zu ihr gsocht: 13 »Fraa, du sollst vo dein Leidn erlöst sein!«
Und er hot ihr die Händ aufgelegt. Im nämlichn Augnblick
hot sich der krumm Buckl bewegt und sie hot sich kerzngrad
noostelln könna. Gleich hot sie den Herrgott gelobt und
gedankt. 14 Der Synagognvorstand hot sofort reagiert. Es hot
na überhaupt net gepasst, dass der Jesus am Sabbat aans gsund
gemacht hot, und er hot zu die Leut gsocht: »Sechs Tooch

in der Wochn sän zum Ärbetn do. Do könnt ihr kumma
und euch behandeln und gsund machn lassn, des muss net
ausgerechnt am Feiertooch sein, am Sabbat.« [15] Do hot na
der Jesus, der aans is mitn Herrgott, a Antwort gebn und
hot gsocht: »Mensch, seid ihr scheinheilig! Tut denn net a
jeds vo euch am Sabbat sein Ochsn oder sein Esl losbindn
und führt na noo der Tränkn und gibt na wos zum Saufn?
[16] Däbei gehts do nur bloß um die Viecher. Und des is a
Tochter vom Abraham, a Gotteskind! Die war achtzehn Jahr
vo ihrn Leidn gfesslt – und des war a teuflischs Zeug! Muss
mä denn die Fraa net losmachn vo so aner Kettn, und zwar
grad am Sabbat, am Feiertooch?« [17] Wie der Jesus des gsocht
hot, hom sich seina Gegner alla geniert. Die andern Leut
obä, so wie sie do warn, hom sich gfreut über des, wos er
Wunderbars gemacht hot.

Die Gleichnisse vom Senfkorn und vom Sauerteig: 13,18–21

[18] Der Jesus hot dann noch gsocht: »Wie geht des zu, wenn
der Herrgott sein Messias schickt und dran ärbet, dass die
Menschn a Gemeinschaft werdn, die auf na hört? Mit wos
kann mä des vergleichn? [19] A guter Vergleich is des, wos mit
an Senfkörnla passiert. A Moo hot des Körnla genumma und
hots auf sein Acker ausgsät. Do is des Körnla gewachsn und a
richtiger Baam worn und die Vögela hom in die Zweige ihra
Nester gebaut.« [20] Und noch amol hot er gsocht: »Mit wos
kann mä des vergleichn, wenn der Herrgott sein Messias
schickt und dran ärbet, dass die Menschn a Gemeinschaft
werdn, die auf na hört? [21] A guter Vergleich is des, wos mitn
Sauerteig passiert. A Fraa hot a Hend voll Sauerteig nei an
halbn Zentner Mehl gemischt. Dann hot sies zugedeckt und
die Nacht über steh gelassn, bis der ganza Teig durchgsäuert
war.« *(Der Herrgott fängt klaa an und doch werd wos Großes draus.)*

Net alla, dies maana, kumma nein Himml: 13,22–30

22 Der Jesus is durch Städte und Dörfer gezogn, däbei hot er
die Heilign Schriftn ausgelegt. Er hot die Leut gsocht, wos
die Gebote und Gsetze heutzutooch bedeutn. Und er hot
verkündt, dass etz a besondera Zeit wär, wu der Herrgott
sein Messias schickt, wie ers scho lang versprochn hot. Auf
alla Wege hot er immer sei Ziel vor Augn ghabt, und des
war Jerusalem. 23 Amol hot na aner aufghaltn und hot zu
na gsocht: »Du bist aans mitn Herrgott, ich muss dich wos
fragn. Sän des wirklich bloß a paar, die gerett werdn?« Der
Jesus hot geantwort: 24 »Tut euch anstrenga, tut kämpfn,
dämit ihr durch die enga Tür neikummt *(dämit ihr Zugang zum
Herrgott seiner Gemeinschaft kriegt, noch is die Tür offn)*. Des is wie
a Kampf auf Leben und Tod. Macht Ernst! Ich muss euch
sagn: Viel werdn den Weg suchn, wie sie do neikumma,
obä sie werdns net packn. 25 Wenns ärschd amol so weit
is, dass der Hausherr aufgstandn is und die Tür zugsperrt
hot, dann is zu spät. Dann werdt ihr draußn steh und an
die Tür pumpern und schreia: ›Herrgott, mach uns auf!‹
Und er werd euch zur Antwort gebn: ›Ich waaß net, wer
ihr seid.‹ *(Wenn ihr euch drauf berufn wollt, dass ihr nein Gottesvolk
geborn seid, dann hot des nix zu sagn. Etz kummts auf wos andersch an.)*
26 Dann werdt ihr sagn: ›Du host es doch selber gsehn, wie
mir mit dir beinander warn, am selbn Tisch hom mir gessn
und getrunkn. Und auf unsera Straßn bist du steh gebliebn
und host deina Vorträg und Predigtn übern Herrgott und
sein Messias ghaltn.‹ 27 Er obä wird zu ihna sagn: ›Ich waaß
net, wer ihr seid. Fort mit euch! Ich will euch nimmer sehn.
Ihr alla, ihr habt zu viel Unrecht getan.‹ 28 Dann werdn die
Wut und der Jammer groß sein, a Mordsgschrei und lauts
Greina werd mä hörn, wenn ihr zuschaun müsst, wie der
Abraham und der Isaak und der Jakob und alla Prophetn a

herrlichs Lebn bein Herrgott hom, euch obä hot er nausge-
worfn. 29 Sie werdn kumma ausn Ostn und ausn Westn, ausn
Nordn und ausn Südn (*und zwar södda, wu ihr immer gsocht habt:
›Die ghörn net zum Herrgott sein Volk‹*), und die werdn däbei sein,
wenn des Lebn endlich so schö is, wie des der Herrgott scho
immer gewollt hot. 30 Und des merkt euch: Es gibt södda,
die ganz hintn dran sän, die werdn nochäd an der ärschdn
Stell sein. Und es gibt södda, die ganz vorn dran sän, die
werdn nochäd an der letztn Stell sein.«

Schicksals-Stadt Jerusalem: 13,31–35

31 In derselbn Stund hom na a paar vo die Pharisäer aufgsucht
und hom zu na gsocht: »Geh aus dera Gegnd fort und zieh
wuandersch noo, der Herodes will dich umbringa.« 32 Der
Jesus hot zu ihna gsocht: »Geht lieber ihr fort und richt den
altn Fuchs aus: Mir hot net er, sondern a anderer wos zu
sagn. Ich befrei die Menschn vo ihra Ängste und Süchte und
bösn Gedankn, ich heil sie vo ihra Krankheitn. Des mach
ich heut und morgn, am drittn Tooch obä werd mei Lebn
und mei Auftrag zu End gebracht sein. 33 Des haaßt, heut und
morgn und übermorgn muss ich noch unterwegs sein (*obä
net wechän Herodes, sondern weils a anderer bestimmt*), denn des derf
ja net sein, dass a Prophet wuandersch umgebracht werd als
in Jerusalem, des is traurig obä wahr (*und ihr Scheinheilign tut so,
wie wenn ihr mich vorn Herodes rettn wollt und ich in Jerusalem a Zuflucht
findn tät*). 34 Jerusalem, Jerusalem, du bringst deina Prophetn
um und steinigst die, die der Herrgott dir gschickt hot. Wie
oft hab ich deina Kinner bei mir versammln wolln so wie a
Gluckn die Flügl über ihra Zibela ausbraat. Und ihr habt net
gewollt. 35 Scho der Prophet secht: ›Für euch is der Templ,
des Gotteshaus verlorn, a gottverlassner Ort, da findt ihr
ka Zuflucht mehr.‹ Ich soch euch: Ihr werdt mich nimmer
sehn bis die Zeit kummt, wu ihr socht (*wos scho in die Psalmen*

steht): ›Gepriesn sei, der do kummt im Noma vom Herrgott
(*der Messias*).‹«

Derf mä am Sabbat heiln oder net?: 14,1–6

1 Amol is passiert, dass der Jesus nein Haus vo an Öberstn vo
die Pharisäer kumma is. Der hot na zu an Festessn eingeladn,
es war obä grad Sabbat. Alla hom na genau beobacht. 2 Bei die
Zaungäst war a Moo mit an schwern Herz- und Niernleidn,
der war ganz aufgschwemmt vom Wasser. Der Moo war
nah bein Jesus gstandn und dem is er gleich aufgfalln. 3 Und
er hot zu die Theologn und Pharisäer gsocht: »Darf mä
am Sabbat an Krankn heiln oder derf mä des net?« 4 Sie
obä hom nix gsocht. Do hot der Jesus den Moo angelangt,
hot na gsund gmacht und hot na haam gschickt. 5 Zu die
andern hot er gsocht: »Wenn aner vo eura Bubm oder aner
vo eura Ochsn nei an Brunna gfalln wär, tät ihr na net sofort
wieder rausziehn, aa wenns am Sabbat wär?« 6 Sie obä hom
ka Antwort hergebracht.

Der Kampf um die Ehrnplätz kann schwer ins Aug gehn: 14,7–11

7 Scho vor den Essn hot der Jesus zugschaut ghabt, wie die
Gäst reinkumma sän und wie sie probiert hom, gleich ne-
bern Gastgeber an Ehrnplatz zu kriegn. Dodäzu hot er ihna
etz a Gleichnis gsocht: 8 »Wenn du zu aner Hochzeit einge-
ladn bist, dann lass dich bein Festmahl net aufn bestn Platz
gleich obn bein Gastgeber nieder. Es könnt ja sein, dass dann
noch a Gast kummt, der mehr Ansehn hot als du. 9 Und stell
dir vor, etz erscheint der Gastgeber, der dich und die andern
eingeladn hot, und secht zu dir: ›Du musst den Platz frei
machn, der is für mein Ehrngast gedacht.‹ Und dann is des
fei arg peinlich, wenn du anfanga derfst, wos Neus zu suchn,
und wenn du am End ganz untn aufn letztn Platz landn

tust. 10 Ich waaß dir wos Bessers. Wenn du eingeladn bist, dann geh noo und such dir den letztn Platz, dämit nochäd, wenn der Gastgeber erscheint, er zu dir secht: ›Mei Freund, rutsch doch bittschö do obn rauf, her bei mir!‹ Dann werst du glänznd vor alla dosteh, die mit eingeladn warn. 11 Ich soch euch: A jeder, der sich selber groß macht, den werd der Herrgott am End ganz klaa machn. Und jeder, der sich selber klaa macht, den werd der Herrgott am End ganz groß machn.«

Du sollst södda einladn, dies nötig hom: 14,12–14

12 Dann hot der Jesus zu den, der na eingeladn hot, gsocht: »Wenn du a Mittagessn oder a Festmahl ausrichtn tust, dann lad net deina Freunde ein und aa net deina Gschwister und aa net deina andern Verwandtn und aa net deina reichn Nachbarn, weil des bloß drauf nauslöfft, dass die dich wieder einladn und du alles zurück kriegst, wos du ausgebn host; des is dann praktisch a Gschäft auf Gegnseitigkeit. 13 So net! Wenn du scho a Bewirtung machn willst, dann lad die Arma ein, die Behindertn, die Gelähmtn, die Blindn (*lauter Leut, die net nein Templ derfn, weil mä secht: ›Wer so schlimm dran is, der is vom Herrgott gstraft‹*). 14 Der Herrgott werd dich glücklich machn, weil die alla nix hom, mit dem sies wieder gleich machn könntn. Der Herrgott werds dir reichlich vergeltn, wenn er die vo die Totn auferweckt, die getan hom, wos in seina Augn recht is.«

Der Herrgott lädt ein und viel hom »wos Bessers« vor: 14,15–24

15 Aner vo die andern Gäst hot zughört ghabt und hot zum Jesus gsocht: »Gut dran is aner, der bein Herrgott däham is und mit am Tisch sitzt in der neua Welt, die der Herrgott schafft.« 16 Der Jesus hot zu na gsocht: »A Moo hot a Festessn

gebn wolln und hot an a Haufn Leut Einladunga verschickt.
17 Wie a Zeit rum war, hot er, wies Brauch war, sein Sekretär
mit der zweitn, der persönlichn Einladung fortgschickt. Des
Fest war soweit gericht und er hot dena, die eingeladn warn,
sagn lassn: ›Kummt, es is alles gericht.‹ 18 Auf amol obä hom
sich alla ohne Ausnahm entschuldign lassn. Der ärschd hot
zu den Sekretär gsocht: ›Ich hab an Acker kafft und ich
muss unbedingt nausgeh und muss na amol anschaun. Ich
bitt dich, tu mich entschuldign.‹ 19 A anderer hot gsocht:
›Ich hab fünf Gspanne Ochsn kafft und bin grad aufn Weg,
dass ich sie anguck und seh, wieviel sie taugn. Ich bitt dich,
tu mich entschuldign.‹ 20 Der nächste hot gsocht: ›Ich bin
frisch verheirat, deswechä gehts net, dass ich kumm.‹ 21 Wie
der Sekretär zurück kumma is, hot er des alles sein Chef
vermeldt. Do hot der mächtige Moo sein Zorn kriegt und
hot zu sein Sekretär gsocht: ›Du gehst auf der Stell naus auf
die Plätz und Gassn vo dera Stadt und bringst mir alla Arma
und Verkrüppltn und Blindn und Gelähmtn – alla, die du
siehst, bringst mir doher!‹ 22 Es hot net lang gedauert, do
is der Sekretär wieder kumma und hot gsocht: ›Chef, es
is erledigt, wos du angebn host, und trotzdem sän immer
noch Plätz frei.‹ 23 Do hot der Chef gsocht: ›Etz gehst naus
zu dena, die auf der Landstraß unterwegs sän, und zu dena,
die am Randstaa hockn, und lädst sie ein und gehst ihna so
lang aufn Geist, bis sie do mit reingehn, dämit mei Haus
voll werd.‹ 24 Obä des soch ich euch: Vo dena, die zuärschd
eingeladn warn, werd kaner bei den Festmahl däbei sein,
net amol an Löffl Suppn werdn sie kriegn.«

Bei den Jesus mitmachn, des kost den volln Einsatz: 14,25–33

25 A anderschmol wars, wie a Haufn Leut mit na unterwegs
warn, do hot er anghaltn und hot zu ihna gsocht: 26 »Wer

zu mir kummt und des net zammbringt, sein Vorrä und sei
Murrä zurückzustelln und genauso sei Fraa, seina Kinner,
seina Brüder, seina Schwestern und däzu sei eigns Lebn, wer
des net zammbringt, der kann net mei Jünger sein. 27 Wer
ka Leidn wechä mir auf sich nehma will, wer sei Kreuz net
tragn und auf mein Weg mir nachgeh will, der kann net
mei Jünger sein. 28 Wer von euch, der in sein Weinberg an
Wachturm mit Lagerraum baua will, hockt sich net zuärschd
amol noo und rechnt durch, wos na des kost, dämit sei Geld
aa langt bis der Bau fertig is? 29 Sonst könnts ja passiern,
dass dann, wenn er sein Grund neigemacht hot und na
des Geld zum Aufmauern und Fertigmachn ausgeht, dass
dann alla, die des sehn, des Spottn anfanga und sagn: 30 ›Na,
des is vielleicht a Held. Do hot er groß des Baua angfangt
und etz lässt er alles liegn. Scheints hot zum Fertigmachn
des Klaageld nimmer gelangt.‹ 31 Oder ich denk dran, dass
a König in aner schwierign Lag is, weils an Krieg mit an
andern Herrscher gebn könnt. Welcher König tät do net
zuärschd amol mit seina Berater abcheckn, ob er überhaupt
a Chance hot, wenn er mit seina zehntausnd Mann gechä
an antretn tut, der mit zwanzigtausnd Mann aufmarschiert?
32 Und wenn er merkt, dass do nix zu gewinna is, dann
schickt er, solang noch Zeit is, a Gesandtschaft zu sein Feind
und lässt um Friedn bittn. 33 Mä muss sich alles gut überlegn
und dann entscheidn, auf wos mä sich einlässt und auf wos
net. Und jeder vo euch, der sich net drauf einlassn will,
alles geh zu lassn, wos na ghört, der kann net mei Jünger
sein.«

Salz is a Vergleich für die christlicha Gemaa: 14,34–35

34 *(Die richtign Jünger sän wie Salzkörnla.)* »Des Salz is wos Guts.
Wenns obä nimmer richtig salzig is und gradnaus schmeckt,
mit wos kann mä dann noch an Gschmack nei an Essn

bringa oder des Fleisch einreibn, dämit sichs besser hält?
35 Wenn des Salz nimmer salzig is, dann kannst es zu nix
mehr brauchn. Aufn Acker zum Dünga bringts nix, und
aa wenn dus aufn Misthaufn schmeißt, hots kan Wert. Mä
kanns eigntlich bloß zum Fenster nauswerfn. Wer Ohrn hot,
dass er den Sinn versteht, der soll hörn.« *(Und er werd merkn:
A christlicha Gemaa, die sich net ganz auf ihrn Herrgott verlässt und für na
ärbet, die is für kan Menschn intressant.)*

Über wos sich der Herrgott freut: 15,1–10

1 Überoll wu der Jesus war, sän die Zollpächter zu na
kumma, weil sie na gern zughört hom. Und aa södda Leut
sän kumma, vo dena die anständign Leut gsocht hom: »Des
sän Sünder, die kenna ka Zucht und Ordnung mehr und dena
is nix heilig.« 2 Die Pharisäer hom unteranander gemosert
und die Theologn hom gsocht: »Der do gibt sich mit Gauner
ab und hockt sich mit ihna an aan Tisch.« 3 Do hot ihna
der Jesus a Gleichnis vorgelegt: 4 »Ich möcht den vo euch
sehn, ders net genauso machät wie der Moo, vo den ich euch
erzähl. Hundert Schaf hot er in sein Pferch, obä wie na
aans verlorn ganga is, do hot er die neunundneunzig in der
Einöd zurückgelassn und is den verlorna Schaf nachganga
und hot net geruht, bis ers gfundn hot. 5 Und wie ers gfundn
hot, hot ers auf die Achsl genumma und hot a riesn Freud
däbei ghabt. 6 Wie er hamkumma is, hot er seina Freunde
und Nachbarn zammgschriea und hot zu ihna gsocht: ›Ihr
glabt gar net, wos ich für a Freud hab. Ihr müsst a weng
mitfeiern, weil ich mei Schäfla wieder gfundn hab, des
verlorn war.‹ 7 Etz passt auf, und ich waaß, wos ich euch
soch: Genauso werds a riesn Freud im Himml gebn bein
Herrgott über aan Sünder, der sei Lebn umstellt, mehr Freud
sogar als wie über neunundneunzig fromma und anständiga
Leut, wus net notwendig is, dass sie ihr Lebn ändern. 8 Noch

a Gleichnis: Könnt ihr euch vorstelln, dass a Fraa unter
euch des andersch machät als die Fraa, vo der ich euch
erzähl? Die hot net viel ghabt, ihr ganzer Schatz warn zehn
Silbermünzn. Und ana dävon hot sie verlorn. Do hot sie a
Kerzn angezündt und hot sie auf an Leuchter gstellt und hot
den Staabodn in ihrn Häusla gekehrt. Nei jedn Eckela is sie
mitn Besn gfahrn, ob sie vielleicht wos klappern hörät. Ka
Ruh hot sie gebn, bis sie des Silberstückla gfundn hot. 9 Wie
sie die Münzn endlich ghabt hot, hot sie ihra Freundinna
und Nachbarinna zammgschriea und hot zu ihna gsocht:
›Ich hab a riesn Freud, feiert a weng mit mir, weil ich die
Münzn gfundn hob, die ich verlorn hob.‹ 10 Etz passd genau
auf und ich waaß, wos ich soch: Genauso werds a riesn
Freud bein Herrgott seina Engl über aan Sünder gebn, der
sei Lebn umstellt.«

Die Gschicht vo an unglaublichn Vorrä und seina zwaa Bubm: 15,11–32

11 Dann hot ihna der Jesus noch a Gleichnis vorgelegt: 12 »A
Moo hot zwaa Bubm ghabt. Der Jüngere hot zu sein Vorrä
gsocht: ›Vorrä, zahl mir mei Erbtaal aus!‹ Do hot der Vorrä sei
Hab und Gut unter die zwaa aufgetaalt. 13 Es hot gar net lang
gedauert, do hot der Jüngere sei ganz Zeuch zammgenumma
und hots zu Geld gemacht. Dann is er übers Meer nei an ferna
Land gfahrn. Dort hot er nix wie gelumpt und jedn Tooch
an draufgemacht. Auf die Tour hot er des ganza Vermögn
durchgebracht. 14 Wie er alles verjuxt ghabt hot, is a gewaltiga
Hungerkatastrophn über des ganza Land kumma. Do is na
auf amol richtig dreckig ganga und bald hot er nix mehr zum
Beißn ghabt. 15 Er is zu an vo die Alteingsessna ganga und hot
a Ärbet gsucht. Der hot na naus seina Äcker zum Säuhütn
gschickt. *(Des war den Junga vo sein Glaabn aus streng verbotn und a große
Schand für na.)* 16 Es hot na gelüst, sich den Ranzn vollzuhaua

mit die Schotn vom Johannisbrotbaam, wos immer die Säu zum Fressn kriegt hom. Obä kans hot na wos gebn, egal wu er noo is. [17] Do is er in sich ganga und hot gsocht: ›Ich derf gar net dran denkn, wieviel Toochlöhner vo mein Vorrä mehr wie genug zum Essn hom, und ich geh do drauf vo lauter Hunger. [18] Do gibts bloß aans: Ich mach mich auf und geh haam zu mein Vorrä und soch: ›Vorrä, ich hab Unrecht getan gechän Himml und gechä dir. [19] Ich bins nimmer wert, dass ich dei Sohn haaß. Mach mich zu an vo deina Toochlöhner.‹ [20] Gsocht, getan. Er hot sich aufgemacht und is auf die Wander zu sein Vorrä ganga. Wie er noch a schöns Stück vo däham weg war, hot na der Vorrä scho gsehn und es is na durch und durch ganga. Er is sein Bubm entgechä gerennt, is na noon Hals gflong und hot na abgeküsst. [21] Do hot der Sohn zu na gsocht: ›Vorrä, ich hab Unrecht getan gechän Himml und gechä dir, ich bins nimmer wert, dass ich dei Sohn haaß.‹ [22] Der Vorrä obä hot zu seina Hausdiener gsocht: ›Schnell, sucht den feinstn Anzug raus und helft na beim Anziehn! Gebt na den Sieglring noo der Hend und gscheita Schuh noo seina Füß! [23] Holt des Mastkalb ausn Stall und tuts schlachtn! Dann machn mir a groß Festessn und feiern anständig. [24] Ich soch euch aa warum: ›Der do, mei Sohn, war tot und etz is er wieder lebendig. Er war verlorn und etz is er wieder däham.‹ Und sie hom des Feiern angfangt und bald is laut und lustig worn. [25] Der ältere Sohn obä war während der Zeit draußn aufn Acker bei der Ärbet. Wie er ohmds hamwärts ganga is und scho nah bein Haus war, hot er die Musik ghört und dass sie getanzt hom. [26] Er hot an vo die Stallburschn zu sich hergschriea und sich erkundigt, wos do los is. [27] Der hot gsocht: ›Dei Bruder is wieder hamkumma und dei Vorrä hot des Mastkalb schlachtn lassn, weil er sein Bubm gsund wieder kriegt hot.‹ [28] Do is der ältere Bruder zornig worn und hot net neigeh wolln. Der Vorrä obä is

zu na rauskumma und hot na gut zugeredt und a paarmol
gebitt, dass er mitgeh sollät. 29 Der obä hot zu sein Vorrä
gsocht: ›Ich will dir aans sagn: So viel Jahr ärbet ich für dir,
ka anzigs Mol hab ich mich gechä dir gstellt, ka anzigs Mol
hab ich gechä die gutn Sittn verstoßn. Obä für mir host du ka
anzigs Mol a Böckla übrig ghabt, dass ich mit meina Freunde
a weng hätt feiern könna. 30 Etz obä, wu dei sauberer Herr
Sohn daherkummt, der sei Erbtaal mit Nuttn aufn Kopf ghaut
hot, etz host du des Mastkalb auffahrn lassn.‹ 31 Der Vorrä
obä hot zu na gsocht: ›Mensch Bu, du bist doch immer bei
mir, und alles, wos mir ghört, des ghört dir aa. 32 Obä heut is
a besonderer Tooch, den müssn mir feiern, weil des einfach
a riesn Freud is: Dei Bruder war tot und etz is er wieder
lebendig, er war verlorn und etz is er wieder däham.‹«

A Gauner kann a Vorbild sein: 16,1–8

1 Amol hot der Jesus zu seina Jünger gsocht: »Es war a rei-
cher Moo, der hot an Gschäftsführer ghabt, über den sän
na allerhand Gerüchte zugetragn worn. Es hot ghaaßn, der
tät Firmengelder auf eigna Kontn umleitn und den Betrieb
ruiniern. 2 Do hot na der Chef zu an Termin bestellt und zu
na gsocht: ›Redn mir net lang rum, mä hört Sachn vo dir,
do bin ich echt gschockt. Du musst deina ganzn Bücher zur
Prüfung vorlegn. Wenn wos an bestimmta Gerüchte dran
is, dann kannst du nimmer in der Firma ärbetn.‹ 3 Do hot
der Gschäftsführer zu sich selber gsocht: ›Wos soll ich etz
machn? So wies aussieht, werd mich der Chef feuern. Vo
wos soll ich lebn, wenn ich kan Job mehr hab? Staa klopfn?
Des halt ich net aus. Die Leut anbettln? Do genier ich mich.
4 Stopp! Ich hab a Idee, etz waaß ich, wos ich mach. Ich
deichsl des so, dass a paar do sän, die mir a warms Plätzla
verschaffn, wenn ich nausgflogn bin.‹ 5 Dann hot der die
Händler, die in Zahlungsrückstand gechä sein Chef warn,

zu sich bestellt, an jedn extra. Zum ärschdn hot er gsocht:
›Wieviel bist du den Chef noch schuldig?‹ 6 Der hot gsocht:
›Hundert Fass Olivnöl muss ich noch zahln.‹ Er obä hot
gsocht: ›Schau her, do hab ich dein Schuldschein, den kannst
behaltn. Mir machn an neua. Hock dich schnell do her und
schreib fuchzig.‹ *(›Wenn ich na alles nachlass, fällts zu sehr auf‹, hot
er sich gedacht.)* 7 Zum nächstn hot er gsocht: ›Wieviel bist
du noch schuldig?‹ Der hot gsocht: ›Hundert Sack Waaß
(*Weizn*) muss ich noch zahln.‹ Der Gschäftsführer hot zu na
gsocht: ›Schau her, do hab ich dein Schuldschein, den kannst
behaltn. Mir machn an neua, schreib achtzig drauf.‹« – Des
war des Gleichnis. 8 Und der Jesus, der aans is mitn Herrgott,
hot den Gauner gelobt, dass der des clever gelöst hot. Und
er hot weiter gsocht: »Die Leut, die nix andersch kenna als
solcha Regeln wie ›Hauptsach, selber gut durchkumma‹ und
›gut lebn ohne Rücksicht auf Verluste‹, solcha Leut sän in
ihra Interessn cleverer als Leut, die aufn Herrgott hörn und
sich für ihra Mitmenschn engagiern wolln. Die merkn oft
gar net, wos sie aus ihrn Glaabn alles machn könntn und
wieviel Chancen sie hom.« *(Die könntn in ihrn Bereich, wos die
Chancenauswertung betrifft, vo selln Gschäftsführer noch wos lerna.)*

Wie aner mitn Geld umgeht, des lässt tief blickn: 16,9–13

9 »Des is des aana, und dann soch ich euch noch wos. Wenn
ihr Geld habt und des is ja scho durch viel Händ ganga
und hot scho viel Unheil angericht –, wenn ihr also Geld
habt, dann gebts dena, dies zum Lebn brauchn. Die werdn
dann eura Freunde sein und euch net vergessn und des
werd sich auszahln für euch. Es geht ja alles zu End, des
Geld und des Lebn. Dann werdn eura Freunde dem Herrgott
berichtn und der werd euch a Heimat in seiner neua und
bessern Welt gebn. 10 Wenn mä sich auf jemand verlassn
kann, wenns um Kleinigkeiten geht, dann kann mä sich

auf na aa verlassn, wenns um großa Sachn geht. Und wenn
jemand unzuverlässig is, wenns um Kleinigkeitn geht, dann
is er aa unzuverlässig, wenns um großa Sachn geht. 11 Und
wenn ihr net gezeigt habt, dass mä sich bein Geld, des
scho allerhand Unglück über die Menschn gebracht hat, auf
euch verlassn kann, wie soll mä euch nochäd die große
Aufgab zutraun, dass ihr des wahra Lebn verkündigt, des
der Herrgott gebn will? 12 Und wenn ihr net gezeigt habt,
dass des, wos euch der Herrgott auf Zeit anvertraut hot, bei
euch in guta Händ is, wie soll mä euch nochäd des gebn,
wos auf ewig euers sein sollt? 13 A Mensch, der sei Ärbet
hot, der kann net nebnher noch a andera Ärbet annehma.
Er kann net gleichzeitig für zwaa Chefs den volln Einsatz
bringa. Entweder werd er den aan vernachlässign und für
den andern voll da sein oder er werd umgekehrt sich für den
aan ganz und gar neihänga und den andern links liegn lassn.
Ihr könnt in euern Lebn net gleichzeitig voll fürn Herrgott
und voll fürs Geld da sein. Ihr müsst euch entscheidn, wer
für euch an ärschder Stell kummt.«

Scho wieder Streit mit die Pharisäer: 16,14–15

14 Des alles hom die Pharisäer aa ghört und die warn ja aa
aufs Geld aus. Wos der Jesus gsocht hot, is ihna gscheit die
Nasn nauf und sie hom na als Spinner noogstellt. 15 Do hot
er zu ihna gsocht: »Ihr seid die söddn, dies verstehn, sich
vor die Leut als die Gutn und Anständign zu präsentiern,
obä der Herrgott waaß, wies in euch drinna, in euern Herz
aussieht. Grad des Getu, mit den ihr bei die Leut Eindruck
schindn tut, grad des is fürn Herrgott a Brechmittl.«

Der Jesus warnt vor an Missverständnis: 16,16–17

16 »Des Gsetz vom Mose und die Predigtn vo die Prophetn
hom verkündt, wos der Herrgott will und wos er vorhot. So

war des, bis der Johannes kumma is. Und etz werd verkündt, dass der Herrgott sein Messias schickt. Der macht die Krankn gsund und der geht zu dena noo, die nebn naus gratn sän. Der bringts zamm, dass die Leut unternander und mitn Herrgott Friedn findn und dass sie a guta Gemeinschaft werdn. Bei so wos möchtn alla däbei sein, es geht ihna obä net schnell genug und sie maana, ich müssät des Paradies herzaubern könna. [17] Mancha hom do wos falsch verstandn. Die maana, sie bräuchtn etz nimmer aufn Herrgott seina Gebote achtn. Ich soch euch: Do störzn eher der Himml und die Erdn zamm, als dass aa Häkela vom Mose sein Gsetz umfällt.«

Der Jesus schützt die Ehefraun: 16,18

[18] »Wos ihr mit die Ehefraun macht, des is gechä den Geist vom Herrgott seina Gebote. Deswechä soch ich euch klipp und klar: A jeder Moo, der sich vo seiner Fraa scheidn lässt *(und dämit des schö einfach geht, habt ihr euch allerhand Tricks ausgedacht)* und a andera heirat, der begeht an Ehebruch. Und a Moo, der a Fraa heirat, die zuvor vo ihrn Moo mit an ganz legaln Scheidungspapier fortgschickt worn is, aa der Moo, der sie heirat, begeht an Ehebruch.« *(»Die Buchstabn nach is alles okay, obä ihr müsst aa dran denkn, dass des gechän Herrgott is, wenn ihr seina Gebote über die Ehe so auslegt, wies euch, und vor allem die Männer, passt.«)*

Der reich Moo und der arm Lazarus: 16,19–31

[19] A anders Mol hot er ihna a Gleichnis erzählt: »Es war a reicher Moo, der hot seina Anzüg bei die bestn Modeschneider im Ausland ärbetn lassn, die teuerstn Stoffe warn grad gut genug. Dodämit hot er sich gern gezeigt und praktisch jedn Tooch irgnd aa Party gfeiert. [20] Und es war a bettlarmer Moo, der hot Lazarus ghaaßn. Er war in der Einfahrt vom Reichn seiner Villa gelegn. Am ganzn Körper hot er Gschwüre

ghabt. 21 Der Lazarus hot sehnlich drauf gewart, dass er die
weichn Brotfladn erwischt hot, mit dena sich die Gäst am
Tisch vo den Reichn die Händ abgewischt hom. Wos die
weggschmissn hom, des war sei Essn. Ka Mensch hot sich
um na gekümmert, bloß die Hünd sän kumma und hom
an seina Gschwüre geleckt. 22 Und dann is passiert, dass der
Arme gstorbn is, und er is vo die Engl fortgetragn worn
nein Abraham sein Schoß. Und der Reiche is aa gstorbn und
begrabn worn. 23 Er war in der Höll und des warn großa
Qualn für na. Wie er die Augn aufgemacht und naufgschaut
hot, do sieht er weit weg den Abraham und in sein Schoß
den Lazarus. 24 Der Reiche hot zu dena gschriea: ›Ach, Vorrä
Abraham, hab Mitleid mit mir! Schick mir den Lazarus! Der
bräucht fei gar nix andersch machn als wie sei Fingerkuppn
nein Wasser haltn und dann mei Zunga a weng kühln. Es
is a Qual in dera Flamma.‹ 25 Der Abraham obä hot gsocht:
›Mei Sohn, denk amol dran, dass du die gutn Seitn vom
Lebn reichlichst auf der Erdn genossn host, und der Lazarus
hot die schlechtn aushaltn müssn. Und etz hot ers schö do
herobn und die Qual host etz du. 26 Außerdem is zwischn
uns und euch a tiefa Schlucht, und die is so gewaltig, dass
do niemols aans drüberkummt. Sogar wenn mä wollät –
vo uns kann kans zu euch und vo euch kann kans zu uns.‹
27 Do hot der ander gsocht: ›Ich bitt dich aans, Vorrä, dass
du den Lazarus noo bei mein Elternhaus schickst, ich hab
nämlich fünf Brüder. 28 Er soll vor ihna beschwörn, dass
er mich gsehn hot, und sie warna, dämit sie net aa doher
kumma, wus lauter Qualn gibt.‹ 29 Der Abraham obä hot
gsocht: ›Sie hom des, wos vom Mose und vo die Prophetn
gschriebn is. Auf des, wos bei dena steht, solln sie hörn.‹
30 Der ander hot gsocht: ›Des langt doch net, Vorrä Abraham!
Wenn obä aner vo die Totn zu ihna käm, dann tätn sie ihr
Lebn ändern.‹ 31 Der Abraham obä hot zu na gsocht: ›Wenn

sie net aufn Mose und die Prophetn hörn, dann lassn sie sich
aa nix sagn, wenn aner vo die Totn aufsteht.‹«

Sei Gottvertraun derf mä niemand nehma: 17,1–3a

1 Der Jesus hot zu seina Jünger gsocht: »Es werdn aa bei euch
immer wieder Sachn vorkumma, die an gläubign Menschn
so weit bringa, dass er sein Glaabn aufgibt. (*Wenn er miterlebt,
wie sich mancha bei euch verhaltn, dann muss er sich sagn: ›Wenn sogar a
Jünger so unbarmherzig oder scheinheilig oder ehebrecherisch is, dann kann mit
unsern Glaabn wos net stimma.‹*) Ich soch euch, es werd schlimm
mit södda endn, die Schuld dran sän, dass a anderer sein
Glaabn verliert. 2 Für södda wärs besser, wenn sie mit an
Strick um Hals und an Mühlstaa dran neis Meer geworfn
werdn tätn. So grausam wie des is, es wär immer noch
besser für sie, als wenn sie Schuld dran sän, dass a Mensch sei
Gottvertraun verliert, der grad ärschd mitn Glaabn angfangt
hot. 3a Passt auf und kontrolliert euch selber, dass es net so
weit kumma muss.«

Ihr könnt net genug vergebn: 17,3b–4

3b »Wenn a anderer aus der Gemaa, dei ›Bruder im Glaabn‹,
dir wos angetan hat, dann soch na des und red na neis
Gewissn, und wenn er sich ändert, dann sollst na vergebn.
4 Und wenn er siebnmol am Tooch an dir schuldig werd und
siebnmol auf dir zugeht und secht ›es tut mir Leid‹, dann
sollst na vergebn.«

A klaaner Glaabn hot a großa Wirkung: 17,5–6

5 Die Apostl hom zum Jesus, der aans is mitn Herrgott,
gsocht: »Geb uns die Kraft, dass mir noch mehr und noch
fester glaabn könna.« (*»Mir könntn dann noch mehr Wunder tun und
noch mehr Leut zum Glaabn bringa.«*) 6 Und er, der aans is mitn
Herrgott, hot zu ihna gsocht: »Wenn ihr an Glaabn habt,

der bloß so groß is wie a winzigs Senfkörnla, dann könnt ihr zu den Maulbeerbaam do mit seina tiefn Wurzeln sagn: ›Du sollst dich mitsamt deina Wurzeln ausn Bodn rausreißn und dich do drübn im See einpflanzn.‹ Auf der Stell tät der auf euch hörn.« (*»A Senfkornglaabn is groß genug. Es wär falsch zu denkn: ›Ich müsst so an großn Glaabn wie die großn Gottesmänner hom, dann könnt ich wos bewegn.‹ Do draus werd oft die Entschuldigung: ›Leider kann ich nix machn, ich ghör halt net zu die Großn unter den Herrgott seina Leut.‹ Ich soch euch: Euer Glaabn is groß genug. Der hilft euch, dass ihr Sachn fürn Herrgott anpackt, wu ihr ärschd maant ›des is unmöglich, do lässt sich nix ändern‹ und dann bewegt sich doch wos.«*)

Vorn Herrgott hom mir kana Ansprüch zu stelln: 17,7–10

7 Dann hot er ihna a Gleichnis erzählt: »Ihr wisst ja, wies zugeht. Do hot so a Bauer an Knecht, der praktisch sei Sklave is und alles für na machn muss, ackern genauso wie mit die Schaf rumziehn. Wenn etz seller Knecht vo der Ärbet hamkummt, maant ihr vielleicht, dass dann sei Chef zu na
secht: ›Geh nur gleich rei und mach Brotzeit‹? 8 Ihr wisst
doch, dass des ganz andersch löfft und ihr täts genauso machn. An den Chef seiner Stell tät ihr aa sagn: ›Tu amol mei Brotzeit richtn! Zieh andra Klaader an und kümmer dich, dass wos Gscheits aufn Tisch kummt! Du bleibst doo, bis ich
fertig bin. Dänach kannst du dei Brotzeit machn.‹ 9 Maant
ihr, der gibt den Knecht an extra Dank, weil der gemacht hot, wos na aufgetragn war? Ihr täts genauso machn wie
seller Bauer. 10 Und etz deut ich des Ganza auf des, wos ihr
fürn Herrgott macht. Wenn ihr alles getan habt, wos euch aufgetragn war, dann sollt ihr sagn: ›Mir sän nix andersch als wie Leut, die ihr Ärbet machn. Do bildn mir uns nix drauf ein. Mir hom des gemacht, wos mir halt schuldig warn.‹«

Zehn werdn gsund, obä bloß aner sucht sein Retter auf: 17,11–19

11 Die nächst Gschicht is aa passiert, wie der Jesus auf sein
Weg nach Jerusalem war. Däbei is er mittn durch Samaria
und Galiläa gezogn. 12 Wie er nei an bestimmtn Dorf kumma
is, sän na zehn aussätziga Männer begegnt. Sie sän steh
gebliebn, wie sie noch weit weg warn. Dann hom sie so
laut gschriea, wie sie gekönnt hom: 13 »Jesus, hochwürdiger
Gottesmoo, hab Erbarma mit uns!« 14 Der Jesus hot auf sie
gschaut und dann hot er zu ihna gsocht: »Geht noo und
zeigt euch die Priester!« *(»Die müssn offiziell feststelln, dass ihr gsund
seid.«)* Und dann is gschehn, wie sie fortgeloffn sän, is ihr
Haut gsund worn. 15 Aner vo ihna, wie er gsehn hot, dass
er gheilt war, hot kehrt gemacht und hot mit lauter Stimm
Lob- und Danklieder gsunga und gebett. 16 Er is vorn Jesus
seina Füß niedergfalln, däbei is er mit sein Gsicht bis aufn
Erdbodn nunter, so wie mäs vor an König macht, und hot
sich bedankt. Und der war a Samaritaner. *(Die Samaritaner warn
mit die Judn wechän Glaabn arg zerstrittn, außerdem hots bei die Judn ghaaßn,
sie wärn a mindera Rass.)* 17 Der Jesus hot zu den Moo gsocht: »Sän
net alla zehn gsund worn? Wu sän nochäd die neun andern?
18 Hots kaner für nötig ghaltn, umzudreha und den Herrgott
die Ehr zu gebn als wie nur bloß der ›Ausländer‹?« 19 Und er
hot zu na gsocht: »Steh auf! Geh haam! Dei Glaabn hot dich
net bloß gsund gemacht, er hot dei ganz Lebn heil gemacht.«
*(»Du host den Weg zum Herrgott sein Messias gfundn und der hot mehr zu
gebn als wie a gsunda Haut.«)*

Wu des »Reich Gottes« is: 17,20–21

20 Amol hom die Pharisäer den Jesus gfragt: »Wann is so weit,
dass der Herrgott sein Messias schickt und alla Feinde besiegt
und er allaa herrschn tut?« Er hot ihna als Antwort gebn:

»Wenn der Herrgott sei Herrschaft aufricht, dann geht des
net so, dass ihr des beobachtn könnt wie a Schauspiel und
dass vielleicht Truppn aufmarschiern oder der Messias wie
a König daherkummt. 21 Es werd kans sagn könna ›do siehst
des Reich Gottes‹ oder ›dort siehst es‹. Hört, wos ich euch
soch: Dass der Herrgott sei Herrschaft aufricht, des passiert
scho mittn unter euch (*und deswechä bin ich ja bei euch*).«

Wos passiert, wenn der »Menschnsohn« kummt: 17,22–37

22 Zu seina Jünger hot der Jesus gsocht: »Es werdn schwera
Tooch für euch kumma, do werdt ihr euch wünschn, dass
ihr noch amol den Herrgott sein Bevollmächtigtn, ›den
Menschnsohn‹, sehn könnt, und wenns bloß für an Tooch
wär, obä ihr werdt na net sehn. 23 Und sie werdn zu euch sagn
›Er is dort‹ oder ›Er is do‹. Geht net noo und folgt ihna net!
24 So wie a Blitz übern ganzn Himml aufzuckt, so wird ›der
Menschnsohn‹ sein an sein Tooch, wenn er wiederkummt.
(*Plötzlich werd er kumma und in aner glänznd helln Erscheinung.*) 25 Zuvor
obä muss er viel leidn und Spott und Schand vo die Menschn
über sich ergehn lassn, die heut lebn. 26 So wies in die Tooch
vom Noah ganga is, so werds in die Tooch vom Herrgott
sein Bevollmächtigtn, ›den Menschnsohn‹, aa gehn, wenn
er nach seiner Leidenszeit wiederkummt. 27 Seiner Zeit bein
Noah hom die Leut gessn, getrunkn, gheirat und sich heiratn
lassn bis zu den Tooch, wu der Noah nei der Archn ganga
und a Flutkatastrophn kumma is und sie alla umgebracht
hot. 28 Fast genauso is in die Tooch vom Lot ganga. Sie hom
gessn, getrunkn, eikafft und verkafft, gepflanzt und gebaut.
29 Selln Tooch obä, wu der Lot aus Sodom fortganga is, do
hots Feuer und Schwefl vom Himml geregnt und hot sie
alla umgebracht. 30 Genauso werds an den Tooch geh, wu
›der Menschnsohn‹ wiederkummt. (*In dera Zeit werd aa kans
dämit rechna, dass etz des End kummt. Lasst euch net ansteckn vo aner*

Lebnseinstellung, wus haaßt: ›Es geht immer so weiter.‹ 31 *Selln Tooch muss*
mä sich entscheidn, do gehts nimmer um des bissla Lebn auf dera Welt.
Do sollt ihr euch auf den einstelln, der euch des ewiga Lebn gibt.) Wenn
dann aner grad obn auf sein Dachgartn is, sei ganz Zeug obä
untn im Haus hot, dann soll er net nuntergeh und wos holn
wolln. Und wenn aner grad aufn Acker is, dann soll er net
hamwärts zu sein Hof renna, weil mit dem, wos dort is,
is es vorbei. 32 Denkt dran, wies dem Lot seiner Fraa ganga
is. (*Die hot sich rumgedreht und is zu aner Salzsäuln erstarrt.*) 33 Wer
sich an sei Zeug und War klammert, weil er sei Lebn rettn
will, der werds verliern. Und wer sich nimmer noohängt
und sei Lebn verliert, der werd a ganz neus Lebn gewinna.
34 Ich soch euch: Es werdn zwaa auf an Lager schlafn. Der
ane werd in des neua Lebn mitgenumma, der ander werd
zurück gelassn und die Katastrophn erlebn. 35 Es werdn zwaa
Fraun mit aner Handmühl zammärbetn. Die ane werd in des
neua Lebn mitgenumma, die ander werd zurück gelassn und
die Katastrophn erlebn.« 36/37 Die Jünger hom na gfragt: »Wu
werd des Gericht sein? Du musst es wissn, du bist aans mitn
Herrgott.« Er obä hot zu ihna gsocht: »Überoll do, wu die
Menschn reif zum Gericht sän, und des haaßt: überoll auf
der Welt. Des is so sicher wie des, wos der alt Spruch secht:
›Wu des Aas is, do sammln sich die Geier.‹«

Wer bein Betn net aufgibt, der kummt zu wos: 18,1–8

1 Der Jesus hot ihna a Gleichnis zum Thema »Betn« erzählt.
Sie sollätn durchs Betn immer die Verbindung zum Herrgott
haltn und auf kan Fall däbei nachlassn, des wär einfach
notwendig. 2 Und so hot er erzählt: »Es war a Richter in aner
Stadt, der hot nix nachn Herrgott gfragt und es war na aa
egal, wos die Leut über na geredt hom. 3 Und es war a Witfraa
in derselbn Stadt, die is immer wieder zu na kumma und
hot zu na gsocht: ›Ach helf mir doch, dass ich zu mein Recht

kumm. Der ander, der gechä mir prozessiert, der will mich
fertig machn.‹ 4 Der Richter hot a ganza Zeit überhaupt net
gezogn. Obä dann hot er bei sich überlegt: ›Wenn ich aa nix
vom Herrgott halt und wenns mir aa egal is, ob ich die Leut
richtig behandl, 5 ich glaab mir bleibt nix andersch übrig als
wie der Fraa, die mich do dauernd nervt, zu ihrn Recht zu
verhelfn. Am End tut die amol ausrastn und gibt mir noch
a trumm Schelln.‹« 6 Und dann hot der Jesus, der aans is mitn
Herrgott, noch däzu gsocht: »Merkt auf des, wos der Richter
secht, dem die Gerechtigkeit eigntlich wurscht is. So aner
bringts zamm und spricht am End noch Recht. 7 Und do sollät
der Herrgott seina eigna Leut, die na so viel bedeutn, net zu
ihrn Recht verhelfn? Seina Leut, die na in ihrer Not Tooch
und Nacht anflehn? Des kann ja wohl net sein! Der Herrgott
werd ihna helfn, aa wenn er sie arg lang wartn lässt. 8 Ich
soch euch, es werd nimmer lang dauern, dann verschafft er
ihna ihr Recht. Auf den Herrgott is Verlass. Umgekehrt obä
muss ich fragn: Wenn den Herrgott sei Bevollmächtigter,
›der Menschnsohn‹, wiederkummt, werd der nochäd auf der
Welt so an Glaabn findn, der durchhält und wartn kann?«

Des Gleichnis vom Pharisäer und Zollpächter: 18,9–14

9 Es warn aa welcha bei die Zuhörer, die von sich selber
sehr überzeugt warn und gemaant hom, dass bei ihna alles
bestns in Ordnung wär, und sie hom auf die andern Leut vo
obn runtergschaut. Dena hot der Jesus a Gleichnis erzählt:
10 »Zwaa Männer sän zum Templ naufganga, im Gotteshaus
hom sie betn wolln. Der ane war a Pharisäer, der ander a
Zollpächter. (*An größern Gegnsatz kann mä sich kaum vorstelln. Die
Pharisäer hom den bestn Ruf ghabt, als anständiga, fromma Leut hot mä sie
geacht. Die Zollpächter hom an denkbar schlechtn Ruf ghabt. Als Gauner,
Halsabschneider und Freunde vo die verhasstn römischn Besatzer hot mä
sie veracht.*) 11 Der Pharisäer hot sich noogstellt und hot leis

für sich gebett: ›Herrgott, ich ich dank dir, dass ich net so bin wie die andern Leut. Do gibts ja so viel, die klaun und betrügn und nebn naus gehn. Ich dank dir, dass ich net so bin wie die und dass ich net so bin wie seller Gauner vo Zollpächter do hintn. 12 Ich tu zwaamol die Wochn fastn und ich liefer zehn Prozent vo dem, wos ich verdien, im Templ ab.‹ 13 Der Zollpächter war weit weg vo na gstandn und hot sich net getraut, sein Kopf aufzuhebn und naufn Himml zu guckn. Er hot sich verzweiflt noo der Brust gschlagn und hot gsocht: ›Ach Herrgott, hab Erbarma mit mir, ich bin a schlechter Mensch.‹ 14 Ich soch euch: Wie der hamganga is, do war er aner, den der Herrgott vo seiner Schuld freigsprochn hot und den er nei sein Herz gschlossn hot – mehr als wie den andern. Bein Herrgott gibts a Regl: Wer sich mit dem, wos er is und wos er kann, groß macht, der werd klaa gemacht. Wer sich selber klaa macht und zugibt, dass er immer aufn Herrgott angewiesn is, der werd groß gemacht.«

Der Jesus und die Kinner: 18,15–17

15 Die Leut hom ihra Säugling zum Jesus noogetragn, dämit er sie streichln sollät und ihna auf die Art sein Segn gebät. Wie die Jünger des gsehn hom, hom sie dena Leut a paar deutlicha Wörter gsocht, dass sie do unerwünscht wärn (*weil so klana Fregger vom Herrgott sowieso nix verstehn und aa nix für na tun könna*). 16 Der Jesus obä hot die Leut mit ihra klan Bobbela zu sich hergschriea und hot gsocht: »Lasst die Kinnerla do her zu mir kumma und legt ihna nix nein Weg. Wenn der Herrgott sein Messias schickt und a Gemeinschaft aufbaut, wu mä endlich so glücklich lebn kann, wie sichs der Herrgott vorgstellt hot, dann kann er dodäzu bloß Leut brauchn, die a groß Vertraun zu na hom, so wies die Kinnerla zu ihrer Murrä oder zu ihrn Vorrä hom. 17 Wos ich euch soch is gwieß

wahr, und des soch ich euch etz noch amol: Der Herrgott hot sein Messias gschickt und baut a Gemeinschaft, wu mä endlich so glücklich lebn kann, wie er sichs vorgstellt hot. Wenn aans dem Herrgott so wos net glabt, wenn aans dem Herrgott net ganzagor traut so wie a Kind seiner Murrä oder sein Vorrä, dann werd so an Menschn des großa Glück verschlossn bleibn, des der Herrgott gebn will.«

A reicher Moo und des ewiga Lebn – Loslassn is schwer: 18,18–30

18 Amol hot a Synagognvorstand den Jesus gfragt: »Guter
Lehrer in die Heilign Schriftn, wos muss ich machn, dämit
ich des ewiga Lebn krieg?« 19 Der Jesus hot zu na gsocht:
»Warum host du mich als ›gut‹ angeredt? Kaner is gut, bloß
aner, der Herrgott. 20 Du waaßt die Gebote: ›Du sollst net
ehebrechn‹, ›du sollst net stehln‹, ›du sollst kana falschn
Zeugnaussagn machen‹, ›du sollst dein Vorrä und dei Murrä
ehrn‹«. 21 Der obä hot gsocht: »An des alles hab ich mich
scho vo kleinauf ghaltn.« 22 Wie der Jesus des ghört hot, hot
er gsocht: »Aa wos fehlt dir noch. Verkaaf alles, wos du host,
und vertaals unter dena, die bettlarm sän, und du werst
sehn, du host an Schatz im Himml.« 23 Wie der Vorstand des
ghört hot, is er arg traurig worn, denn er war sehr reich.
24 Wie na der Jesus so gsehn hot, hot er gsocht: »Wie schwer
is des für dena, die an großn Besitz hom, dass sie des Glück
miterlebn, wenn der Herrgott a neua Gemeinschaft aufbaut
in dera Zeit und in der Ewigkeit. 25 Do is nämlich leichter,
dass a Kamel durch an Nadlöhr geht, als dass a Reicher nei
der Gemeinschaft findt, die der Herrgott mit sein Messias
aufbaut.« 26 Die des ghört hom, hom gsocht: »Und für wen
gibts dann überhaupt noch a Rettung und die Chance, dass er
bein Herrgott seina wunderbarn Plän däbei is?« 27 Der Jesus
hot gsocht: »Wos die Menschn vo sich aus nie zammbringa,

des bringt der Herrgott zamm.« [28] Do hot der Petrus gsocht: »Und wos is mit uns? Mir hom alles im Stich gelassn, wos uns ghört, und sän auf dein Weg mitganga, dir nach.« [29] Er obä hot zu ihna gsocht: »A jeder ohne Ausnahm, der sei Haus zurück gelassn hot oder sei Fraa oder seina Gschwister oder seina Eltern oder seina Kinner, weil er mitmacht, wenn der Herrgott etz wos Neus schafft, [30] a jeder vo dena werd dodäfür reichlichst entschädigt werdn, etz noch in unsera Tooch und ärschd recht in der ganz andern Zeit, die noch kummt – do kriegt er des ewiga Lebn.«

Zum drittn Mol beredt der Jesus, wos auf na zukummt: 18,31–34

[31] Dann hot der Jesus die Zwölf noch mol extra genumma und hot zu ihna gsocht: »Ihr müsst etz Obacht gebn, mir gehn nauf nach Jerusalem und es werd alles zu End gebracht, wos vo die Prophetn übern Herrgott sein Bevollmächtigtn, ›den Menschnsohn‹, gschriebn is. [32] Er werd die Fremdn ausgeliefert, die den Herrgott net kenna, es werd a schlimms Spiel mit na getriebn, es werdn Spott und Hohn über na ausgegossn und er werd angspeit. [33] Sie werdn na mit schwera Peitschn schlagn und nochäd umbringa. Und am drittn Tooch werd er aufstehn.« [34] Die Zwölf hom nix dävon begriffn. Wos er gsocht hot, war ihna wie a Buch mit siebn Siegl und sie hom den Sinn vo den Ganzn net verstandn.

A Blinder schreit und der Jesus hört: 18,35–43

[35] Wie der Jesus ganz in der Näh vo Jericho war, hot sichs zugetragn, dass a Blinder am Weg ghockt war und gebettlt hot. [36] Der hot ghört, dass a Haufn Leut vorbei geloffn sän, und deswechä hot er gfragt, wos do los wär. [37] Sie hom na Auskunft gebn: »Der Jesus vo Nazareth kummt vorbei.« [38] Do hot der Blinde gschriea: »Jesus, Sohn Davids, du König vo

Israel, hab Erbarma mit mir!« 39 Die Leut, die voraus ganga sän, hom na zammgeputzt, dass er sei Maul haltn sollät. Der obä hot etz ärschd recht gebläkt: »Sohn Davids, König vo Israel, hab Erbarma mit mir!« 40 Der Jesus is steh gebliebn und hot gsocht: »Führt den Moo her bei mir!« Wie der nochäd bei na war, hot der Jesus den Blindn gfragt: 41 »Was willst du, wos soll ich mit dir tun?« Der hot gsocht: »Du bist aans mitn Herrgott, du bist mei Hoffnung, dass ich wieder sehn kann.« 42 Der Jesus hot zu na gsocht: »Du sollst sehn könna! Dei Glaabn hot dich gerett.« 43 Und auf der Stell hot er sehn könna. Er hot den Herrgott Lob und Dank gsocht und is aufn Jesus sein Weg mitganga, ihm nach. Die Haufn Leut, die des gsehn hom, warn alla begeistert und hom den Herrgott Loblieder gsunga.

Der Jesus und der Zachäus und a Überraschung: 19,1–10

1 Der Jesus is nach Jericho kumma und dort quer durch die Stadt geloffn. 2 In Jericho hot der Zachäus gelebt, der hot alla Zollpächter in dera Gegnd unter sich ghabt und hot mit dem Job viel Geld gemacht. 3 Den Zachäus hots intressiert, wer der Jesus is, und so is er aa nei der Stadt ganga und hot na leibhaftig sehn wolln. Wechä die Haufn Leut is er obä gar net richtig nei der Näh vom Jesus kumma. Drüber schaun hot er aa net gekonnt, weil er a weng kurz geratn war. 4 Do hot er die andern Gaffer alla überholt, und wie er weit genug vorn dran war, is er auf an Maulbeerbaam geklettert. »Do muss er vorbeikumma«, hot er gedacht, »und dann kann ich na genau betrachtn.« *(Er selber hot sich gut versteckn könna, weil der Baam viel Äst und Blätter ghabt hot.)* 5 Tatsächlich is der Jesus bald noo dera Stell kumma. Er hot den Zachäus *(trotz Versteck)* gleich derspecht, hot zu na naufgeguckt und hot gsocht: »Zachäus, geh schnell runter vo dein Baam, ich muss heut in dein Haus einkehrn.« 6 Der Zachäus is, so schnell wie er gekonnt hot,

vo den Baam runter geklettert und hot voller Freud den Jesus
bei sich däham aufgenumma. [7] Alla, die des gsehn hom, hom
durchanander gepropfert und gebelfert: »Des derf doch net
wahr sein! Zu so an Kerl, der kan Herrgott mehr kennt und
die Leut bescheißt und mitn Feind (*Römer*) zammärbet, zu
so an schlechtn Menschn is der Jesus nein Haus und lässt
sich do bewirtn.« [8] Drinna obä is der Zachäus aufn Jesus, der
aans is mitn Herrgott, zuganga und hot zu na gsocht: »Du
bist aans mitn Herrgott, horch, wos ich etz versprech. Die
Hälft vo dem, wos ich hab, geb ich die Arma. Und wenn
ich jemand gschädigt oder erpresst hab, dann geb ich na
des vierfach zurück.« [9] Der Jesus obä hot gsocht: »Heut is a
Glückstooch für alla, die do beinander sän. Der Herrgott hot
gezeigt, dass er euch nei sein Herz gschlossn hot. Er hot net
vergessn, dass der Zachäus do aa zum Gottesvolk ghört und a
Sohn vom Abraham is. [10] Den Herrgott sei Bevollmächtigter,
›der Menschnsohn‹, is kumma, weil er suchn und rettn will,
wos verlorn is.«

Des Gleichnis vom Geld, des »ärbetn« soll: 19,11–27

[11] Dena, die zughört hom, hot der Jesus noch a Gleichnis
vorgelegt. Er war etz nimmer weit vo Jerusalem weg, und
sie hom gemaant, dass etz gleich der Herrgott durch sein
Messias alla Feinde besiegn tät und dann a Gemeinschaft do
wär, wu alla in Friedn und Gerechtigkeit lebn und bloß noch
aufn Herrgott hörn tätn. Dena, die des gemaant hom, hot er
mit an Gleichnis gsocht, dass es noch net so weit is: [12] »Es war
aner aus an Fürstnhaus, der wollt König werdn. Weil sei Land
obä vo aner großn Militärmacht besetzt war, hot er vorghabt,
sich auf den weitn Weg in dena ihr Regierungshauptstadt
zu machn und sich dort als König einsetzn zu lassn. Und
dann hot er wieder hamfahrn gewollt. [13] Vor sein Start in
des ferna Land hot er zehn Leut vo seiner Verwaltung zu

sich bestellt und hot an jedn an Scheck über fünftausnd Euro
gebn und hot zu ihna gsocht: ›Lasst des Geld ärbetn bis ich
wieder kumm.‹ 14 Wie er fort war, hot sich gezeigt, dass er
bei die Bürger im eigna Land verhasst war. Die hom nämlich
a Delegation nei der fremdn Hauptstadt gschickt und dort
mitteiln lassn: 15 ›Mir wolln auf kan Fall, dass der König
über uns werd.‹ Der Protest hot obä nix gholfn. Wie der
Adliga zurück kumma is, hot er sei Ernennung mitgebracht
und sich als König einsetzn lassn. Es hot net lang gedauert,
do hot er sella Verwaltungsleut zu sich einbestellt, die die
Schecks vo na kriegt hom. Er wollt sehn, wie gschäftstüchtig
a jeder war. 16 Der Ärschd is kumma und hot gsocht: ›Großer
König, ich hab dei Geld ärbetn lassn. Zu den Scheck sän
zehn däzukumma. Do is dei Scheck und däzu fuchzigtausnd
Euro.‹ 17 Der König hot zu na gsocht: ›Du bist a tüchtiger Moo,
dich kann ich brauchn. Des warn etz bloß Peanuts, obä du
host prima dämit geärbet, auf dich kann ich mich verlassn.
Ich mach dich däfür zum Gouverneur über zehn Städt.‹
18 Dann is der Zweite kumma und hot gsocht: ›Großer König,
mit dein Scheck hab ich noch fünf däzu verdient. Do is dei
Scheck und däzu fünfazwanzigtausnd Euro.‹ 19 Der König hot
zu na gsocht: ›Däfür werst du Gouverneur über fünf Städt.‹
20 Und der Nächsta is kumma und hot gsocht: ›Großer König,
do is dei Scheck wieder. Ich hab na nei an Tresor gelegt
und hab na net angelangt. 21 Ich hab mich gförcht vor dir,
dass irgndwos schief laafn könnt. Und dann wärs mir ja
dreckig ganga. Du bist, des waaß mä ja, a harter Moo. Du
kassierst ab, wu du nix investiert host, und fährst Erntn ein,
wu du nix gsät host.‹ 22 Do hot der König zu na gsocht: ›Mit
dem, wos du sechst, host du dir selber dei Urteil gsprochn
und ich brauch des bloß noch unterschreibn. Du bist doch
der totale Versager. Du waaßt also, dass ich abkassier, wu
ich nix investiert hab, und Erntn einfahr, wu ich nix gsät

hab? 23 Wenn des so wär, warum host du dann mei Geld net
wengstns auf der Bank angelegt? Dann hätt ich mirs etz samt
Zinsn wieder holn könna.‹ 24 Zu dena, die däbeigstandn sän,
hot der König gsocht: ›Nehmt na den Scheck wieder ab und
gebt na den, der des Zehnfacha däzu gewunna hot.‹ 25 Do
hom die gsocht: ›Großer König, der hot doch scho so viel,
fuchzigtausnd Euro!‹ Sofort is die Antwort kumma: 26 ›Hört,
wos ich soch: An jedn, der wos gebracht hot, werd noch
däzugebn. An jedn, der nix gebracht hot, werd des, wos er
hot, aa noch weggenumma. 27 Und dämit ichs net vergess:
Wu sän meina Feinde, die net gewollt hom, dass ich als
König über ihna regier? Bringt sie doher und macht sie vor
meina Augn nieder!‹«

Der Einzug in Jerusalem – Die Gschicht, wu a Esl wos bedeut: 19,28–40

28 Nach dera Gschicht is der Jesus die andern vorausganga
und weiter nach Jerusalem naufgezogn. 29 Wos dann passiert
is, des war in der Näh vo Bethphage und vo Bethanien am
Fuß vo den Berg, der »Ölberg« haaßt. Do hot er zwaa vo
seina Jünger fortgschickt 30 und hot gsocht: »Geht amol do
nüber nei den Dörfla. Gleich wenn ihr neikummt, werd ihr
a jungs Esela sehn, des is dort angebundn. Auf den Esela war
bis etz noch niemand draufghockt. Des sollt ihr losbindn
und doher führn. 31 Und wenn euch aans fragt: ›Wie kummt
denn ihr däzu, den Esl do loszubindn?‹, dann sollt ihr sagn:
›Der braucht na, der aans is mitn Herrgott.‹« 32 Die zwaa sän
abmarschiert und homs genauso angetroffn, wie ers ihna
gsocht hot. 33 Sie hom nämlich grad des Esela losgebundn,
do sän welcha däzukumma, dena des Esela ghört hot. Die
hom gfragt: »Wos soll denn des? Ihr tut do einfach den Esl
losbindn?« 34 Sie obä hom gsocht: »Weil na der braucht, der
aans is mitn Herrgott.« 35 Und sie hom des Esela zum Jesus

noogführt, hom ihra Mäntl draufgelegt und hom na aufsteign
lassn. *(Bein Prophetn Sacharja gibts a Stell, wu gsocht is, dass der Messias
auf an Esl nach Jerusalem einzieht. Der Esl war des Reittier vo die einfachn
Leut. Wenn der Messias »so daherkummt«, dann zeigt des, dass er arm und
friedfertig is. Es hot aa andera Vorstellunga vom Messias gebn, obä dass der Jesus
sich etz auf an Esl setzt, des hot viel zu bedeutn.)* 36 Der Jesus is auf den
Esl sein Weg weiter gezogn, die andern obä hom ihra Mäntl
und Jackn vor na auf der Straß ausgebraat. 37 Wie er dann dort
noo kumma is, wus den Ölberg nunter geht *(und mä Jerusalem
scho vor Augn hot)*, hom seina Jünger des Singa angfangt. Sie
warn a Haufn Leut und voller Freud hom sie lauter Loblieder
angstimmt, und zwar so laut, dass mäs überoll ghört hot. Sie
hom den Herrgott wechä die wunderbarn Heilunga gelobt,
die sie mitn Jesus erlebt hom. 38 So hom sie gsunga:

»Lob und Preis für den, der do kummt,
König is er vom Herrgott aus.
Im Himml is Friedn,
dem Herrgott werd Ehr gebn.«

39 Mittn unter die Leut warn a paar Pharisäer. Die hom zum
Jesus gsocht: »Du bist Lehrer in die Heilign Schriftn, du
musst des schärfstns verbietn. So wos derfn deina Jünger net
singa!« *(»Du lässt des zu, dass do Verse aus die Heilign Schriftn gsunga
werdn, die mä bloß singa derf, wenn den Herrgott sei Messias in sei Amt
eingsetzt werd. – Und aner wie du kann doch niemals der Messias sein!«)*
40 Der Jesus hot ihna als Antwort gebn: »Ich soch euch: Wenn
die nix mehr sagn derfn, dann schreia die Staa.« *(Do sän die
Staa von die zerstörtn Häuser in Jerusalem gemaant. Wenn die Leut den
Herrgott sein Messias fortjagn und umbringa, dann kummt des Gericht über
Jerusalem. Dann bleibn bloß noch die Staa übrig.)*

Träna über Jerusalem: 19,41–44

41 Sie sän etz scho ganz nah bei Jerusalem gewesn. Und wie
der Jesus die Stadt so vor sich gsehn hot, do sän na die Träna

über dera Stadt kumma [42] und er hot gsocht: »Ach, wenn
du doch heut noch merkn tätst, wos dir den Friedn bringt!
Obä du bist ja blind däfür. [43] Es werdn schlimma Tooch über
dir kumma. Deina Feinde schüttn ringsrum an Wall auf, sie
schließn dich ganz und gar ein und greifn dich pausnlos vo
alla Seitn an. [44] Sie machn dich den Erdbodn gleich und deina
Kinner streckn sie nieder und sie lassn kan Staa aufn andern.
Des alles passiert, weil du net gemerkt host, wos do heut vor
sich ganga is, dass dich nämlich der Herrgott besucht hot
und dir helfn wollt.«

Der Templ is zum Betn do und net fürs Gschäftemachn: 19,45–48

[45] Später is der Jesus naufn Templ ganga und hot alla ausn
Vorhof nausgejagt, die dort Opfertiere verkafft hom. [46] Und er
hot zu ihna gsocht: »In die Heilign Schriftn steht: ›Mei Haus
is däzu gebaut, dass die Leut dort betn könna‹, ihr obä habt
an Treff draus gemacht, wu die Leut abgezockt werdn.« [47] Er
hot dann jedn Tooch im Templ gepredigt und die Heilign
Schriftn ausgelegt und gepredigt, dass der Herrgott etz sein
Messias gschickt hot. Die Öberstn vo die Priester und vo
die Theologn und aa die öberstn Volksvertreter hom a Mög-
lichkeit gsucht, wie sie na ausn Weg räuma könntn. [48] Es is
ihna obä nix eingfalln, wie sie des deichsln könntn, weil des
ganza Gottesvolk an den Jesus ghängt war. Sie warn dauernd
um na rum, dämit sie alles ghört hom, wos er gsocht und
gepredigt hot.

In wen sein Auftrag is der Jesus unterwegs?: 20,1–8

[1] Es war aner vo dena Tooch, wu der Jesus im Templ die
Heilign Schriftn für des Gottesvolk ausgelegt hot und wu er
die guta Nachricht vom Herrgott sein Messias verkündt hot,
do sän die Öberstn vo die Priester und Theologn und die

öberstn Volksvertreter zu na kumma. 2 Sie hom na angsprochn
und gsocht: »Erklär uns, in wen sein Auftrag machst du des
alles oder wer hot dir die Bevollmächtigung gebn?« 3 Er hot
ihna Antwort gebn und gsocht: »Ich will euch a Frag stelln:
4 Die Taaf vom Johannes, war die im Auftrag vom Herrgott
oder vo die Menschn?« 5 Des hot ihna schwer zu denkn
gebn. Sie hom hie und her überlegt und homs unteranander
besprochn: »Wenn mir sagn: ›Sie war vom Herrgott‹, dann
wird er sagn: ›Warum habt ihr dem Johannes nix geglabt?‹
6 Sagn mir obä: ›Sie war vo Menschn‹, dann werdn uns
unsra eigna Leut steinign, denn die sän überzeugt, dass der
Johannes a Prophet is.« 7 Endlich hom sie na ihr Antwort
gebn: »Mir wissn net, vo wem der Johannes sein Auftrag
hat.« 8 Dodrauf hot der Jesus gsocht: »Dann soch ich euch aa
net, in wen sein Auftrag ich des alles mach.« *(So hot er vor alla
Leut klar gemacht, dass die Öberstn vom Gottesvolk gar net in der Lag warn,
zu beurteiln, wer im Auftrag vom Herrgott handelt und wer net.)*

Wie schlimms dem Herrgott mit seina Menschn ergeht: 20,9–19

9 Dann hot der Jesus angfangt, zum Gottesvolk zu redn und
er hot ihna a Gleichnis erzählt: »A Moo hot an Weinberg
angelegt und hot na dann a paar Bauern verpacht. Er selber
is für a Zeit nein Ausland. 10 In der Erntezeit hot er an vo
seina Leut zu die Weinbauern gschickt, dämit die sein Taal
vo der Ernt abliefern solltn. Die Bauern obä hom sein Botn
gschlagn und mit leera Händ zurückgschickt. 11 Der Wein-
bergbesitzer hot deswechä net aufgebn. Er hot noch an vo
seina Leut losgschickt. Die Bauern obä hom aa den misshandlt
und schwer beleidigt. Und dann hom sie na mit leera Händ
zurückgschickt. 12 Der Besitzer hot immer noch net aufgebn,
er hot an drittn gschickt. Den hom sie blutig gschlagn und
nausgejagt. 13 Do hot der Besitzer vom Weinberg gsocht: ›Wos

soll ich noch machn? Ich schick ihna mein Bubm, aa wenn
ich arg an na häng. An mein Bubm werdn sie sich ja wohl net
vergreifn.‹ 14 Wie die Weinbauern den gsehn hom, hom sie
unteranander überlegt und die neua Situation besprochn: ›Des
is der Erbe. Geht zu, den räuma mir weg! Nochäd machn mir
die Erbschaft.‹ 15 So hom sie na ausn Weinberg nausgejagt und
umgebracht. – Wos werd etz der Besitzer vo den Weinberg
machn? 16 Er werd kumma und sella Weinbauern umbringa
und sein Weinberg werd er an andera übergebn.« Wie sie des
ghört hom (*war ihna klar, wos des Gleichnis bedeut hot: Der Besitzer is der*
Herrgott, der Weinberg is des Gottesvolk, und die drin ärbetn sän sie selber,
und der Sohn is der Jesus), do hom sie gsocht: »Um Gottswilln –
des derf net eintreffn!« 17 Der Jesus obä hot sie angschaut und
hot zu ihna gsocht: »Wos bedeut der Satz, der in die Heilign
Schriftn steht: ›Der Staa, den die Maurer weggeworfn hom,
derselba is zum Eckstaa worn. 18 Wer über den Staa fällt, der
werd sich zu Tod störzn, auf welchn der Staa drauffällt, der
steht nimmer auf‹«? 19 Do hom die Theologn und die Öberstn
vo die Priester a Gelegnheit gsucht, wie sie na noch in dera
Stund nei ihra Finger kriegn könntn, obä sie hom sich vorn
Gottesvolk gförcht. Es war ihna klar worn, dass er bei den
Gleichnis an ihna gedacht hot.

Die Falln mit der Steuer und a geniala Antwort: 20,20–26

20 Etz hom sie wos anders probiert. Sie hom Spitzl auf na
angsetzt, die na genau beobachtn solltn. Der Trick war: die
Spitzl solltn sich als gottesfürchtiga, religiös intressierta Leut
ausgebn und na immer wieder in Gspräche verwickln, dämit
sie na irgndwann bei an verdächtign Satz packn und dann die
römischn Behördn und den Gouverneur ausliefern könntn.
21 Die Spitzl hom na a Frag gstellt und hom gsocht: »Du bist a
Lehrer in die Heilign Schriftn, mir wissn, dass du offn und
ehrlich bist, wenn du die Heilign Schriftn auslegst und wos

vom Herrgott verkündst, und dass du dir aa vo die Mäch-
tign nix neiredn lässt. Du sechst schonungslos die Wahrheit,
wenn du predigst, wos für Gebote der Herrgott seina Leut
gibt. 22 Deswechä hättn mir etz a Frag an dir: Derfn mir dem
Kaiser Steuern zahln oder derfn mir des net?« (*Dodämit hom sie
na nei aner Zwickmühln gebracht. Hätt er gsocht »ka Steuer«, dann hätt mä
na als Staatsfeind anzeign könna. Hätt er gsocht »Steuer zahln«, dann hätt
mä na als Volksverräter fertig machn könna, schließlich war der römische
Kaiser die verhassta Besatzungsmacht.*) 23 Der Jesus obä hot gemerkt,
wos für a gfährlicha Falln sie na gstellt hom, und hot zu ihna
gsocht: »Zeigt mir amol an Denar!« (*Des war a genialer Schachzug.
Die Tatsach nämlich, dass sie a römischa Münzn däbei ghabt hom, hat gezeigt,
dass sie selber mitn Kaiser sein Geld gezahlt, also sei Herrschaft anerkannt
hom.*) 24 Dann hot er sie gfragt: »Wem sei Bild is do drauf und
wos für a Inschrift?« Sie hom gsocht: »Der Kaiser und sei
Noma.« 25 Do hot er zu ihna gsocht: »Dann is ja alles klar.
Gebt den Kaiser zurück, wos den Kaiser ghört, und gebt den
Herrgott zurück, wos den Herrgott ghört!« (*Der Jesus hot ihna
zunächst bloß des aufgetragn, wos sie sowieso scho dauernd gemacht hom,
nämlich ihr eigna Geld- und Steuerpraxis weiterzuführn. Auf der andern
Seitn hot er sie an die Heilign Schriftn erinnert, wu steht, dass der Mensch
des Ebnbild vom Herrgott is. Ihm solltn sie sich »zurückgebn«, des haaßt,
ihm mit Leib und Seel diena. Dodämit hot der Jesus dem Totalanspruch
vom römischn Kaiser a klara Grenz gsetzt, obä er hot des so verschlüsslt
gsocht, dass sie ihm do kan Strick draus drehn konntn.*) 26 Und sie homs
net zammgebracht, dass sie na im Beisein vom Gottesvolk
zu irgnd aner verdächtign Aussag verführt hättn. Über sei
Antwort hom sie bloß stauna könna und sie hom nix mehr
gsocht.

Nachn Tod is alles anders: 20,27–40

27 Etz sän a paar vo die Sadduzäer zum Jesus kumma. (*Die warn
a Gruppn in der jüdischn Religion. Sie warn aus die mächtigstn Familien vo die*

Priester und die Adlign. Vom Glaabn hom sie bloß geltn lassn, wos wörtlich in die fünf Bücher Mose steht.) Sie hom immer gsocht, dass es ka Auferstehung vo die Totn gibt. Die hom den Jesus a Frag vorgelegt: 28 »Du bist a Lehrer in die Heilign Schriftn, pass amol auf! Der Mose hot uns a Vorschrift gebn: ›Wenn a Moo stirbt und a Fraa zurücklässt und ka Kind do is, nochäd soll sei Bruder die Fraa nehma und für sein verstorbna Bruder Nachkomma zeugn.‹ 29 Dodäzu hättn mir etz an schwierign Fall und aa gleich a Frag. Do warn siebn Brüder. Der ärschd hot a Fraa genumma und wie er gstorbn is, hot er kan Stammhalter ghabt. 30/31 Und der zweit und der dritt hom sie gheirat, ja alla siebn hom sie nachanander gheirat, obä sie hom alla kana Kinner hinterlassn. Und alla sän sie gstorbn. 32 Am End is aa die Fraa gstorbn. 33 Wenns etz die Auferstehung vo die Totn gibt, wem sei Fraa is sie dann? Die hom sie doch alla siebn ghabt!?« 34 Der Jesus hot zu ihna gsocht: »Solang die Menschn in dera Welt sän, werdn sie heiratn und verheirat werdn. 35 Die obä die Gnad kriegn, im Herrgott seiner neua Welt zu lebn und bei der Auferstehung vo die Totn däbei zu sein, die söddn werdn nimmer heiratn und aa nimmer verheirat werdn. 36 Sie werdn aa nimmer sterbn, deswechä brauchts ja aa ka Heiratn und kana Kinner mehr, sie lebn dann wie die Engl. Sie sän dann nimmer ›Kinner des Todes‹, sondern der Herrgott hot sie zu ›Kinnern der Auferstehung‹ gemacht, sie ghörn etz zu aner neua Familie mitn Herrgott als Mittlpunkt. 37 Dass die Totn zu an neua Lebn auferweckt werdn, des is scho bein Mose gschriebn. Des könnt ihr in der Gschicht vom Dornbusch lesn, do secht der Mose vom Herrgott: ›Er is der Gott vom Abraham und der Gott vom Isaak und der Gott vom Jakob.‹ 38 Also is der Herrgott net a Gott vo die Totn, er is obä a Gott vo dena, die lebn. Und alla lebn fürn Herrgott.« 39 Do hom a paar vo die gstudiertn Theologn zu na gsocht: »Du bist a Lehrer in

die Heilign Schriftn und wos du gsprochn host, des war
einwandfrei.« 40 Etz hot sich kans mehr getraut, den Jesus
noch a Frag vorzulegn.

Der Messias is net so a König wie ihr denkt: 20,41–44

41 Der Jesus obä hot zu ihna gsocht: »Wie kann mä eigntlich
behauptn, den Herrgott sei Messias müsst a Nachkomme
vom König David sein, also a König in der Art wie der David?
42 Däbei secht doch der David selber wos ganz andersch.
Des steht in an Psalm, den er gedicht hot: ›Der Herrgott
hot zu mein Herrn und König gsocht: Setz dich zu meiner
Rechtn, du bist mei rechta Hend, 43 bis ich deina Feinde
niedermach, dass du deina Füß auf ihna stelln kannst wie
auf a Schemela.‹ 44 Mir legn des heutzutooch so aus, dass der
David den Messias gemaant hot, wenn er vo sein Herrn und
König redt. Wie kann nochäd der Messias a ›Sohn Davids‹
sein?« (*»Wenn ihr des überlegt, dann werd euch klar: Der Messias is net
wie a König, der als ›Sohn Davids‹ in Jerusalem mit Soldatn und Verwaltung
regiert und mit allem Drum und Dran, wos halt die König so hom. Hört auf
des, wos ich euch vom Herrgott soch, und schaut auf des, wos ich im Auftrag
vom Herrgott mach, dann merkt ihr, wos der Messias für aner is.«*)

Schaut bei die Theologn drauf, wie sie lebn: 20,45–47

45 Wie des ganza Gottesvolk den Jesus zughört hot, hot er
zu seina Jünger gsocht: 46 »Gebt Obacht bei die Theologn!
Sie statzn in schöna langa Mäntl rum wie die Stenzn und
sie homs arg gern, wenn sie auf die Marktplätz großartig
begrüßt werdn und wenn sie in die Synagogn vorn dro sitzn
und wenn sie bei die Festmähler auf die Ehrnplätz kumma.
47 Die schiebn sich obä die Häuser vo die Witfrauen nei und
sprechn scheinheilig langa Gebete, weil sie ja angeblich a
Herz für die Witwen hom. Ich soch euch: Die Brüder werd
a besonders hartes Urteil treffn.«

A bettlarma Witfraa als Vorbild fürs Spendn: 21,1–4

1 *(Im Vorhof für die Frauen aufn Templgelände war des »Schatzhaus« mit
an Haufn Opferstöck.)* Der Jesus hot aufgschaut und die reichn
Leut gsehn, wie sie ihra Spendn nein Opferkastn geworfn
hom. 2 Und dann hot er noch a arma Witfraa gsehn, wie sie
zwaa Lepta neigeworfn hot, des sän a paar Cent. 3 Und er hot
gsocht: »Wos ich euch soch, is gwieß wahr: Die bettlarm
Witfraa do hot mehr neigeworfn als wie alla andern. 4 Alla
hom sie vo den eingeworfn, wos sie zu viel hom. Die Fraa
obä hot vo ihrn bissla Zeug, des soviel is wie gar nix, alles
eingeworfn, wos sie heut zum Lebn gebraucht hätt.«

Der Prachtbau vo Templ werd untergeh: 21,5–6

5 A paar vo seina Leut hom den Jesus nochäd aufn Templ
angsprochn, dass der doch a Prachtbau wär mit seina gewal-
tign schöna Staa und die kostbarn Weihegeschenke. 6 Drauf
hot er gsocht: »Wos ihr do seht – ich muss euch däzu sagn:
Es werdn Tooch kumma, do werd ka Staa aufn andern bleibn,
alles werd zerstört.«

Auf die Jünger kumma schwera Zeitn zu: 21,7–19

7 Do hom sie na gfragt: »Du bist a Lehrer in die Heilign
Schriftn, soch, wann werd des passiern? Gibts do a Zeichn,
wu mä merkt, wann des anfängt, wos noch alles gschehn
soll?« 8 Der Jesus hot drauf gsocht: »Gebt Obacht und lasst
euch net durchananander bringa. Es werdn viel unter mein
Noma auftretn und sagn: ›Ich bins‹ und ›Den Herrgott sei
Zeit is kumma, wu er alles klar macht‹. Die söddn sollt ihr
net nachlaafn! 9 Wenn ihr vo Kriege hört und chaotischa
Verhältnisse, sollt ihr ka Panik kriegn. Des sän Sachn, die
müssn passiern, sän obä noch net ›des End.‹« 10 Und weiter
hot er zu ihna gsocht: »A Volk werd gechä des ander Volk

mobil machn und a Staat werd den andern Staat angreifn. 11 Es
werd gewaltiga Erdbebn gebn und überoll werdn sich Seuchn
und Hungerkatastrophn ausbreitn. Schrecklicha Unglücke
werds gebn und am Himml werd mä gewaltiga Zeichn
erlebn. 12 Obä noch bevor des alles passiert, werdn sie Hand
an euch legn und euch verfolgn. Sie werdn euch vor die
Religionsgerichte nei die Synagogn zerrn und euch nei die
Gfängnisse werfn. Sie werdn euch bei Könige und Gouver-
neure vorführn – und alles, weil ihr zu mir ghört und mein
Noma verkündt. 13 So schlimm wie des alles is, es werd
obä trotzdem drauf nauslaafn, dass ihr dodämit a Zeugnis
fürn Herrgott und sein Messias ablegt. 14 A Versprechn geb
ich euch und des soll etz immer in euern Herz bleibn: Ihr
braucht euch net scho vorher Sorgn machn, wie ihr euch
amol verteidign sollt. 15 Ich geb euch, wenns so weit is, die
richtign Wörter und Gedankn ein. Do werdn sie net dägechä
haltn und euch aa net widerlegn könna, eura Gegner könna
sein, wer sie wolln. 16 Sogar eura Eltern werdn euch verratn,
däzu eura Gschwister und Verwandtn und Freunde. Mä
werd a paar vo euch umbrenga. 17 Ihr werdt bei alla Leut
verhasst sein, weil ihr zu mir ghört. 18 Und trotzdem werd ka
Häärla auf euern Kopf verlorn gehn. 19 Wenn ihr durchhaltn
tut, dann werd ihr euer Lebn behaltn.«

Schlimm, wos über Jerusalem kummt: 21,20–24

20 »Wenn ihr seht, dass Jerusalem vo feindlicha Truppn ein-
gschlossn is, dann wisst ihr, dass nimmer lang dauert und
die Stadt werd zerstört. 21 Nochäd solln die, die in Judäa sän,
nei die Berg flüchtn, und die, die mittn in der Stadt sän, solln
schaun, dass sie rauskumma, und die, die auf die Dörfer sän,
solln auf kan Fall mehr nei der Stadt gehn. 22 Des sän ›die
Tooch der Vergeltung‹, wies haaßt, wu alles erfüllt werdn
soll, wos in die Heilign Schriftn gschriebn is. 23 Schlimm

dran in sella Tooch sän die Frauen, die schwanger sän, und
die Frauen, die Kinner zu stilln hom. Es werd a großa Not
auf der Erdn sein, und den Herrgott sei Zorn werd über des
Gottesvolk kumma. 24 Und sie werdn vom Schwert erschlagn
oder nei der Gefangenschaft gführt und unter alla Völker
zerstreut, die den Herrgott net kenna, und Jerusalem werd
vo solcha Heidnvölker niedergemacht. Obä aa dena Völker
ihra Zeitn hom amol a End.«

Es geht aufs End zu: 21,25–28

25 »An der Sunna, am Mond und an die Stern werds schreck-
licha Zeichn gebn und auf Erdn werdn die Völker nimmer
wissn, wos sie vor lauter Angst machn solln, weil des Meer
tobt und gewaltiga Sturmwelln auf ihna kumma. 26 Halbtot
vor Angst werdn die Menschn sein, wenn sie dran denkn,
wos noch alles über ihna kummt auf dera Welt, und wenn
sie merkn, wie die ganzn Kräfte, die des Weltall zammhaltn,
außer Kontrolle sän. 27 Und dann werdn sie den Herrgott
sein Bevollmächtigtn, ›den Menschnsohn‹, in aner Wolkn
kumma sehn mit großer Macht und Herrlichkeit. 28 Wenn
ihr merkt, dass des alles anfängt, dann rapplt euch auf und
schaut wieder auf- und vorwärts, weils dann nimmer lang
dauert und euer Erlösung do is.«

Es gibt Anzeichn, die sollt ihr beachtn: 21,29–33

29 Dann hot ihna der Jesus a Gleichnis gsocht: »Schaut amol
den Feignbaam an, und überhaupts alla Baam. 30 Kaum dass
die ausgschlagn hom, do seht ihr des und merkt, dass der
Sommer vor der Tür steht. Do braucht euch kans wos erklärn.
31 Wenn ihr etz seht, dass die Sachn passiern, vo dena ich
geredt hab, dann sollt ihr genauso wie bein Feignbaam
merkn, dass des Vorzeichn sän und dass etz bald der Herrgott
kummt und a neus Lebn und a neua Welt schafft. 32 Wos

ich euch soch, is gwieß wahr: Die heutiga Generation werd
des alles noch erlebn, wos ich gsocht hab. 33 Mitn Himml
und mit der Erdn gehts amol zu End, obä mit dem, wos ich
verkündt hab, gehts nie zu End, des gilt immer und ewig.«

Wachn und betn is wichtig: 21,34–36

34 »Gebt Obacht, dass ihr euer Herz net mit Zeug vollstopft,
wos net gut tut. Wenn ihr euch aufn Alkohol verlegt oder
sonst a Betäubungsmittl, dann habt ihr für wos andersch
ka Zeit und ka Kraft mehr. Desselba gilt, wenn eura anzign
Sorgn des Einkaafn und des Essn und des Trinkn sän. Und
dann is auf amol den Herrgott sei Tooch do und ihr habt
gar ka Zeit ghabt, euch auf na einzustelln. 35 Wie a Fangeisn
is der Tooch dann, wu aner neitappt, wenn er net Obacht
gibt. So werd der Tooch alla betreffn, die auf der Erdn
wohna. 36 Deswechä sollt ihr die Augn offn haltn und jeder
Zeit den Herrgott bittn, dass ihr imstand seid, dävo zu
laafn, wenn Angst und Schreckn auf euch kumma. Und
weiter sollt ihr däfür betn, dass ihr vorn Herrgott sein
Bevollmächtigtn, ›den Menschnsohn‹, bestehn könnt, wenn
er Gericht hält.«

Der Jesus predigt jedn Tooch im Templ: 21,37–38

37 Den Tooch über hot sich der Jesus im Templ aufghaltn,
er hot die Heilign Schriftn ausgelegt und verkündt, wie der
Herrgott sein Messias schickt. In der Nacht is er aus der
Stadt nausganga und hot am Ölberg gschlafn. 38 Früh beizeitn
obä is des ganza Gottesvolk nein Templ gströmt und hot na
zuhörn wolln.

Tödlicha Plän: 22,1–2

1 Es is etz auf des »Fest der ungesäuertn Brote« zuganga, wos
aa »Passa« haaßt. *(Do hot des Gottesvolk an die Befreiung aus Ägyptn*

*in der Moseszeit gedacht. Sie hom Brotfladn gessn, wu ka Sauerteig drinna
war. Des bedeut, dass es in seller Nacht vom Auszug aus Ägyptn schnell geh
müssn hot, do war ka Zeit mehr, dass a Sauerteig hätt aufgeh könna.)* 2 Die
Öberstn vo die Priester und die Theologn hom a Methodn
gsucht, wie sie den Jesus heimlich ausn Weg räuma könntn,
weil sie sich nämlich vorn Gottesvolk gförcht hom.

Der Judas kriegt teuflischa Gedankn: 22,3–6

3 Und der Teufl is in den Judas, der Iskariot haaßt, neigfahrn
des war aner vo die Zwölf. 4 Der is wegganga und hot sich
mit die Öberstn vo die Priester und die Verantwortlichn vo
der Templwachn besprochn, wie er ihna den Jesus nei die
Händ spieln könnt. 5 Do hom sie sich gfreut und versprochn,
dass sie na a Geld gebn tätn. 6 Der Judas war einverstandn
und hot auf aner günstign Gelegnheit gewart, wu er ihna
den Jesus ausliefern könnt, obä so, dass die Leut nix merkn
sollTN.

Der Jesus lässt des Passamahl herrichtn: 22,7–13

7 Dann is der »Tooch der süßn Brote« kumma, wu mä des
Passalamm schlachtn musst. 8 Der Jesus hot den Petrus und
den Johannes fortgschickt und hot gsocht: »Macht euch aufn
Weg und richt des Passalamm für uns her, dämit mir nochäd
des Festmahl haltn könna.« 9 Die zwaa hom zu na gsocht:
»Wu willstn, dass mir noogeh solln und alles herrichtn?«
10 Do hot er zu ihna gsocht: »Also passt amol auf: Wenn
ihr nei der Stadt kummt, dann löfft euch a Moo nein Weg,
der an Wasserkrug trägt. An den hängt ihr euch noo bis
zu den Haus, wu er neigeht. 11 Und nochäd sprecht ihr den
Hausherrn an und socht zu na: ›Der Lehrer in die Heilign
Schriftn lässt dich fragn: Wu is die Stubn, wu ich mit meina
Jünger des Passalamm essn kann?‹ 12 Und seller werd euch
a großa Stubn obn drinna weisn, die mit Polster ausgelegt

is. Dort könnt ihr alles herrichtn.« [13] Die zwaa sän fortganga und hom alles genauso angetroffn, wie ers ihna gsocht hot. Und sie hom alles fürs Passamahl hergericht.

A wunderbars Geheimnis – Des Abendmahl: 22,14–23

[14] Wie die Stund für des Mahl da war, hot er sich am Tisch niedergelassn (*mä hot sich auf die Polster am Tisch gelagert*) und die Apostl warn bei na. [15] Und er hot zu ihna gsocht: »Scho lang hot mich des umgetriebn, scho lang hab ich mir des gewünscht, dass ich mit euch zamm des Passamahl feier, bevor dass ich leidn muss. [16] Ich soch euch warum. Ich werd des Passamahl nimmer feiern, bis alles wunderbar zu End gebracht is, wos der Herrgott mit sein Messias angfangt hot. Dann werd a herrlichs Fest gfeiert, wenn der Herrgott alles neu gemacht hot.« [17] (*Des Passamahl hot a genaua Ordnung ghabt und so werds bis zum heutign Tooch beganga. A jeder Handgriff und a jeda Speisn hom ihr Bedeutung. Mä erlebt noch amol mit, wie des bein Auszug aus Ägyptn war, und mä glabt, dass der Herrgott aa in Zukunft sein Volk beisteht. Der Hausvorrä hot die Leitung vo der Feier. A paarmol geht a Becher mit Rotwein rum, es gibt bittera Kräuter, die mä nei Salzwasser taucht. Mä isst ungsäuerta Brotfladn und schließlich des Passalamm. Heutzutooch liegt bloß noch a Knochn zur Erinnerung aufn Tisch, weil der Templ zerstört is, wu immer die Lämmla gschlacht worn sän. Am End vom Mahl singt mä noch an Lobpsalm.*) Der Jesus hot den Becher genumma, hot des Dankgebet drüber gsprochn und hot gsocht: »Nehmt den Becher und gebt na weiter, aner an den andern. [18] Ich soch euch: Vo die Früchte, die am Weinstock wachsn, werd ich nimmer trinkn, bis der Herrgott sei Herrschaft aufricht und alla Menschn in Friedn lebn könna.« [19] Dann hot er des Brot genumma, hot des Dankgebet drüber gsprochn und hot gsocht: »Des bin ich, ich werd für euch zu Tod gebracht. Ihr sollt immer wieder des Brot vonander brechn und austaaln,

dämit die Erinnerung an mir lebendig bleibt.« [20] Genauso hot
er ihna nachn Essn den Becher gebn und hot gsocht: »Der
Becher is der neua Bund, den der Herrgott mit euch schließt.
Gültig is der Bund, weil mei Blut für euch vergossn werd.
[21] Und etz horcht, wos ich soch. Die Hend vo den, der mich
noos Messer liefert, langt grad mit mir übern Tisch. [22] Den
Herrgott sei Bevollmächtigter, ›der Menschnsohn‹, macht
sich etz aufn Weg, der na bestimmt is, obä schlimm werds
für den Menschn, der Schuld dran is, dass er ausgeliefert
werd.« [23] Die Apostl hom aufgeregt des Diskeriern angfangt,
wer vo ihna so wos im Sinn hom könnt.

Obn und untn – In der christlichn Gemaa solls a neua Ordnung gebn: 22,24–30

[24] Nochäd hots an Streit unter ihna gebn, welchn vo ihna
Zwölf mä wohl als den Größtn anschaua könnt. [25] Der Jesus
obä hot zu ihna gsocht: »Die König herrschn über ihra
Völker und die Diktatorn lassn sich ›Wohltäter‹ nenna. [26] Bei
euch *(in der christlichn Gemaa)* soll des amol andersch sein. Wenn
aner vo euch der Größta sein will, nochäd soll er werdn
wie aner vo die Junga *(die in der Gemaa sonst bloß die Hilfsdienste
machn derfn)*. Und wer vorn dran stehn möchät, soll werdn
wie aner, der die andern bedient. [27] Wer is größer – der am
Tisch sein Platz hot oder der bediena tut? Is des net der,
der am Tisch sein Platz hot? Ich obä bin unter euch wie
der, der bediena tut. [28] Ihr habt durchghaltn und seid bei
mir gebliebn, wie sie mich verfolgt und ausgspott hom und
wie sie gsocht hom, dass der Herrgott gechä mir wär. Do
is die Versuchung kumma, alles noozuwerfn, ihr obä seid
bei mir gebliebn. [29] Deswechä verleih ich euch a besondera
Macht, so wie sie mei Vorrä mir verlieha hot. [30] Ihr werdt
bein großn Festmahl däbei sein und an mein Tisch essn und
trinkn, wenn ich die Herrschaft im Herrgott seiner neua

Welt übernomma hab. Ihr werdt auf Thronstühl sitzn und
regiern und richtn über die zwölf Stämm vo Israel, vo den
Gottesvolk.«

Der Petrus verspricht viel: 22,31–34

[31] »Simon, Simon, geb Obacht! Der Satan hot sich ausgebitt,
dass er euch richtig beutln derf, dämit mä sieht, wer durch-
hält und wer net. So wie mä den Waaß aufn Sieb gscheit
schüttlt, dämit die Spreu nausfliegt, so werds der Satan mit
euch machn. [32] Ich hab für dich gebett, dass dei Glaabn net
aufhört. Es werd etz allerhand passiern, obä wenn du dänach
wieder auf mir zuganga bist, dann sollst du aa deina Brüder
wieder aufbaua.« [33] Der Petrus hot zu na gsocht: »Du bist
aans mitn Herrgott, ich bleib bei dir. Und wenns sein muss,
geh ich mit dir neis Gfängnis und nein Tod.« [34] Der Jesus
obä hot gsocht: »Petrus, ich muss dir wos sagn: Wenn heut
die Nacht rum is – noch bevor der Göker zwaamol kräht –
werst du mich dreimol verleugna und sagn, dass du mich
net kennst.«

Es werd blutiger Ernst: 22,35–38

[35] Und dann hot er noch zu ihna gsocht: »Wenn ich euch
nei die Städt und Dörfer fortgschickt hab und ich hab euch
kan Geldbeutl, kan Rucksack und kana Schuh mitgebn, habt
ihr do an irgndwos Mangl gelittn?« Sie hom gsocht: »Naa,
an gar nix.« [36] Do hot er zu ihna gsocht: »Obä etz kumma
andera Zeitn. Wer an Geldbeutl hot, der soll na mitnehma,
genauso solls mitn Rucksack sein. Wer nix hot, soll sein
Mantl verkaafn und sich lieber a Schwert däfür zulegn, es
werd etz bitterernst. [37] Ich soch euch: In die Heilign Schriftn
steht ›Sie hom na als Verbrecher angschaut‹ – des muss sich
an mir erfülln, es geht nämlich zu End mit mir.« [38] Do hom
sie zu na gsocht: »Schau, mir hom do zwaa Schwerter.« Er

obä hot gsocht: »Hörn mir auf dämit! Ich mag etz nimmer drüber reden.«

Der Jesus kämpft im Gebet um sei Lebn: 22,39–46

39 Dann hot sich der Jesus aufgemacht und is, wie ers gewohnt
war, nübern Ölberg geloffn. Die Jünger sän auf sein Weg
mitganga, ihm nach. 40 Wie er dort war, hot er zu ihna
gsocht: »Tut betn, dämit ihr net nei aner Lag kummt, die
euch am Herrgott irr werdn lässt.« 41 Dann is er an Staawurf
weit vo ihna wegganga, hot sich auf die Knie geworfn und
hot gebett: 42 »Vorrä, wenn du des einrichtn kannst, dann
lass des Leidn und Sterbn an mir vorbeigeh, obä es soll net
des gschehn, wos ich will, sondern wos du willst.« 43 Es is
na obä a Engl vom Himml erschiena, der na Kraft gebn hot.
44 Wie die Todesängstn kumma sän, hot er ganz arg gebett.
Den Schweiß hots na rausgetriebn, die Tropfn warn dick
wie Blut und sän aufn Erdbodn gfalln. 45 Dann is er vo sein
Gebet aufgstandn und zu seina Jünger ganga. Er hot sehn
müssn, dass sie vor lauter Kummer eingschlafn warn, so sehr
hot sie des Ganza mitgenumma. 46 Er hot zu ihna gsocht:
»Wos schloftn ihr? Steht auf und tut betn, dämit des, wos
etz kummt, euch net vom Herrgott wegbringt.«

Der Jesus lässt sich verhaftn: 22,47–53

47 Und wie der Jesus noch geredt hot, warn auf amol a Haufn
Leut do. Und der Judas, vo den scho die Red war, is vorn
dran gewesn. Er is aufn Jesus zu und hot na umarma und
küssn wolln. 48 Der Jesus obä hot zu na gsocht: »Judas, mit an
Kuss tust du ›den Menschnsohn‹ an seina Feinde ausliefern?«
49 Wie den Jesus seina Freunde gsehn hom, wos do gleich
mit na passiern tät, hom sie gsocht: »Du bist aans mitn
Herrgott, mir haun dich do mitn Schwert raus, du brauchst
es uns bloß sagn.« 50 Und scho is aner aufn Hohnpriester sein

Mitarbeiter losganga und hot na des rechta Ohr abghaut.
51 Der Jesus hot sofort reagiert und hot gsocht: »Hört auf! So
derfn mir net weitermachn!« Und er hot des Ohr angelangt
und hot die Verletzung gheilt. 52 Dann hot er die angeredt,
die auf na zukumma sän, die Öberstn vo die Priester und die
Verantwortlichn vo der Templwache und die Volksvertreter
im Hohen Rat: »Wie gechä an gfährlichn Verbrecher seid
ihr mit Schwerter und Spieße aufmarschiert? 53 Jedn Tooch
war ich mit euch im Templ beinander und do habt ihr die
Händ net gechä mir aufghobn. Obä etz is euer Zeit kumma
und etz herrschn die finstern Mächte.«

Der Petrus erlebt sei schlimmsta Stund: 22,54–62

54 Sie obä hom den Jesus verhaft und nein Haus von Hohn-
priester gführt. Der Petrus is na mit an großn Abstand nach-
ganga. 55 Mittn im Hof vo den Haus hom sie a groß Feuer
angezündt. Wie sie dann alla do rumghockt warn, hot sich
aa der Petrus zwischn ihna neighockt. 56 A Putzfraa hot na
dort am Feuer hockn sehn und hot na genau betracht, dann
hot sie gsocht: »Der do war aa bei seina Leut.« 57 Der Petrus
obä hots abgeleugnt und hot gsocht: »Ich hab mit den nix
zu schaffn, Fraa!« 58 Es hot net lang gedauert, do hot na a
anderer neis Visier genumma und hot gsocht: »Du bist doch
aa aner vo dena!« Der Petrus obä hot gsocht: »Mensch, ich
doch net!« 59 Wie a Stund rum war, hot noch mol a anderer
steif und fest behaupt: »Ich soch die Wahrheit, der do war
aa bei seina Leut, der is genauso wie der ander vo Galiläa.«
60 Do hot der Petrus gsocht: »Mensch, ich waaß gar net, vo
wos du redst.« Und grad wie er des gsocht hot, hot der Göker
sein Schrei getan. 61 Und der Jesus, der aans is mitn Herrgott,
hot sich rumgedreht und hot den Petrus angschaut. Do is
den Petrus der Satz von Jesus wieder eingfalln, wie der zu na
gsocht hot: »Bevor dass heut der Göker sein Schrei tut, werst

du mich dreimol verleugna.« 62 Do is der Petrus nausganga
und hot gegrinna wie a Schlosshund.

Die Soldatn treibn a schlimms Spiel mitn Jesus: 22,63–65

63 Die Männer, die den Jesus bewacht hom, hom mit na
gspielt wie die Katz mit der Maus und sie hom na immer
wieder gschlagn. 64 Sie hom na die Augn zugebundn und
hom na gfragt: »Du bist doch a Prophet, dann soch uns,
wer is des, der dich gschlagn hot?« 65 So hom sie ihrn Spott
mit na getriebn, hom na beleidigt und runtergemacht, wies
ihna grad eingfalln is.

Der Hohe Rat verhört den Jesus: 22,66–71

66 Wies Tooch worn is, hom alla Verantwortlichn im Got-
tesvolk gemeinsam a Gerichtsverhandlung ghaltn. Do warn
däbei: die Volksvertreter und die Öberstn vo die Priester
und die Theologn. In dera Versammlung (*Hoher Rat*) hom
sie den Jesus vorführn lassn. 67 Sie hom gsocht: »Wenn du
den Herrgott sei Messias bist, dann soch uns des!« 68 Er hot
zu ihna gsocht: »Wenn ich euch des sagn tät, dann tät ihr
mir des ja doch net glaabn. Wenn ich euch wos fragn tät,
dann tät ihr mir ka Antwort gebn. 69 Es is etz so weit, dass
den Herrgott sei Bevollmächtigter, ›der Menschnsohn‹, sein
Platz am Herrgott seiner rechtn Seitn einnehma werd.« 70 Do
hom sie alla gsocht: »Bist du den Herrgott sei Sohn?« Und
er hot zu ihna gsocht: »Ihr socht des – ich bins.« 71 Sie obä
hom gsocht: »Wos brauchn mir do noch Zeugnaussagn?
Wos mir hörn wolln, des hom mir doch aus sein eigna
Mund ghört.«

Der Jesus werd zum Pilatus gebracht: 23,1–5

1 Dann is die ganza Gsellschaft aufgstandn und sie hom
den Jesus zum Pilatus gschafft. 2 Dort hom sie ihr Anklag

vorgetragn und hom gsocht: »Mir hom rausgebracht, dass
der do unser Volk aufhetzt. Außerdem hot er die Leut an-
gstift, dass sie den Kaiser kana Steuern zahln, und er secht,
er wär den Herrgott sei Messias, a König sozusagn.« 3 Der
Pilatus hot na gfragt: »Bist du der König vo die Judn?« Der
Jesus hot gsocht: »Des sechst du.« 4 Do hot der Pilatus zu
die Öberstn vo die Priester und zu die ganzn Leut gsocht:
»Ich find ka Schuld bei den Menschn do.« 5 Sie obä hom
na die Höll heiß gemacht und hom gsocht: »Der ruft des
jüdischa Volk zum Aufstand auf, der predigt Gewalt in ganz
Judäa. In Galiläa hot er angfangt und etz geht des bis doher
bei uns.«

Der Jesus werd zum Herodes gebracht: 23,6–12

6 Wie der Pilatus des vo Galiläa ghört hot, hot er gfragt, ob
der Moo a Galiläer wär. 7 Und wie er erfahrn hot, dass er
ausn Regierungsbezirk vom Herodes kummät, do hot er na
gleich selln Herodes überstelln lassn, der in dena Tooch aa
grad in Jerusalem war. 8 Den Herodes hot des arg gfreut,
dass er den Jesus gsehn hot. Er hot na scho lang amol sehn
wolln, weil er scho viel vo na ghört hot, und er war scho
die ganza Zeit scharf drauf, dass er amol a groß Wunder vo
na zu sehn kriegät. 9 Er hot allerhand Fragn gstellt, obä der
Jesus hot na ka Antwort gebn. 10 Die Öberstn vo die Priester
und vo die Theologn warn däbeigstandn und hom schwera
Beschuldigunga vorgebracht. 11 Der Herodes und seina Offi-
zierla hom sich a Gaudi draus gemacht, den Jesus zu miss-
handln und auszuspottn. Dann hom sie na a Glitzermäntela
rumghängt und hom na zum Pilatus zurückgschickt. 12 Der
Herodes und der Pilatus sän selln Tooch guta Kumpl worn.
Des war wos Besonders, weil sie nämlich zuvor wie Hund
und Katz aufanander warn.

Der Jesus werd vom Pilatus zum Tod verurteilt: 23,13–25

[13] Der Pilatus hot etz a großa Versammlung einberufn, und
zwar die Öberstn vo die Priester, die Volksvertretung und
des Gottesvolk selber. [14] Und dann hot er zu ihna gsocht:
»Ihr habt den Moo do zu mir gebracht, der angeblich des
Volk aufhetzt, und ich hab mich drauf eingelassn. Ich hab
na verhört und ihr seid ja däbei gewesn. Etz muss ich euch
wos sagn: Ich hab an den Menschn ka Schuld findn könna.
Nix vo dem is stichhaltig, wu ihr na angeklagt habt. Der
Herodes hot aa nix andersch rausgebracht. [15] Deswechä hot
der na ja wieder zu mir überwiesn. Ihr müsst des doch
selber sehn, dass der Mensch do nix verbrochn hot und
scho gar nix, wu die Todesstraf drauf steht. [16] Ich lass den
etz auspeitschn und dann kummt er auf freien Fuß.« [17] –
Es hot obä a Gewohnheitsrecht für die Judn gebn, dass der
Pilatus ihna auf die Feiertooch an Gfangna freigebn hot. –
[18] Sie obä hom alla mitanander gschriea: »Der ghört weg!
Mir wolln den Barrabas. Lass den Barrabas raus!« [19] Der war
eingsperrt, weil er bei an Aufstand in der Stadt mitgemacht
und aans umgebracht hot. [20] Do hot ihna der Pilatus noch
amol an Vortrag ghaltn. Er hot unbedingt den Jesus freilassn
wolln. [21] Sie obä hom immer wieder gschriea: »Kreuzig na!
Kreuzig na!« [22] Der Pilatus hots etz a dritts Mol probiert und
hot zu ihna gsocht: »Wos soll denn der Schlimms verbrochn
hom? Ich hab ka Schuld bei na gfundn. Es gibt kan Grund,
dass der den Tod verdient hätt. Ich lass na auspeitschn und
dann kummt er frei.« [23] Sie obä hom na schwer zugsetzt und
dauernd gschriea, so laut wie sie gekonnt hom, sie homs
erzwinga wolln, dass der Jesus gekreuzigt werdn sollät. Und
mit ihrn Gschrei hom sies tatsächlich gschafft. [24] Der Pilatus
hot entschiedn, dass sie ihrn Willn kriegn solltn. [25] Den
andern obä hot er freigelassn, der wechä Terror und Mord

eingsperrt war und den sie sich gewünscht hom. Den Jesus
obä hot er ihna ausgeliefert, so wie sie des betriebn hom.

Der Jesus werd ans Kreuz genaglt: 23,26–43

26 Sie hom den Jesus abgführt, und aufn Weg hom sie sich
den Simon gegriffn, des war aner aus Kyrene, der wollt
grad vo sein Acker hamgeh. Den hom sie den Kreuzbalkn
aufgeladn und er hot na hinter den Jesus hertragn müssn.
27 A Haufn Leut ausn Gottesvolk sän auf sein Weg mitganga,
ihm nach. Und aa viel Frauen warn däbei, die hom offn
ihrn Schmerz gezeigt und hom um na gegrinna. 28 Der Jesus
hot sich zu ihna rumgedreht und hot gsocht: »Ihr Töchter
vo Jerusalem, greint net über mir! Greint lieber über euch
selber und über eura Kinner! 29 Es kumma Tooch, wu mä
sagn werd: ›Gut dran sän die, die kana Kinner kriegn könna,
die kana Kinner auf die Welt gebracht hom und die ka Klaans
an ihrer Brust ghabt hom.‹ 30 Dann werd mä zu die Berg
sagn: ›Fallt über uns!‹ und zu die Hügl: ›Deckt uns zu!‹
31 Wenn mä des, wos do etz passiert, mit an Baam macht,
der noch treibn tut, mitn ›grüna Holz‹, wos werd nochäd
mit an Baam gschehn, der abgstorbn is und dürra Äst hot,
wos gschieht mitn ›dürrn Holz‹?« *(Der Jesus verwendt Ausdrück
ausn Prophetn Hesekiel, der scho über des furchtbara Gericht gschriebn hot,
des über Jerusalem kummt. Es is wie a Feuer, des alles verbrennt. Des »grüna
Holz« is a Vergleich für die Gerechtn und des »dürra Holz« für die Gottlosn.
Wenn der Herrgott scho zulässt, dass a Gerechter wie der Jesus umgebracht
werd, wos werd ärschd mit dena sein, die nimmer aufn Herrgott ghört hom?)*
32 Mitn Jesus sän noch andera zur Hinrichtung nausgführt
worn, des warn zwaa Raubmörder. 33 Sie sän zu den Platz
kumma, der »Totnkopf« haaßt. Do hom sie den Jesus noos
Kreuz genaglt und die Verbrecher aa, den aan auf seiner
rechtn Seitn und den andern auf der linkn. 34 Der Jesus hot
gsocht: »Vorrä, vergeb ihna, die wissn ja gar net, wos sie

do machn.« A paar hom gewürflt und auf die Art seina
Klaader vertaalt. [35] Des Gottesvolk war dort gstandn und hot
zugeguckt. Ihra Öberstn hom na verspott und hom gsocht:
»Andera hot er gholfn, etz soll er sich selber helfn, wenn er
den Herrgott sei Messias is, sei auserwählter Diener.« [36] Aa
die Soldatn hom ihrn Spott mit na getriebn. Sie sän nooganga
und hom na Essig gebn [37] und hom gsocht: »Wenn du der
König vo die Judn bist, dann helf dir selber!« [38] Über sein
Kopf war a Täfela, do war draufgschriebn: »Des is der König
der Judn«. [39] Aner vo die Verbrecher, die am Kreuz ghängt
warn, hot na aa verspott: »Bist du net der Messias? Helf dir
selber und uns däzu!« [40] Do hot na der ander Verbrecher a
Antwort gebn und hot gsocht: »Net amol du förchst dich
vorn Herrgott? Däbei bist du genauso zum Tod verurteilt.
[41] Bei uns is des sogar gerecht. Mir kriegn ja bloß des, wos
mir verdient hom. Der obä hot nix Unrechts getan.« [42] Und
dann hot er noch gsocht: »Jesus, vergess mich net, wenn du
nei dein Königreich kummst.« [43] Der Jesus hot zu na gsocht:
»Ich geb dir mei Wort drauf: Heut noch werst du mit mir
im Paradies sein.«

Der Jesus stirbt: 22,44–49

[44] Es war etz scho mittags um zwölfa. Do is im ganzn Land
stockfinster worn, drei Stund lang wars Nacht. [45] Die Sunna
hot ihrn Schein verlorn. Im Templ obä hots den großn
Vorhang, der den Zugang zum Allerheiligstn abgsperrt hot,
in der Mittn vonander gerissn. [46] Der Jesus hot mit lauter
Stimm gerufn: »Vorrä, ich leg mei Lebn etz ganz nei deina
Händ.« Des warn seina letztn Worte. So is der Jesus gstorbn.
[47] Wie der Hauptmoo vom Hinrichtungskommando gsehn
hot, wos do alles passiert is, hot er dem Herrgott die Ehr
gebn und gsocht: »Do gibts kan Zweifl, der Mo hot für sein
Herrgott gelebt. Mä muss a Hochachtung hom vor so an

Menschn.« 48 Und die ganzn Haufn Leut, die aus Neugier
bei den »Schauspiel« däbei warn, die hom alla gsehn, wos
gschehn is. Sie hom sich des arg zu Herzn genumma, des
hot mä gemerkt. Ärschd wie a Zeit rum war, hom sie sich
umgedreht und sän hamganga. 49 A Stück weit weg warn
seina Bekanntn und Freunde gstandn und aa die Frauen, die
scho vo Galiläa aus auf sein Weg mitganga sän; sie alla hom
sehn wolln, wos do vor sich ganga is.

Der Josef vo Arimathia legt den Jesus nei an Felsngrab: 23,50–56

50 Und dann hot noch a Moo a wichtiga Rolln gspielt, der
hot Josef ghaaßn und war a Ratsherr, a rechtschaffner Moo
51 – er hot übrigens net bei dera Sach zugstimmt, die die
andern Kollegn vom Hohen Rat beschlossn und ausgführt
hom –, er war aus Arimathia, aner jüdischn Stadt. In seiner
religiösn Einstellung war er aner, der drauf gewart hot,
dass der Herrgott bald sein Messias schickt und Friedn und
Gerechtigkeit schafft. 52 Der Josef is zum Pilatus ganga und
hot na gebitt, dass er den Jesus sein Leichnam holn derfät.
Die Erlaubnis hot er kriegt. 53 Er hot den Totn vom Kreuz
losgemacht und hot na nei an besonders kostbarn Leintuch
gewicklt. Dann hot er na nei an Grab gelegt, des in den Fels
neigschlagn war und wu noch nie jemand drin gelegn war.
54 Es war der Tooch, wu mä sich aufs Fest vorbereit hot, und
ohmds um sechsa hot nochäd der Sabbat angfangt. 55 In an
größern Abstand sän den Josef die Frauen nachganga, die
scho vo Galiläa her aufn Jesus sein Weg mitganga sän, ihm
nach. Die hom des Grab betracht und zugschaut, wie der
Tote neigelegt worn is. 56 Dänach sän sie umgekehrt und
hom verschiedna Artn vo Salbn und Öle hergericht, die gut
gerochn hom. Am Sabbat selber hom sie die Ruh einghaltn,
die des Gsetz vorgschriebn hot.

Die Botn vom Herrgott sagn: »Der Jesus lebt!«: 24,1–12

1 Am ärschdn Tooch in der Wochn – des is unser Sunntooch
– in aller Herrgottsfrüh scho sän die Frauen naus zum Grab
geloffn. Mitgenumma hom sie a paar Töpfla mit verschiedna
Salbn, die sie selber angemacht und zammgerührt ghabt
hom. Die hom an wunderbarn Duft ausgströmt. 2 Scho aus
der Entfernung is ihna aufgfalln, dass der trumm Staa vo der
Grabhöhln weggewälzt war. 3 Sie sän nei den Grab ganga,
obä den Leichnam vom Jesus, der aans is mitn Herrgott, hom
sie net gfundn. 4 Sie warn ganz durchanander und hom net
gewisst, wos sie machn solln. Do sän auf amol zwaa Männer
auf ihna zukumma, dena ihra Klaader hom geleucht, dass
sies direkt geblendt hot. 5 Die Frauen sän arg erschrockn und
hom sich nimmer aufschaua getraut. Die Männer obä hom
zu ihna gsocht: »Warum sucht ihr den Lebendign bei die
Totn? 6 Er is nimmer do im Grab, der Herrgott hot na vo die
Totn auferweckt. Denkt amol dran, wos er mit euch geredt
hot, wie er noch in Galiläa war. 7 Er hot gsocht: ›Den Herrgott
sei Bevollmächtigter, der ›Menschnsohn‹, muss nei die Händ
vo sündiga Menschn übergebn werdn, er muss noos Kreuz
gschlagn werdn und am drittn Tooch auferstehn.‹« 8 Do is
die Frauen a jeds Wort vom Jesus wieder eingfalln. 9 Und sie
sän schnurstracks vom Grab weg und zurück nei der Stadt
geloffn und hom die elf Apostl alles vermeldt, aa dena, die
dort sonst noch däbei warn. 10 Ich zähl amol auf, wer die
Frauen warn, die des vermeldt hom, des warn: die Maria
Magdalena, die Johanna und die Maria, den Jakobus sei
Murrä, und däzu die andern Frauen, die noch mit bein
Grab draußn warn. 11 Die Apostl obä hom gemaant, des
ganza wär a leers Gewaaf und sie hom ihna nix geglabt.
12 Bloß der Petrus is aufgsprunga und naus den Grab gerennt.
Er is a weng neigekrochn, hot obä nix gsehn als wie a

paar Leintücher. Er is dann wieder haam und war ganz durchananander und hot sich gewundert, wos do alles vor sich ganga is.

A merkwürdiger Fremder aufn Weg nach Emmaus: 24,13–35

13 Und dann is noch wos passiert. Am selbn Tooch warn
zwaa vo die Jünger aufn Weg zu an klan Dörfla, wu mä
vo Jerusalem aus a guta Stund zu laafn hot, Emmaus hots
ghaaßn. 14 Die zwaa hom mitananander über alles geplaudert,
wos in die letztn Tooch passiert war. 15 Wie sie grad im
schönstn Unterhaltn und Diskeriern warn, do is auf amol
der Jesus selber nebn ihna gewesn und is mit ihna ganga.
16 Obä des war, wie wenn sie Tomatn auf die Augn ghabt
hättn – sie hom na einfach net gekennt. 17 Er obä hot zu
ihna gsocht: »Derf ich amol fragn, über wos ihr zwaa scho
den ganzn Weg so eifrig diskutiern tut?« Do sän sie steh
gebliebn, niedergschlagn warn sie und a weng grantig aa.
18 Und der ane, der Kleopas ghaaßn hot, hot na zur Antwort
gebn: »Ja soch amol, bist etz du so fremd in Jerusalem, dass
du als anziger net waaßt, wos do die letztn Tooch passiert
is?« 19 »Wos denn?«, hot der Jesus gfragt. Sie obä hom gsocht:
»No des mitn Jesus vo Nazareth. Der war a Prophet und wos
er gsocht und gemacht hot, des war a Gewalt. Mir glaabn,
dass des der Herrgott genauso gsehn hot und des ganza
Gottesvolk sowieso. 20 Host du gar nix dävon ghört, wie
unsera Öberstn vo die Priester und unsera Volksvertreter
des Todesurteil gechän Jesus durchgepeitscht hom und wie
sie des gschafft hom, dass er noos Kreuz gschlagn worn is?
21 Däbei hom fei mir die ganza Zeit die Hoffnung ghabt, dass
er derjenige is, der Israel die Freiheit bringät. Heut is etz scho
der dritte Tooch, seit dem dass des alles passiert is. 22 Und etz
kummt des Schönsta: A paar vo die Frauen, die bei uns däbei

sän, hom uns heut früh scho ganz verrückt gemacht. Die
warn in aller Herrgottsfrüh bein Jesus sein Grab [23] und hom
fei kan Totn gfundn. Do sän sie kumma und hom gsocht,
sie hättn sogar a Erscheinung vo Engl gsehn und die hättn
gsocht, dass er lebt. [24] A paar vo uns sän gleich zum Grab
naus, und stell dir vor, sie hom alles so angetroffn, wie
des die Frauen gsocht hom. Vo ihm selber obä ka Spur!«
[25] Do hot der Jesus zu ihna gsocht: »Wos seid denn ihr für
Leut, dass ihr des net kapiert, wos die Prophetn scho längst
über na gsocht hom. Ihr könnt scheints aus eura eingfahrna
Gleise aa nimmer raus. [26] Es hot einfach sein müssn, dass der
Messias viel Elend durchmacht und ärschd dann nei seiner
Herrlichkeit kummt.« [27] Und dann hot er bein Mose angfangt
und bei die Prophetn und hot ihna Schritt für Schritt schö
nachanander alla Schriftn erklärt, wos do über na selber
drinna gschriebn steht. [28] Derweil sän sie immer näher noo
den Dorf kumma, wu sie noogewollt hom. Und der Jesus
hot so getan, wie wenn er weiterlaafn wollät. [29] Die zwaa
obä hom na ka Ruh gelassn und hom gsocht: »Geh zu, kehr
halt noch a weng bei uns ein! Mir machn dann Brotzeit,
do könna mir noch a weng plaudern und a Bett hom mir
aa für dir. Du siehst ja selber, die Sunna is scho unterganga
und gleich werds Nacht.« Also is er mit neiganga und is bei
ihna gebliebn. [30] Wie sie nochäd mit der Brotzeit angfangt
hom, do is gschehn:

Er hot des Brot genumma,
hot des Dankgebet gsprochn,
hot des Brot vonander gebrochn
und hots ausgetaalt.

[31] Do is ihna wie Schuppn vo die Augn gfalln. Etz hom sie na
gekennt. Im nämlichn Augnblick obä hom sie na nimmer
gsehn. [32] Do hom sie zuananander gsocht: »Hot uns net des
Herz bis naufn Hals gschlagn, wie er mit uns aufn Weg

geredt hot und wie er uns erklärt hot, wos der Sinn vo
die Heilign Schriftn is?« [33] Noch in derselbn Stund hom
sie sich wieder aufgemacht und sän zurück auf Jerusalem.
Sie hom die Elf angetroffn, wie sie grad mit die andern
Jünger beinander warn. [34] Die hom gleich zu ihna gsocht:
»Des is fei wahr: Der Jesus, der aans is mitn Herrgott, is
auferstandn und den Petrus erschiena.« [35] Do hom ihna die
zwaa ausführlich erzählt, wos aufn Weg nach Emmaus alles
passiert is, und dass sie den Jesus ärschd dodran gekennt
hom, wie er des Brot gebrochn und ausgetaalt hot.

Der Jesus erscheint vor die Jünger und gibt ihna an Auftrag: 24,36–49

[36] Wie sie noch so schö erzählt hom, do war auf amol der
Jesus selber mittn in dera Versammlung und secht zu ihna:
»Friedn sei mit euch!« [37] Sie sän gscheit erschrockn und
hom sich gförcht, weil sie gemaant hom, des wär a Geister-
erscheinung. [38] Der Jesus hot zu ihna gsocht: »Warum seid
ihr so durchananer? Und warum lasst ihr solcha Zweifl in
euern Herz aufkumma? [39] Etz betracht amol genau meina
Händ und meina Füß! Do seht ihr doch, dass ichs selber
bin. Ihr braucht mich bloß anlanga und ihr werdt spürn
und sehn, dass ich ka Geist sein kann, weil a Geist ka Fleisch
und kana Knochn hot. Bei mir is des alles do! Ihr könnt
euch überzeugn.« [40] Wie er noch geredt hot, hot er ihna
seina Händ und seina Füß vor die Augn ghaltn. [41] Vor lauter
Freud hom sie des obä immer noch net glaabn könna und
sän ausn Stauna nimmer rauskumma. Do hot er zu ihna
gsocht: [42] »Habt ihr a weng wos für aner Brotzeit do?« [43] Sie
hom noch a weng gebratna Fisch ghabt, den hom sie na
gebn. Und er hot zugelangt und hot na vor ihra Augn gessn.
[44] Dann hot er zu ihna gsocht: »Etz soch ich euch noch amol,
wos scho mei Red war, wie ich noch bei euch war. Es muss

sich alles erfülln, wos in die Mosebücher, bei die Prophetn
und in die Psalmen über mir gschriebn is.« 45 Er hot dann so
geredt, dass ihna a Licht aufganga is und sie verstandn hom,
wos die Heilign Schriftn bedeutn. 46 Er hot zu ihna gsocht:
»Es steht gschriebn, dass der Messias leidn tut und dass er
am drittn Tooch vo die Totn aufersteht 47 und dass in sein
Noma alla Völker verkündt werd: ›Ihr könnt vo die falschn
Wege umkehrn, dämit eura Sündn vergebn werdn‹ – in
Jerusalem werd mit dera Verkündigung angfangt. 48 Ihr seid
Zeugn, ihr habt alles ghört und gsehn, wos passiert is. 49 Und
etz gebt Obacht! Wos mei Vorrä im Himml versprochn hot,
des lass ich bald auf euch kumma. Deswechä sollt ihr so
lang in der Stadt bleibn, bis die Kraft vo obn in euch sein
und euch ganzagar ausfülln werd.«

Der Abschied: 24,50–53

50 Dänach hot er sie nausgführt, wus auf Bethanien zugeht,
und hot seina Händ über ihna ausgebraat und hot ihna
den Segn gebn. 51 Und wie er noch bein Segna war, hot er
sie zurückgelassn, er is aufghobn worn nein Himml. 52 Sie
obä hom sich in Ehrfurcht noogekniet und dann sän sie
voller Freud nach Jerusalem zurück geloffn. 53 Sie hom sich
die ganza Zeit im Templ aufghaltn und hom den Herrgott
gelobt.

Lukas auf Fränkisch
70 Franken übersetzen ein Evangelium

Diethard Nemmert (Coburger Land), Kap. 1,1–25

Das Vorwort: 1,1–4

1 A ganza Hard hots scho ausprobiert, an Bericht fer öll dann ouzerliefern, wos sich dou bei uns zugedrouchn hot un eigetroffn is. 2 Und sie ham sich fei an dös kalten, wos die weitergam ham, wu ver Anfang a dös Ganza mit äächna Aachn gsahn ham und Knacht fen Wurt worn. 3 Etzer hou ich mich an Stueß gahm, ölln ver Grund auf, Schriet fer Schriet, nouchzegenn, üms fer dich, Gottlieb, mei Guter, der Reiha nouch aufzerschreim. 4 Su kast dich vergewisser, däss die Lehr, in die sa dich gschickt hamm, wos taacht.

Die Verheißung der Geburt des Täufers (Verhäßn werd, däss der Täufer zer Welt kumm söll): 1,5–25

5 Wie der Herodes Könich ver Judäa wor, seimol hot a Kerchnmoo gelabt, den hom sa Zacharias ghäßn und er hot der Pfarrergildn Abija aghört. Sei Fraa wor a gebürticha Aaron, Elsbet hot sa sich genennt. 6 Ölla zwää hamsa su gelabt, wiesn Herrgott gfellt, und a im Klännstn hamsa sich genaa an öll dös kaltn, wosser die Menschn gebuetn und fürgschriebn hot. 7 Kinner hamsa ouwer kenna kout, denn die Elsbet hott kenna könn kriech, und sie worn a schö ölla bääds a elters Semester. 8 Amol wor sei Priestersippschaft widder an der Reiha und hot bei der Mass mitzerwirkn kout und er aa, 9 dou hamsa, wies sichs rechtsgemäß kört hot, es Lues gezuechn und der Zacharias hot im Templ dös Raachopfer durchmussführ. 10 Wie er draa wor mitn Opfern, hot dös ganza Volk draußen gewart und gebatt. 11 Ouwer dem Zacharias hot sich a Engl gezeicht, dar hot rachts nam Tiisch

mitm Raachopfer gstanna. 12 Wie na der Zacharias gsahn hot,
hots na an Rääfer gaam und an grueßn Schreckn eigejoucht,
äs na hääß und kolt zergleich in Buggl nuntergeloffn is,
13 ouwer dar Engl hot na gleich gut zugeredt: »Hou ke Angst,
Schisshous, du brauchst dich nir zer ferchtn. Der Herrgott
hot auf dei Gebaat aufgemerkt. Dei Weibla, die Elsbet, werd
a Kind kriechn, an Jung, du sööst na Hann taaf. 14 Vor Frääd
wärsta grueßa Hüpfer tunn und a ganza Hard Leut werd
dei grueßa Frääd über sei Geburt tääln. 15 Denn er werd a
wie a Eins vor unnern Herrgott doustenna. Bsuffn wersta na
nir rümkuchln saan, denn Wei, Bier und annera geisticha
Getränke mouch er nir; doudefür isser scho im Bauch fer
seiner Mudder vuel – ven Heilichen Geist. 16 Vill Israeliten
werd er ihrm Herrgott zurückgewinna. 17 Mitm Geist und der
Gewalt ven Elija werder Vorreiter senn fer IHM. Su brengt er
die Altn dezu, ihr Harz widder in Kinnerna zer schenkn, die
Widerborschtichn führt er zur Gerechtigkeit und recht su
dös Volk schä fern Herrgott har.« 18 Dou is der Zacharias nir
faul und räbbts den Engl naa: »Dös söll ich der ounamm?
Wudra söll ich denn des erkenn? Ich bin ja schö a alter
Geck und hou a ke junga Fraa mehr!« 19 Dou is na der Engl
übers Maul gfohrn: »Du wässt woll nir, wann da vor der
host? Der Gabriel bin ich, wu vorn Herrgott stia däff, und
mich hamsa hargschickt, äs ich mit dir red und die gut
Nachricht beibreng. 20 Ouwer wall däs mir nir ougenumma
host, wos eitrifft, wenn die Zeit derfür kumma is, däffsta ab
jetz nex mer souch und musst dei Maul halt, bis dei Klääner
dou is.« 21 Sulang dös ölles passiert is, hot dös Volk aufn
Zacharias gewart un sich gewunnert, däss er su lang im
Templ gebraucht hot. 22 Wie er dann dach rauskumma is, hots
na die Sprouch verschlouchn kout. Dou hamsa gschpannt,
däss er im Templ a Gsecht kout hot. Ar hot anna ouwer blueß
Zeichn mit der Hend könn gab un hot nex rausgebracht.

23 Wie sei Schicht im Templ verbei wor, isser widder heem
ganga. 24 Nir lang hots gedauert und sei Fraa hot an Jung
empfanga und fünf Manet zurückgezuechn gelabt. 25 Sie hot
offen gsocht: »Der Üeber hot mer unter die Arm gegriffen,
in die Touch hot er mich im Aach behalten und sei Frääd
ammer kout. Und ver der Schand hot er mich befreit, die
ich in die Aachn fer die Nachbern müss trouch hou. Äss es
blueßna wisst!«

Helga Güntzer (Bamberg), Kap. 1,1–25

Das Vorwort: 1,1–4

1–4 Also dass Sies wissen, dass des mit den neua Glaam, von
den Sie ghört hom, sei Richtichkeit hot, hob ich nochamol
alles vo vorn o ganz genau nochgforscht, dass ich Ihna des
der Reiha noch schö erzähln ko. A ganzer Haufn hot scho
probiert des aufzerschreim, wos do alles bei uns passiert is,
so wie die Leut des erzählt hom, die wo vo Ofang o derbei
worn, dass mers weitersecht und net vergesst.

Die Verheißung der Geburt des Täufers: 1,5–25

5 Also selbigsmol, wie der Herodes Könich wor vo Judäa,
do hots an Pfarrer gem, der hot Zacharias ghaaßn und zer
derer Pfarrerssippn vo die Abija ghört. Sei Fra wor ana vo
die Aaron und hot Elisabeth ghaaßn. 6 Alla zwa worn brova
Leut und ganz fromm und hon nerbloß noch dena Gebot vo
der Relichion gelebbt. 7 Ober Kinner hom sie kanna ghobt;
die Elisabeth hot kanna gring könna und alla zwa worn sie
scho olda Leutla. 8 Amoll do wor grod die Sippn von den
Zacharias zern Templdienst in Jerusalem 9 und do is verlost
worn, wer drokummt; und selbigsmol is rauskumma, dass
der Zacharias des Rauchopfer ozündn muss, 10 und do is
er nein Templ ganga. Und derawall hom die Leut draußn

gewart und gebett. [11] Auf amoll do hot der Zacharias an Engl
gsäng. Der is auf dera rechtn Seitn von den Altor gschtandn,
wo der Weihrauch verbrennt worn is. [12] Der Zacharias, der is
zamgforn und hot sich gförcht. [13] Ober der Engl hot zer ner
gsocht: »Du brauxt dich fei net zer förchtn, Zacharias. Der
Herrgott hot dei Gebet erhört. Dei Fra gricht an Bum und
den sollst du Johannes haaßn. [14] Du werst vill Freud hom mit
den Bübla und andera Leut wern sich a über na freua, [15] weil
der von Herrgott ausersäng is zer großa Tatn. An Wein oder
wos andersch, wos besuffn mecht, werd der net trinkn, und
der Geist von unsern Herrgott werd bei na sei, scho bevor
der überhapts auf dera Welt kummt. [16] An ganzn Haufn vom
Volk Israel werd der zern Herrn zerückbringa. [17] Grad so
wie der Prophet Elias werd der vor den Herrn herlaafn, mit
den gleichen Geist und deraselbn Kraft. Die Vätter und die
Kinner werd der widder zambringa. Sogor die Spitzbum
werd er derzubringa, dass sie den Herrn widder förchtn.
So werd der die Leut präpariern für des Kumma vo den
Herrn.« [18] Ober der Zacharias hot zern Engl gsocht: »Wie
soll denn ich des glaam, dass des wohr is? Ich bin a older
Mo und mei Fra is a scho a olda Schenzn!« [19] Ober der Engl
hot zern ner gsocht: »Ich bin der Gober, der wo bein Herrn
schteht, und der hot mich hergschickt, dass ich dir die gut
Nochricht breng. [20] Ober wals du des net glabst, wos ich dir
gsocht hob und wos wohr werd, wenn die Zeit do is, werst
du dei Goschn net aufbringa bis zer den Doch, wo des alles
eitrifft.« [21] Derawall hom draußn die Leut aufn Zacharias
gewart und hom gsocht: »Dunnerkeil, wos mechtn der so
long in den Templ?« [22] Und wie er dann rauskumma is, do
hot der ka Stermswörtla gsocht und do hom sie gemerkt,
dass der in den Templ a Gsicht ghobt hot. Der hot bloß mehr
mit seina Händ gfuchtlt, ober kan Don net rausgebrocht.
[23] Wie dann die Doch von sein Templdienst rum worn, do

is er wider hamganga. 24 Sei Fra hot bald dernoch gemerkt,
dass sie in der Hoffnung wor, und die is fünf Monat long net
zer ihrn Haus nausganga. Gsocht hot sie: 25 »Ezert hot mer
der Herrgott doch noch gholfn; mei Not hot er gsäng und
mei Schand hot er vo mer genumma; ezert könna sich die
Leut nimmer über mer ihr Goschn zerreißn.«

Manfred Zwiers (Breitengüßbach), Kap. 1,26–38

Die Verheißung der Geburt Jesu (Maria gricht a Kind): 1,26–38

26 Im sextn Monat is der Engel Gabriel vo Gott nai ana Stodt
in Galiläa, nämlich noch Nazareth, gschickt worrn. 27 Er soll
dort zu ana Fraa hi, di mit am Mo, der Josef haßt, verlobt is.
Di Fraa haßt Maria und woä aus dä Verwandschoft vom oldn
David. 28 Dä Engel is zu iäm Haus nai und hot gsocht: »Grüß
dich, du gnadenvolla Fraa, der Härr is mit diä.« 29 Di Maria
is ganz zomgezuckt über so ana Anred und hot gädocht:
»Wos des wohl zä bädeudn hot?« 30 Do hot der Engel zu ihr
gsocht: »Hob ka Angst, Maria, denn du host Gottes Gnad
gfunna. 31 Du wäst a Kind gring, und zwor an Bum, und
du sollst na Jesus nenna. 32 Des wärrd amol a Könich und
mä wärrd song: ›Des is deä Sohn vom Größtn.‹ Eä wärrd
den Drohn vo seim Voäfoän David ärbn 33 und eä wärrd
in Ewichkeit härrschn übä alla Nochkomma vom Jakob.«
34 Di Maria wor noch ganz bloss und hot gsocht: »Wi soll
des gee, ich bin doch goä net verhaiät?« 35 Do hot der Engel
gsocht: »Dä Heilich Geist wärrd dä hälfn und dä Größt
wärd dä die Kraft gäm, des durchzästee. Des Kind wäd
spätä amol heilich gänannt wärrn und Sohn Gottes. 36 Aa dai
Väwanda, die Elisabeth, gricht in iäm Oldä noch an Sohn,
obwohl mä gsocht hot, sie könnät kanna Kinnä grign, und
etzät is sie scho im sextn Monat. 37 Etz sixt, dass bei Gott

nix unmöchlich is.« [38] Do hot di Maria gäniggt und gsocht:
»Wänn dä Härr des so will, wärds scho so gschäng, wies
dus gsocht host.« Donn is dä Engel widdä gonga.

Christa Schlund (Schwabach), Kap. 1,26–38

Die Verheißung der Geburt Jesu (erweiterte Nacherzählung): 1,26–38

[26] Und nach sechs Monat hout der Himmlvatter zum Gabriel
gsagt: »Des Mol, Gabriel, dou schick ih di ganz wou anders
hi. Net nach Jerusalem in den groußn Templ und net zu an
Moh, des Mol send ih di nach Nazaret. Des is zwoar blouß
a klanns Städtla in Galiläa, obba dou, dou wohnt a junge
Frau, Maria haßt döi. Und die Maria, döi gfällt mer und mit
dera hob ih wos Bsonders vur, und des derfst du ihr sogn.
Verheirat is nuni, sie is a Jungfrau, obba verlobt is mit an
Zimmerer, Joseph is den sei Noma. Und den sei Stammbaum,
der gäiht bis afn König David zrück. Blouß, dass ders glei
waßt! Und etzerdla mach di ner afn Weg!« [27] Und wöi zum
Zacharias vur sechs Monat hout sie der Engl Gabriel widda
afn Weg gmacht, des Mol zur Maria nach Nazaret in Galiläa.
Dass ers ner glei gfundn hout. Obba döi Engl, döi findn
immer den Weg, ja sie zeign ja die Leit den Weg, wous gäiha
solln. [28] Des koh mer si scho vurstelln, wöi dou die Maria
erschrockn is, wöi af amol der Engl Gabriel vur ihr gstandn
is, und wöi er dann erscht nu wos zu ihr gsacht hout: »Dou
bist ja, Maria. Lou di ner schöi grüßn vom Himmlvatter.
Vom Allerhöichstn soll ih di grüßn. Houst gehäirt? Er hout
in sein Vatterherzn ganz wos Bsonders über di beschlossn,
des wou ka anders weiblis Wesn auf der ganzn Welt je erlebn
werd.« [29] »Allmächtiger«, hout dou die Maria zu sich gsacht,
»Allmächtiger Gott, wos werd denn des sei...?« [30] Dass die
Maria sich über su a Aussag derschreckt hobn mouss, des hout

si der Engl Gabriel scho denkt, denn – wöi zum Zacharias
– hout er ah glei zur Maria gsacht: »Tou di net ferchtn,
Maria. Du brauchst di goarnet ferchtn. Dou houst kan Grund
derzou – freia sollst di. Freia! Und waßt warum? 31 Du werst
an Sohn af di Welt bringa und des is en Allerhöichstn sei
Sohn. Jesus soll er haßn. Jesus soll sei Noma sei. 32 Der Sohn,
den du af die Welt bringa sollst, is vo kan andern als vom
Heilign Geist 33 und er werd der allergröißte König sei in alle
Ewigkeit, Immanuel – Gott mit uns. Er is der Messias, af den
alle Leit scho lang wartn tenna.« 34 Dass der klaa Jesus einfach
asu af die Welt kumma sollert, ohne dass, wöi sunst halt ah,
a Mannsbild mit im Spiel is, des hout der Maria doch net glei
eigleucht. 35–37 Obba wöi der Engl Gabriel ihr dann erklärt
hout, dass bam Allerhöichstn ka Ding unmögli is, 38 hout die
Maria dann glei zum Engl Gabriel gsacht: »Ja, du houst recht.
Ih glab ders, wos du gsacht houst zu mir. Asu solls gäih mit
mir.« Ganz gwieß hout si die Maria niederkniet vurn Engl
Gabriel. Und obs net ah a weng griena hout vur Afregung
und vur Freid? Suvill Ehr! Und dann is er vo ihr fortganga,
der Engl, asu plötzli, wöi er kumma is. Wöis ihrn Kupf in d
Höh tou hout, woar er fort, der Gabriel.

Wolfgang Ehemann (Heroldsbach), Kap. 1,57–80

Die Geburt des Täufers: 1,57–80

57 Füä di Elisabeth is die Zeid kumma, däss iä Kind grieng
hodd sölln, un si hodd an Bumm auf di Weld brochd. 58 Di
Nachbänn un Fäwanddn homm köäd, werra groosa Freud
ra dä Härrgodd doo hodd, un homm reglrechd middra
gjubld. 59 Ochd Dooch schbeedä senns dsä dä Beschneidung
kumma un homm denn klan Dswäddschgä änn Nomä fo
sein Forrä Zacharias geem wölln. 60 Do senns dä Murrä obbä
grood rächd kumma. »Niggs do, Johannes hasd dä Buu,

un nedd annäsch.« 61 Do senn die annän gans däschroggn:
»Heilichäsnaa, so hast doch in dä gansn Fäwandschaffd
kaanä.« 62 Noch homms noäheä dödd und so än Forrä gloä
gmachd, däss wissn wölln, wi dä Buu haasn söll. 63 Dea hodd
noch an glann Schreibdääfäla fälangd und drauf gschriem:
»Johannes sollä haasn!« No do homms fälleichd alla di Aang
rausdreed. 64 Ka Segundn schbeedä senn Goschn un Dsunga
fänn Zacharias widdä ganga, und gredd hoddä wia Wossäfoll
un hodd sein Herrgodd briesn. 65 Un alla, die wu dodd
gwoond homm, senn däschroggn, und rundumrädumm
homms blos nu fä dera Woä dädselld. 66 Alla, wu däfo köäd
homm, homm si iän Scheedl dsäbrochn und gsochd: »Wos,
um Himmis wülln, soll neä aus so an Kind amoll wänn?«
Ka Wunnä, schliesli hodd ja a jeeds gmerggd, däss do dä
Härrgodd sei Hend im Schbüll kobbd hoom muss. 67 Obbä
dä Forrä Zacharias, deä woä fänn Heiling Geisd däfülld und
hodd allrähand brofedseid:

68 »Briesn sei dä Herr, dä Godd fä Israel.
Wall eä hodd sei Folg bsuchd und dälöösd;
69 eä hodd uns an schdorgn Reddä gschiggd,
und dswoä im Haus fä sein Gnächd, än David.
70 So hoddäs uns scho malädda fäschbrochen kodd,
des homm uns a alla Brofeedn immä gsochd.
71 Edds hoddä uns däredd fo unnä Feind
un aus dä Hend fä alla, die wu uns (gfressn homm
un) nedd rieng könnän.
72 Unnä Foäfoän hoddä sei Wodd geem,
und des, wossä sellmoll fäschbrochn hodd,
des lösdä edds bä uns ei.
73 Oo denn Eid, denn wuä unna Foafoän Abraham
geem hodd,
oo denn hoddä edds widdä dengd,
74 neemli, dässmä aus die Hend fä unnä Geechnä

befreid wänn
un dässmä unnän Härrgodd unnä gans Leem
diena däffn,
oonä dässmä uns föddn münn,
75 un dswoä wi Menschn, die Godd köän
un allä Dooch bloos des dunn, wos rächd is.
76 Un du, Kindla, wäsd dä Brofeed fann Höggsdn sei,
wallsd nänn du neemli färausgesd und nänn
die Boon freimaggsd.
77 An gansn Folg wäsd du gloä machn,
dass si dä Härrgodd reddn
und ihna alla Sündn fägeem wüll.
78 Wall dä Härrgodd hodd uns gansägoä gänn.
Und wallä uns so orch gänn hodd,
schiggdä uns fä dä Höh sei hells Lichd,
79 un mid denn leuchdä uns alla, wemmä im
Finsän höggn
un im schwoddssammäddn Sorch (*eigentlich: im
Schoodä fänn Dood*).
Und donn dseichdä uns än Weech dsänn Friedn.«
80 Des Kind is gwaggsn, sein Fäschdond hodds bänannä
kodd, jeedn Dooch a weng meera. Un dä Johannes hodd
in dä Wüüsdn glebd bis dsä denn Dooch, wu nän kaasn
won is, dässä demm Folg in Israel kloä machn söll, wos sei
Aufdrooch is.

Thomas Spätling (Bamberg), Kap. 1,57–80

Die Geburt des Täufers: 1,57–80

57 Für die Lisbet is die Zeit zum Entbindn kumma und sie
hot an Bum zer Welt gebrocht. 58 Wie ihra Nochbärn und
Verwandn ghört hom, wos dera für Erbarma durch den Herr-
gott wiedäforn is, hom sie sich mit ihr gfreut. 59 Ocht Toch

dänoch sind sie zer Beschneidung des Klaan kumma und
hom gemant, der Kerl muss Zacharias hasn wie sei Voddä.
60 Obbä die Muddä hot gsocht: »Der Klaa hast Johann.« 61 Do
hom sie gepfropfert: »Wos soll denn des, bei euch hast doch
kanner so.« 62 Do hom sie den Voddä gholt und hom na
gfroocht, wie der Klaa hasn soll. 63 Der hot a Täfala genumma
und draufgschriem: »Der Klaa hast Johann.« Do hom sie
alla geglotzt. 64 Und gleich hot er widdä redn gekönnt und
seim Herrgott gedankt. 65 Alla, die des geseng hom, worn
sprochlos und mer hot dävo überall in Judäa rumerzählt.
66 Und alla, die des ghört hom, hom überlecht und gemant:
»Wos soll blos aus dem klan Kerl wern?« Des wor an jedm
klor, dass do der Herrgott sei Hend im Spiel ghobt hot. 67 Der
Voddä Zacharias is vom Heilichn Geist erleucht worn und
hot wie a Prophet gered:

68 »Unser Herrgott soll lebn!
Er is bei sein Volk und hilft na.
69 Er hot an Helfer gschickt, an Nochkomma
vo seim Knecht David,
70 und längst hom des die Propheten frühä scho
gämant und vorhergsocht.
71 Er hilft uns, wenns Ärchä gibt,
und vor der Gewalt dera, die uns net mögn.
72 Er hot sich wie bei unsära Vorfohrn barmherzich
gezeicht
und dro erinnert, wos sie frühä Heiliches beschlossn
hom,
73 des, wos er unserm Abraham gschwört hot,
74 des, wenn wir vo unsära Feinde befreit sin,
wir ihm ohna Furcht diena könna alla Toch long
75 in seim Angsicht, heilich und gerecht.
76 Und du klaner Fregger werst a großer Prophet wern
und vorangeh, um an andän en Wech zer weisn.

77 Du werst dena Leut zeign, des der Herrgott
uns moch
und unsära Fehler verzeiht,
78 des sei Herzlichkeit runterstrahlt
79 und des sei Licht auf uns alla leucht,
besonders auf die, die im Dungln höckn odä
vielleicht scho gstorm sin,
damit unsära Füß den richtign Wech findn und zwor
an friedlichn.«

80 Der Klaa is groß worn und hot voll durchgeblickt. Schließ-
lich hot der Johann noch a Zeit in der Wüstn verbrocht, bis
er endlich des zeign gekönnt hot, wos ihm vom Herrgott für
Israel aufgetrogn wor.

Harald Wilhelm (Wiesenbronn), Kap. 2,1–21

Die Geburt Jesu: 2,1–21

1 Der Kaiser Augustus hat a Volkszählung ougeordnet. 2 Sou-
was wor überhaupt nu nie da und hat sich zugetrogn, wie
der Quirinius Stadthalter in Syrien war. 3 Und olla, die wu
wuannerscht gelabt hamm wie da, wu si auf di Walt kumma
senn, hamm zu era bestimmtn Zeit widder an ihrm Geburtsort
sei mess. 4 Do hat sich aa der Josef von Nazareth aufm Waach
gemacht ins jüdischa Land in die Stadt vom David, Bethlehem
hat sie ghässn, weil er dert geberti war. 5 Aufgemacht hat er
si zu dera Volkszählung mit seinera Fraa Maria, die hat wos
Kleens erwart. 6 Und wie si dert oukumma senn, worsch an
der Zeit, dass die Maria ihr Kind kriech hat sell. 7 Und sie hat
ihr erschts Kind auf die Walt gebracht, es wor a Bua, hat na
nei Windln gewickelt und in äm Stool neiera Fotterkrippn
geläicht, weil si närcherts wua Quartier gfunna hamm, es wor
olles scho beläicht. 8 In der Näh worn Schaffer unterwags, die
hamm in der Nacht ihr Bätzer ghiät. 9 Do wor auf eemol sou

a ganz komisch Licht und it ganz hall wen und do it der Engl
von unnerm Herrgott auf si zuganga. Do hamm sä si gscheit
gfärcht. 10 Obber der Engl hat zunna gsocht: »Ihr braucht kee
Angst zu hamm, weil ich euch wos ganz wunderborsch erzähl
muss, wu olla mitnanner wos derfou hamm. Heit nacht it in
Bethlehem unner Herr Jesus geborn, unner Heiland. 11 Und
damit ihr nit gläbt, ich liach, sooch ich euch: 12 Des Kind it in
Windln gewickelt und licht in ära Fotterkrippn.« 13 Und auf
eemol worn bei dem Engl, der wu zu denna Schaffer geredt
hat, die ganza himmlischa Heerscharn, die hamm Gott gelobt
und gsocht: 14 »Ehre sei Gott in der Höhe und Frieden auf
Erden bei den Menschen von seim Wohlgefallen.« 15 Und wie
die Engl widder fert worn im Himml, hamm die Schaffer
beschlossn, dera Sach ämol noochzugänn und in Bethlehem
zu guckn, wos doo gschaang it. 16 Gerennt senn si, weil si
sou neugieri worn, und wärkli, si hamm Maria und Josef
gfunna mit wos Kleem, wu innera Fotterkrippm drinna licht.
17 Wie si des gsaang hamm, doo senna dia Worte von dem
Engl widder eigfolln, wos der zu ihna gsocht hat, und hamms
aa gleich weitererzählt. 18 Und olla, wu des ghäärt hamm,
hamm sich gwunnert über des, wos na dia Schaffer derzählt
hamm. 19 Die Maria obber, die hat sich olles guat gemarkt und
fest in ihrm Harz beholtn. 20 Und die Schaffer senn widder
hemmganga und hamm Gott gepriesen und gelobt, weil olles
gstimmt hat, wos der Engl zuna gsocht hat. 21 Wie nachert acht
Tooch rumworn und des Bübla beschniedn war hat mess, des
wor sou der Brauch, hat mer na den Nooma Jesus gaam.

Christa Enders (Rannungen), Kap. 2,1–14

Die Geburt Jesu (erweiterte Nacherzählung): 2,1–14

1–7 Dr Kaisr Augusdus hod bekannd gemochd, dass ar amol
wüss wölld, wieviil Leujd har hod. Es söll jeder hemm in sai

Vodderschhaus, es Gezäjl gäd leichder un mer kennd sich
gued aus. Leujd worn sellemol unnerwachs rachd viel, un
a jeds Drübbla hadd a annersch Ziel. Die Maria un dr Josef
woern doemols aach vo Nazared Richdung Davidsschdadd
uf en Waach. In Bedlehem noched, a glenna Schdadd, woen
mäer Leujd als wie se Bedder hadd. Un war kee Geld
hadd, dar hadd ach kee Glügg, dar konnd sich höjchsdens
nain Schdool vedrügg. Die Maria un dr Josef haddes scho
rachd noedwendich, die zwää worn orm, un die Maria
ümschdendlich. Sie hömm hald aach en Schdool genumma,
un in dara Nochd is die Maria niederkumma. 8 Vo die Hiedda
uf die Egger woersch en Dooch wie jedder anner un aach
widder ned. Sie worn sou vol Frääd, als ob noch öbbes
kumm dääd. »Gezzu«, hömm se gsochd, »mir dreiwe die
Hamml zomm un duen se nain Bfärch, no könne mir aach
geruh bis moern.« Un mid en Bligg uf Bedlehem zu hömm
se sich uf es Schdrooh hiegschdreggd. Zeschd hömm se
sich noch aweng geneggd, noched hod ener üm en annera
gsochd »Gued Nochd« un die Aacha zugemochd. 9 Wie die
Nochd wor sou halwer vobai, senn se aufgewachd vo en
hella Schaai: »Es konn doch ned wor gsai, es is noch ned
früuh, es hod doch noch gor ken Göjger gschrija!« Es wödd
heller un heller, sie wann vo Angsd ball verüggd. Auf emol
is die Angsd fuerd un si senn vezüggd. Sie höen Mussig un
en himmlische Gsaang, wu se ned vegessa ihr Lawa lang.
10 A Englshaad is gfloucha kumma un hod dara Hiedda racht
feielich gsunga:

»Mir vekündicha heujd alle Leujd Fried un Frääd.
11 Dr Heiland is fai heujd gebuern.
Gäd hii noch Bedlehem, wodd ned bis muern.
12 A Kind is do, glee un zoerd, dos ned
amol es Nöjdichsd hod!
Dr Härrgodd lichd als ormer Bua in en Schdool

ufs blanga Schdrooh.
Die Erbsünd wödd ball ausgelöschd, die Weld gädd
ned velonn.«
13–14 Noched hömm se noch gsunga: »Ehr sei Godd un Fried
uf die Adda« un so schnell wie se do wonn, wonn die Engl
widder fued.

Wolfgang Wußmann (Bamberg), Kap. 2,21–40

*Das Zeugnis des Simeon und
der Hanna über Jesus: 2,21–40*

21 Wi so ochd Dooch väbai woän und däs Kind bäschniddn
weän gsolld hädd, hod mä na än Nooma Jesus geem. So wis
sainädsaid dä Ängl gsochd hod, bävoä di Maria übähaubd
schwangä woä. 22 Donn is dä Dooch kumma, wis von Moses
heä voägschriem woä. So hom si däs Kind nauf nooch Jeru-
salem gäbrochd, ums än Hän voäschrifdsmääsich dsä waia.
23 In dera Voäschrifd hods kaassn: »Jeda männlicha Öäschd-
gäbuäd soll än Hän gäwaid sai.« 24 Um aa alläs richdich
dsä machn, wolldn si iä Obfä doäbringa: a Boä Durdldoibla
oddä dswaa junga Daum. 25 In Jerusalem hod dodsumol aanä
gäläbd midn Nooma Simeon. Eä woä gärächd un fromm un
hod auf die Reddung Israels gäwad. Sällä woä vom Hailichn
Gaisd durchdrunga 26 un deä hod na aa offmboäd, dass ä so
long leem deed, bis ä än Messias laibhafdich gsääng hädd.
27 Wi von Hailichn Gaisd gfüäd sichd dä Simeon, wi Maria
un Josef iän Klan nain Dämbl droong, um na – wie sichs
köäd – än Hän dsä waia. 28 Dä Simeon geed vollä Froid auf
äna dsu un nimmd äs Kind auf saina Orm un sechd dsän
Hägod:
29 »Hä, eds kosd dain Gnächd in Friedn schdärm
lossn.
30 Edsäd hob i äs Hail mid aichna Aang gsääng.

31–32 Wänn däs Lichd ned alla sääng – un
dsägoä di Haidn –,
donn waass i aa ned. Däs is woäräs God a Eeä füä
dai Volgg Israel.«
33 Maria un Josef woän gands baff, woos deä übä iän Klan
gsochd hod. 34 Donn hod äna dä Simeon sain Seeng geem.
Un dsu dä Maria hod ä gsochd: »Du wäsds äleem, dass
durch dain Soon goä vill dsä Fall kumma, obbä aa vill
widdä än Boodn undä di Füüss finna. 35 Däs wäd fä alla
ned gans laichd weän, obbä di maisdn wäd a Lichd aufgee
däbai. Füä dich, Maria, wäds on schweäsdn weän, obbä
doo mussd schdorgg sai.« 36 Domols hod aa a gäwissa Hanna
gäläbd. Si woä a Dochdä von Penuel, di hom vo di Ascher
obgschdammd. Däs woä a olda Brofeeda. Bluudjung kaiäd
hod si iän Moo blos siem Joä kobd. 37 Saiddem woä si a
Widdfraa un indswischä scho üwä ochdsich. Dooch un
Nochd woä si füä unsän Hägod doo, is fasd ned ausn Dämbl
rauskumma und hod nix wie gfasd un gäbedd. 38 Wi si Maria
un Josef mid iän Kind gsääng hod, is si auf äna dsu. Dann
hodd si iän Bligg dsän Himml ähoom un bai alla, di auf di
Älösung vo Jerusalem gäwad hom, däs Kind übän Schälln-
könich gälobd. 39 Nooch dä gandsn Brodsäduä in Dämbl
sän si nooch Galiläa dsärügg nai iä Schdood Nazaret. 40 Äs
Kindla is gäwachsn un hod sich brächdich ändwiggld. Vo
unsän Hägod bägnaadäd is ä vo Dooch dsu Dooch gschaidä
woän.

Alfred Bräuer (Heilsbronn), Kap. 2,21–40:

Das Zeugnis des Simeon und der Hanna über Jesus: 2,21–40

21 Nach acht Dooch wors dann soweit, des des Kind beschnittn hat wern kenna. Jesus soller hassn, so wie der Engel

gsacht hat, bevor sei Mutter ieberhaupt gwisst hat, des a Kind
gricht. 22 Wie dann nu aweng rum wor, sins nach Jerusalem
nunter zong, wal nachn Gsetz vom Mose is fier die Mutter
dann der Dooch der Reinigung kumma und des Kind soll,
a nachn Gsetz, dem Herrgott bracht und ihm defier dankt
wern. 23 Weil im Gsetz des Herrn hassts nemli: Wenn des
erschte Kind a Bu is, dann solls dem Himmelsvater gweiht
sei. 24 Do derzu kert, des mer zwa Turtltaum oder zwa junga
Haustaum opfern tut. 25 Zu dera Zeit hat in Jerusalem a Mu
glebt, der Simon kassn hat. Des wor a guter Mu und gscheit
fromm worer. Der hat drauf gwart, des seim Israel endlich
kolfen werd. Der hat in Heiligen Geist kabt. 26 Von dem hatter
gwisst, desser nit ehr sterm werd, bevorer nit in Messias
gseng hat. 27 An dem bestimmten Dooch hatsn dann hie zong
zum Tempel. Wie er gseng hat, des der Jesus vo seine Leit
reitrong worn is, 28 hater den Bum gnumma, hat si gfreit und
dem Herrgott dankt. Doderzu hot er poor Wort gred:

29 »Etza deffi, Herrgott, wie du gsocht hast,
in Ruh sterm.
30 Wal ich hobs gseng mit meine eigne Augn,
des Gute,
31 des du alle Leit vo ieberol her zeicht hast.
32 A Licht, des werkli jedn auf dera Welt,
a die Heidn, in richtin Weg weist.
Und dei Volk Israel wird dodurch gut ugschaut.«

33 Vater und Mutter hom si gscheit gwundert ieber des, wos
ieber ihrn Jesus gsocht worn is. 34 Der Simon hots dann
gsengt und zur Maria, dem Jesus seiner Mutter, hatter nu
a poor Wort gred:

»Schau, durch dein Bum wern viel Leit in
Israel runter kumma,
anderna werd defier auf die Baa gholfn.
An dem, wosser red, wird si griem

und es wird Widerpart gleist.
[35] Dodurch sicht mer, wos si de alle denkn
und wos denna im Kopf rumgeht.
Du selber werst mahna, dich zerreists vor Elend,
wie wenn anner a Schwert durch dei Seel stesst.«
[36] Domols hat ah a Prophetin glebt, de Hanna kassn hat.
Dera ihr Vater war der Penuels vom Stamm Ascher, a alta
Fraa is gwesen. Als jungs Madla hats keiret und hat dann
siem Johr mit ihrm Mu zammglebt; [37] etz wors a Widfraa
mit vieredachtzg Johr. Die ganze Zeit hats bet und gfast
und hat so dem Herrgott dient, ausm Tempel is nemmer
raus. [38] Etzerla is a mit derzukumma, hat in Himmelsvatter
dankt und hat all denerna vo dem Kind derzählt, de auf die
Erlösung vo Jerusalem gwart hom. [39] Wie sei Leit des alles
gmacht kabt hom, wos des Gsetz verlanga tut, sins widder
nach Galiläa zrick, ham in ihr Stadt Nazaret. [40] Der Bu is groß
worn und hat richti zuglecht. Der Herrgott hatn recht gscheit
gmacht und mer hat gmerkt, dessern werkli moch.

Günther Weiß (Nürnberg), Kap. 3,1–20

Johannes der Täufer: 3,1–20

[1] Die Obersden vom Kaiser Tiberius woarn scho im fufzehn-
den Joahr am Regiern dro, Pontius Pilatus woar Schdadd-
halder vo Judäa, Herodes Tetrarch vo Galiläa und sei Brou-
der Philippus Tetrarch vo Ituräa und Trachonitis, Lysanias
Tetrarch vo Abilene. [2] Houchpriester woarn der Hannas
und Kaiphas. Zu dem Momend is in der Wüsdn im Vadder
sei Greed an Johannes ganger, dem Zacharias seim Buam.
[3] Sou is er dann in die Gegng am Jordan gwanderd und
houd dordn allen vom Umdreher und vom Daufn wegner
der Sündenvergebung bredigd. [4] Und so is gscheng woas
gschriebn is iber des Derherredn vom Propheden Jesaija:

»Ahner schreid in die Wüsdn:
Machd im Vadder in Wech frei!
Machd nem die Strassn breddlgroad!
5 Jeds Luuch fülld auf,
jedn Berch und Hubbel flach,
wos krumm is, soll groad wern,
wos holbri is, soll a breddlegroader Wech wern.
6 Und alle vo uns wern des Guode seegn,
woas vom Vadder kummt.«

7 Die ganza Gma is nachganger zu ihm, um si vo ihm daufn
zu lassen. Er hod gmahnd: »Ihr Nichdsnuzzer ihr. Wer houd
eich denn erzield, dass ihr vo dem, wos kummd, wechrenner
kennd? 8 Um eier Einsichd zu zeign, müssd der fei scho
Opfergoabn bringer. Abber ned blous, dass er sachd: ›Ja
Abraham is unser Vadder‹. Denn ich konn euch edz scho
sogn: Der Vadder im Himmel kennd aus alle Schdaaler dou
Maadli und Boum Abrahams machen. 9 Und scho hommer
mid der Hauer die Wurzel vo denner Bäum okaut, wou nix
mehr gwachsn is, und hom davo a Feierler gschierd.« 10 Dou
ham die Leid gfrochd: »Woas soll ner mir machen?« 11 Er hod
gsachd: »Wennds zwaa Sachen zum Oziegn hosd, denn gibsd
hald aans davo an den, der gorkanns hod, und wenn aaner in
Diesch vull Essen hod, sollerd ders groodso machen.« 12 Es sin
obber a Grenzzer zum Daufn kuommer und hom groodso
gfrochd: »Masdder, wos solln ner mir machen?« 13 Und die
hom gheerd: »Ded ja nedd mehr kassiern als dess, wos er
unbedingd verlanger müssd!« 14 Und die Soldodden woller-
den wissen, wous sie zum dou hädden und aa dou hodder
gsachd: »Seid zfriedn midd dem, wos er habd, nehmd joa
niemanddn aus odder ded nern goar biessacken.« 15 Die Gma
hod gschaud und si gwunderd und hod si denggd, ob ned
goar der Johannes der Messias selber woar. 16 Dooch der hod
glaargschdelld, dass er die Leit blouß mid Wasser daufd;

dass obber anner kummd, der viel viel besser is wie er, und
dass ers eigendlie ned werdd is, dem die Schou aafzumachn:
»Denn der würd euch middn Heilign Geisd und dem Feier
daufn. 17 Um die Sprei vom Weizn zu drenner, hod er in
Dreschschlegl gkulld und mid der Schaafl will er in Weizn
in Schdall bringer. Die Sprei konn in dem nie endenden Feier
verbrenner.« 18 So und nur so, abber a a bisserl anders hod ers
der Gma beibrachd in seiner Ansproch. 19 Der Johannes hod
des a dem Tetrarchn Herodes gsachd wecher der Herodias,
ledzdends die Frau vo seim Brouder, und wecher all sein
haafn Misdd, den er sonsd nu gmachd hod. 20 Zwengs dem no
hod nern der Herodes hindder Schloßß und Riegel brachd,
wos den abber sein Misddhaufn nu mehrer gmachd hod.

Wolfgang Christa (Hallstadt), Kap. 3,7–18

Johannes der Täufer: 3,7–18

7 Des Volk is haufenweis zän Johannes nausganga, um sich
daafn zär lossn. Donn sechdä zunna: »Ihr Bruud, wer hotn
euch gsocht, dass ihr vom kummenden Gricht dävolaafn
könnt? 8 Zeichd amoll, wos ihr könnt, und sochd net, dass
ihr den Abraham zum Vorrä hobt. Denn ich soch euch:
Gott kann euch vo denna haddn Schdaa Kinner vom Abra-
ham mochn. 9 Scho is des Beil an die Wurzeln der Baam
gleecht; jedär Baam, der nix bringt, werd umkaun und ins
Feuer gschmissn.« 10 Do frong sich die Leud: »Wos sollmär
dänn daa?« Drauf sechdä: 11 »Wer zwaa Klaadär hot, der
gibt ans den, der nu kaans hot, und wer zu essen hot, der
mächts genauso.« 12 Donn sind die Zöllnär zunna kumma,
um sich daafn zär lossn, und hom gfrocht: »Mastä, wos
sollnmär dänn daa?« 13 Er secht zunna: »Verlangt net mer
wos ausgmocht is.« 14 Donn hom die Soldodn aa gfrocht:
»Wos könna mir dänn daa?« Und er secht zunna: »Dädd

kann wos, erbresst kann und seid mid eurem Gäld zufriedn.«
15 Des Volk wor gschbannt und alla hom im Stilln überlecht,
ob net der Johannes selber der Mastä is. 16 Obbä der Johannes
hodd gsocht: »Ich daaf euch nur mid Wosser. Es kummt
nämlich aaner, der stärker is als ich, denn ich binn es net
wert, deen seina Schlabbn aufzubinden. Er wird euch mid
dem Heilign Geist und middn Feuer daafn. 17 Scho hält er die
Schaufl in der Händ, um die Strei vom Waas zu trenna und
den Waas in seina Scheuna zu bringa; obbä die Strei wird
er im Feuer verbrenna, des nie ausgeht.« 18 Mid södda und
villn andern Worten hoddä immer widdär in seina Reddn
des Volk aufmerksom gmocht.

Dieter Ölschlegel (Bamberg-Gaustadt), Kap. 4,1–23

Die Versuchung Jesu: 4,1–13

1 Jesus is zärückkumma vom Jordan, ganzägoä äfülld vo an
heiling Geist. Un im Geisd is ä nei der Wüsdn ganga. 2 Do is ä
a gonza Zeid long aufn Gladdeis gführd worn vom Väführä.
Zä essn hod ä nex ghobd in dennena Dooch, nochäd hod
ä an Hungä grichd. 3 Do hod dä Väführä zu na gsochd:
»Wennsd dä Sohn bisd vo Godd, nochäd sexd zu den Schdaa
do: ›Werd Brod!‹« 4 Obä Jesus hod zä na gsochd: »Gschriem
schdehd: Ned allaans vom Brod lebt dä Mensch.« 5 Hoch
naufgführd hod er na. Und in an Aangbligg hod ä na alla
Reiche vo deä ganzn Erdn säng gelossd. 6 Un dä Väführä
hod gsochd: »Die ganz Machd do drübä gib ich diä und
alla ihä Ehrn, weil sie mir übergeem is. Und ich gib sie o
den, wu ich will. 7 Mich bed o, nochäd ghörd diä alles.«
8 Do drauf sechd Jesus: »Gschriem schdehd: Anbedn sollsd
dein Herrgodd un bloß ihm sollsd ganz allaans diena.« 9 Aa
noch Jerusalem hod er na gführd un auf die öbersd Mauä
vom Dembl hod ä na gschdelld un zä na gsochd: »Wennsd

dä Sohn bisd vo Godd, nochäd schmeißd dich vo do ro. [10] Es
schdehd ja gschriem: Seina Engl werd ä haaßn, sie sollerdn
auf diä aufbassn. [11] Un in ihra Hend sollerdn sie dich holdn
un du sollersd mid dein Fuß ned o an Schdaa kumma.« [12] Do
sechd Jesus drauf: »Es haaßd: Dein Herrgodd sollsd du ned
ausbrobiän.« [13] Und wie ä na auf die ganzn Brobm gschdelld
ghobd hod, nochäd is ä ford vo na, örschd amoll.

Erstes Auftreten in Galiläa: 4,14–15

[14] Un dann is Jesus vollä Grafd vom Geisd wiedä nach Gali-
läa kumma. Un die Red vo na is rumganga in dera ganzn
Umgebung. [15] Un ä hod gäpredichd in ihra Synagoong un
alla hom na gälobbt.

Die Ablehnung Jesu in seiner Heimat, Teil I: 4,16–23

[16] Noch Nazared is ä aa kumma. Do is ä ja groß worn. Un
er is neiganga nei der Synagoong un hod sich nogschdelld
zän Voälesn. [17] Do hom sie na äs Buch vom Brofedn Jesaja
geem. Eä mechd des Buch auf, do find ä die Schdell, wus
haaßd:

> [18] »Dä Geisd vom Herrgodd is bei miä.
> Dodäzu hod ä mich gsalbd.
> A guda Nochrichd soll ich denna Orma bringa.
> Gschiggd hod ä mich.
> Denna Gfangäna soll ich sogn ›frei solld ä sei‹,
> denna Blindn ›sääng solld ä‹.
> Die Gschundna soll ich wiedä nei die Freiheit lossn
> [19] un a Joä onsoong, des wu Gott gfälld.«

[20] Eä hod äs Buch zugämachd, hods den Helfä geem un sich
nogsedzd. Olla Aang in dera Synagoong hom sich auf na
gärichd. [21] Edzäd hod ä ogfanga un zä ihna gsochd: »Om
heudinga Dooch is die Schrifdschdell do woä worn voä eura
Oän. [22] Un sie homs na zugeem un hom gschdaund übä denna

Worde vollä Gnadn, wu aus sein Mund kumma sän. Un sie
hom gsochd: »Is deä ned a Sohn vom Sebbä?« 23 Obä eä hod
gsochd: »Bäschdimmd werd ihr miä des Sprüchword soong:
Oäzd, mach dich selbers gsund! Wos miä ghörd hom, dass
äs gschääng is in Kabernaum, des mexd edzäd aa do in dein
Voddä seinä Schdood!«

Luise Habel (Rothenburg ob der Tauber), Kap. 4,1–23

Die Versuchung Jesu: 4,1–13

1 Fortganga is der Jesus aus der Gechend um n Jordan. Er
woer ganz voll vom Heiliche Geist. Der hat n in di Wüste
triewe. Vierzich Toech hat er si drinn aufghalte. 2 Dort hat
der Teifl ihm aufglauert und hat n reilejche welle. Er hat
gseche, dass der Jesus die ganze vierzich Toech nix gesse hat
und dass n am End der Hunger sakrisch ploecht hat. 3 Doe
hat der Teifl gmaant, dr Zeitpunkt sei gättli, dem Jesus e
Falle zu stelle. Er hat zu m gsocht: »Wenn du wirkli der Bue
vom Herrgott bist, dann koust du aus em bolleharte Staa
Broet mache.« 4 Ower der Jesus hat n durchschaut und hat
n drauf higwiese, dass in der Biwel stätt: »Vom Broet allaa
kou mer nit lewe.« 5 Ower der Teifl hat nit aufgewe. Er hat
den Jesus nauf auf en Berch gfiehrt mit ere wunderboere
Aussicht. Di ganze Wält is m zu Fiese gleche 6/7 und der Teifl
hat mit m gschachert: »Des koust alles vom mer krieche.
Du brauchst bloos en Bickling vor mer mache und mi als
Chef akzeptiere. Waast, des alles ghärt mer und i kous gewe,
wem i will.« 8 Ower der Jesus hat si nit eiwickle lasse und
hat n widder auf di Biwel higwiese und hat gsocht: »Vo kam
sollst di uff n Boede nouschmasse und m verspreche, bloes
fir enn doe zu sei, ausser vorm Herrgott, denn bloes der is
dei Chef.« 9 Ower der Teifl hat si nit ooschrecke lasse. Er
hat den Jesus wechglockt aus der Wüeste und is mit m nach

Jerusalem. Direkt uff n Tempelberch hat erm gführt und
ghetzt: »Als Bue von dem Herrgott koust doch alles. Spring
noo von do owe! 10 Der Herrgott hat versproche, dass der
nix bassiert. 11 Nit emoel dein Haxe wirscht breche, denn di
Engl hewe den Auftroech, auf dii aufzupasse.« 12 Ower der
Jesus hat sie nit üwertölple lasse, sondern is widder biwlfest
gwese und hat gsocht: »Mer däff nit ausprobiere, inwiweit
des Verspreche vom Herrgott uns allmächtig mecht.« 13 Doe
hat si der Teifl verzoeche und hat e zeitlang sa hinderfotziche
Absichte aufgewe.

Erstes Auftreten in Galiläa: 4,14–15

14 Der Jesus is zrück nach Galiläa. Dr Heilich Geist hat si
gfreit üwer sei Verhalde und hat m neii Kraft gewe. Üweroel
hewes üwern Jesus gredt. 15 Er is in di Synagoch gange und
hat dort Underricht ghalte, sou guet, dass n alli prima gfunde
hewe.

Die Ablehnung Jesu in seiner Heimat, Teil I: 4,16–23

16 Uf sam Wech is er aa in sa Haamet kumme nach Nazarett,
wu er aufgwachse is, und es woer fer n selbstverständli,
am Schabbes in d Synagoch zu gänne. Wie er aufgstande is,
um aus der Schrift vorzulese, 17 hewwes m des Buech vom
Jesaija gewe. Der woer e Brofeet. Der Jesus hat des Buech
aufgschloche und is auf di Stell gstoese, wus haast:

> 18 »Wall dr Herrgott mi gsalbt hat,
> is sei Geist in mer drinn.
> Mii hat er ausgsucht,
> dass ii denne Leit, dies schwär hewwe,
> e gueti Noechricht bring,
> den Eigsperrte soll i soche, ihr Entlassung is nimmi weit,
> und denne Blinde, dass widder seche kenne,

und die wu ganz unde sinn, voller Kummer
und Depressione,
dass widder lache kenne
19 und i soll e Joehr voller Seeche voraussoche.«
20 Dann hat er des Buech zugschloche, hats dem Synagoche-
däener in d Hend drickt und hat si nougsetzt. Alli hewes
auf n gstarrt. 21 Doe hat er ougfange, ihne des, wos ghärt
hewwe, zu erkläre: »Dess, wos i eich vorglese hob, des hat
si heit erfillt.« 22 Denne Leit hat des gfalle, gstaunt hewwes,
wi geistreich und verständli er gredt hat. Freili hewwe si
si aa gfrocht: »Is des nit der Bue vom Josef?« 23 Der Jesus
hat gmerkt, wus nauswelle, und drum hat er ne auf n Koepf
zuegsocht, dass n des Sprichwort voerhalte werre: »Dokter,
mach di selwer gsund. Uuglaublie Sache hast in Kapernaum
gmacht. Mir hewwe ghärt devou. Etz tues aa in deinere
Haamet.«

Hans Müller (Memmelsdorf), Kap. 4,16–23

Die Ablehnung Jesu in seiner Heimat (Worum si Jesus dähamm net gäwollt hom), Teil I: 4,16–23

16 Er kummt noch Nazareth, wu er ja aufgewachsn is, und is,
wie immer, om Schabbes nei di Synagog. A jeder hot aufsteh
könna, um aus de Schrift zä lesn. 17 So hot er des Buch vom
Propheten Jesaja nei di Hend gänumma. Er hots aufgschlogn
und hot di Stell gfunna, wos haßt:
18 Der Geist des Herrn ruht auf miech:
denn der Herr hot miech gsalbt.
Er hot miech gschickt,
däs iech die arma Leut wos Guts soong ko;
däs iech di Gfangana soong ko: ›Ihr könnt
hamm geh‹,
und zä die Blindn: ›Ihr könnt wiedä säääng‹;

däs iech di, wu zammgschlong worn,
widä ihra Freiheit gem koo,
19 und däs iech a Gnodenjohr des Herrn verkündn
konn.«
20 Donn hot er des Buch zugemacht und hots den Synago-
gendiener wiedä gehm und hot sich hiegsetzt. Do hom si alla
in dä Synagog auf na gschaut. 21 Und donn hot er ohgfangt,
ihna des alles zä erklärn: »Heut«, hot er gsogt, »hot sich
des Schriftwort, des ihr grod ghört hobt, erfüllt.« 22 Sei Red
hot an jedn gfalln; si hom gstaunt, wi eäh redn hot könna,
und hom gsogt: »Sogt amoll, des is doch blos dä Suh vom
Josef.« 23 Do hot Jesus gsogt: »Ätz werd ihr soong, wies im
Sprüchwort haßt: ›Doktä, kurier di selber. Wennst scho do
untn in Kafarnaum so vill gheilt host, wi mä ghört hom,
worum tusts denn net bei uns aa?‹«

Klaus Ruppert (Nürnberg), Kap. 4,24–44

Die Ablehnung Jesu in seiner Heimat, Teil II: 4,24–30

24 Und weiter hota gsachd: »Amen, lasst eich ner folchendes
sogn: In seiner Haamat tout der Prophet nix geldn. 25 Glaabd
mers ner, wos ich eich etzala sogn tou: In Israel hots in däi
Dooch vom Elija arch vill Witleid gehm, wäi da Himmel
fir drei Johr und sex Monad zou wor und landauf landabb
alle Leid vonara schlimma Hungersnod hammgsuchd worrn
sinn. 26 Den Elija homms abba zu kanna vo dene gschiggd,
dafir zu anna Witfraa ass Sarepta bei Sidon. 27 Es hot abba
aa vill Aussätziche zu dera Zeid in Israel ghabbd. Außa dem
Syrer Naemann is abba kanna gheild worrn.« 28 Wäi di Leid
in der Synagoung des gherd homm, sinns fast nerrsch worn
vur lauda Wout. 29 Aafgsprunga sinns und homm inn Jesus
nausdriem ass der Stadd. Sie homm na zu ann Abhang vom
selbichn Berch higschleppd, aff dem ihr eichens Städdla baut

worrn iss, und wolldner fei wergli nousterzn. 30 Abba der
Jesus iss einfach middn durch den Menschnaaflaaf ganga
und – wech wora.

Jesus in der Synagoge von Kafarnaum: 4,31–37

31 Jesus iss nach Kafarnaum, des wos a Stadd in Galiläa iss,
nouganga und hot die Leid am Sabbad (*des iss der jiedische
Sunndooch, ba uns wers der Samsdooch*) wos breedichd. 32 Vo dera
Reed worns alle recht bedroffn, waller im Aafdrooch vom
Herrgodd greed hot. 33 In der Synagoung iss a Mo ghoggd,
in den iss a Dämon (*a beesa Geist*) neigfahrn gwesn. Laut
hota gschria: 34 »Wos homm mir mit dir zdou, Jesus vo
Nazareth? Du bist gwiss kumma, wallsd uns ins Verderm
sterzn willst?« 35 Draffhi hotn Jesus opfiffn: »Halt dei Goschn
und hau ab!« Middn in der Synagoung hot nacherdla der
Dämon den Mo affn Budn higschmissn, hotna dabei abba
net wäih dou. Dann issa vaschwundn. 36 Aff des hi sinn
alle recht derschroggn und anna hot zum andern gsachd:
»Allmächd, schaut ner hi, wos issn des blouß fir a Mensch?!
Es kennd ann ja angsdabang werrn, wäi der mit di beesn
Geista umspringd.« 37 Und ball hommsna alle kennd in dera
Gechend.

Die Heilung der Schwiegermutter des Petrus: 4,38–39

38 Jesus iss aafgstandn, hot die Synagoung verlassn und iss inn
Petrus sei Heisla neiganga. Die Schwiecha vom Petrus hot
arch hochs Fieba ghabd und asu sinns na um Hilfe ouganga.
39 Draffhi iss Jesus zu ihr higanga, hot si ieba sie beuchd und
hot dem Fieba aafgehm, ass ihrn Körpa zu verschwindn. Und
ihr werds net glaam: Mit aam Schlooch wors wech, ess Fieba,
und sie iss glei aafgstandn und hotsi um alle kimmert.

Die Heilung von Besessenen und Kranken: 4,40–41

40 Nachn Sunnaundergang homm alle ihre Krankn mit alle
meglichn Blessurn zuna brachd. Die Hend hota ihna alle
aafgleechd und schon worns gheild. 41 Vill sinn dabei aa
vo ihre beesn Geista befreid worn. Däi hom dabei gschria:
»Allmächd, du bist ja wergli inn Herrgodd sei Sohn.« Draffhi
hotas alle gscheid zammputzt und opfiffn und ihna ess Maul
verbeedn. Denn sie hom gwussd, dasser der Messias wor.

Aufbruch aus Kafarnaum: 4,42–44

42 Wäi die Sunna aafganga wor, issa ass der Stadd naus-
ganga und hot sie a ruhigs Bletzla gsuchd. Abba die Leid
hommna ball gfundn. Und nou wolldnsn nimma fort loun.
43 Nacherdla hota zu ihna gsachd: »I mou aa in die andern
Städd ess Evangelium vom Herrgodd sein Reich vakindn,
denn deswegn bini ja zu eich gschiggd worn.« 44 Und nou
hota in di Synagoung von ganz Judäa breedichd.

Edith Held (Lichtenfels), Kap. 4,24–37

Die Ablehnung Jesu in seiner Heimat, Teil II: 4,24–30

24 Und dann hot er nouch gsocht: »A Prophet gilt derham
sowieso nix. 25 Ans soch ich euch: Wie der Elia gelebbt hot,
hots dermoll viela Wittfraua gem, des wor selbigsmol, wies
dreierhalb Johr nier gerengt hot, wie die Leut nichts zem
Essn ghobt ham und mancha zergor verhungert sin. 26 Obber
zu kanner hat der Elia hie gsollt, blos zu aner Wittfrau in
Sarepta bei Sidon, des überhapts nier zu Israel gekört hot.
27 Und do hots noch den Propheten Elischa gem. Zu dem
seiner Lebzeit wornara viel aussätzich. Obber kanner vo ihna
is gsund worn. Blos aner, a Syrer, der hot Naaman ghasen
und hot überhapts nichts miterna zer tun ghobt.« 28 Wie des

die Leut in der Synagong ghört ham, ham sie der vielleicht
an Grand kricht. Des hot er na überhapt nier gepasst. 29 Sie
sen herganga, ham den Herrn Jeses nausgejocht vo der Stadt
auferan Berch zu und wolltn na nunterstörtzen. 30 Obber
dann hom sie sich doch nier getraut. Er iss weitergeloffen
und sie ham na in Ruh gelossen.

Jesus in der Synagoge von Kafarnaum: 4,31–37

31 Dann iss er nunter noch Kafarnaum, des is in Galiläa. Und
weil Sabbat war, is er nein Gottesdienst und hot zer predinga
agefanga. 32 Die Leut senn ganz derschrockn übber des, wos
er gsocht hot. Der hot geredt, wie wenn er selber vom
Herrgott kumma tät. 33 Do hom sie an Krankn mietgebracht,
der hot rumgepläkt, wie wenn a böser Geist in na wär:
34 »He, Jesus, willst mich hiemachn, du bist doch ka Mensch,
bist amend selber der Herrgott?« 35 Do hot na der Herr Jeses
ageraunzt: »Halt die Goschn!« Do is der auf amol zamgsackt,
der bös Geist is aus na raus, und an Ruh wor. 36 Jetzt ham
sich obber die Leut derschrockn: »Ja, wos wor den des?
Hörn alla Geister, Teufl und Konsortn auf na?« 37 Alla in der
Gengt ham vo na geredt.

Karl Theiler (Ebermannstadt), Kap. 5,1–11

Die Berufung der ersten Jünger (As Fischwunda): 5,1–11

1 Da Masta schtond eines Togs om See Genesareth vo an Hoftn
Leud umgehm. Sie hom unbedingt Gottes Woad höhan
wölln. 2 Do sah ea om See zwa Schiffla ling. Die Fischa woan
ausgschtieng und hom iha Netza ausputzt, wals ausa a wäng
Gros kan anzing Fisch dawüscht hom. 3 Do is da Masta nein
Schiff vom Simon neigschtieng und hod gsogt, ea söll a
wäng vom Land wechfohan, damitnan alla Leud bessa säng

und a höhan können. Donn hoda as Redn ogfangt und hod
ihnan die Schrift eaklead. Ondächti homs alla zughöhrd.
4 Wira mit seina Red ferti woa, hod ea zan Simon gsogt:
»Etz nämmt iha eura Netza. Noch fohan mia aufn See naus,
wua richti tief is. Dot duta eua Netza nuamol zan Fischfanga
auswörfn.« 5 Do hod da Simon gsogt: »Masta, die ganz Nocht
sän mia aufn See rümgfohan, hom die Netza durchs Wassa
gezung und net a anzichs Fischla dawüscht. Doch wals das
du sogst, wörf ma halt nuamol una Netza aus.« 6 Da Simon
hod mit sein Kumbl as Netz nein See glegt, wies da Masta
gsogt hod und homs longsom durchs Wassa gezung. Mit an
Schloch woa des Netz gerammlt vulla Fisch in alla Größn.
Etz homs Angst griggt, dass as Netz zareißt. 7 Do homs
schnäll die Fischa vom anan Bood gwunkn, sie sölln gleich
kumma, bevoa iha Netz hie is. Die hom die Ang aufgrissn,
wies des Fuda Fisch im Netz gsäng hom. Mit voeinda Kroft
homs des Netz mit dänan hoftn Fisch neis Bood gezung.
Des woan suviel, dass Angst griggt hom, iha Schiffla gieht
unda. 8 Wie des da Simon Petrus gsäng hod, hoda si voan
Masta noknied und hod gsogt: »Su a Wunda! Masta, wie hob
ich des vodient, wu ich doch bluß su a sündicha Mänsch
bi.« 9/10 Da Jakobus und da Johannes, die Fischakolleng vom
Simon, hom vo Schtauna as Maul aufgrissn üba dän drum
Fang, wus grod gmacht hom. Ka (*Fischa*) hod in seim Lehm
bishea suwos daläbt. Do hod da Masta Jesus zan Simon
gsogt: »Förcht di net. Vo heit o weast du Fischa vo Mänschn
sa. Gäht nea mit mia. Ich weas euch zeing.« 11 Do homs
iha Schiffa ons Land gezung. Allas homs ling und schtäh
glon. Donn is da Petrus und die anan zwa, da Jakobus und
da Johannes, des wu die Bum vom Zebedäus woan, mitn
Masta ganga. Sie hom gedocht, wänn da Masta socht, mia
sölln mit ihm gäh, noch gähn mia halt mit. Es wead scho
rächt sa.

Walter Stadelmann (Enheim-Martinsheim), Kap. 5,1–19

Die Berufung der ersten Jünger (Der Fischzuch vom Petrus: Der Jesus suchd sei Jünger zamm): 5,1–11

1 Wie der Jesus amal widder am Ufer vom Sää Genezareth
gschdanda is, senn zu na an Haufa Leud kumma und hewa
wos vo unnerm Herrgodd häär well. 2 Da hadd er zwää
Boodli am Ufer laach saach. Die Fischer woara scho aus-
gschdiecha und heewa grood ihr Netz sauwer gmachd. 3 Na
is der Jesus zum Simon sein Bood nouganga und haddn
gebaada, dass ern a bissla vom Ufer wag uffn Sää naus dudd.
Na hadd er si nougsetzd und es Räida ougfanga. 4 Wie er mid
seinera Räid ferdich woar, hadd er zum Simon gsochd: »Fohr
naus uffn Sää! Dord schmässd die Netz zum Fanga aus!«
5 Obber der Simom hadd zur Andword gaawa: »Mässder,
mir hewa die ganze Noochd gschaffd und gärwerd, obber
gfanga hem mer gor nix! Wennsd meensd, na du mer halld
die Netze noch amol nausschmäß!« 6 Des hewa si aa gmachd
und hewa a Unmenge Fisch gfanga, sou dass na fasd die
Netze grissa senn. 7 Wie si des gmergd hewa, hewa si ihrna
Nachbera im anner Bood gschriea und gwungga, damid si
na zu Hilfe kumma. Alli midnanner hewa si zammgholfa
und die Boodli bis zum Ouschlooch gfülld, dass si fasd
unnerganga senn. 8 Wie des der Simon Petrus gsaacha hadd,
is er zum Jesus nausghobfd, hadd si nougschmissa und ganz
aufgreechd gsochd: »Mässder, gäh weg vo mer, denn i bin a
uusercher Kerl!« 9 Denn ihm und seinera ganzi Halfer is des
ganz durcher durchganga, wall si sou viel Fisch gfanga hewa,
10 genausou aa dem Johannes und dem Jakobus, denna zwää
Buewa vom Zebedäus, die wu en Simon gholfa hewa. Na
hadd der Jesus zum Simon gsochd: »Hob kee Angst! Vo etz
ou wärsch du Menscha fang!« 11 Da hewa si alli ihr Boodli

uffs Land gezoucha, hewa alles schdäh und laach lass und
senn middn Jesus ganga.

Die Heilung eines Aussätzigen (Die Heilung vom Aussätzicha): 5,12–16

12 Wie Jesus amoal in era Stadt woar, is a Mou uffn zukumma,
der wu voller Aussatz woar. Wie der den Jesus gsaacha hodd,
hadd er si vorn nougschmissa und gebattlt: »Mässder, wenn
du mogst, dann mach mer die Fatza vom Aussatz wag!«
13 Der Jesus haddn die Hend nouglangt, haddn ougfasst und
gsocht: »Ja, ich mach dersch, du bist etz rein!« Und im selwa
Aachablick woar der Mou gheilt und die Fatza vom Aussatz
woara verschwunda. 14 Na hadd der Jesus zum Gheilten ganz
ernst gsocht: »Erzähl kenn dervou! Gäh obber zum Priester,
zeich na, dassd gsund bist! Na mechst die Opfer, sou wies der
Mose vorgschriewa hat! Na kenna si saach, dassd gheilt worra
bist.« 15 Des hadd si immer weiter rumgsprocha, wos der
Jesus gmacht hadd, und es senn immer mehr Leut kumma,
hewan zuhorch odder gheilt war well. 16 Obber der Jesus
hadd sei Rua gsucht, is an an ooglachia Ort ganga und hadd
gebatt.

Die Heilung eines Gelähmten (Die Heilung vo am Lahma), Teil I: 5,17–19

17 An am annera Tooch, als der Jesus glährt hadd, woara
unner seinera Zuhörer a eddlichi Präidicher und Studierti.
Die woara aus ganz Galiläa, Judäa und vo Jerusalem zamm-
kumma. Und der Jesus hadd gspiert, dass er die Kraft vom
Herrgott hadd, dass er heil kou. 18 Da hewa grood a poor
Manner an Menscha uff era Trooch gebracht, wu lahm woar.
Die hewa den Lahma zum Jesus neibreng und vorn nouläich
well. 19 Wall obber sou viel Leut drin woara, senn si nit
neikumma. Desdwacher senn sie uffs Tooch gstiecha, hewa

a poor Ziechel oodeckt und hewa denn Lahma durch des Louch mitsambt dera Trooch diräkt vorm Jesus seiner Fess nunnerglassa.

Holger Tischer (Rödental), Kap. 5,20–32

Die Heilung eines Gelähmten, Teil II: 5,20–26

20 Wierer ouer gsahn hot, dös sa ölla fest gegläbbt ham, hot
er zu dan Maa gsocht: »Ölla deina Sündn senn dir vergam.«
21 Dou ham die Schtudierden un Pharisäer gedacht: »War
is na des, wu su a grueßa Gosch geichen Hergott hot? War
außern Hergott ka denn überhaupts Sündn vergaab?« 22 Jesus
hot ouer gemerkt, wie sa simmeliert ham, un hot zunana
gsocht: »Schaamt euch aweng! 23 Wos isn äficher? Wemmer
socht: ›Deina Sündn senn de vergam‹ oder ›Stieh auf, du
kaast gelaaf‹? De Vadder im Himmel hot mir nämlich es
Racht gam, dou auf Ardn die Sündnschuldn aufzehiem. 24 Es
wärd Zeit, dös ihr des innaward.« Zu den Laahma ouer
hot er gsocht: »Ki, stieh auf, nam dei Trouchgstell un gi
hämm!« 25 Im salben Achenblick is dar Maa aufgschtanna,
hot sei Boahrn dewüscht, auf dare gelachn khout hot, und
is wärklich hämm. Doudebai hotter in Herrn über ölles
geluebt. 26 Un ölla mitananner senn wie ausn Häusla gewasn
un hams ball net künn begräuif. Dou ham sa sich gförcht un
üwerool rümdezierlt, des sa Wunner delabbt ham.

Die Berufung des Levi und das Mahl mit den Zöllnern: 5,27–32

27 Wie nu de Jesus voan doart foartganga is, hot er an Zöllner
gsahn, da hot Levi khäßn un grad Dienst khout. Zu dan hot
er gsocht: »Ki, gi haa!« 28 Dou hot de Levi ölles schtenn
un liegn gelossn un is mit Jesus foart. 29 Hemma bei siich
hotter a fazzn Assn fer na gaam un a ganze Haufn Zöllner

un annera Leut woarn an de Festtoufl bei na gsassn. [30] Dös hot die Pharisäer und Herrn Schtudierden wider gearchert un su ham sa die Jünger aagschpitzt: »Wie ka mer sich denn mit dan Zöllnerna un dan annern Gschwertl na enn Tiisch khock?« [31] Dou hot Jesus koarz un bündig drauf gsocht: »Die Gsunden brauchen kenn Dokter net, ouer die Kraaken. [32] Ich bin dach kumma, wall ich dannana in rachten Wach weis will, wu sich verärrt ham.«

Michaela Steinhauser (Wiesentheid), Kap. 5,20–32

Die Heilung eines Gelähmten, Teil II: 5,20–26

[20] Wie er gsahn hot, wos die fürn mortz Glaubm homm, hot er zu demm Mo gsocht: »Dei Sünden solln di fei nemmer von unnerm Herrgott trenn.« [21] Do homm sich nachert die Leut, wo sich in der Schriftn a weng auskenna und die Pharisäer do gedocht: »Wos fälltn dem net alles ei, so daher zu babbeln? Wer außer unnerm Herrgott konn denn do so eemfoch Sünden vergabm?« [22] Aber der Jesus hot nadürli glei gewisst, wos die sich scho wieda gedocht homm, und hot zu na gsocht: »Wos hobtn ihr etzert dodran auszusetzn? [23] Wos issn do eemfocher zu sochng: ›Dei Sündn senn dir fei vergabm‹ oddä ›Steh halt auf und laff a weng rum‹? [24] Obä ihr söllert scho begreif, däss i fei as Recht dozu hob, do huntn auf derra Erdn Sündn zu vergabm.« Und nachert hot er wirkli zu dem Lahmen do gsocht: »So, etzert nimmst dei Geraffel und gehst hemm!« [25] Ja, und der Mo id dann vor alla Leut aufgstandn, hot sei Bettstatt genumma und id hamm gangen. Dobei isser bal nemmer worn vor lauter Fred auf an Herrgott. [26] Denna andern is natürli die Pflötschn ganz schö nunterghängt. Es id na ah scho gonz anners worn und si homm glei olle fest unnern Herrgott gelobbt und homm gsocht: »Do homma heut wos erlebt, däs gläbst ja

net im Lebm – obä mir homms doch mit unnera eechana
Auchng gsahn.«

Die Berufung des Levi und das Mahl mit den Zöllnern: 5,27–32

27 Wie der Jesus von dortn fortganga is, hot er an Zöllner
gsehn, der hot Levi ghessn und is do am Zoll rumghockt,
zu dem hot er gsocht: »Komm halt a weng mit ma mid!«
28 Der Levi is donn ah glei aufgstandn, hot alles liech und
steh gelassn und is mitm fortganga. 29 Bei sich derhemm hot
er am Jesus glei an Haufen Zeuch zum Assn und Trinkng
nogstellt. A ganzer Schwung Zöllner und anners Gschwartl
worn bei nä mit am Tisch ghockt. 30 Und nachert homm
die Pharisäer mitsammt ihrer Schriftgelehrten rumgstänkert
und homm zu die Jünger gsocht: »Wos fällt euch net alles ei,
do eemfoch mit derra Sippschaft do zu essen?« 31 Der Jesus
hot denna dann gsocht: »Die Gsundn brauchng doch kenn
Dokter, obä die krangä Leut. 32 Ich bin ja do har kumma,
um denna Sünder zu sochng, wos lang gedd – und net der
annern, bei denna sowieso scho alles in Ordnung id.«

Werner J. Ettinger (Höchstadt /Aisch), Kap. 5,33–39

Die Frage nach dem Fasten: 5,33–39

33 Sie hom zu ner gsachd: »Dem Johannes seinä Laid fasdn
un bedn an Haufm, grod aso wie die Laid vo die Farisäer;
oba deinä Laid essn un dringn.« 34 Do hot dä Jesus gsachd:
»Ihr wolld gwieß die Hochzeidsgäsd fasdn lossn, solang dä
Braidigam dabai is? 35 Es werd amol a Zeid kumma, do werns
en Braidigam nimmä hom; dann werns fasdn.« 36 Und no
hot er ihna glei no a Gleichnis derzäld: »Kannä schneid a
Stiggla vo am naia Glaadla ro un nähds auf a alds Glaadla
drauf; wal nocherd wär ja des naia Glaadla hie, un auf des

alde däd des Stiggla vom naia ned naufbassn. [37] Es schüdd a
kannä an junga Wein in alde Schlaich nei. Dä junga Wein
machd die aldn Schlaich hie; er läffd aus, un die Schlaich
konnsd vergessn. [38] An junga Wein mussd in naia Schlaich
neischüddn. [39] Un annä, der amol an aldn Wein drungn
hot, will kan junga meä, wal er sachd: ›Dä aldä Wein is
bessä.‹«

Theodor Zöller (Sondheim), Kap. 6,1–19

Das Abreißen der Ähren am Sabbat (Es Roress vo die Ähr an Schawes): 6,1–5

[1] Bi er ohn Schawes durch e Kornfeld gelaffe is, hon sei
annere Leut Ähr rogeresse, hon se mit die Händ zerriewe
on hon die Körner gesse. [2] Do hon a bor Pharisäer gefrecht:
»Bos macht ihr do? Dos is doch oh en Schawes verbote.«
[3] Jesus hat do drauf gesöt: »Hot ihr net gelast, bos der David
gemocht hat, bi er on sei Leut hungrich wann, [4] on bi er
en de Templ gange is on hat die Opferbrute genumme, die
blus die Pfarr derfe ess, on er hat dovo gesse on hat ach
senne Leut devo gawe?« [5] On Jesus hat noch gesöt: »Der
Menschensohn steht übern Schawes.«

Die Heilung eines Mannes am Sabbat (Bi a Mo ohn Schawes gehält is wann): 6,6–11

[6] Oh en annere Schawes is er en die Synagog neigange on
hat gepredicht. Dort soß ah Mo, dann sei racht Hahnd wor
lohm. [7] Die wu die Gesetze gekahnt hon on die Pfarr hon
aufgepasst, ob er werklich oh en Schawes dann Mo sei Hahnd
hel död. Die hon nämlich en Grond gesücht, dass sen oh-
gezech könnte. [8] Ha hat ower schu gewost, bos se fürhatte,
on hat zu dann Mo mit die lohm Hahnd gesöt: »Steich auf
on stell dich en die Met.« Dar Mo is aufgstiche on fürgetrate.

9 Dann hat Jesus gesöt: »Ich frech euch: Bos is ohn Schawes
derlaubt? Gutes oder Büses? Äh Lawe derhalle oder es kaputt
las ze geh?« 10 Ha hat se alle die Reih noch ohgeguckt on zu
dann Mo gesöt: »Reck dei Hahnd für!« Dar hats gemocht on
sei Hahnd wor widder gesond. 11 Do sen se racht wütig wan
on hon sich berote, bos se geche Jesus gemach könnte.

Die Wahl der Zwölf (Die Auswohl vo die Zwölef): 6,12–19

12 Oh danne Dö is er of en Barg gange öm ze bate. On er hat
die gahnz Nocht zum Herrgott gebat. 13 Bi es Tog worn is,
hat er sei Leut zu sich geruffe on hat erre zwölef rausgesücht
on ha hat se Apostl gehesse. 14 Es worn Simon, dann hatte
Petrus gehässe, on sei Bruder Andreas, dann noch Jakobus
on Johannes, Philippus on Bartholomäus, 15 Matthäus on
Thomas, Jakob, der Jung vo en Alphäus, on Simon mit en
Beinome Zelot, 16 Judas, der Jung vo en Jakob, on Jodas
Iskariot, der en später verrode hat. 17 Jesus is mit die Männer
en Barg ro gestieche. Of die Ebene is er mit ville vo sei Leut
stengebliebe on ville Leut sen noch aus Judäa on Jerusalem
on vo die Küstegegend vo Tyrus on Sidon dezukomme. 18 Die
wollte alle hür, bos Jesus söt, on wollte sich vo ihr Kranket
las hel. Ach die vo büse Geister geplocht wann, senn gehelt
wan. 19 Die Leut wollten ach alle ohgefass, weil ä Kroft von
ausgange is, bu alle gesond gemocht hat.

Albert Schramm (Hallstadt), Kap. 6,1–11 und 6,17–21

Das Abreißen der Ähren am Sabbat (Äss Abrupfm odä Roopflügn vo Eärn om Faiädoch): 6,1–5

1 Als eä a so ann Faiädoch durch aboor Kurnfäldä gonga is,
hom sei Jüngä moll ganz schnäll aboor Eärn abgärupft und
donn in ihra Hend zerriem, dass die Spellzn rundägfalln sän
und homm donn die Körnä dävo gessn. 2 Zur gleichn Zeit

worn a aboor Pharisäer untäwegs. Wie die des gsäng hom,
sän sie aufn Jesus zuganga und hom gleich gfrocht: »Halt
amol – wos mocht dänn ihr do? Es steht doch gschriem,
dass mä dess om Sabbad goä net machng däff.« [3] Do hot
unsä Jesus gleich drauf gsocht: »Habt ihr net gäläsn, was deä
David damals gemacht hot, als sei Leut, die alla bei na worn,
an gscheidn Hungä ghabt ham? [4] Wierä dann nein Templ
iss und ausgerechnt die heilign Brötla gänumma hot, die
bloß die Pfarra essen gedärft hättn.« [5] Jesus hot dann noch
gämahnt: »Etzät passt amol auf, wos ich euch nuch sooch!
Deä Menschnsohn iss aa nuch für alla Feiädoch zuständich
und kann do drüber bestimma, wos o an solchen Doch
gämacht wern däff und wos net.«

Die Heilung eines Mannes am Sabbat (Jesus pflecht aa nuch om Faiädoch die Menschn gsund): 6,6–11

[6] Jesus will heut zeing, dass eä dä anzich iss, deä aa nuch
zä song hot übä olla Faiädoch, und des hot aa widdä die
damalich Obrichkeit gäwurmt, wie oh ann andern Faiä-
doch, wuh unsä Jesus moll nei der Synagoch gonga iss und
hot denna ondern Leut widdä aweng wos vom Herrgott
ärzellt. Do drin woä a Moo auf aana Benk gsätzn. Äs hot
an richtich mitgenumma, wenn ma na so ogschaut hot.
Der arm Moo hot a bösa Hend ghabt und woä deswechä
a sunnst net richtich aufn Damm. [7] Die Kärng-Aufbassä
und Schandarm worn scho widdä aufm Sprung und homm
zuanonder gsocht: »Heit müss mä widdä aufbassn, ob mä
na net moll schnoppm und voärn Kadi schlaafm könna.
Wemmä Glück homm, wäddä välleicht zegoä eigschpät.«
[8] Jesus hot si obä gleich gäkennt und gäwisst, woss si mit na
im Schild führn. Eä iss dann auf denn kronkn Moo zugonga
und hot zuna gsocht: »Steh auf und stell di amoll do richtich
nei die Mitt!« Der Moo iss glei aufgstandn und nuch an

Schritt vorganga. 9 Dann hot dä Jesus zu olla, die do worn,
gsocht: »Jetz froch ich euch: Wos därf mä am Faiädoch
ärbern und wos nochet net? Wos Guts too oddä wos Bös? A
Lehm reddn oddä dessälba kaputtgeh lossn?« 10 Eä hot sie alla
dä Raiha nooch ogschaut und donn zum Moo gsocht: »Streck
dai Hend aus!« Der hots gleich gämocht, und sei Hend
und dä gonz Kerl woä widdä gsund. 11 Do hamm sich die
Pharisäer obä gscheit gäärchert und aa gleich überlecht, woss
sie ostelln könnertn, um unsern Jesus aans auszäwischn.

Der Andrang des Volkes (A gonz schöss Gädreng untn om Berch): 6,17–19

17 Wie die Sunna so langsam widdä aufganga iss, iss unser
Jesus mit olla seina Brüder und seina rausgsuchtn Aposteln
widdä nundä gstieng vom Berch. Im Taal undn hottä gleich
stee bleim müssn, weil viel, die na scho gäkennt hamm,
und a ganzer Haufn fremma Leut doo gstandn worn om
Weg. Die sänn vo weit kumma, nämlich ausm ganzn Judäa
und aa nuch aus Jerusalem und vo die Küstn ausm Tyros
und ausn Sidon worn sie zägor do. Und des woä schomoll
a gscheida Streck. *(Mä muss bedenkn, dass die Leutla früher ja alles
geloffn sänn, denn es hot ja net jeder grod ann Viehwoong hamm könna
und reich worn die meisten a grod net.)* 18 Auf jedn Fall wolltn sie
alla moll hörn, wos eä zä song hot, denn mancha worn
arch kronk und hamm drauf kofft, dass ihr Jesus sie widdä
gsund machen konn. Alla hamm sich gleich auf denn großn
Platz nämdro braatgämacht und sich hiegsetzt. 19 So manchä
fremmä Besuchä hot aa prowiert, amoll nozälanga no sein
Mandl. Sie hamm übern Jesus nochgädacht und worn froh
drübä, dass eä wirklich und leibhaftich doo woär bei äna.
Denn durch sei Weesn und seina Kraft, die vo na ausgeht,
konn mä sich immä für die eichna Seel und für sein Körper
aa an ganzn Haufn Gsundheit holn.

Seligpreisungen und Weherufe
(A Freud füä die arma Leut),
Teil I: 6,20–21

20 Eä hot dann sei Nachbärn nämdro reium ogschaut und
däbei gsocht: »Freut euch ruhich drüber, wos ich euch jetzt
soch. Aa wenn ihr arm seid, spätä teilt der Herrgott sei
Reich mit euch. 21 Wenn ihr jetzät aa viel Hungä habt, dann
sollt ihr alla amoll so richtich satt wärn. Wenn ihr amoll
ganz arch viel Sorgn habt, dann könntä eines Toogs amoll
aa widdä richtich lachn.«

Christa Haager (Nürnberg), Kap. 6,36–42

Die Feldrede (In Jesus sei
Predigt afm Feld): 6,36–42

36 »Habt a Nachseng midanander, su wäi a eier Vadder im
Himml es mid eich goud maant. 37 Und spült eich ned zum
Richter aaf, nacherd werd iber eich a ned Gricht ghaldn.
Und zäicht ned iber die andern her, na zäicht a kanner iber
eich her; soacht, die andern känna nix derfir, na kummt
ihr goud wech. 38 Wenn ihr die Spendierhuusn ohabt, sin
die andern a ned gniggrich, und ned zweng werd mer eich
gebm: a su vil Zeich und Woar, dass ers grod nu derbaggd.
Denn des waßt: Wäi du mir, su ich dir.« 39 Na sacht er
zu ihner: »Koo villeicht anner, der wo selber blind is, an
andern Blinden in Weech zeing? Wos maandern, däi landn
doch all zwaa im Groam! 40 Is Ei is ned gscheider wäi die
Henna, und der Lehrbou waß ned mehr wäi der Master; und
wenn er ferdich is, is er halt grod su goud wäi sei Master.
41 Wos sixdn des Spreißerlä im Auch vo dem Brouder, obber
den Mords Drümmer Balgn in deim eichner Auch spannst
ned? 42 Wäi koosdn zu deim Brouder song: ›Brouder, halt

still, ich will der des Spreißerlä, des wo in deim Auch is, rauszäing!‹, wennsd selber den Balgn in deim Auch ned sixd? Du Scheinheilicher, kehr zerscht vur deiner Diir und na koosdi um den Dreeg vo die andern kümmern.«

Dr. Günther Denzler (Memmelsdorf), Kap. 7,1–23

Der Hauptmann von Kafarnaum: 7,1–10

1 Nochdem Jesus mit sei Red fertig wor, is ä auf Kafarnaum
neiganga. 2 Dord hod a Haubtmo gewohnd, dem sei Knächt
zum Sterm wor. Grod den Knächt aber hod er besonders
gern gemocht. 3 Als der Haubtmo ghörd hod, des Jesus in
der Näh is, hot ä a boor olda Judn, die gscheid worn, zu
ihm gschickt, damit sie na frong, ob ä seim Knächt helfn
ko. 4 Die Oldn sän dann zum Jesus no und hom na agfleht:
»Erfüll unserm Haubtmo sei Bitt, der hods verdient. 5 Des
is a gudä Mo, der moch uns und der hod sogor unner
Synagoch gebaut.« 6 Jesus hod sich des anghörd und is dann
mitäna ins Dorf neigeloffn. Wie sie scho fast beim Haus
worn, hod der Haubtmo a boor vo seina Freund zu Jesus
nausgschickt, dämit sie na folgendes ausrichdn: »Herr, gib
dä ka Müh. Ich bins net wert, dest nei mein Haus kummst.
7 Desweng hob i mi a net selber zu dia gedraut. Obä a Wörtla
vo dir langt und mei Knächt werd gwiss widä gsund. 8 Ich
muss a an Befehl folng und hob selba Soldatn under mir.
Und wenn i zu am soch ›geh‹, dann gehd ä, und wenn i zu
am andern soch ›kum‹, dann kumd ä. Und wenn i zu mein
Knächt soch ›mach des‹, dann macht äs.« 9 Jesus hod sich
gewundert über des, wos er do ghörd hod, und ä hod sich
rumgedreht und zu die Leud gsocht: »Ehrlich wohr, soan
Glaabm hobi in ganz Israel ned erlebt.« 10 Als die Männer
vom Haubtmo dann hamkumma sen, ham sie gemergt, des
der Knächt widä gsund wor.

Die Auferweckung eines jungen Mannes in Nain: 7,11–17

11 A bisla spetä is Jesus nei die Stadt Nain ganga. Sei Ohängä
worn a dabei und a haufn Leut sän na nochgeloffn. 12 Wie sie
beim Stadttor worn, ham sie grod an Dodn rausgedrong. Es
wor der anzich Bu vo a Witfra und viel Leud sen mid aufn
Friedhof ganga. 13 Jesus hod Midleid ghabt und er hod die
Fra, die gegrinna hod, getröst. 14 Donn is ä zum Sarch no und
hod sei Händ draufgelecht. Die Sarchträger sen stehgeblibm
und Jesus hod zum Dodn gsocht: »Ich befehl dä, steh auf!«
15 Do hod sich der Dode aufgsetzt und zu blaudern agfangt
und Jesus hod zur Mutter gsocht: »Do host dein Bum widä.«
16 Alla, die dabei worn, hams mid dä Angst zu do gricht, sie
habm dem Herrgott gedankt und gsocht: »A großä Prophet
is undä uns, der Herrgott hod sei Volg gerett.« 17 Des, wos
do gscheng is, hod sich schnell in Judäa und in der ganzn
Umgebung verbrad.

Die Frage des Täufers: 7,18–23

18 Dem Johannes sei Jünger ham na a haufn Zeuch vom Jesus
erzählt. 19 Do hod der Johannes zwa von sei Leud zum Masta
gschickt, damit sie na frang: »Bist du der, der kumma soll,
odä müssmä auf an andern wartn?« 20 Die Jünger sen zum
Jesus noganga und ham gsocht, dass sie vom Johannes dem
Täufer kumma, und sie ham na ihr Froch gstellt. 21 Jesus hod
domols grod viel Leud, die grank worn und verschiedena
Leidn ghabt ham, widä gsund gemacht, sogor Blinda ham
widä gsäng und Verückta sen widä normal worn. 22 Jesus hod
sich die Froch anghört und als Antwort gebm: »Socht dem
Johannes, was ä gsäng und was ä ghört habt. Blinda säng
widä, Lohma gän, Aussätzicha wern saubä, Tauba hörn,
Doda stehn auf und die Arma werd des Evangelium verkündt.
23 Selich sen die, die sich net über mich ärchern.«

Christl Müller (Hallstadt), Kap. 7,24–35

Das Urteil Jesu über den Täufer (Wos Jesus vo den Täufer ghaltn hot): 7,24–35

24 Wie die Leut, die wu der Johannes gschickt hot, wider
fort worn, hot Jesus alla andern, die wu do worn, gfrocht:
»Ja, socht amol, wos hobt er denn in dera Wüstn eigentlich
derlebn gewöllt? Vielleicht a Gros, des vom Wind ner so
rumgebeutelt wern ko? 25 Oder hobt er an Mo sehn gewöllt,
der sich ner so rausgeputzt hot? Södana und södana, die
wu an Haufn fressn und saufn, die find er bei die Großn.
26 Oder hät er vielleicht gor an Prophetn sehn gewöllt? Ja,
des hobt er fei wirklich, und der Johannes is zegor noch
mehrer. 27 Des is fei der, vo dem gschriem steht: ›Ich schick
vor dir an her, der wu der die Staa ausn Weg räuma soll.‹
28 Ich soch euch: Kaaner vo alla Leut, die wu die Welt bis
jetzt gsäng hot, ko mit dem mithaltn. Obä es is quis wohr,
dass er mit dem Allerklensten, der wu wos tut, damit sich
des Guta vo Gott in der Welt ausbret, net mithaltn ko. 29 Alla
Leut, die den Johannes ghört hom, zegor die, die wu die
Klann des Geld aus der Taschn zieng, hom gemerkt, dass
der die Wohrheit secht, und hom sich taafn lossn. 30 Net
geglabt, dass sei Red wohr is, und net taafn lossn hom sich
obä die Pharisäer und die, wu des Gesetz weitergebm hom.
31 Ja, wer is nochä so, wie alla die Leut do? Mit wem ko mer
denn die vergleichn? 32 Die benehma sich wie Kinner, die
sich zuschreia: ›Mir hom fei für euch lustiga Liedla gspielt,
obä deswechä hobt ihr doch net getanzt. Mir hom trauriga
Liedla gsunga, öbä deswechä hobt er doch net gegrinna.‹
33 Der Johannes is kumma als Hungerleider, der isst kaa Brot
und trinkt kaan Wein, und doch socht er: ›Der spinnt doch.‹
34 Ich obä bin kumma, ess und trink, und do socht er: ›Der
is a Fresser und Säufer, der wus mit die Halsabschneider

und alla verdorma Leut hot.‹ 35 Und däbei merkn des doch
alla, die wu sich dänoch richtn, dass des, wos Gott tut,
richtig is.«

Anneliese Hübner (Rödental), Kap. 7,36–50

Die Begegnung Jesu mit der Sünderin: 7,36–50

36 Jesus is nais Haus vo an Pharisäer ganga, daa na zun Assn
aigeloudn hot, un hot siich nan Tiisch gsetzt. 37 Des hot
a Waiweleut aus de Schtadt, dös an schlachtn Ruf ghout
hot, defaaen un is mit an Alabastertöpfla vuel Üüel zu na
hiigetraatn. 38 Debai hot sa su gepfletscht, dös saina Füss
nass waen senn. Mit iira Haae hot sa na dann saina Füss
ougetruggnt un hot sa geküsst und mit Üüel gsalbt. 39 Wii
des de Pharisäer gsaan hot, hote siich gedacht: »Wenn daa
wärglich a Prophet waa, heite dach müss wiss, wos des fe
ääna is, dii na dou aapeggt.« 40 Dou hot na de Jesus aageguggt
un hot zu na gsocht: »Simon ich möcht de wos gsouch.«
»Souchs, Mäste«, hot daa gemäänt. 41 »Des hot amool ääne
zwää Manneleut Gald gebracht«, hot de Jesus aagfanga, »daa
ää wae na fünfhunnert Euro schuldich un de anne fuchzich.
42 Wii sa iira Schuldn net hamm könn bezool, hote sa na
nouchgelossn. Wos gläbbstn, waa siich märra gfrääat hot?«
43 Dou hot de Simon gemäänt: »Nu daa, daa märra gricht
hot.« 44 Dou hot siich de Jesus dan Waiweleut zugedraat un
hot zun Simon gsocht: »Siista di Fraa? Wii iich in dai Haus
kumma bin, hosta miie kä Wasser zun Füsswaschn gaam,
sii oue hot mit iira Träna maina Füss nassgemacht. 45 Du host
miich net mit an Kuss begrüüst, un si hot me ze gaae di Füss
geküsst. 46 Du host me aa net di Haae mit Üüel gsalbt, sie
oue hot me mit iirn Üüel die Füss gsalbt. 47 Drümm souch
iich de: Iie soll ölles vegaam sai, wail sa su viil Liib gezaicht
hot. Wann oue bluues weng vegaam wäed, daa hot aa weng

ze danggn.« [48] Dann hote zu ere gsocht: »Fraa, daina Sündn
senn de vegaam.« [49] Dou hom di Leut an Tiisch gedacht:
»Wos is denn des fe ääne, dös daa Sündn vegaab ka?« [50] Jesus
oue hot zu daare Fraa gsocht: »Dai Glaum hote gholfn. Gii
in Friidn!«

Gerhard Schmidt (Lichtenfels), Kap. 8,1–3

Frauen im Gefolge Jesu (Weiberleid im Jesus seiner Drubbn): 8,1–3

[1] In der nächstn Zeid is er vo aaner Stadt zer annern gezong
und hod alla Dörfer ogeklabberd, und überoll hod er under
die Leud die gud Nochrichd verbreid, dess jedsd der Herr-
godd die Herrschofd auf der Weld übernimmd. Dess seina
zwölf engsdn Midarbeider bei na worn, is klor. [2] Geglodsd
ober hom die Leud, dess sogor a boor Weisbilder derbei
worn, wall sie na dankbor worn, dess er sie vo ihra seelischn
und körberlichn Krankerdn ghaald hod. Derer Maria Mag-
dalena hod er den Deufl ausgedriem. [3] Aa vo der Pardie wor
die Johanna, em Chuza Seina, der wu beim Herodes in der
Verwaldung beschäfdichd wor, und die Susanna und a ganza
Reiha annera Weiberleud, und in ihrer Dankbarkeid hom
sie alla zammgelechd und en Jesus und seina zwölf Männer
freikaldn.

Gert Rückel (Nürnberg), Kap. 8,4–15

Das Gleichnis vom Sämann (Di Gschicht vom Sämoo): 8,4–8

[4] Wäi die Leid aus allä Schdäd zammgloffn sin und a
Haufn Leid um ihn rumgschdandn worn, dou hadä denä ä
Gschichdlä derzilld: [5] »A Sämoo is nausgangä afn Aggä zum
Säa. Und wäi ä so gsäd had, dou sin ä boor Soomäkörnlä

afn Weech gfalln; däi hamms zerdredn und die Vöchälä
hamms zammbiggd. 6 Ä weng vo den Soomä is in die Schdaa-
haufn neigfalln, und wäi der aafgangä is, nachäd isä glei
verdorrd, walls vill zu druggn gwesn is. 7 Widdä aweng ä
Soomä is middn nei in die Dornäbisch gfalln, und die Dornä
sin mid di Soomäkörnä naafgwachsn und hamm alles der-
schdiggd. 8 Blouß ä ganz klaans bissla vo denä Soomäkörnlä is
af an goudn Bodn gfalln und is aafgangä und had massnweis
Fruchd droong.« Und wäi Jesus des gsachd ghabd had, nachäd
haddä laud gschrier: »Machd eire Ohrwaschln aaf, dassä
hörd, wos iich eich sooch!«

Sinn und Zweck der Gleichnisse: 8,9–10

9 Edzerdla hamän seinä Jüngä gfroochd, wos des Gschichdlä
bedeidn soll. 10 Dou hoddä gsachd: »Ihr bliggd durch, wall ihr
di Geheimnisse vom Reich Gottes durchschaud. Däi andern
Leid obä mou iich Gschichdlä derzilln; wall däi andern seeng
und doch nix seeng, und hörn und doch nix kabiern.

Die Deutung des Gleichnisses vom Sämann (Die Ausdeudung vom Gschichdlä vom Sämoo): 8,11–15

11 Und des bedeid des Gschichdlä: Dä Soomä is des Word
Goddes. 12 Afn Weech is dä Soomä bei denä gfalln, däi wou
des Word zwor ghörd ham, oba glei is dä Deifl kummä und
hads ihnä rausgrissn aus ihrm Herz, damids nix glaubm und
ned gredded wern könna. 13 In die Staanä nei is dä Soomä bei
denä gfalln, däi wou des Word vullä Freid aafnehmä, wenn-
sis ghörd ham, obä däi ham hald kaana Wurzln: Zärschd
glaambs, obä wennsi versuchd wern, nachädlä fallns um.
14 In di Dornäbisch is dä Soomä bei denä gfalln, däi wou des
Word zwor hörn, obä dann gengäs ford und erschdiggn in
ihrä Sorng, an ihrn Reichdum und in ihrä Genüss, so koo dä
Soomä kaa Fruchd bringä. 15 Afän goudn Bodn is dä Soomä

bei denä Leid gfalln, däi wou ä gouds und ä ehrligs Herz ham, däi hörn des Word und haldns fesd und desweeng bringäs alläweil Fruchd.«

Gerhard Schmidt (Lichtenfels), Kap. 8,16–21

Vom rechten Hören (Wie mer richdich hiehörd): 8,16–18

16 »Ka normaler Mensch schald a Lambm ei und deggt sie
nocher zu oder stelld sie under sein Bedd. Naa, er stelld
sie so huech wie ner irgend möglich, demid die, wu ze na
kumma, sie gud seng könna und a guds Lichd hom. 17 Grod
so is mid allm, wos versteggd oder nonnich bekannd is:
des ghörd ons Lichd und under die Leud gebrachd. 18 Also
mergd auf, desser richdich hiehörd, sonsder wärs nämlich
umsünst. Denn wer scho vill waaß, dem werd nuch mehrer
gsocht wern, und wer weng waaß, dem werd des bissla, wu
er maand, dessers waaß, aa nuch weggenumma.«

Von den wahren Verwandten Jesu (Vom Jesus seina Verwandtn): 8,19–21

19 Amol hom sei Mudder und seina Brüder ze na gewölld,
ober wecher die villn Leud hom sie nier ze na durch könn
kumm. 20 Do hom na die Leud ausgerichd: »Dei Mudder und
deina Brüder stenn draun und wölln dich säh.« 21 Er hod
ober ogewehrd: »Mei Mudder und meina Brüder sen die,
wu em Herrgodd sei Word hörn und dernoch handln.«

Hans Hagel (Hallstadt), Kap. 8,22–56

Der Sturm auf dem See (Wie Jesus än Schturm gäbändigt hot): 8,22–25

22 O an vo dena Toch isä mit seina Jüngä nei an Schelch
gschtieng und hot zuänä gsocht: »Mir wölln übän See

nübäfoän«, und sie hom abgälecht. 23 Übäs Nübäfoän isä
eigschlofn. Auf aamol is übä dem Wassä a saumäßichä Sturm
aufkumma. Des wor aanä vo die bärüchtichtn Fallwind-
schtürm, die wu urplötzlich und gäh auf den See nuntä-
foän, der wu in an tiefn Talkessl licht. Deä Schelch hot
mordsmäßich Wassä gschöpft und äs hot nümmä viel gfehlt,
dass sie untäganga wärn. 24 Do sän sie zäna nogäkrochn,
hom na aufgäweckt und hom gschriea: »Mastä, Mastä, miä
gehn drauf!« Do isä aufgschtandn, hot än Wind und die
Welln gämaßreglt, und im nämlichn Moment hom sä sich
gälecht und äs wor auf aamol ganz mucksmäuslastill. 25 Eä
obä hot zuäna gsocht: »Wu isn euä Glaam?« Die obä hom
sich anandä vollä Schreckn, obä aa vollä Stauna gfrocht:
»Wos is des bloß fä a Mensch, dass zägoä dä Wind und äs
Wassä aufna hörn?«

*Die Heilung des Besessenen von Gerasa
(Die Heilung vo dem besessna Gerasenä):
8,26–39*

26 Dann hom sie des Gäbiet vo die Gerasenä ogschteuät, des
wu auf dä andän Seitn von galiläischn Ufä licht. 27 Wie Jesus
ausn Schelch auf des Ufä nausghüpft is, is dat a Mo aus dä
Schtadt rümgsappt, deä wu vo an bösn Geist bäsässn wor.
Scho lang isä fröschätnackät rümgäirrt, hot in kan Haus
meä gäläbt, sondän hot in Grabhöhln ghaust. 28 Wie deä
obä än Jesus gsähng hot, hotä äs Schreia ogfangt, hot sich
vur na nogäkniet und hot lauthals gäblääkt: »Wos hob ich
mit diä zä schaffn, Jesus, du Jungä von höchstn Gott? Ich
bettl di o: Quäl mi net!« 29 Jesus hot nämlich dem unreina
Geist picklhart bäfohln, aus dem Mo rauszäfoän, deä wu
na scho lang beim Wickl ghobt hot; und mä hot den Mo,
den arma Hund, die Hend und die Füß mit Kettn gfesslt und
mit Schtrick zsammgäradlt und na eigschperrt, deä obä hot

des ganza Zeuch zärissn und is vo den bösn Geist nei die
Wüstn gäjocht wurn. 30 Drauf hotna Jesus gfrocht, wieä
haßt. Do hot deä gsocht: »Legion.« Äs worn nämlich a
Haufn bösa Geistä in na neigfoän gwesn. 31 Und die hom
etzät än Jesus gäbättlt, dassä sie net nein Abgrund störzn
söll. 32 Etz hot obä grod dat aufn Berch a groBa Herdn
Säu in Bodn rümgäbuhrt. Do hom die Dämona än Jesus
ogäbättlt, dassä sie wenigstns nei die Säu foän lossät. Des
hotäna zugäm. 33 Do sän die Dämona aus dem Menschn
rausgschossn und in die Säu neigfoän; und die ganz Herdn
is die Leitn nogäraast, nein See gärumplt und ersuffn. 34 Wie
obä die Schäfä des gsähng hom, sän sie ausgärissn und
hom alläs, wos sie erläbt hom in dä Schtadt und in die
Käffä erzehlt. 35 Die Leut, wu des ghöät hom, sän dodraufhi
nausgsaust, um zä gaffn und selbä zä sähng, wos do passiät
wor. Dann sän sie zän Jesus noganga und hom gsähng,
dass der Mo, aus dem wu die Geistä rausgfoän worn, wiedä
normal und saubä ogäzong wor und dassä vur die Füß von
Jesus ghöckt wor. Mein liebä Mann, do sän sie obä ganz
schö derschrockn. 36 Und die, die wu alläs selbä gsähng
hom, homs wiedä dena andern erzehlt, wie deä besessn
Mo ghaalt wurn is. 37 Dodrauf hom aa die, die wu in deä
Gengd um die Gerasenä rüm gäwohnt hom, än Jesus gäbitt,
dassä sie välossn söll; äs hot sie nämlich a groBa Ängstn
gäpackt ghobt. Do is Jesus wiedä nein Schelch gschtieng
und sie sän zärückgäpaddlt. 38 Deä Mo obä, aus den wu die
Dämona rausgfohrn worn, hot än Jesus inständich gfrocht,
obä net beina bleim däfät. Obä deä hot na fortgschickt und
zäna gsocht: 39 »Geh wiedä haam nei dein Haus und erzehl
alläs, wos deä Herrgott Außägäwöhnlichs o dir gäto hot.«
Do hot deä sich schwern Herzns aufgämacht und hot in
dä ganzn Schtadt väbreit, wos fä groBa Dingä Jesus o na
gäto hot.

Die Auferweckung der Tochter des Jairus und die Heilung einer kranken Frau (Wieä a Fraa ghaalt hat, dera wu ihr Gäblüt net schteh gäbliem is, und wie die Klaa von Jairus aufgäweckt wurn is): 8,40–56

40 Wie Jesus zärückkumma is, hot äs Volk na freundlich auf-
gänumma, wäl sie scho sehnsüchtich auf na gäwart hom.
41 Zän nämlichn Zeitpunkt is a Mo namens Jairus, der wu a
Synagognvurstehä wor, kumma, hot sich vur na nogäworfn
und hot na gäbättlt, nei sein Haus zä kumma; 42 eä hot näm-
lich bloß a aanzigs Maadla mit a Johräs zwölf ghortn, des
wu obä scho die letztn Schnaufärä gäto hot. Wie Jesus zuera
nei is, hom sich aa die Leut ümna rümgädrängt. 43 Außädem
wor dat a Fraa, dera wu ihr Gäblüt scho seit zwölf Johr net
schteh gäbliem is; sie hot scho ihr ganz Vämöngs no die
Doktä gätrong ghabt, obä kanä hotera helfn gäkönnt. 44 Do
hot sä sich vo hintn o na nogschlichn, hot non Saam vo sein
Gäwand gälangt und mit an Schloch is ihr Gäblüt schteh
gäbliem! 45 Do hot Jesus gfrocht: »Weä hotn mich grod ogä-
packt?« Wies obä alla obgschtrietn hom, hot dä Petrus gä-
maant: »Noja, Mastä, des sän halt die Leut, die wu sich so
o dich nomöän.« 46 Jesus obä hot gsocht: »Äs hot mich aans
ogäpackt; wäl ich hobs ganz gänau gschbüät, dass irgnd a
Kraft vo miä wech do nübägschtrömt is!« 47 Wie die Fraa obä
gämerkt hot, dass ihr heimlichs Nolanga doch aufgfalln is,
hot sie gäzittät wie Eschpäslaab, hot sich vurna nogäworfn
und öffntlich vur alla Leut zugähm, warum sie na ogäpackt
hot und wie sie auf dä Stell gsund wurn is. 48 Jesus obä hot
zuera gsocht: »Mei Guta, dei Glaam hot diä gholfn. Geh
in Friedn oonich.« 49 Wie Jesus nuch so gäredt hot, is aanä
von Synagognvurstehä seina Leut kumma und hot zä dem
gsocht: »Dei Maadla is gschtorm, brauchst än Mastä nümmä
bälästinga.« 50 Wie obä Jesus des ghöät hot, hotä zä den

Synagognvurstehä gsocht: »Hob ka Angst, du musst nerbloß
fest dro glaam, dann kummt sie aa wiedä auf die Baa!« 51 Wieä
dann no den Haus kumma is, hotä obä kaans mit neigälossn
außän Petrus, än Johannäs und än Jakob, sowie än Vorrä
und die Murrä vo dera Klan. 52 Die hom obä alla grodnaus
gägrinna und ümmera gäjammät. Eä obä hot gsocht: »Greint
net! Sie is jo net gschtorm, die schlöfft nerbloß.« 53 Do hom
sie na ausgälacht, wäl sie gämaant hom, dass sies bessä wis-
sätn, dass die Klaa gschtorm wor. 54 Deä obä hot des Maadla
bei die Hend gänumma und hot laut gsocht: »Kind, schteh
auf!« 55 Und sie is wiedä lebendich wurn und is auf dä Stell
aufgschtandn. Und eä hot ogäm, dass sie den Maadla wos zän
Essn noto sölln. 56 Do worn ihra Leut ganz ausn Häusla. Eä
hotäna obä schtrengstns obäfohln, dass sie zä kan Menschn
song sölln, wos do vur sich ganga is.

Bernd Graf (Kronach-Gehülz), Kap. 9,1–27

(Die Kombination »oa« stellt einen zwischen dem O und A liegenden regionaltypischen Laut dar, entsprechendes gilt für »öä«.)

Die Aussendung der zwölf Jünger: 9,1–6

1 Dä Jejsus hod saina zwölf Jünge zammkumm lousn und
hod enna en Aufdroach und die Groafd gejm, alla Dämona
auszedraim und groaga Leud gsund ze machn. 2 Überoll solldn
die Jünge dezijel, dass edzde en Härrgodd sai Raich ze di
Menschn kümmd. Außedem solldn di Jünge di Groagn gsund
mach. 3 »Nemmd joa neggs mid auf di Raas«, hod e befuoln,
»kann Schdäggn, ka Daschn, neggs ze Ässn und ka Geld,
nijed amoll Wesch zen Wäggsln. 4 Blaibd in den Haus, wu
de aufgenumma woan said, su long, bis de waide ziichd.
5 Wenn sa euch in an Doof oude in aane Schdoad nije hou
wölln, doann kümmed euch nije waide üm dija Leud und gäd
wuannesch hii. Öäschd ouwe wüschd euch en Schdaab ve

euera Füß, su wi dija Leud en Härrgodd hoam oublidz loun.«
6 Di Jünge hoam sich aufn Wejch gemachd und sin dorch
di Döffe gewanded. Überoll hoam sa dezijeld, dass dä Jesus
im Aufdroach ven Härrgodd kumma is und sai Härrschafd
aufrechd will, und si hoam Groaga gsund gemachd.

Das Urteil des Herodes über Jesus: 9,7–9

7 Dä Härodes, dä Browinzföschd, hod defoahn, wos dou
voo sich ganga is. Und ä hod nije gewissd, wos e devoa
hald soll. Mannicha Leud hoam nämlich gsochd, dass dä
Däufe Johannes ve di Duodn aufäschdanna wöä. 8 Annera
Leud ouwe hoam gemaand, dä Elia oude aane ve di aldn
Brofejdn wöä widdekumma. 9 »Den Johannes hou ich doach
köbf loun«, hod sich dä Härodes gedoachd. »Wä is nouched
bloußne dä Moa, ve den su vill dezijeld wäd?« Deswejng
wolld e en Jejsus kennalänn.

Die Rückkehr der Jünger und die Speisung der Fünftausend: 9,10–17

10 Wi di zwölf Jünge widde bain Jejsus zerügg woan, hoam
sa na dezijeld, wos sa alles undernumma hoam. Ää is mid
enna nai di Schdoad Bethsaida ganga; doad wolld e mid enna
allaa sai. 11 Es hod sich ouwe schnell rümgeblauded, wu dä
Jejsus woa, und die Menschn sin na anouch ganga. Und ää
hod sa aa nije fodgschiggd. Ä hod enne widde ven Härrgodd
sain Raich dezijeld und hod die Groagn gsund gemachd. 12 Es
woa schö oams seh schbejd, dou hoam di zwölf Jünge zen
Jejsus gsochd: »Schigg doach di Leud nai di Döffe und auf di
Hüöf gringsdichrüm, dass sa übenoachd könna und wos ze
Ässn griing. Douwa gibds doach neggs.« 13 Ouwe dä Jejsus hod
zenenna gsochd: »Gäbd doach ije den Leudna wos ze Ässn.«
Si hoam geandwodd: »Mije hoam doach blouß fümf Bruode
und zwa Fisch. Söll me werglich ve su an Haufn Leud ze

Ässn aikaaf?« 14 Es woan nämlich üm di fümfdausnd Men-
schn zammkumma. Dou hod dä Jejsus den Jüngena ghaaßn:
»Soachd zunenna, si sölln sich noasedz, ümme fuchzich
Leud in aane Grubbn.« 15 Und di Jünge hoam di Leud hiisedz
lousn. 16 Dä Jejsus hod di fümbf Bruode und di zwa Fisch
genumma, zen Himml naufgeguggd und en Härrgodd defüe
gedanggd. Doann hod e di Bruode und die Fisch aufgedaald
und di Jünge hoam di Schdügge oa di Leud vedaald. 17 A jejds
is soud woan und drodzdem is nuch a Haufm übrichgebliim:
zwölf Körb vuol.

Das Messiasbekenntnis des Petrus und die erste Ankündigung von Leiden und Auferstehung: 9,18–22

18 Wi dä Jejsus amoll mid saina Jünge allaa woa und gebädd
hod, dou hod e sa gfrouchd: »Wos glaam denn die Leud
aichendlich, wä ich bin?« 19 Dou hoam di Jünge geandwodd:
»A manniche denggd, du wöäschd dä Däufe Johannes. An-
nera haldn dich ven Brofejd Elia und widde annera maana,
aane ve di aldn Brofejdn wöä widde aufäschdanna.« 20 »Und
wä bin ich in euera Aang?« wolld dä Jejsus wiss. Dou hod
dä Bejdrus ze Andwodd gejm: »Du bisd dä Redde, wu ven
Härrgodd gschiggd woan is.« 21 Dä Jejsus hod enna vebuodn,
dou drübe mid annera Leud ze blauden. 22 Doann hod e
nuch gsochd, dass vill Laid auf na zukümmd. Ä wöäred ve
denenna, wu es Soung hoam, ougelehnd und ümgebroachd.
Ouwe drai Douch schbejde wöäred e ven Härrgodd widde
aufäweggd.

Von Nachfolge und Selbstverleugnung: 9,23–27

23 Ze allena hod dä Jejsus doann gsochd: »Wä werglich ze
mich ghöö will, däff nümme oa sich sälbe dengg; ä muss
Douch ve Douch sai Greuz auf sich nemm und miich anouch
gije. 24 Wä nämlich sai Lejm üm jejdn Brais ähald will, dää

wäds velijen. Wä ouwe sai Lejm aisedzd ve miich, dä wäds
ve ümme gewinna. 25 Wos hod a Mensch devoa, wenn e
di ganze Wäld gewinnd, ouwe dou debai es ejwich Lejm
veliejed? 26 Des aana schded fesd: Wä sich scheemd, sich ze
miich und ze maine Bodschafd ze bekenna, ve den will ich
aa neggs wiss, wenn ich widdekumm in maine Moachd und
im Gloanz ven Härrgodd und ve saina hailicha Engl. 27 Säl
souch ich euch: A boa ve denenna, wo dou schdenn, wän
nije schdärm, eh sa en Härrgodd sei Raich in däre Wäld
hoam oabrächn sähn.«

Walter Stadelmann (Einheim-Martinsheim), Kap. 9,1–27

Die Aussendung der zwölf Jünger (Die Aussendung vo denne Zwelf): 9,1–6

1 Na hadd der Jesus sei zwelf Jünger zu si ghould und hat na
Graffd und Vollmachd gaawa, alli bääsi Geisder auzudreiwa
und die Granggi gsund zu macha. 2 Dabei hadder na n Auf-
drooch gaawa, iewderoll vom Himmelreich zu derzähla
und die Leud gsund zu macha. 3 Und zwar hadder gsochd:
»Nemmd nix mied uff euern Waach, kenn Stagga und kenn
Ruggsagg, kee Broad, kee Gald und nidd amol a zwädds
Hemmerd. 4 Bleibd aweng bo die Leud, wu euch in an Ordd
aufnemma, bis der widder fordgädd! 5 Wenn sie euch obber
nidd neilass wella, dann lassts gäh! Butzd euren Kiddl vo
ihrn Schdaab oo, damid sies fei mergga!« 6 Sou hewa sich die
Zwelf aufgmachdd und senn vo Dorf zu Dorf gloffa, hewa es
Evangelium verkindichd und ieweroll die Granggi gheild.

Das Urteil des Herodes über Jesus: 9,7–9

7 Dadervou hadd der Herodes, der Ferschd vo denn Landla,
ghärd und woar si rachd uusicher, ob des fer na gued odder
schlachdd wär. Denn manchi hewan erzähld, dass der Jo-

hannes widder auferschdanda wär. 8 Anneri hewa gsochdd:
»Der Elia is widderkumma!« Widder anneri: »Eener vo die
alldi Brofeda is widder auferschdanda!« 9 Der Herodes hadd
derzua gmeend: »Denn Johannes hob i doch salwer kebbf
lass. Woss sell denn des fer a Mou sei, vo dem si solchi Sacha
derzähla?« Desdwacher hadd er na uubeding saach well.

Die Rückkehr der Jünger und die Speisung der Fünftausend (Die Abosdl kumma zerück und erlaawa die Broadvermährung): 9,10–17

10 Wie die Abosdl hemmkumma senn, hewa sien Jesus glei
alles erzähl well, woss sie derlabd hewa. Er hadd sie obber
gebremsd und is midd na allees erschd amol in die Näh
vo Bethsaida ganga. Dord hewa sie dann in Rua alles be-
schbrocha. 11 Drotzdem hadd sis bo die Leud vo dera Gäi-
scherd rumgredd und es senn ihm an Haufa nachgloffa.
Obwohl sei Rua na vorbei war, hadd der Jesus freundli
midd na gredd, hadd na vom Himmelreich derzähld und
hadd alli gsund gmachd, wus näädi ghood hewa. 12 Wies
awerds worra is, senn die Jünger kumma und hewa zum
Jesus gsochd: »Schick hald die Leud ford, damid sie sich a
Blatzla zum Schlaffa in die Därfer und Häif ringsrum sucha
und nu a bissla wos zu Assa gricha! Da wu mer edds senn,
gibbds ja gor nix!« 13 Obber Jesus hadd gandwerd: »Gabbd
na hald ihr woss zu Assa!« Na hewa die Jünger gsochd: »Mir
hewa doch bloß fünf Lääb Broad und zwä Fisch. Na messerd
mer nuch einkäff fer so an Haufa Leud!« 14 Denn es woara
bo die fünfdauserd Manner beinanner. Obber der Jesus hadd
zu die Jünger gsochd: »Lassd sie nouhogg, immer fuchzich
Leud uff an Haufa!« 15 Die Jünger hewa dann gmachd, was
na der Jesus gsochd hadd und hewa derfier gsorchd, dass
die Leud des sou gmachd hewa. 16 Der Jesus hadd na die fünf
Lääb Broad und die zwää Fisch gnumma, hadd naufn Himml

guckd, hadd an Seechn gschbrocha und hadds aufdääld. Die
Stigger had er seina Jünger nouglangd, damid sies ou die
Leud weidergab sella. [17] Wie a Wunner hadds fer alli glangd
und alli senn sadd worra. Und vo die Resdli vom Broad senn
nu zwelf Kärb voul worra.

Das Messiasbekenntnis des Petrus und die erste Ankündigung von Leiden und Auferstehung (Es Messiasbekenntnis vom Petrus und die erste Leidensonkündichung): 9,18–22

[18] A annersch Mal hadd der Jesus allees gebadd und bloß die
Jünger woara bei ihm. Na hadd er sie gfroachd: »Für wen
halda mich die Leud?« [19] Na hewa sie gandwerd: »Manchi
halda dich fürn Johannes den Täufer, anneri fürn Elia, wid-
der anneri soocha: ›Eener vo die aldi Brofeeda is widder
auferschdanda.‹« [20] Na hadd der Jesus sie gfrachd: »Und
ihr? Für wen dudn ihr mich hald?« Und der Petrus hadd
glei gsochd: »Für Godd sein Auserwählda.« [21] Obber Jesus
hadd na verbouda, des weiderzusooch. [22] Außerdem hodd
er na gsochd: »Der Menschasohn muss viel leid und die
Kerchvorschdänd, Bischef und Pfarrer werra sei Lehr nidd
gald lass und werran umbreng, obber am dridda Dooch
wird er auferschdääh.«

Von Nachfolge und Selbstverleugnung: 9,23–27

[23] Und zu allna Zuhörer hadd er gsochd: »War mei Jünger sei
will, der muss sich salwer aufgab und erschd dann kou er
mer nachfolch. [24] Denn war sei Lawa behald will, der werds
verlier; war obber waacher mir sei Lawa verlierd, der werds
redd. [25] Wos hilfds an Menscha, wenn er die ganze Weld
gwinn dääd, obber derbei sei Oord verlierd und nimmer der
Alde is. [26] Denn war sie für mich odder mei Word schaamd,
für den werd sie der Menschasohn schaam, wenn er in seina

ganza Macht kummd und in der Macht vo sein Vadder und
die heilichi Engel. 27 Ja, werkli, ich sooch euch: Vo denna,
wu darumschdänna, werra einiche den Doad nidd erlaab
bis sie es Reich vo unnern Herrgodd gsaacha hewa!«

Gunda Rechter (Bad Windsheim), Kap. 9,28–43 a

Die Verklärung Jesu: 9,28–36

28 Uugfähr acht Dooch nach denna Redn hat Jesus den Petrus,
den Johannes und den Jakobus aufd Seitn gnumma und is
mit na auf an Berg gstiegn zum Betn. 29 Wie er na so bett
hat, is sei Gsicht ganz annersch worn wie dervor, und sei
Gwand hat grell weiß gschiena. 30 Und na hemm auf aamol
zwaa Mannsleit mitn gredd. Der aa wor der Mose, der anner
der Elija. 31 Rings um sie rum wor a strohlerts Licht, und die
hemm nan vo sein End derzählt, des in Jerusalem wohr wern
soll. 32 Der Petrus und die annern zwaa, die grod a Nickerla
gmacht hemm, senn zmol aufgrumplt und hemms aa deitli
gsehng: Jesus, ihrn Master, umgebn von am strohlertn Licht
und die zwaa Männer dabei. 33 Wie die zwaa »ade« sogn
hemm welln, hot der Petrus gmaant: »Wie gut, Master, dass
mer do senn! Bau mer doch glei drei Hüttn, aana für dich,
aana fürn Mose und die dritt fürn Elija.« Er hot obber nit
gwisst, wos er do secht. 34 Nu bevor er ausgredt ghatt hat,
is a Wolkn kumma, hat ihrn Schattn auf sie gschmasst,
sie so richti eigneblt, und sie hemms fürchterli mit der
Angst zu doo kriegt. 35 Und aus dera Wolkn hat a Stimm
gsocht: »Des is mei auserwählter Sohn, auf den sollt ihr
horchn!« 36 So ball die Stimm erklunga is, worn die annern
zwaa verschwundn und bloß nu Jesus do. Die Jünger hats
die Sprooch verschloong. Und walls na wohrscheinli sou
kaans glabt hätt, hemms aa seinerzeit zu kan Menschn a
Sterberswörtla drieber verlautn lassn.

Die Heilung eines besessenen Jungen: 9,37–43 a

[37] Wies am annern Dooch in Berg noo senn, kumma ihna an Haufn Leit entgegn. [38] Und sie härn an Moh laut schreia: »Master, i bitt di, helf mein Bubn! Er is mei anzier! [39] A bäser Geist steckt in ihm und lässtn Dooch und Nacht ka Ruh. Er schreit zmol laut auf, na schüttltsn so gotterbärmli umanander, bisn gor der Schaum ausn Maul kummt. [40] Ich hob ja scho dei Jünger drum bettlt, dass den Geist austreibn. Obber die hemms nit zammbracht.« [41] »Wal ihr nix glabt«, secht Jesus drauf, »und wall ihr eich nix sogn lasst heitzudooch. Wie lang muss i denn nu bei eich sei und eich aushaltn? Bring nan her, dein Sohn!« [42] Der Bu is kumma. Obber im selbn Moment ploochtn der Dämon grod bsonders arg, schmasstn aufn Boden und zerrtn hie und her. Do hatn der Master tüchti die Meinung gsocht, richti droht hat er den unreina Geist. Na hat er den Bubn gsund gmacht und an sein Vadder zrückgebn. [43 a] Do wor vielleicht wos los! Die Leit hemm si gor nemmer kriegt vor lauter Stauna. Hemms doch mit eigna Aang gsehng, wie groß und mächti der Herrgott is.

Franziska Schumm (Hirschaid), Kap. 9,43 b–62

Die zweite Ankündigung von Leiden und Auferstehung (Er hot Bescheid gäwisst): 9,43 b–45

[43 b] Alla Leut hom gstaunt übä des, wos dä Jesus gäto hot, er hot obä zu sei Freund gsocht: [44] »Etz hört amol zu, wos ich euch soch, und merkts euch! Den Menschnsohn krieng die Leut eines Toochs in die Fingä!« [45] Obä sei Freund hom gor net begriffn, wos er domit gämaant hot. Sie hom sich obä a net frong gätraut, wos er domit song gäwöllt hot.

Der Rangstreit der Jünger (Er hot sa na gsocht): 9,46–48

46 Die Jüngä hom sich amol gfrocht, wer untä ihna dä Größt
is. 47 Jesus hot natürlich gämerkt, wos in ihna vorgeht. Do
hot er a Kind nebä sich nogstellt 48 und hot gsocht: »Wer
wechä mir des Kind moch, der moch a mich, und wer mich
moch, der moch a den, der mich zä euch gschickt hot. Denn
wer dä Klennst untä euch is, der is dä Größt.«

Der fremde Wundertäter (Säd froh, wenn anä wos tut): 9,49–50

49 Do hot Johannes gsocht: »Mastä, mir hom gsäng, wie anä
in dein Noma an bösn Geist ausgätriebn hot, und mir hom
gsocht, dass der des net därf, well er jo net mit uns und
mit dir geht.« 50 Do hot Jesus gsocht: »Lasst na doch to, wos
er moch. Wer nix gechä euch hot, der setzt sich sogor für
euch ei.«

Die ungastlichen Samariter (Net amoll a Kämmerla hom sie für na): 9,51–56

51 Wie die Zeit kumma is, wu Jesus nein Himmel aufgä-
numma wern gsöllt hot, hot er des Gfühl ghobt, dass er
widdä amol auf Jerusalem geh söllät. 52 Do hot er a por Leut
vorausgschickt. Die sen nei an samaritanischn Dorf kumma
und hom a Kammern für na sung gäwöllt. 53 Obä die Leut
hom kans hergebn, well er auf Jerusalem gäwöllt hot. 54 Der
Johannes und der Jakobus hom a Wut gäkriecht und hättn
am liebstn des ganz Dörfla ogäzündt. 55 Obä Jesus hot sich
rümgädreht und hot sie gschend. 56 Donn sen sie mitänander
nei an annern Dorf ganga.

Von der Nachfolge (A weng a Öpferla muss mä scho brenga): 9,57–62

57 Wie sie weitägäzong sen, hot den Jesus a Mo ogäredt und
hot gsocht: »Ich will mit dir geh, egal wus nogeht!« 58 Do hot
Jesus drauf gsocht: »Die Füchs hom ihr Höhln und die Vögl
ihr Neest, obä dä Menschnsohn hot ka Eckala, wu er a weng
sein Kopf nolegn könnät.« 59 Zu an annern hot er gsocht: »Du
könnerst mit miä geh!« Der hot obä gemaant: »Ich müssät
obä schnell nuch ham geh und mein Vottä bägrobn!« 60 Do
drauf hot Jesus gsocht: »Loss die Totn die Totn bägrobn. Du
gehst auf auf jedn Fall naus die Leut und klärst sie auf, dämit
sie Bäscheid wissen!« 61 Widdä a annerer hot gämaant: »Ich
will scho mit dir geh, obä zävor will ich doch däham Ade
song.« 62 Do drauf hot Jesus gsocht: »An, der sei Händ scho
amol no sein Pfluch gälecht hot und sich numoll rümdreht,
an söttn ko dä Herrgott net braung!«

Bernd Ph. Pommer (Nürnberg), Kap. 10,1–22

Die Aussendung der zweiundsiebzig Jünger: 10,1–16

1 Dernouch hoat der Herr Jesus nuu zwaarersibzg andere Leit
ausgsoucht und houts pärlesweis in alle Städt und Dörfla
gschickt, iiberoal dorthie, wou er selber ah hie gwollt hout.
2 Bevuurs ganga sinn, hout ers noh eihgwiesn und zu ihna
gsacht: »Gscheit vill Ärrbert gibbts, obber vill zweng Leit,
däi wou däi Ärrbert dou däitn. Allso froucht ba dem Herrn
nouch, der wou fiir däi ganze Ernt zouständi is, obb er net
nuu mehr Leit schickn kännt, wall mer däi ganz einfach
braung däitn. 3 Dees soll aich obber net drou hindern, dass
ihr aich ähwail affn Weech macht, aah wenner maant, dass
aier Ärrbert buchstäbli iss alls wai der schprichwärtli Tropffn
affn haassn Schtaa. 4 Nämmt aich nett vill miiet, vuur allm kaa

Geld und aah ka grouss Veschper und lasst aah aire Schouh
derhamm und laaft barrfertz. Lasst aich nett vu ann jedn
aafhaltn, wenner unterwegs said und raatscht aah net mitern
jeedn, wou aich iibern Wech läfft. 5 Wenner dann obber zu
ern Haus kummt, dann sachter recht fraindli ›Grüß Gott‹!
6 Und wenn dou aah nuu äh gouter und friedlicher Mooh
iss, dann werd der aich fraindli empfanger. 7 Dou kennter
aah dortn blaim und zum Essn und Trinkn aikeehrn. Ihr
kennt alles oohneehmer, woos aich der Mooh gibbt, wall
deem, der wou räächtschaffn ärrbert, dem schtäiht aah sei
rächter Loohn zou. Gäiht obber net vuu amm Haus zumm
andern. 8 Wenner dann obber in äh Schdoodt kummt, und
ihr trefft aah dortn aff errn gastfraindlichn Menschn, dann
esster dees, woos aich der vuursetzt. 9 Kümmert aich dort
umm die Krankn und pfleechts, dass widder gsund werrn,
und schprecht ihna aah ern Droust zou, wenns nerrn braung,
und sacht iihner, dass alles bald goud werd, wenn iss Raich
Gottes ball kummt… 10 Und wenner amool in ä Schdoodt
kummt, wous aich net meeng und wouer net gern gsehng
said, dann gehter naus aff die Schtraß und sacht zu däi Leit:
11 ›Allso vo aich, dou woll mer net amool in Dreek, der wou
an unsere Fäiss droh is. Den louh mer aich ganzergoah douh,
obber aahns, des sollter aah noh derfoarn: Der Herrgott
kummt ball.‹ 12 I mou aich soong: In Soddomm wärds net
ähsuu zougäih, alls wäi in derer Schdoodt an dem Dooch!
13 Pass ner aaf, Chorazin! Werst ers scho seehng, Betsaida!
Wenn amool in Tyrus und Sidon Wunder gschehng, suu als
wäi bai aich, dann werrn däi Leit oohdächti und schääma
si, iich maahn, si wern ganzergoar buußferti. 14 Deene vo
Tyrus und Sidon wärds net äsuu schlecht gäih alls wäih aich
an dem Dooch. 15 Und du, Kafernaum, maahnst du quiies,
du kummst in Himml naaf? Quiies net, ganz täif in d'Hell
kummst nunter! 16 Wer obber aaf aich häirt, der häirt aff

miiech, und wer obber geecher aich is, der is ah geecher miiech; wer obber geecher miiech is, der stellt si geechern Herrgott, und der hout ja schliessli miiech gschickt.«

Der Lohn der Jünger: 10,17–20

17 Wäi däi zwaarersibzg widder hammkumma sinn, homms
vuller Fraid derzillt: »Horch amool, Herr, suugoar däi Dä-
mooner homm uns gfolcht, wenn miier blous dain Noomä
gsacht homm.« 18 Dou hout der Herr draff gsacht: »Iiech
hobb in Taifl wäi errn Blitz vomm Himml noufoahrn säingh.
19 Sechters, iiech hobb aich die Vollmacht geehm, dasser
dees ganze Ungeziiefer zammdrampln därft und dass aich
dabei nix passiiern wärd. 20 Obber said net schoodenfrouh,
sondern fraid aich driieber, dass si der liiebe Gott an aire
Nooma erinnern wärd.«

Der Dank Jesu an den Vater: 10,21–22

21 Und glei noh in dera Schtund hout der Herr Jesus gsacht
– und dou mouh derr heiliche Geist iiber iihn kummer sai,
vuller Fraid hout er sein Vadder droom im Himml briesn,
wall der däi Siebngschaidtn dees net hout wissn loun, woos
er däi net suu Gschaidtn baibracht hout –, äsuu hot der Herr
Jesus gsacht: »Fraili, Vadder, äsuu houst ers räicht dou 22 und
äsuu hobb is voo diier glernt. Kanner waass, wer der Herr
Jesus is, alls wäi der Vadder im Himml, und kanner waass,
wer der Vadder is, blouss der Herr Jesus und däi, deene wou
ers wissn louä will.«

Heidi Taubenreuther (Bayreuth), Kap. 10,23–42

Die Seligpreisung der Jünger: 10,23–24

23 Der Jesus hod amoll ze seina Jünger gsocht: »Iss des net
schee, wos ihr alles derlebt? 24 Ich soch eich, vill Propheten

und Könich wollerten des sängn, wos ihr etzt secht. Sie wollerten gern hern, wos ihr etzt herd, obber sie homs ned gherd!«

Das Beispiel vom barmherzigen Samariter: 10,25–37

[25] Amoll wolld a Schriftgelehrter den Jesus auf die Prob stelln.
Er frocht na: »Wie kumm ich zen ewichn Lebn?« [26] Do sochd
der Jesus: »Schau noch, wos im Gesetz drin steht.« [27] Der
Schriftgelehrt antword ihm drauf: »Du sollst dein Herrn und
Godd liebn und an jeden Mitmenschen wie dich selber!«
[28] Der Jesus hod na recht gehm und hod gsochd: »Mach
des aa asu und du wersd lebn.« [29] Der Schriftgelehrte obber
wolld erklärn, worum er gfrochd hod, und hod zen Jesus
gsochd: »Und wer is mei nächster Mitmensch?« [30] Do hod
na der Jesus a Gschicht als Beischpill derzählt: »A Mo is
vo Jerusalem noch Jericho ganga. Unterwegs hom na Reiber zamgschlogn und hom na halbtod liegn glassn. [31] Dann
is a Priester vorbeikumma, der hod gedo als sächerter na
ned. [32] Als nechster is a Kerngdiener vorbeikumma, der hod
aa wechgschaud und is weiderganga. [33] Und dann kom a
Samarider deher, des is a Ungläubicher, obber der hod si
glei um na gekümmert. [34] Er hod na die Wunden verbunden
und Wein und Öl drübergossn. Dann hod er na auf sein
Esel gsetzt und hod na ins nächsta Wertshaus gebrocht.
[35] Am annern Doch musst der Samarider weider. Er hod
obber dem Wert a Geld gehm, dass der den orma Mo gsund
pflegn konnd. Er hod aa nuch gsochd: »Pfleg na! Wenn des
Geld ned reichd, griechst nuch ans, wenn i widder kumm.«
[36] »Wos maanst«, sochd der Jesus, »wer von dena drei hod
si am besten verhalden?« [37] »Naddierlich der, der na gholfn
hod.« Do sochd der Jesus: »Etzt waaßt du a, wos du ze do
hosd.«

Maria und Martha: 10,38–42

38 Auf seiner weidern Reis is der Jesus in a Ortschaft kumma,
wo ihn a Fraa aufgnumma hod, die hod Martha ghaaßn.
39 Die hod a nuch a Schwester ghat, die Maria. Wie sichs
der Jesus aweng bequem gemachd hod, hod sich gleich die
Maria ze ihm nogsetzt und wor ganz wissbegierich auf seina
Gschichtn. 40 Die Martha is im Haus rumgfuhrwerkt, hod
gebutzt und gebacken. Noch aaner Zeit is sa zen Jesus nei und
hod ze na gsochd: »Wie finds du denn des? Iich muss die
ganz Ärbert machn und die Maria hockd bluß do und horchd
dir zu?« 41 Do maand der Jesus: »Ach Martha, siechsd du denn
ned, wie unwichtig des is, wos du do machsd. 42 Sixters, es
is bluß aans wichtig. Die Maria hod des bessera Tal gwähld.
Des, wos sa bei mir herd, konn ihr kaaner mehr nehma.«

Regina Baumgärtner (Weisendorf), Kap. 10,25–42

Das Beispiel vom barmherzigen Samariter
(Äss Beischbill vom barmherzichn Samaridder): 10,25–37

25 Dann is so a Gsedzeslehrer aufgschdandn, a Deolooch,
braggdisch aaner vo deena, die däfoo ieberzeichd sänn, dass
ieberhabbds bloß ihresgleichn kabiern, woss im Herrgodd
sein Gsedzbiechla drinnschdehd und wosser dämied maand.
Und drumm isser voarn Jesus noodreedn und wolldna mid
seiner Frooch doo gscheid neisausn lossn. »Horrch, Massder«,
hodder gsachd, »woss mussin machen, dassi äss eewiche
Leem hob?« 26 Doodrauf dä Jesus: »Woss schdehdn im Gsedz-
biechla drin? Woss leesdn dord?« 27 Und dä Gsedzeslehrer
sachd: »Du sollsd änn Herrn, dein Godd, vo ganzn Herzn
gern hamm, mid Leib und Seel, mid Haud und Hoarn, mid
deiner ganzn Graffd und in allm, wossd denggsd, und: Du
sollsd dein Nächsdn genauso gern hamm wie dich selber!«

28 Doodrauf dä Jesus: »Du hossd Rechd. Handl dänooch und
dir gehds guud.« 29 Dä Gsedzeslehrer wolld obbä gloarmachn,
warumäna die Frooch doo gschdelld hodd, und drum sach-
der zum Jesus: »Ja, und wer iss mei Nächsdä?« 30 Doodrauf
däzähldn dä Jesus a Beischbill: »Bass auf! A Mo iss vo Je-
rusalem nooch Jericho noogloffn *(des iss ungfähr aweng weider
wie vo doo auf Erlang nei)* und aufn Weech dordnoo hommna a
boar Reibä ieberfalln. Zerrschd hammsna alles gschdulln,
wosser ghabbd hodd, und dann hammsna nu nieder-
gschloong und hammna einfoch hallmi dood lieng lossn.
31 Obbä wies dä Zufall mooch, woar grood aa a Bfarrä aufm
sellm Weech, hoddna zwoar dord lieng sehn, iss obbä weider.
32 Aa a Kirchnbfleecher iss oon dera Schdell vorbeikumma
und hoddn dord lieng sehn und iss aa weider. 33 Dann iss a
Moo aus Samarien vorbeigriedn kumma, gwaasi a Ungläu-
bicher und kaanä vo doo, a Fremdä, der auf dä Durchreis
woar. Wiä den so hallmi dood doo lieng gsehn hodd, hod-
däsi glei däbarrmd, 34 iss zu na noo, hoddn seina Wundn
ausgwaschn und hoddsi väbundn. Dann hoddän auf sein Gaul
naufghoom, hoddn a Unterkumbfd besorrchd und iss fierna
aufkumma. 35 Am annern Frieh hodder zwaa Geldscheine aus
sein Geldbeidl rauszuung, hoddsi änn Wierd nooglangd und
zu na gsachd: ›Sorrch fier na, und wenns ned langa sollerd,
zohlisder, wenni widdä vorbeikumm.‹ 36 Woss maansdn: Wer
vo deene drein hoddsin edz doo als der Nächsdä vo dem
erwiesn, der vo die Reibä ieberfalln woarn iss?« 37 Doodrauf
dä Gsedzeslehrer: »No der, der si däbarrmd und aa glei
ghandld hodd.« Doodrauf sachd dä Jesus zu na: »Siggsdäss,
dann geh und machs genauso!«

Maria und Martha (Die Marri und die Marrda): 10,38–42

38 Nach sänns midnannä weidäzuung und sänn dann in a
Dorf kumma. A Fraa, die Marrda ghaaßn hodd, hodd änn

Jesus freindli aufgnumma. 39 Sie hodd aa nu a Schwessdä
ghabbd, dess woar die Marri. Die Marri hoddsiss glei zum
Herrn seini Fieß drunddn begweem gmachd und auf jeeds
vo sein Worrd glauschd. 40 Obbä die Marrda hodd doodäzu
einfoch ka Zeid gfunna, wall si bloß dämied beschäfdichd
woar, wossi alles fier na duun könnäd. Wallsra scheinds zu-
vill woarn iss, issi dann zu na noo und hoddsi beschweerd.
»Herr«, hodds gsachd, »soochamoll kümmäddsdi goarned,
dass ich mich soo ooblooch und mei Schwessdä die ganze
Ärrbärrd mir ieberlässd? Sooch doch, sie sollmä helfn!«
41 Doodrauf sachd dä Herr zunra: »Marrda, Marrda, du
bloogsdi gscheid und machsdä vill zu vill Sorrgn. Und ich
verlang dess fei goar ned. 42 Schau her, bloß aans iss noodwen-
dich und däd aa dei Nood wendn. Die Marri hodd dess fier
sich erkannd und dees sollära aa ned gnumma werrn.«

Franziska Schumm (Hirschaid), Kap. 11,1–26

Das Gebet des Herrn (Wie mä betn sölln): 11,1–4

1 Jesus hot widdä amol a an ruhichn Plätzla gäbät und wie er
fertig wor, hot anä vo sei Jüngä gsocht: »Mastä, du könnerst
uns a es Betn lerna. Der Johannes hots doch sei Jüngä a
gälernt.« 2 Do hot Jesus gsocht: »Wenn ihr betn wöllt, so
müsst ihr so song:

> Vottä, dei Nomä is heilich,
> eines Toochs kummst.
> So wies däss du willst, so solls a sei.
> 3 Gib uns alla Tooch Brot,
> däss mä kann Hungä leidn.
> 4 Und väzeih uns des,
> wos mä net recht gämacht hom.
> Mir machens donn genauso mit dena,
> die uns wos agäto hom,

und säch, däss mä net vom rechtn Wech abkumma
und o dir zweifeln.«

Das Gleichnis vom bittenden Freund (Blos net nochgebn): 11,5–8

5 Donn hot er zä ihna gsocht: »Wenn anä vo euch an Freund
hot, der zä mittlera Nocht zu dem nogeht und na ausn Bett
jocht und sächt: ›Geh zu, mach schnell auf! 6 Ich hob grod
etzät Bäsuch vo mein altn Spezi gägricht und hob nex im
Haus. Könnerst du mir net a weng a Brot leiha, ich hob
nämlich kann Bissn dähamm!‹ 7 Dann sächt der vielleicht
do drinna: ›Loss mich in Ruh, mei Kinnä schlofn scho und
du brauchst sie etz net aufweckn und mei Haustür is a scho
zugäriegelt. Maanst, däss ich do etz nuch amoll aufsteh!‹ 8 Ich
soch euch obä: Er steht sichä net auf, wells sei Kumpl is, obä
er steht auf, well na der ka Ruh lässt und net nochgäbt.«

Vom Vertrauen beim Beten (Es ko net schodn): 11,9–13

9 »Drum soch ich euch: Wenn ihr wos möchät und schö
›Bittschö‹ socht, dann werd ihrs ganz gwieß a krieng, 10 und
wenn ihr wos sucht, donn werd ihrs a finna, und wenn ihr
aklopft, dann werd euch a aufgämacht. 11 Odä is vielleicht a
Vottä untä euch, der seim Bum a Schlanga gibt, wenn der
an Fisch möchät, 12 odä an Skorpion, wenn der a Ei möchät?
13 Wenn also scho ihr, wu ihr alla eueä Fehlä hobt, euer
Kinner blos es Besta gäbt, wieviel mehr werd dä Herrgott
dena gem, die na um wos bittn.«

Verteidigungsrede Jesu (Nex gfalln lossn): 11,14–23

14 Jesus hot widdä amol an bösn Geist ausgätriebn, der wu
stumm wor. Wie dä Geist aus dem Stumma rausgfohrn is, hot
der Mo widdä redn gäkönnt. Die Leut hom ner so gäglotzt.
15 A poor hom gsocht: »Der steckt doch mitn Teifl untä anä

Deckn und deswegn träbt er die bösn Geistä aus.« 16 A poor andära homna auf die Prob stelln gäwöllt und hom gädocht, er müssert doch amoll a weng a Zeichn vom Himml vorweisn könna. 17 Doch Jesus hot gämerkt, wos die denkn, und hot gsocht: »Überoll, wu wos zärissn is, geht a Trum nochn annern flötn. 18 Wenn also dä Teifl mit sich selbä strät, donn kon ich doch net ihm die bösn Geister austreibn 19 und mit wem ärbern donn euä Leut zamm? 20 Wenn ich mit Gottes Hilf die bösn Geister austreib, donn müssert ihr doch spürn, dass des vo obn kummt. 21 So long a kräftichä Mo sei Haus und Hof bäwacht, ko ihm kanä wos nehma. 22 Wenn obä a Ries kummt, donn ko der mit na fertig wern. Er nemmt na sei Gäwehr wech, wu er mit schießn gäwöllt hot, und vätaalt donn sei ganz weng Zeuch. 23 Wer mit mir nex zä to hom will, der is mei Gegnä. Wer mit mir net die Leut zammhält, der träbt sie ausänandä.«

Von der Rückkehr der unreinen Geister : 11,24–26

24 A unreinä Geist, der an Mo gscheit gäbeutelt hot, is aus na rausgfohrn und durch die Wüstn gäloffn. Dort hot ä a Eckäla gsucht, wu er bleim könnät. Wenn ä kans findt, sächt ä vielleicht: »Ich will doch liebä widdä ham, denn däham is däham.« 25 Und wenn er obä bei den Mo widdä eiziegn ko und es gfällt na, 26 donn holt ä sich nuch siebn annära Geister, die wu noch vill schlimmä sen als er, däzu. Die machen sich donn braat und dem arma Hund gehts donn schlächtä als zävor.

Elfriede Bidmon (Rednitzhembach), Kap. 11,27–54

Zweierlei Seligpreisungen (Zwaarälaa Seelichpreisunga): 11,27–28

27 Wäiä su gred hat, hat as di Haufm Leit pletzli a Frau rausgschria: »Däi Frau, wou dii aaf di Weld bracht und diä di

Brust geem hat, derf si werkli glickseeli preisn!« [28] Draf hat
Jesus obä gsacht: »Glickseeli kenna alli däi saa, wou an Godd
glaam und aaf ihn horng.«

Die Verweigerung eines Zeichens (Jesus soll an Beweis bringa): 11,29–32

[29] Immä mäiä Leit sen zo Jesus hiegloffm und hom si wäi di
Draubm an ihn drooghängt. Sie hom nern zoughäiert, hom
nern mit Froung ieberhaift und barduu aanu a Zeichn vo
Godd als Beweis hom wolln. Dou hat Jesus zo ihna gsacht:
»Wäi klaaglaibi di Leit doch heitzerdooch sen, richdi klaa-
karierd und sensazionshungri. Sie wolln nix glaam und wolln
net horng, mechtn zerscht groußi Wundä sehng, Zeichn,
wou nä asuu vom Himml borzln. Obä es werd kani Zeichn
mäiä geem. Naa, fei werkli net! Wall Godd hat scho in
Brofeedn Jona gschickt. Und alles, woos durch den Jona
gschehng is, is echt a Zeichn vo Godd. [30] Und su wäi dä
Jona, den Godd gstrouft hat, wallä hat net horng wolln, a
Zeichn fier di goddlästerlichn Leit vo Ninive woar, su is dä,
den Godd af di Erdn gschickt hat, a Zeichn fier di Leit vo
heit. [31] Obä an den Dooch, wou abgrechnt werd bam Letztn
Gricht, werd di Keenichin asm Süüdn afstäih und di Leit vo
heit ookloong, dass net ghorcht hom. Wall sie is bis vom
andern End vo dera Weld zon Salomo kumma, dass ihn hat
zouhäiern kenna. Und etz stäiht dou anä dou, dä nu vill
gräißä is, wou suu grouß is, wäis dä Salomo im Leem häit
nie und nemmä saa kenna. [32] Bam Letztn Gricht wern obä aa
di Leit vo Ninive dou saa und di Leit vo heit ookloong. Wall
sie, di Leit vo Ninive, hom afm Jona ghäiert. Wäiä sie vurn
Goddesgricht gwarnt hat, hom sersi ieber Nacht bsunna und
hom glabt. Und etz stäiht dou anä dou, dä nu vill gräißä
is, wou suu grouß is, wäis dä Jona im Leem häit nie und
nemmä saa kenna.«

Vom Licht und vom Auge (Vom Läicht): 11,33–36

[33] »Also naa! Äs zindert doch net anä zerscht a Läicht oo,
dassers glei widdä ins letzti Eckla stellt und su kanä woos
dävoo sicht. Mä sollert sei Läicht aanet untä an Scheffl stelln,
sondern oomadraf. Wall a Läicht soll leichtn, soll stroahln,
dass a jedä sein Weech douhie find, dassä waß, dou, wou
äs Läicht is, dou mechtä hie, dou isä derham. [34] Deini Aung
geem diä äs Läicht. Sulang deini Aung gsund sen, is in diä
alles hell und läicht. Sens obä krank, dassd nix mäiä sichst,
is in diä blouß nu finstri Nacht. [35] Pass also goud aaf, dass in
diä immä äs Läicht is und si aa durch di Hintätiä nix Finsters
ba diä einist. [36] Und wennst etz werkli ganz und goar vom
Läicht durchdrunga bist, nix Bäis in diä drinna steckt, nou
werst ieber und ieber leichtn, als täitn dausnd Lambm aaf
di niedästroahln.«

Worte gegen die Pharisäer und die Schriftgelehrten (Geeng di Farisäer und di Schriftgelehrtn): 11,37–54

[37] Wäi Jesus mit seinä Bredichd ferdi woar, is a Farisäer, wou
ba di Leit goud oogsehng gwen is, zonin hiekumma und
hat ihn zom Essn eigloodn. Dou is Jesus mit ihn ins Haus
neiganga und hat si dort zon Diesch hieghockt. [38] Obä wäi dä
Farisäer nou gsehng hat, dass Jesus vurn Essn seini Hend net
mit an Weihwassä gwaschn hat, woar dä fei richdi gschockt.
[39] Dou hat Jesus zonin gsacht: »Ach, ihr groußkotzerdn Fa-
risäer, ihr! Di Dellä und Dassn in eiri Schränk sen zwoar
blitzsaubä. Obä selbä, däif in eich drinna, seidä vur laudä
Rachgier dodoal zäfressn, seidä echt gifdi, niedädrächdi und
bäis. [40] Ihr västäiht werkli ieberhapts nix! Hat net dä, wou di
Woar vo außn gmacht hat, net gleichzeiti äs Innere aa miet
gschaffm? [41] Schenkts läibä des, woos in di Schissln drinna is,
mit Freid und offna Hend di Arma, wous noutwendi braung.

Nou is alles goud und richdi: eier Herz, eier Essn und aa di
Schissln derzou. 42 Obä wartet nä, ihr Farisäer! Mit an Haufm
Gwerch spends ihr Godd in zehntn Daal vo eirä Ernt, vom
Gmäis bis hie zon klenstn Kichnkraitla. Ihr sollert obä aa
geengieber di andern gerecht und barmherzi saa und sollert
aa Godd eier Herz schenkn. Mä derf net immä blouß des
aane tou, naa, mä derf des andere fei aanet vägessn. 43 Wartet
nä, ihr eitln Farisäer! Ihr mecht ieberol vonna droo saa,
wollt in di Goddeshaisä in dä erschtn Reiha hockn, ba di
groußn Feiern af an Ehrnplatz drohna und af dä Straß anuu
vo alli Leit ehrfirchti gräißt wern. 44 Wartet nä, ihr Farisäer!
Ihr seid wäi di Greebä, däi kanä mäiä sicht und wou di
Leit driebätanzn, ohni dass wissn, woos fiera Moodä untä
ihri Fäiß vägroom is.« 45 Sichtli droffm hat a Schriftgelehrtä
dou mit amol gjammert: »Ach Masdä, wennst suu ieber
uns herzäichst, machst uns ja vur dä ganzn Weld lächerli
und schlecht.« 46 Draf hat Jesus nou gsacht: »Wartet nä, ihr
vurnehma und subägscheidn Bredichä! Ihr machts äs di
Leit, wou glaam, immä schwerä, packts ihna immä mäiä
Gsetza, immä mäiä Vurschriftn aafm Buckl nauf, dass sies
ball nemmä dertroong. Obä ihr selbä, ihr macht däbei kan
Fingä krumm. 47 Wartet nä! Scheiheili baut ihr fieran jeedn
Brofeedn, den wou eiri eigna Vurfoahrn umbracht hom, a
riesichs Denkmoal und lacht eich däbei aans ins Feisdla.
48 Derawaaln gebts ihr dou zou, dassä di Naachkomma vo
den Mördäpack, dass ihr net anderschts seid. Machts nä
asuu weidä! 49 Godd waß alles ieber eich. Desweeng hatä aa
vurausgsacht: Ii werd Brofeedn und Abostl zo ihna schickn.
Und sie wern hergäih und wern ane vo ihna doudschloong,
widdä anderi väfolng odä ausbeidschn. 50 Und des ganzi vo
den vägossna Bloud werd etz ieber eich kumma. Mit eich
werd abgrechnt wern. Ihr mäißt etz groodstäih fier des
grausami Hieschlachtn vo di Brofeedn, und zwoar vo Oofang

oo, seit dera Zeit, wou di Weld af dä Weld is, 51 vom Aabl bis hie zon Zacharias, dens zwischn den Dembl und in Aldoar derschloong hom. Ii soochs etz nu amol: Äs ganzi Bloud werd ieber eiri Generazion, ieber eich Leit vo heit kumma. 52 Wartet nä, ihr Bredichä, ihr Haichlä! Ihr lasst net zou, dass anä in Schlissl fier di Tiä zon Godderkenna find. Ihr selbä wollt net nei und di andern västelltä in Weech, dass aanet neikumma.« 53 Wäi Jesus nou zon Haus naus is, hom di Schriftgelehrtn und di Farisäer väsoucht, ihn mit an Haufm Froung zo fanga. 54 Sie wollt nern aushorng, ihn Falln stelln, dassäsi selbä drin fängt und sie ihn nou packn kenna.

Hans Hagel (Hallstadt), Kap. 11,27–54

Zweierlei Seligpreisungen (A Selichpreisung von Jesus): 11,27–28

27 Wieä so gäredt hot, do hot a Fraa mittn aus die Leut raus ganz laut zäna gsocht: »Selich die Fraa, wu dich ausgätrong hot und o dera ihrn Gäbrüst wusd du gänucklt host.« 28 Eä obä hot gsocht: »Ja, selich sän die, die wu äs Wurt Gottes hörn, in sich neisaung und sich dänoch richtn.«

Die Verweigerung eines Zeichens (Eä hot an Bäweis abgälehnt): 11,29–32

29 Die Leut obä hom sich ümmä weitä hergämöät. Do hotä zän Redn ogfangt und hot gsocht: »Ihr und euä Zeitgänossn, ihr seid a ganz hintäfotzicha, bösorticha Gsellschaft; ihr wöllt Zeingä und Bäweise, obä do hobtä euch gäbrennt. Äs gibt genau nex andersch wie des Beischpiel von Jona. 30 Wäl gänauso wie dä Jona selbä a Zeing wor fä die Leut vo Ninive, gänauso werds dä Menschnsohn sei fä euä Gsellschaft! 31 Außädem werd a Könichin ausn Südn bein jüngstn Gäricht zägleich mit dä heiting Gsellschaft aufträtn und sie nei die

Pfanna haua; sie wor nämlich am End vo dä Welt, dämit
sie ausn Salomon seina Weisheitn lernt. Und heit, genau do,
do steht aanä, der is gwieß viel mehrä wie mol dä Salomo
wor. 32 Und die Leut vo Ninive wern aufträtn bein jüngstn
Gäricht mit euära Gsellschaft und wern sie vädamma; wäl
die hom noch dä Vämahnung von Jona Buß gäto. Und wie
scho gsocht, do tut sich weit mehrä wie bein Jona.«

Vom Licht und vom Auge (Wos äs Licht fä a Bädeutung hot): 11,33–36

33 »Kaans zünd a Licht o und stellts nei an hintän Eck odä untä
an Aamä odä an Hoofn. Naa, eä tuts nei an Goleuchtä (gotischer
Leuchter) und stellts dann auf an Platz, wu jedä, deä wu neigeht,
des Licht aa leuchtn sicht. 34 Fä dich selbä sän dei einga Aang
äs Licht. Lesst sie fä lautära und schöna Dingä offn sei, dann
bist du sälbä fast wie a Licht und strahlst auf dei Umgebung
zärück. Wennsd obä dei Aang auf Schlechtichkeitn richtn tust
und ständich bloß Schlackäreien, Sauäreiheitn und Gäwalt
oschaua und auf dich eiwirkn lesst, dann werds in diä aa
bäzeitn dustä und du wersd fäs ächta Licht einfach blind.
35 Drum mußt unheimlich aufpassn, dassd net selbä zä an
Finstäling wersd. 36 Wennsd obä mit hella Aang rümgehst
und durchblickst, dann hot die Dunklheit kan Platz in diä
und äs is dann so, wie wennsd du selbä vo an Scheinwörfä
ogstrahlt wersd.«

Worte gegen die Pharisäer und die Schriftgelehrten (Dena Pharisäer und Schriftgälehrtn werd massiv gädroht): 11,37–54

37 Wieä nuch so gäredt hot, hot na a Pharisäer eigälodn,
mitna Brotzeit zä machn. Do isä neiganga und hot sich non
Tisch ghöckt. 38 Wie da Pharisäer des gsähng hot, hotä sich
dro gschtoßn, dass Jesus sei Hend net dävuä gäwaschn hot.

39 Deä obä hot zuna gsocht: »Ihr Pharisäer seidera! Ihr halt
scheinheilich äs Gscheeä äußälich saubä, obä innawendich
seid ihr vollä Rachgier und Schlächtichkeitn! 40 Hot euch
dä Herrgott net bloß än Laama und än Ton fäs Gscheeä
gäm, sondän aa des, wos neighöät? 41 Und wenn ihr euch
däzu durchringa tätät, des, wos in die Schüssln und in die
Hääfn drinna is, ehrlich die Arma auszätaaln, dann wär do-
durch alläs a saubära Sach. 42 Obä ihr werd wohl sähng, ihr
Pharisäer! Ihr gäbt zwoä än zeädn Taal von Gämüs, vo die
Gäwürzä und allerahand andersch Zeuch, obä ihr vägässt
däbei gärächt zä sei und o dä Gotteslieb, do gät ihr ganzägoä
väbei. Däbei söll mä unbädingt äs aana to und äs andära
auf kan Fall vänochlässinga! 43 Und nuchamol, weh euch, ihr
Pharisäer! Ihr höckt in die Synagogn vorndro in die örschtn
Benk und auf die Marktplätz statzt ihr rüm, dassdä vo die Leut
gsähng werd. 44 Obä weh euch! Ihr seid wie die zugädecktn
Gräbä, wus dinna schmoät, gärt und fault! Und die Leut laafn
drübä und ahna nex dävo, wos sich do untn abspielt und wie
sä sich amend osteckn.« 45 Dodrauf hot aanä vo die Schrift-
gälehrtn Widäpart gäleist und hot zuna gsocht: »Mastä, mit
dera Red bäleidigst du uns fei aa.« 46 Eä obä hot gsocht: »Weh
aa euch, ihr Siemmolgscheitn! Ihr tut die Menschn unäträg-
licha Lastn aufbürdn und ihr selbä drückt euch, wu ihr könnt.
47 Und nuchmol, weh euch! Ihr setzt mordsmäßicha Grobstaa
auf die Gräbä vo die Prophetn; und euära Vätä hom sa üm-
gäbracht. 48 Domit billicht ihr die Untatn vo euära Vätä. Die
hom Blut o die Hend und ihr setztäna nuch drümmä Grobstaa
no. 49 Drum secht die Weisheit von Himmlvorrä: Ich willäna
Prophetn und Apostl schickn, und einicha vo dena wern sie
jong und ümbrenga. 50 Obä net bloß vo dena, sondän fä alläs
Blut, wu vägossn wurn is, seit die Welt erschaffn wurn is.
51 Von Abl ogfangt bis zän Zacharias, den wu sie zwüschn än
Altor und än Templ ogägirgld (*die Gurgel, die Kehle durchschneiden,*

ermorden) hom. Ja, nuchmol soch ichs euch, fä des alläs muss
euä Gschlecht büßn! [52] Und weh aa euch, ihr Schriftgälehrtn!
Ihr selbä hobt die Leut än Durchblick väwehrt und praktisch
än Schlüssl fä die Tüä zä die Erkenntnis, nämlich vo dem,
wos mä übä die Gottesherrschaft wissn muss, wechgäräumt
und ihr selbä hobt des Wissn aa vo euch wechgschom und
die, wu die Erkenntnis gsucht hom, dena hobtä sie aa vä-
wehrt!« [53] Und wieä dann vo dat nausganga is, hom sa sich
o na nogämöhrt, hom na mit Frong gälöchät [54] und die Urn
gschpitzt, ob ä sich net väpappln tät und wos sochät, wos
sie gechä na väwendn könntn!

Christian Neubauer (Windheim), Kap. 12,1–21

Warnung vor der Heuchelei der Pharisäer: 12,1–3

[1] Gen Doch is a Herd Leut zomma kumma und hom ananner
gestusen. Jesus hod sich ümgedrehd und zu seina Kollegn
gsochd: »Passd fei auf uff de Bruddag vo dena Fariseer, dei
alden Leungbeudl. [2] Ness ko su haamlich gemocht wer, dess es
die annern nied mergn diedn, und näimed ko wos verberch,
ona dess des annera scho wissen dunn. [3] Om hellichdn Doch
hörd er des, wosder haamlich gsochd hobd, und des werd
a euberol rümdezield.«

Aufforderung zum furchtlosen Bekenntnis: 12,4–12

[4] »Äich soch euch, meina Kollegn: Hobd ka Angsd vor dena,
däi euch häirecht wölln, ober seusd nix dou könna. [5] Äich
zeich euch däi, vor dena ihr aufbass müssd. Hobd Angsd
vor de, der euch nied nur ümbreng ko, sondern der euch
anuch nei die Höll schmeiß ko. Ja, mergd euch des, bassd uff
de auf! [6] Verkaafd mer nier fünf Spozn für a bor Pfennich?
Und God bassd uff jeden auf. [7] Alla eura Hoar senn uffn Kupf
gezeild. Hobd ka Angst! Ihr sed mehr werd als Spozn. [8] Äich

soch euch: Wer mäich vor alla annern kennd, zu de werd a
äich mäich vor de Engeln Goddes bekenna. 9 Wer mäich ober
vor die Leud nied kennd, de kenna a die Engel nied. 10 Jeder,
der wos gecher mäich sochd, de werd vergebn; wer ober de
Heiling Geisd wos Büs nochsochd, de werd nied vergebn.
11 Wenn ma euch oaklochd und vor die Grusen zerrd, dud
euch en Kupf nied zerbrechn, wäi ihr do wäider om besten
rauskummd. 12 Der Heilich Geisd sochd euch scho, wos ihr
mach müssd.«

Das Beispiel von der falschen Selbstsicherheit des reichen Mannes: 12,13–21

13 Aaner vo de Leud hod ze Jesus gsochd: »Maaster, soch mein
Brouder, er söll mer mei Erbdaal geb!« 14 Jesus sochd dezou:
»Mo, bäi äich euer Richter?« 15 Dernoch hod er ze de Leud
gsochd: »Gebd Ochd, seid mid de zufräi, wos de hobd!«
16 Und des hod er eihna erziehld: »A reicher Mo hod uff san
Feeld väil Gedraa gehobd. 17 Do hod er euberliechd: ›Wos söll
äich denn mach? Äich waas nied, wuu äich mei Gedraa und
alles annera underbreng söll.‹ 18 Do hod er gsochd: ›Des mach
äich, äich du meina Scheuna obreißn und grössera baun;
do ko äich mei ganz Gedraa und alles annera undergebreng.
19 Do ko äich dann gsoch: ›Jedzd ho äich väil Gedraa, des a
negg Joor häld. Sedz däich häi, ess und drink wos und sei
zefrei!‹ 20 Do hod Godd gesochd: ›Dou Brummochs! Nuch in
derer Nochd stirbst da. Wer greichd dann dei ganz Zeuch?‹
21 Su werds jeden genn, der nied genung greichd.«

Gunda Rechter (Bad Windsheim), Kap. 12,22–59

Von der falschen und der rechten Sorge: 12,22–32

22 Und widder hat er zu sei Jünger gredt: »Drum sooch i eich:
Sorgt eich nit um eier Lebn und drum, dass ihr gnug zu essn

hebt, erscht recht nit um eiern Leib und die Ouziecherei.
23 Is Lebn bestätt nit bloß aus Essn und Trinkn. Es is vill
mehr! Und der Leib is waß Gott nit bloß zum Ausstaffiern
do. 24 Schaut eich die Krabbn ou: Die säa nit, die erntn nit.
Sie hemm kan Dachboudn und ka Scheierla, obber unner
Herrgott lässts trotzdem nit verhungern. Gwieß seid ihr ihm
nu viel mehr wert wie die Vögl. 25 Wer unter eich bringtsn
ferti, sei Lebn aa bloß um a klaans bissela zu verlängern?
26 Wenn ihr nit amol des zammbringt, wos macht ern eich
na Sorgn ums anner? 27 Schaut eich die Blumma ou! Die
ärbertn nit und spinna nit. Obber aans konn i eich sogn:
Nit amol der Salomo in sein schönstn Stood hat aa bloß mit
aanera vo ihna mithaltn kenna! 28 Wenn der Herrgott scho is
Gros, des wu heit aufn Feld stätt und morgn scho verbrennt
wird, sou schee mecht, wie wird er si erscht um eich odoo,
aa wenn ers nit glabn könnt! 29 Schert eich nit ums Essn
und Trinkn und fercht eich nit! 30 Des machn doch bloß die
Heidn auf dera Welt. Eier Vadder im Himml waaß, dass ihr
des braucht. 31 Eich muss bloß um sei Reich geh; na gibt er
eich is anner dazu. 32 Fercht di nit, du klaans Haifla! Eier
Vadder hat beschlossn, dass ihr sei Reich erbt.

Vom wahren Schatz: 12,33–34

33 Verkaaft alles, wos er hebt, und gebt is Geld die Arma!
Macht eich Geldbeitl, die wu ewig haltn! Schafft eich an
Schatz, der nie wenger wird, drobn im Himml, wu nan
ka so a Lump stehln konn und wu nan aa die Schobn nit
auffressn. 34 Denn wu eier Schatz is, do is aa eier Herz.

Das Gleichnis vom treuen und vom schlechten Knecht: 12,35–48

35 Dennt eiern Gürtl nit roo und lasst die Lampn brenna!
36 Seid wie Leit, die drauf wartn, dass ihr Herr vo annera

Hacksert hammkummt, immer aufn Sprung aufzmachn,
wenn er do is und klopft. 37 Selig senn die Knecht, wu wach
senn, wenn ihr Herr kummt. Des is gwieß, sooch i eich: Er
wird si an Schürzer rumbindn, sie an Diesch hiehockn lassn
und aan um annern selber bediena. 38 Und kummt er erscht
in der zweitn oder drittn Nachtwach und er finds nu wach
– selig senns. 39 Überlegt amol: Wenn a Hausherr wissert,
um welcha Zeit der Eibrecher kummt, na tät er scho an
Riegl vorschiebn, dass der Lump aa jo nix davodrecht. 40 Also
haltet aa eier Aagn offn! Denn der Menschnsohn kummt
zu annera Stund, wu ihr nit mitn rechert.« 41 Do hat der
Petrus gfroocht: »Master, maanst etz mit dem Beispiel bloß
uns odder aa die annern?« 42 Der Master gibtn zur Antwort:
»Wer isn wohl der verlässli und umsichti Verwalter, den
der Herr beauftrogt, dass er sei Dienstbotn zur richtign
Zeit is Essn gibt? 43 Selig is der Knecht, den der Herr bei
dera Beschäftigung find, wenn er hammkummt. 44 Aans is
gwieß, des sooch i eich: er wirdn zum Verwalter über sei
ganz Vermögn machn. 45 Wenn obber der Knecht maant:
›Mei Herr kummt nu lang nuni hamm‹, und oufängt, die
Dienstbotn rumzuschickaniern, und selber frisst und si an
Rausch ousauft, 46 na wird der Herr an an Dooch auftauchn,
wu der Knecht gwieß net mitn rechert, und zu annera Stund,
die er nit waaß; und der Herr wirdn windlwaach haua
und ihm an Platz zuweisn bei denna, wu nix glabn welln.
47 Der Knecht, der wu genau waaß, wos sei Herr will, und
si an Dreeck drum ounemmt und tut wos er mooch, der
handlt si vill Schleich von ihm ei. 48 Wer obber den Willn
vo seim Herrn nit kennt und tut wos uurechts, wos eigntli
Strof verdienert, der wird weng Schleich kriegn. Wer vill
kriecht hat, vo dem wird vill zurückverlangt wern, und vo
dem, dem mer vill ouvertraut hat, wird mer um so mehr
verlanga.

Von Frieden und Zwietracht: 12,49–53

49 Ich bin kumma, um a Feier auf die Erdn zu schmassn. Ich
konns gor nit derwartn, dass brennt! 50 Dervor muss i mit
annera Taaf taaft wern, und mir is gor nit wohl, solang i
die nit hinter mir hob. 51 Maant ihr ebber, ich bin kumma,
dass i Friedn bring auf die Erdn? Ich sooch eich: Naa, im
Gegndaal, nit Friedn, sondern Streiterei! 52 Vo etz ou wirds
nämli passiern, dass Zwietracht herrscht, wenn fünf Leit
mitnanner in aan Haus wohna. Es wern si drei geger zwaa
odder zwaa geger drei auflahna, 53 der Vadder gegern Sohn
und der Sohn gegern Vadder, die Mutter geger die Tochter
und die Tochter geger die Mutter, die Schwiegermutter geger
die Schwiegertochter und die Schwiegertochter geger die
Schwiegermutter.«

Von den Zeichen der Zeit: 12,54–57

54 Außerdem hot Jesus zu die Leit gsocht: »Wenn ihr im
Westn a Wolkn aufsteign seecht, na soocht ihr: ›Es gibt
Regn.‹ Und es regnt wirkli. 55 Und wenn der Wind vo Südn
kummt, na soocht ihr: ›Etz wirds haaß‹, und es stimmt. 56 Ihr
scheihaalis Volk! Is Aussehng vo Himml und Erdn könnt
ihr deitn. Warum welln na die Zeichn der Zeit nit in eier
Schädl nei? 57 Warum kummt ihr nit selber dahinter, wos
recht und uurecht is?

Von der Versöhnung: 12,58–59

58 Gäst mit dein Feind vors Gricht, schau, dassd nu aufn
Weg mitn aans wirst. Sunst wird er di nämli vorn Richter
schlaafn, der wird di dem Gerichtsdiener übergebn, und mir
nix dir nix steckst im Loch. 59 Ich konn dir sogn: Do kummst
fei nemmer raus, bisd in letztn Pfenni zohlt hast.«

Klasse 7d /e (1998) im Ernestinum (Coburg), Kap. 12,22–32

Von der falschen und der rechten Sorge: 12,22–32

22 Und er sacht zu seina Jünger: »Deswechen sach ich euch:
Sorcht euch net um euer Laben und drum, dass ihr a was
zu assn hoabt, noch um euern Lab und drum, dass ihr was
anzuziehn hoabt. 23 Des Laben is wichticher als des Assen
und der Lab is wichticher als die Kläder. 24 Glotzt na auf de
Rabn: Die säen net und arnten net, sie ham kann Spächer
und ka Scheun, denn Gott ernährt se. Wieviel mahr seid ihr
wert als die Vöchel! 25 Wer von euch kan mit all sa Sorchn sa
Laben ach nur a klans Stück verlänger? 26 Wenn ihr net ma
so was klans könnt, was macht ihr euch dann Sorchn um all
des Annere. 27 Glotzt euch de Lilien a: Die arbeiten net und
spinne net. Doch ich sach euch, selbst der Salomo war in all
seina Pracht net agezochen wie ane von ihna. 28 Wenn aba
Gott scho des Gras so prächtig azieht, des heut af dam Feld
stett und morchen ins Feuer gschmissen werd, wieviel mahr
dann euch, ihr Klagläubichen! 29 Drum fracht net, was ihr
ass und was ihr trink sollt, und ängsticht euch net! 30 Denn
um all des gehts den Heiden in der Walt. Euer Vatter waß,
dass ihr des braucht. 31 Euch aba muss es um sei Raach geh,
dann gricht ihr des annere scho dazu. 32 Fürcht dich net, du
klane Herdn! Denn euer Vatter hoat beschlossn, euch des
Raach zu gem.«

Werner J. Ettinger (Höchstadt /Aisch), Kap. 13,1–21

Mahnung zur Umkehr: 13,1–9

1 Zu därer Zeid sin a bor Laid zum Jesus kumma un hom
ner vo die Galiläer derzäld, die dä Biladus beim Obfern hot
umbringa lossn, so dess denner ihr Blud sich mit dem vo
di Obferdiere vermischt hot. 2 Do hot er zu di Laid gsachd:

»Maand denn ihr, dess grod di Galiläer Sündälä worn, wal
des mit ina geschehng is, oba alle andän Galiläer net? 3 Naa,
ganz im Gengdeil: Ihr werd alle grod aso umkumma, wenn
er eich net bekehrd. 4 Odä die achzer Menschn, dies in Schi-
loach däschlogn hot, wo dä Durm eigfalln is – maand denn
ihr, dess ausgrechnd die a Schuld auf sich glodn hom, oba alle
andän Laid in Jerusalem net? 5 Naa, ganz im Gengdeil: Ihr
werd alle grod aso umkumma, wenn er eich net bekehrd.«
6 Und no hot er ihna a Gleichnis derzäld: »A Mo hot in seim
Weinberch an Feingbaam ghabt; und wie er hieganga is un
gschaud hot, ob Feing dro sin, hot er kaane gfundn. 7 Do
hot er zu seim Weingärdnä gsachd: ›Etz kumm i scho drai
Joa lang un schau, ob dä Feingbaam wos drächd, un find
nix. Hau nän um! Fir wos soll dä nu längä dem Boden sei
Grafd nemä?‹ 8 Oba dä Weingärdnä hot gsachd: ›Scheff, loss
nän hald des Joa nu schdeh; ich wär en Bodn drumrum
umgrobn un dünga. 9 Am End drächd er doch nu Frühcd;
wenn net, dann loss nän umhaua.‹«

Die Heilung einer Frau am Sabbat (Die Heilung vo anner Fraa am Faiädoch): 13,10–17

10 Amol hot dä Jesus am Faiädoch in anner Sünnagong un-
därichd. 11 Do is a Fraa gsessn, die wos seid achzer Joa grank
wor, wals vo am Dämon bloochd worn is; ihr Greiz wor
grumm un grod laafm hots nimmer kenna. 12 Wo dä Jesus
des gseng hot, hot ers zu sich her ghold und hot gsachd:
»Fraa, etz bisd dei Blooch los.« 13 Und no hot er rer die Händ
aufglechd. Im selm Aungbligg hot se sich aufgrichd un den
liem Godd globd. 14 Oba dem Sünnagongvorschdeä hot des
gor net bassd, dess dä Jesus am Faiädoch die Fraa gsund
gmachd hot, un do hot er zu die Laid gsachd: »Sechs Doch
sin zum Ärbäddn do. Also kummd gfälligsd an denä Doch

und lossd eich gsund machn, oba net grod am Faiädoch!«
[15] Do hot nern der Jesus vorghaldn: »Ihr Windbeidl, ihr
windichn! Bind net a jeder vo eich am Faiadoch sein Oxn
oddä Esl vo dä Gribbm los und gibd nern wos zum Saufm?
[16] Un die arma Fraa, die dä Deifl scho achzer Joa lang gfesseld
hot, soll am Faidoch net davon freikumma derfm?« [17] Do
hom sich alle seinä Gechnä schenierd; oba sämdlichä Laid
hom si gfraid iber des, wos er do zambrachd hot.

Das Gleichnis vom Senfkorn: 13,18–19

[18] Er hot gsachd: »Wem sichd dem liem Godd sei Reich
ähnlich, womid soll is vergleing? [19] Es is wie a Semfkorn,
des annä in seim Gaddn in die Erdn nei gschdeggd hot. Es
is gwaxn un a Baam is draus worn un die Vochala hom ihre
Nestä in seinä Zweich neibaud.«

Das Gleichnis vom Sauerteig: 13,20–21

[20] Un dann hot er nu gsachd: »Womid soll i des Reich vom
liem Godd vergleing? [21] Es is wie a Sauädeich, den a Fraa in
an Haufm Mehl neigmischd hot, bis des Ganze durchgsäuerd
gwesn is.«

Bernd Ph. Pommer (Nürnberg), Kap. 13,22–35

Von der engen und von der verschlossenen Tür: 13,22–28

[22] Aff sein Wech nei aff Jerusalem isser vo anner Schdoodt zur
andern zuung und ah ann kann Dörfla vuurbeiganga, wouer
net a Breedicht ghaltn hätt. Und nach ern jedn Gottesdienst
hout er si no mit der Gmaa zamghockt und er hout ihna
gsacht, woas er werkli gmahnt hoat. [23] Doa hoatn anner
gfroucht: »Wäi is etz dess, Master, wennst etz du sagst, dass
blouss ä poar in Himml nai kumma, wäi maahnst etz dess?«

24 Draff sacht er zu der ganzn Gmaa: »Ihr mäisst mit airer
ganzn Kraft versoung, dasser durch ä klaans Dürla passt.
Obber net alle, wou maahner, dass dou durchpassn, däi
werrn des ah schaffn. 25 Wenn etz der Hausherr aafstäiht,
hiegäiht und sei Dürla zouschperrt und ihr said no draun
und bummbbert und plärrt: ›Master, lou uns ah no nai!‹,
dann werd er zu aich soong: ›Iiech waas net, vo wouher
dass ihr kummt.‹ 26 Draff kenter zwoar soohng, dassern scho
vom Wertshaus her kennt und dasser scho mitnern gessn
und trunkn hobt und dasser scho ba sein Vuurtrooch woart,
den wou dass er draun aff der Schtrass ghaltn hout. 27 Obber
er werd aich trotzdem net kenna. Und iiech sooch aich, dass
er zu aich soohng werd, dass er aich net kennt und ah no
nie gsehng hout und ah net waas, wouher dass er aich kenna
sollt. Und er werd aich soohng, dasser schauer sollt, dasser
weiterkummt, wall er maahnt, dasser nix Gouts vuurhobbt
mitnern. 28 Dou werds aich ah nix helfn, wenner bittlt und
bettlt, ah net, wenner aich fier däi ärmstn Sai vo der Welt
haltn dout. Es wern ahne drin sa, däi wou is Recht darzou
homm, obber ah andre, däi wou net neighererttn.«

Der Abschied von Galiläa: 13,31–35

31 Und immer widder sän ah anne kumma zou nern, däi
homm gmaahnt, dass nern nausgrauln mäisstn. Sugoar nach
seinm Lebm tät nern der Herodes trachtn. 32 Obber er hoat
si net gfercht und hoat zu ihna gsacht: »Gett ner hie zu dem
altn Hallodri und sacht nern, dass iiech nou drei Dooch
brauch, bis i ferti bin mit maner Ärbert. Es sinn nou souvill
dou, däi wou mei Hilf braung. Däi koh iiech etz net im
Stich loun. 33 Zwengst bis iibermorng brauch i no. Erscht
wenn i driner bin in Jerusalem, dann bin i ferti, dann
konn er mi meintweng umbringer loun. 34 Däi wissn doch
goarnet, woas oohrichtn drinner in derer Schtoodt, wenns

alle Prophetn umbringa loun. Derbei will mer ihner nix als
wooss Gouts dou, obber sie verstänners net. [35] Obber ihr
werds scho sehng, wäi weit dasser kummt. Iiech werr nix
mehr soohng und werr mi a nimmer sehng loun bis dasser
begriffn hobbt, woas dasser an mir hobbt. Nou werder scho
schreia nach mir.«

Regina Baumgärtner (Weisendorf), Kap. 14,1–35

Die Heilung eines Wassersüchtigen am Sabbat (Wie a Wassersuchtgrannger am Sabbat widder gsund woarn iss): 14,1–6

[1] Aamool woar dä Jesus oo aan Sabbat vo so aan Groß-
kopferdn zänn Middoochessn eigloodn. Dees woar aaner
vo deener Kärrngmännern, der wu braggdisch änn Willn
Goddes gonndz genau kennd. Und nu a boar sedda Schdu-
dierda woarn mied derzu eigloodn. Fier die woar dä Jesus
nadierli bloß a so a dahergloffner Zimmermoosboarsch.
Drumm homms aa auf alles, wosser gredd und doo hodd,
aufbassd wie a boar Häflassmacher. [2] Auf aamoll woar
voarm Jesus a Moo gstandn, der nedd gsund woar. Digg und
aufgschwemmd woarer vo seiner Wassersuchd. [3] Dä Jesus
hoddna oogschaud und wolld dann vo deena Großkobferdn
und schdudierdn Barragraafnreidern folgndes wissen: »Woss
maand edz ihr, derffmer oo aan Sabbat, gwaasi omm Dooch
vom Herrgodd, ann Granngn gsund machen odder nedd?«
[4] Walls nadierli sofford gwissd hamm, wuuraufer naus will,
hamms zerschd amoll ihr Goschn ghalldn und hinderfodd-
zich gward, wosser edz mächd. [5] Obbä dä Jesus hoddsi
seelnruuich auf den granngn Moo eiglassn. Er hoddn gsunnd
gmachd und dänooch hoddern hamm gschiggd. Obbä zä
die annern hodder gsachd: »Wer vo eich däädn nedd glei
seini Baa neider Händ nehma und renna, wenn sein Buum

odder sein Maadla woss bassierád? Dees wär doch wohl
gandz woarschd, oo woffian Dooch odder nedd?« [6] Doo
drauf hamms niggs gwissd, doo woarns baff.

Mahnung zur Bescheidenheit (Wer draudsin auf die ledzdn Bläddz?): 14,7–11

[7] Wieä gmerrgd hodd, dass si dä massdä Bsuuch am libbsdn
immer änn allerbessdn Bladdz gschnabbd hädd, wollder
na oo aan Beischbill kloar machen, dass dess eigndli nedd
richdi iss, und hodd gsochd: [8] »Wennsd auf aaner Hoch-
dzerd eigloodn bissd, dann schdeier nedd kerzergrood aufm
vordersdn und scheensdn Bladdz zu, um dich dorrd bridd-
scherdbraad noo zu hoggn. Horch her, wennsd gscheid bissd,
hoggsddi lieber aufm hindersdn Bladdz noo. Wall – du waßd
jo nedd, ob am End aans eigloodn iss, der scho fiern Ehrn-
bladdz beschdimmd iss. [9] Nach derrferrsd du vor alle Leid
dein Schdull freimachn und dädsd woahrscheinli bloßnu im
hinndersdn Egg an learn finna. Schdellder deesamoll vor!
No, doo dädsd schee bleed aus deiner Wäsch schaua. [10] Drum
roodider: Wennsd wu auf Bsuuch bissd, schnabbder am
bessdn aan Bladdz, um den si eh kaans drum reißd. Wenn
dann dä Hausherr zudä noo kummd und sächd: ›Warum
verdriggsdin du grood ins hindersde Egg, gehzu, hoggdi a
wenng oo mein Diesch mied noo!‹ Maansd nedd, dassdä
dees nacherd wie Hoonich hinndn noo läffd? [11] Du waßd
doch, wer hoch schdeigd, der fälld rechd dief. Und es iss
scho mancher Wichdichduer gscheid nauf seiner Goschn
gfalln!«

Von den rechten Gästen (Vom eewichn Noo und Hear): 14,12–14

[12] Dann hodder zän Hausherrn gsochd: »Wennsd amoll
widder middooch odder oobnds a Fessdla gibbsd, dann

lood amoll nedd deini Freind und Bekanndn odder deini
Gschwissder und dei Verwandschafd odder dei reichn Nach-
bern ei; du waßders doch, die loodn dich widder ei und so
gehd dess noo und hear. Dä aa will änn annern bloß ieber-
drummbfn. So iss doch odder nedd? 13 Drumm, wennsdäss
nächste moll widder a Fessdla hällsd, dann lood doch die
amoll ei, die hinnd und vorrn niggs hamm – Benner, Flichd-
ling, Arbeidsloose odder Granngä, Behinderde odder den,
der bloß alldz Dorrfdebb gilld, halld sedda, mied deena
kaans so rechd mooch und diemer am libbsdn iebersichd.
14 Probiers amoll und du wärrsd sääng, dess bringddä vill
mehra, wallsder seddä Leid nedd widder zriggzooln känna.
Unner Herrgodd selber wärrdsdä amoll vergääldn, wennsd
eines Doochs vorna dorrd schdee wärrsd, waller nämli
middä zufriedn woar.«

Das Gleichnis vom Festmahl (Äss Beischbill vom grooßn Fessdessn): 14,15–24

15 Wie dees aaner vo die Eigloodna gheerd hodd, sachder
zänn Jesus: »Freia derffsi, wer amoll oo unnern Herrgodd
sein Diesch mied hoggn derf.« 16 Und doodrauf dä Jesus:
»Es woar amoll a Moo, der a riesichs Fessdessn ausgrichd
hodd und zä dem a haufm Leid eigloodn woarn. 17 Wie
edz dees Fessdla oofanga solld, hodder sein Diener zä
die ganzn Eigloodna noogschiggd und ausrichdn lossn:
›Kummds, edz iss alles grichd!‹ 18 Obbä Bfeiffädeggl! Aaner
ummern annern hoddn abgsochd und jeder hodd a annerre
Ausred ghobbd. Dä erschdä hodd gmaand: ›Ich hobmer
grood an Baubladz ghaffd und den mussermer edz amoll
ooschaua geh. Dussdmi halld endschulldign!‹ 19 A annerer
hodd gsochd: ›Ich hobbmer grood a neis Audo ghaffd, doo
willi edz a Broobefoahrd dermied machn und amoll alles

beguudachdn. Dussdmi halld bidde endschulldign!‹ 20 Und
widder a annerer hodd gsochd: ›Ich hobb grood gheirerrd
und dessweeng konni nedd kumma.‹ 21 Wie dä Diener widder
dahamm woar und alles derzälld hodd, wosser ausrichdn
solld, iss sei Scheff furrchboar zorrnich woarn. ›Waßd woos‹
hodder gsachd, ›edz gehsd neider Schdadd und drommlsd
dorrd auf dä Schdraß die gannzn Arrma, Benner, Beddler,
Arrbeidsloosn und die, mid deena eh kaaner so mooch,
zamm und bringsdsi mied her.‹ 22 Wie sei Diener widder
zrigg woar, hodder gmaand: ›Scheff, dein Aufdrooch hobbi
erledichd, obbä es iss immer nu Bladdz.‹ 23 Doodrauf sachd
sei Scheff: ›Dann gehsd eem nu weider naus – bis aufdä
Landschdraß vordä Schdadd und geeb nedd so schnell nooch,
wenns nedd glei mied wolln. Wenns sei muss, nach ie-
berreddsders halld awenng, dass mei Haus vull wärrd.
24 Obbä dees aane soochi eich: Kaaner vo deena, die eigloodn
woarn und nedd kumma sänn, wärrn mied o mein Diesch
hoggn.‹«

Vom Ernst der Nachfolge (Schdroofeier odder fessd enndschlossn): 14,25–35

25 Wie amoll dä Jesus widder underweegs woar, sänn a haufm
Leid mied hinnderna hergloffn. Drumm hoddersi oogschaud
und zä na gsachd: 26 »Wer mein Weech miedgeh mooch, fier
den obbä sei Vadder und Mudder, Fraa und Kinner, Brieder
und Schwessdern und vor allm sei eigns Leem wichdiger
iss alls alles annere, der konn nedd mei Jinnger sei. 27 Wer
nedd freiwilli bereid iss, sei Bäggla zä droong, der konn
nedd mei Jinnger sei. 28 Wennsi aaner vo eich a Haus baua
will, hoggdersi doch aa noo und ieberschlechd zärrschd
amoll, woss des kossd, waller ja nooch sein Geldbeiddl geh
muss. 29 Sunnsd kännds jo bassiern, dasser äss Fundammend
gleechd hodd, obbä wallersi verrechnd hodd, nedd weider

baua konn. Und alle däädnsi äss Maul drieber zreißn und
soocherdn: 30 ›Doo, schauner noo, der Brodzer, wie äsi ie-
bernummer hodd!‹ 31 Odder, wenn aa Land gechers annere in
Griech zieng will. Doo machnsi die Generäl doch aa zärschd
an Ghubbf und schdelln an Schdradegiebloon auf, bevoars
mid ihere Solldoodn ieber dees annere Land herfalln. 32 Wall,
wenns nämli merrgn, dass si scho vo vornerei niggs zän
Buddzn hamm, missns schaua, dass si an gschaidn Dibblo-
maadn nooschiggn, der wu auf Zagg iss, damidds ärschd
goranedd zänn Griech kummd. 33 Drumm konn aa der mei
Jinnger nedd wärrn, der wu sei Herz oo alles meegliche
noohängd. Wenner wärrgli mid mier mied geh will, musser
sich und alles annere jederzeid loslassn känna. 34 A Salldz
iss woss Guuds. Wenns obbä kann Gschmagg mehr hodd
und bloß nu wie eigschloofna Fieß schmeggd, wu grichdsn
dann sei Wärzgraffd widder her? 35 Neddamoll mehr fiern
Agger odder Miesdhaffdn dauchds dann nu; häggsdns zän
Wechhaua! Wer Lauscher hodd, der sollsi schbizzn!«

Eva-Maria Neumann (Nürnberg), Kap. 14,1–14

Die Heilung eines Wassersüchtigen
am Sabbat (A goude Nachricht): 14,1–6

1 An am Sabbat is Jesus zom Essn ins Haus von an Pharisäer
ganga, der wou si ernsthaft ans Gsetz vom Herrgott held. Die
Leid dort hom arch af ihn aafpasst. 2 Grood vuur Jesus is a Mo
gschtandn, der hot Wassersucht ghabt. 3 Jesus hot di Lehra
und gsetzesdreia Leid gfroucht: »Is es etz nachn Herrgott
sein Gsetz erlabt oda net, dass ma am Sabbat Grangge gsund
macht?« 4 Si hom nan ka Antwort gebm. Dou hot Jesus den
Granggn ogfasst und gsund gmacht. Nou hot ern fortgej
loun. 5 Zo denna, dej wou dabei worn, hot er oba gsacht:
»Wenn eich a Kind oda a Ox in Brunna felld, nou huld er se

doch af da Stell glei raus, aa wenn grood Sabbat is, oda net?«
6 Si hom net gwisst, wos dageng hetn sogn solln.

Mahnung zur Bescheidenheit (Di Gest und der wous eiled): 14,7–11

7 Jesus hot gsehng, wej si di Gest di bestn Bletz rausgsoucht
hom. Drum hot er ihna a Gschicht als Beischpil derzillt:
8 »Wenn di anna zu an Hougsatsessn eiled«, hot er gsacht,
»nou derfst di net glei afn bestn Blatz hoggn. Es kennt ja sei,
dass anna eigloden is, der wou vil vurnehma is als wej du.
9 Der wou eich zwaa eiglodn hot, mejssat nou kumma und
diich bittn, dein bestn Blatz herzugebm. Nou mejssast du
diich afn schlechtstn Blatz hoggn, wos recht blamabl wäa.
10 Hogg di besser glei afn schlechtstn Blatz, wennsd eiglodn
bist. Nou werd der, wou di eiglodn hot, kumma und song:
›Gouda Freind, gej zou, hogg di af an bessern Blatz.‹ Und
asu werst du vur dej alle, wou mit dir zsamm eiglodn sin,
bsonders rausgstellt. 11 Der wou grouß doud, der werd glaa
beigebm mejn; wer sie oba fir glaa held, der werd grouß
gmacht wern.«

Von den rechten Gästen: 14,12–14

12 Nou hot si Jesus zo den hiedreht, der wou nan eiglodn
hot: »Wennst zon Essn eilädst, nou sollerst net deine Freind
eilodn, deine Brejder, Verwandn oda reiche Nachbern. Dej
lodn di dann blouß a widda ei, und asu host halt des widda,
wosd selber ausgebm host. 13 Wennst zo an Festessn eilädst,
nou lädst besser arme Leid, Gribbl, Lohme und Blinde ei.
14 Du derfst di nou aa freia, dass dej des dir net zruckzohln
kenna. Wal der Herrgott selber des dir zruckzohln werd,
wenna dej vom Dod aafweggt, dej grood des dou, wos ihn
gfelld.«

Hartmut Roßner (Goldkronach), Kap. 15,1–32

Die Gleichnisse vom verlorenen Schaf und von der verlorenen Drachme: 15,1–10

1 Alla Zöllner und sunstiges Gschwärl sän zu ihn kumma,
um na ozuhoing. 2 Und die Pharisäer und Schriftglehrtn ham
sich driber aufgrecht und gsogt: »Deä gibt siech mit dem
Gschwärl o und isst segor mit ihna.« 3 Do hottä ihna a Gschicht
däzählt und gsogt: 4 »Wenn aner vo eich hundert Schof hot
und ans dävo verliert, lesst der dann net die neinaneinzich
zärick und giht den verlorna noch, bis ers gfunna hot. 5 Und
wenn ners gfunna hot, nimmt ders dann vullä Freid auf seina
Schultern, 6 und wenn ä ham kimmt, schreit ä seina Freind
und Nochbern zam und sogt zu ihna: ›Freit eich mit mir,
ich hob mei Schof wiedä gfunna, des verlorn wor.‹ 7 Ich soch
eich: Genausu wärd a im Himmel mehra Freid sa übä an
anzinga Sündä, der umkehrt, als ieber neinaneinzich Guta,
die des net nötig hom umzäkehrn. 8 Odä wenn a Frau zeha
Drachmen hot und an dävo verliert, zündt die net a Lampn
o, putzt des ganze Haus und sucht wie a Verrickta, bis sie des
Geldstückla widder find? 9 Und wenn säs wiedä gfunna hot,
schreit sa ihra Freindinnen und Nochbern zamm und sogt:
›Freit eich mit mir, iech hob mei Geld wiedä gfunna, des ich
verlorn hob.‹ 10 Ich sog eich: Genausu freia sich a die Engl vom
liem Gott iber an anziga vo den Gschwärl, der umkehrt.«

Das Gleichnis vom verlorenen Sohn: 15,11–32

11 Und der Jesus sogt nuch: »A Mo hot zwa Bum. 12 Dä jingere
vo ihna hot gsogt zä sein Vottä: ›Vottä, gieb mä mein Tal,
der mir gkehrt.‹ Und dä Vottä hot sei ganz Zeich afgetalt.
13 Noch a por Toch hot dä Jingst alles zamgepackt und is in a
frems Land fort. Do hot ä a flotts Lem gführt und des Geld
zem Fenstä nausgschmissn. 14 Wie ä alles verjublt ghat hot, is

a grußa Nut iebers Land kumma und es is na orch schlecht
gonga. 15 Do is ä zu an Einwohner ganga und hot na ogebettlt;
der hot na naus aufs Feld zum Saihietn gschickt. 16 Sein Hungä
hät er gern om Saufroß gstillt, obä ka Mensch hot na wos
gem. 17 Do hot ä zu sich selber gsogt: ›Wieviel Tochlehner
hot mei Vottä und die ham zu essen, mehra wie genuch.
18 Iech will miech jetzt a aufmachn und zä mein Vottä geh
und zä ihm song: ›Vottä, iech hob mich gechern Himmel
und diech versindicht. 19 Dei Bu ko iech jetzt nimmer sa, obä
mach miech zu an vo deina Tochlehner!‹ 20 Dann hot ä sich
aufn Wech gemachd und is zä sein Vottä ganga. Dä Vottä hot
na schä vo weitn kumma säng und er hot gruß Midleid ghat.
Er is sein Bum engen gloffn, um na Holz gfalln und hot nen
ogschmatzt. 21 Do hot der Bu gsogt: ›Vottä, iech bins doch
net wert, dass ich dei Bu bi.‹ 22 Der Vottä obä sogt zu seina
Knecht: ›Hult schnell des besta Oziegla, steckt na an Ring o
die Hend und ziecht na Schuh o. 23 Hult es besta Kälbla und
tats schlochtn; wir wolln ietzt essn und alla lustig sei. 24 Denn
mei Bu wor tut und ietzt lebt dä widdä; der wor verlorn
und ietzt is ä widdä gfunna worn.‹ Und sie ham ogfangd, a
lustichs Fest zä feiern. 25 Dä ältere Bu wor in dera Zeid aufn
Feld. Als ä ham ganga is und in der Näh vo sein Haus kumma
is, hot ä lauta Musik ghert und getanzt ham sa. 26 Da hot ä
an Knecht gschriea und gfrogt. 27 Der Knecht hot blus gsogt:
›Dei Bruder is haam kumma und dei Vottä hot des greßte
Kälbla schlochtn lossn, wal er na gsund und munder wiedä
do is.‹ 28 Do is ä ganz bes gworn und wollt net nei zu dera
Feier. Sei Vottä is obä rauskumma und hot auf na eigred wie
auf an kronkn Gaul. 29 Obä der hot zer sein Vottä gsogt: ›Die
ganz Zeit ärber iech fir diech und nie hob iech wos geto,
wos du net willst. Mir obä host du net amol an Gasbuck
gschenkt, damit iech mit meina Freind feiern könnt. 30 Kaum
obä is der kumma, der Lump, der des ganz Geld zem Fenster

nausgschmissn hot, do lesst du des besta Kälbla schlochtn.‹
31 Der Vottä hot blus gsogt: ›Bu, du bist ja a immer bei mier,
und alles, wos mir ghört, des ghört ja amol dier. 32 Obä ietzt
miss mä uns doch freia und a gruß Fest feiern, wal dei Bruder
wor doch schä tud und ietzt lebt ä wiedä, er wor verlorn und
mier ham na wiedä gfunna.‹«

Theo Wunderlich (Tauberrettersheim), Kap. 15,11–32

Das Gleichnis vom verlorenen Sohn: 15,11–32

11 Donn hot er nä noch ä Gleichnis erzäilt: »N Mou hot zwä
Buäwä ghot. 12 Dä jüngere von nä säicht zum Vodder: ›Vodder!
Gab mer äss Erbgald, wu mer zuästät.‹ Do verdält dä Vodder
äss Vermööchä ou sai zwää Buäwä. 13 Un noch ä boor Dooch
bockt dä jüngere sai Zeuch zommä und gät fart in ä weit
entferndes Lond. Er laabt so ä richtichs Lumbälaawä und haut
äss gonze Gald naus. 14 Wi er donn olles ausgaawä ghot hot,
do woor grod im gonzä Lond ä Hungersnot, und auf emol
hot er nix mehr zu assä ghot. 15 Doo iss er zu em Bauer gongä.
Bei damm hot er die Säu höttä müssä, owwer zu assä hot er
trotzdem nix grecht. 16 Er woor scho noh drou, äss Fodder
ausm Säudroug zu assä, so än Hunger hot er ghot. 17 Un er iss
in sich gongä: ›Maim Vodder sai Knacht, diä howwä gnuäch
zu assä, sugor mehr ols gnuäch, und mit mir gäts boll zuend,
weil mer kees wos zu assä gait. 18 I gläbb, i gä heem und
sooch zum Vodder, dass i mi gaichän Himml und gäichä
ihn versündicht hätt. 19 Und donn sooch i noch, dass i näm-
mer sai Buä sennä kou, owwer dass i gara n Knaacht auf
saim Houf sennä wöllt.‹ 20 Er iss olso donn loszouchä, widder
heem zuä. Kuärz bevor er dähemm woor, do hotn dä Vodder
scho vo weidem erkennt und des Elend vo saim Buä hotn
aarch wäh donnd. Er iss zu em nougrennt und hotn fest nain
Arm gnummä. 21 Do säicht dä Buä zu em: ›Vodder, i hob mi

gäichän Himml und gäichä dii versündicht. I kou nämmer dai Buä senn.‹ [22] Owwer doo säicht dä Vodder zu seerä Leut: ›Schnall! Hold än bestä Ouzuuch und ziächtm dan ou! Gabtm gschaidi Schuä undn schönnä Fingerring! [23] Und donn brengt er äss schönste Kalbl und schlochtet des. Jetz wöllä mer zommä ass und feier! [24] Weil mai Buä, der woor scho dood, und jetzt labbt er widder. Miä höwwän verlorä, owwer jetzt hömmän widder!‹ Und donn dunnä si sou richtich feier. [25] Dä eldärre Sohn woor do grood nit dähemm gwasst. Der hot aufm Ocker gschofft. Un wi er heemkummä iss, doo hot er Musik und Donz ghört. [26] Und er fröścht n Knaacht, wos des Gonze zu bedeudä hot. [27] Daar säichtm: ›Dai Bruäder iss heemkummä, und dai Vodder hot äss schönste Kalbl schlochtä lossä, weil sai Buä gsuund iss und weil ern widder zurückgrecht hot.‹ [28] Doo werd dä eldärre aarch böös und weichert sich naizugännä. Sai Vodder versöchtm guät zuäzuräidä. [29] Owwer dä eldärre säicht zu sem Vodder: ›I bin di gonzi Joor dähemm bliewä und hobb immer gmocht, wos du gwöllt host, und mir host du nit emool a nur n Gässbouck geschenkt, dass i ä Fest feiärä könnä hätt mit meerä Bekonnti. [30] Owwer jetzt, wu dar kummt, ›dai Sohn‹, wu des gonze Gald vo dir sustwiä darchbrocht hot, donn werd äss schönste Kalbl gschlocht!‹ [31] Sai Vodder gaitn zur Ontwort: ›Ooh Buä! Du bist doch ümmer bei mer, und olles, wos mir ghört, ghört a dir. [32] Jetzt, jetzt müssä mer uns eefoch fräa un feier! Weil dai Bruädär, wu för uns scho dood woor, iss oum Laawä! Mier höwwän verlorä ghot, und jetzt höwwä mern widder!‹«

Klaus Ruppert (Nürnberg), Kap. 16,1–31

Das Gleichnis vom klugen Verwalter: 16,1–8

[1] Jesus hot zu seina Jünger gsachd: »Dou war amol a reicha Mo. Den sein Verwalter homs beschuldichd, dassa ess Ger-

schdla vo sein Scheff verschleidert hom soll. [2] Aff des hi hotn der kumma loun und zuna gsachd: ›Wos mou i dou heern? Dou du amol sofort Rechnschaft ableeng ieba dei Erbat! Unda däi Umschdänd bist als Verwalter net lenga droochbar.‹ [3] Der Verwalter hotsi draafhi dengd: ›Mei Scheff hotmi nausgschmissn, etzala stäi schee dou mit meim Dalend! A schwera Erbat bini net gwöhnd – und beddln? Naa, naa, dou mäisstami ja scheema! [4] Abba ich waß scho, wossi dou mou, damid mi die Leid aa nu meeng und in ihre Heisa neiloun, wenn mi mei Scheff gfeierd hot und ich mein Dschopp verluurn hob.‹ [5] Und aff des hi hota die aanzlna Bechda nachananda zu sich kumma loun. Den erschdn hota gfroochd: ›Wivill bistn nacherdla du schuldich?‹ [6] ›Hundert Aamala Öl‹, hot der entgeengd. Draffhi der Verwalter: ›Dou host dein Schuldschaa. Hogg di glei hi und schreib: Fuchzg!‹ [7] Nou hota ann andern gfroochd: ›Wos schuldsd nou du?‹ Draff der: ›Hundert Seckle Weizn.‹ Widda der Verwalter: ›Schreib hi: Achdzg!‹ [8] ›Der Kerl is net affn Kupf gfalln‹, hotsi sei Scheff aff desshi dengd und hotna fei glei a arch grouß Lob ausgsprochn, obwohl der ja wergli net ehrlich gwehn iss. Denn däi sinn gscheida, däi middn im Leehm stee denna, als wäi Leid, däi stendich in hehera Rechiona schwehm.«

Vom rechten Gebrauch des Reichtums (Vom richdichn Umgang mitm Gerschdla): 16,9–13

[9] »Und ich sooch eich: Wenna scho a Geld in die Hend gräichd, aa wenns blouß a schnöda Mammon iss, wäi ma halt asu soong doud, schaut, dassa eich wenigsdns a poar Freind damid machd. Denn dess iss wichdich, wenns amol dahie gäid mit eich. [10] Aff weensdi in klanne Angelechnheidn valoun kannst, bei dem brauchsda aa in grouße Sachn kanne Gedankn machn. [11] Und wenn die Leid ann net draua kenna weecha ann Gerschdla, dessasi hindnrum beschaffd homm,

dem werns aa nix Werdvollers in die Hend gehm. 12 Und
wersi aff eich net hot valoua kenna weecha ann fremdn
Eichendum, wer werds nacherdla scho goar bei eierer ei-
chana Woar dou? 13 Kanna kou zwaa Herrn diena! Wenna den
aana moch, nou koa midm andern net goud Freind sei. Und
wennst zu dem aana haldn doust, mousst halt inn andern
links lieng lossn. Dou moussdi halt scho fir anns endscheidn:
Entweda firn Herrgodd oda firs Gerschdla!«

Vom Gesetz und von der Ehescheidung: 16,16–18

16 »Vurm Johannes hotma blouß ess Gsetz und die Brofeedn
kennd. Abba vo douo werd ess Evangelium vom Herrgodd
sein Reich breedichd und a Mordsgwerch iss, walls nei wolln
alle in die ewiche Seelichkeid. 17 Dess konnsd abba glaam, dass
eha der Himmel und die Erdn zammfalln, als dass ner blouß
a aanzigs Dipfala vom Herrgodd seim Gsetz wechfalln doud.
18 Wer nacherd abba sei Fraala allaans loun doud und si goar
scheidn lässd vonnara, begehd ann Ehebruch; desselbiche
gild freili aa fir denjenichn, der si anne nimmd, däi selba
scho gschiedn iss.«

Das Beispiel vom reichen Mann und vom armen Lazarus (Ess Beischbill vom reichn Mo und vom arma Lazarus): 16,19–31

19 »Es war amol a reicha Mo, der in Saus und Braus gleebd
hot. 20 Vur seiner Dür iss abba a ganz arms Mennla gleeng,
dems hundsmiserabl ganga iss, der hot Lazarus ghassn. 21 Arch
gern häddasi wenigsdns die Bresala gnumma, däi wo vom
Disch von dem reichn Mo roogfalln sinn. Abba dou warn die
Hundsviecher und hom sugar seina Wundn ogschleggd. 22 Nou
iss der arme Mo gstorm und die Engela hommna naaf inn
Himml droogn und inn Abraham sein Schoß neigleechd. Abba
den reichn Mo hots aa dahiegraffd und sie hommn eigroom.

[23] Drund in da ewichn Verdammnis, woa arch vill Quaaln
aushaldn hot mäin, hota vo da Ferrn inn Abraham gseeng
midm Lazarus daneem. [24] Dou hota ganz laud gschria: ›Vadda
Abraham, derbarm die meina und schiggma den Lazarus rieba.
Er soll doch wenigsdns seine Fingaspitzn a weng nass machn
und mei Zunga damid benetzn, denn i halts ball nimma aus
in der Hitzn dou herundn.‹ [25] Draffhi hot da Abraham gsachd:
›Etzala heer du amol zou: Denk drou, wäi gouds dir zu Lebb-
zeidn drundn aff da Erdn ganga iss, derwall der arme Lazarus
arch vill aushaldn hot mäin. Dafir gäits dem etzela goud und
dir dafir dreggad. [26] Außadem gengad dess, aa wenni mechad,
suwisu net, wall nämli zwischn uns asu a groußa und däifa
Groom iss, dass nieba wäi rieba goar kanna kumma kennad.‹
[27] Der Reiche hot abba ka Rouh gehm: ›Gäi fei etzala zou,
Vadda Abraham, inn Goddsnama schiggma halt den Lazarus
wenigsdns amol in mei Eldernhaus nei. [28] Du waßt doch, dassi
nu finf Bräida hom dou. Däi solladma halt scho draaf aafmerk-
sam machn, damids aafpassn, dass net aa ann des ferchderliche
Bletzla kumma denna.‹ [29] Draffhi widda der Abraham: ›Deine
Bräida hom doch die Worde vom Mose und vo die Brofeedn.
Sie braung blouß aff däi heern!‹ [30] Aff desshi hot der Reiche
dageengghaldn: ›Vadda Abraham, dess langd net. Abba wenn
anna vo die Dodn zu iehna gengad, nacherdla deednsersi
villeichd nu ändern.‹ [31] Abba der Abraham hots bessa gwissd:
›Wenns affn Mose und die Brofeedn net heern, nou deeds aa
nix nidsn, wenn anna vo die Dodn zu iehna kumma deed.‹«

Helene Geist (Retzbach), Kap. 17,1–19

Warnung vor der Verführung (A Warnung, anneri zu vrführa): 17,1–3 a

[1] Ar had zu seina Jüngr gsoochd: »Mer künnd gor nid drüm-
rüm, dass Vrführunga kumma. Ower dan geahds schlaachd,

dar doa dro Schuld is. 2 As wär beisser, ar griachd an Mühlsdee
üm sein Haals ghengd und mer dädn neis diafsda Wasser
schmeiß, wia dassr en vo dara Kleene zum Böasa vrführa
däed. 3a Bassd bloß guad auf!

Von der Pflicht zur Vergebung
(Vo dr Pflichd zu vrgawa): 17,3 b–4

3b Wenn dei Bruadr sündichd, na mussd da midn reid; un
wenn ar si ännerd un si beisserd, na muassdn vrzeih. 4 Un
wennr si siewamoal an Doog geiga di vrsündiga duad un
siewamoal widr zu dir künnd un seichd: ›I will an beissara
Mensch war‹, na muassdn vrzeih.«

Von der Macht des Glaubens
(Vo dr Machd vo unnerm Glawa): 17,5–6

5 Dia Abosdl höm iharn Herra ogflehad: »Mach unnern Glawa
sdarg!« 6 Dr Herr had gandword: »Wenn aüer Glawa nära
sou groaß wär wia Senfkörnla, däadr zu dan Maulbeerbama
sooch: ›Heib di samd deina Wurzl ausm Bouda un vrpflanz
di neis Mear!‹, un dar däads mach.

Das Gleichnis vom unnützen Sklaven
(As Gleichnis vom unnüdza Schklav): 17,7–10

7 Wenn eener vo aüch an Schklava had, dar pflüachd odr
as Veah hüada duad, däad dar nachr zu dan, wenn ar von
Faald künnd, sooch: ›Sedz di hi zun Assn!‹? 8 Seichd dar nid
erschdraachd zu dan Schklava: ›Mach mir öbbes zun Assn,
richd di zamm un badian mi! Wenn i gassa un gadrunga ho,
na kassd du a ass un dring.‹ 9 Badangd a si vleichd no bei dann
Schklava, weil dar gadoand had, wasr had dua söll? 10 Sou
sölls a bei aüch sei: Wennr ölles gadoand höd, wosr höd dua
söll, nacha sölldr sooch: ›Mir senn unnüdza Schklava, mir
höm nära unner Schuldigkäd gadoand.‹«

Der dankbare Samariter (Dr dankbora Samaridr): 17,11–19

11 Aufm Waach nach Jerusalem is Jesus dorch dos Grenzgabiad
vo Samaria un Galiläa kumma. 12 Wia ar grod in a Dorf
had einigea wöll, sennm zeha Aussädzia endgeicha kumma.
Sia senn a weng weidr wach sdeah gabliewa 13 und hömm
garoffa: »Jesus, Mäsdr, ho Erbarmnis mid uns!« 14 Wia ar
sie gsaha hod, hadr zu dara gsoochd: »Gehad un zeichd
aüch dara Priesdr!« Un wia si zu dara Priesdr galaffa senn,
senn si ganz sauwer wura. 15 Nära eener is ümgakeahrd, wia
gemerkd had, dassr ghäld wor; un ar had unnern Herrgodd
mid laudr Sdimm galoubd. 16 Ar hod si vor di Füaß von Jesu
aufn Bodn gschmissn un had si bedangd. Ausgarachand dar
war aus Samarien. 17 Da had Jesus gsoochd: »As senn doch ölla
zeah sauwer worn. Wua senn die übria naü? 18 Is denn keenr
ümgäkehrd, üm unnern Herrgodd die Ehr zu gawa, nära
blank dar frömma Moo?« 19 Un ar hadd zu dann gsoochd:
»Sdeah auf un geha! Dei Glawa hadr gholfa.«

Alfred Raab (Nürnberg), Kap. 17,20–37

Vom Kommen des Gottesreiches: 17,20–21

20 Und wäi nern di Farisäa gfroucht hom, wenn denn es
Reich vom läibn Gott kumma sollt, hot er Antwort gem und
gsacht: »Unsan Herrgott sei Reich tout scho kumma und ihr
könnt net zouschaua und hobt kan Schimma und nix sicht
ma davo. 21 Und es is net asu, dass aner song könnt: ›Schauts
eich ner o‹ oder: ›Des sichter doch‹, wal dä Herrgott sei
Reich in eich drinna baut.«

Vom Kommen des Menschensohnes: 17,22–37

22 Weita hot er zo di Jinga gsacht: »Amol schpäta tät ihr eich
winschn, dass ihr in Menschnsohn blouß an anzing Toch sehng

tätat, owa dou werd nix draus. [23] Und die Leit, däi song zo
eich: ›Dou isser, dou isser‹, dann bleibt schtaih und rennt dena
net nouch. [24] Genau wäi dä Blitz, der wou iwan ganzn Hümml
feecht, genausu werd dä Menschnsohn kumma, wenns an der
Zeit is. [25] Vurher owa mouer nu vül mitmachn und di Leit wern
nern net möng und aa net gout behandln. [26] Su wäi domols,
wäi dä Noah glebt hot, su werds widä sei und gschehng in dä
Zeit vom Menschnsohn. [27] Gessn homs und trunkn und gheirot
und heirotn homs sa si loun bis dann suweit wor, dass dä Noah
in di Archn ganga is und die Sintflut is kumma und alli sin
ertrunkn. [28] Wäi dä Lot nu glebt hot, wors ja genau asu: gessn
homs, trunkn homs, eikafn sins ganga und verkafn, oft homs
aa pflanzt und baut. [29] Owa dann hots Feia und Schwefl vom
Hümml grengt und alli homs vabrenna mäin. [30] Und schbäta
is dann wida genausu an den Toch, wenn si dä Menschnsohn
di Leit zeicht. [31] Wenn dann aner grod afm Dach is und sei
Wor is nu im Haus, der soll net nougäih, dass ers hult, und
wenn aner afm Feld is, der soll net hamgäih. [32] Ihr wisst doch
nu, wos mitm Lot seiner Frau bassiert is. [33] Wenn aner am Lem
bleim wüll, der hot des nimma lang, und wems Lem net bleibt,
der gewinnts. [34] Und des soch ich eich: Vo zwa in an Bett, vo
dena werd dä ane ognumma, in andern lou ich lieng. [35] Vo zwa
Weiba, däi wou grod es Korn mohln – ane werd gnumma, di
andre bleibt zrick.« [36] [37] Dann hom di Jinga gfroucht: »An wos
fir aner Schtell werdn des bassiern?« Und dä Jesus hot gsacht:
»Dou mäißter selwa drafkumma. Macht di Aung af! Wou si
di Geia sammln, dou licht aa es Aas.«

Harald Metzner (Hallstadt), Kap. 17,22–37

Vom Kommen des Menschensohnes: 17,22–37

[22] Er hod zu seina Jünger gsocht: »Es werd a Zeit kumma, in
dera ihr blos aan vo die Dooch des Menschensohns miterlebm

möchät, obä ihr werd na net erlebm. 23 Und wenn anä zu
euch socht: ›Dort issä! Hier issä!‹, ged ned noo und laaft na
net nooch! 24 Denn wie a Blitz aus heiterm Himmel so werd
der Menschensohn on seim Dooch erscheina. 25 Vorher werd
er obä viel durchmachen und vo dera Bagaasch västossn
wärn. 26 Und genauso wies zur Zeit vom Noah woä, wäds
aa bei die Dooch vom Menschensohn sei. 27 Die Menschen
hom gessen und gedrunken und keiäd bis zu dem Dooch,
wu dä Noah in die Arche gstieng is; donn is die Flut kumma
und alla sin däsuffen. 28 Und es wärd genausu sei, wies zur
Zeit vom Lot woä: Sie hom gessen und gedrunkn, kaft und
väkaft, gäpflanzt und gäbaut. 29 Obä on dem Dooch, als der
Lot vo Sodom ford is, hots Feuer und Schwefel vom Himmel
gärengt und alla hots hiegärafft. 30 Genauso wärds on dem
Dooch sei, wenn der Menschensohn widdä kummt. 31 Weä
donn aufm Dach is und sei Woä im Haus hot, soll net noo
und sie holln, und weä aufm Feld is, soll net haamlaafn.
32 Denkt oo den Lot seina Fraa! 33 Wer sei Lehm behalten will,
werds väliern; weäs obä väliert, werds gewinna. 34 Ich sooch
euch: Vo zwa Männä, die in dera Nochd auf an Bett lieng,
werd aanä mitgänumma und der andä bleibt do. 35 Vo zwa
Weiber, die mit däselm Mühl Gädraad mohln, werd die aa
mitgänumma und die ander dogälossn.« [36] 37 Do hom sie
na gfrocht: »Wo soll dänn des gschäng, Herr?« Do hoddä
gsochd: »Wo a Aas is, do kumma aa die Geier.«

Renate Schmidt (Nürnberg), Kap. 18,1–17

Das Gleichnis vom gottlosen Richter und der Witwe (Di Gschicht vom goddlosn Richdä und dä Witweri): 18,1–8

1 Jesus hodd inna a Gschicht derzilt und mit därä Gschicht
hoddä ina sogn wolln, dass imma widdä bedn solln und
joar ned damit aafheern, und däi Gschicht is folgendermosn

gangä: 2 »In ana Stadt hodd ä Richdä glebt, der hodd si vor
ibahabdnix gforchtn, weedä vurm liebn Godd nu vor di
Menschn. Und aaf kann Menschn hodd ä Rücksicht gnummä.
3 In derä Stadt hodd aach ä Witweri gläbt, die is immä widdä
zu ihm kummä und hodd gsacht: ›Helff mä gechä mein
Feind, gib mä mei Recht und mach näm endli in Prozess!‹
4 Obbä der Richdä hodd lang nix davo wissn wolln. Obbä
dann hodd ä si denkt: ›Vurm liebn Godd färchtä mi nedd
und i hobb aa vur kam Menschn Angst. 5 Obbä etz willi
derä Witweri drotzdem zu ihrm Recht helfn, wall sunst lässt
mä di ka Rou und womögli kummds dahärgrennt und gibt
mä nu a Watschn.‹« 6 Und dann hodd dä Herr Jesus zum
Schluss nu dazou gsacht: »Dengd ämol drübä nooch, wos
dä korrubbte Richdä gsacht hodd! 7 Maant ihr, dass Godd
sane Ausäwähldn, die wo an ihn glabm und Dooch und
Nacht zu ihm bedn dänna, hänga lassn dout und innän ned
unverziichli Recht gibbd? 8 Aans sooch i eich gans deitli:
Wenn scho so ä ungerechdä Richdä derä Witweri ihr Recht
verschafft, dann wädd Godd eich ärscht recht unverziichli
eiä Recht verschaffn!« Und dann hodd Jesus gfroochd und
alle woarn ganz still: »Wenn obbä dä Menschnsohn kummd,
wärd är dann nu an Glaabm finden aaf dä Erdn?«

Das Beispiel vom Pharisäer und vom Zöllner (Is Beispil vom Pharisää und vom Zöllner): 18,9–14

9 Amol hodd Jesus denän, die wo recht vo sich selbä ei-
gnummä sin und maana, dassm liebm Godd alles Recht ma-
chen dennä, und däi deshalb aaf di andern Laid rundäschaua,
is folgende Beispil däzählt: 10 »Es sin amol zwaa Männä zum
Beedn naaf zum Tembl gangä. Dä aane war ä subbäfrommä
Pharisää, dä andere war ä su ä gaunerischä Geldeintreibä vom
Zoll. 11 Der Pharisää hodd si im Tembl ganz vornä hiigestellt,
damit närn jor alle seeng, und hodd ä suu bedd: ›Liebä Godd,

ich dank dir, dass i nedd ä suu bin wie die andern Laid, wäi
die Raiba, Betrüücha und Ehebrechä oddä wäi der Zöllner
dord. [12] Zwaamol in dä Wochn dou i fastn und ä Zehndl vo
meim gansn Einkummä gib i dä Kärch.‹ [13] Dä Zöllner obbä is
ganz hindn steh blibm und hodd si nedd amol mit di Augn
zum Himml naafschauä drauä, sondern hodd si vollä Kummä
weechä seine Sündn aaf die Brust gschlogn und hodd bedd:
›Liebä Godd, hob biddä Erbarmä mit mir armä Sündä!‹«
[14] »Und etz passt amol aaf« hodd dä Herr Jesus gsachd, »wai
der Zöllner hammgangä is, dou warä oognummä vom libm
Godd, der andere obbä nedd. Denn wer si selbä oobm aafs
Trebbalä stellt, den schiggd Godd widdä nundä. Obbä wer
selbä eisicht, dass ä a Sündä is, und bescheidn bleibd, den
mooch Godd und hebt nän zu sich in di Häich.«

Die Segnung der Kinder (Dä Herr Jesus und di Kindälä): 18,15–17

[15] Amol ham die Laid aa glane Kindälä zum Herrn Jesus bringä
wolln, damitä si seechnä dout. Do hom seine Jüngä di Laid
glei forddreibm wolln. [16] Obbä der Herr Jesus hodd die Kin-
dälä zu sich hergruufn und hodd gsacht: »Lasst fei däi Kindälä
zu mir kummä und däts nedd dro hindern, denn grod fir
Menschn, die wo wäi die glan Kindä sin, is di Dür zum
Himmlreich offn. [17] Übä aans kenndä eich sichä sei: Wer die
Liebe Goddes nedd ä su gans einfach wäi an klans Kind an-
nehmä dout, der wärd nedd ins Himmlreich naafkummä!«

Gerhard Schleier (Nürnberg), Kap. 18,1–17

Das Gleichnis vom gottlosen Richter und der Witwe: 18,1–8

[1] Dä Jesus hot di Leit soong wolln, dass joä net mitn Betn
aufheärn solln. Drum hot ä nä ä Gschichtlä däzillt: [2] »Dou

hots ä mol in annä Stadt an Richtä gem. Der hat si vuä goä
nix gfercht und is iebä Leing gangä. 3 Und in derä Stadt hot
aa ä Fraa gwohnt, wou dä Moo scho gschtorm woä. Und
däi Fraa is immä widdä zo den Richtä gangä und hot nän
zwieblt: ›Du moußt mä helfm, dou gibts ann, wou mi in
di Pfanna hauä will.‹ 4 Der Richtä hot dävo obbä nix wissn
wolln. Obbä irchendwann iss nän doch affm Weggä gangä.
Er hot si denkt: ›Iech hob zwoä vuä nix Angst und miä senn
di Leit alli worscht, 5 obbä derä mou i etz helfm, walls goä ka
Rouh gibt. Derä trau is sugoä zou, dass mä ä Waatschn gibt
vuä alli Leit – und su weit kummerts nu.‹« 6 Dou hot dä Jesus
dann nu gsacht: »Hobbt äs ghärt, wos etz der Richtä, wou su
a Freggä woä, gsacht hot? 7 Und dou sollert etz da läibe Gott
net aa su sei? Wous doch suviel goute Leit gibt, wou Dooch ä
Nachd in läibm Gott ihr Leid gloong. Däi konnä doch dann
aa net hängä loun. 8 Iech sooch eich anns: Dä läibe Gott hätt
doch ka ruhiche Minutn mehr, der heärt doch aff seini Leit!
Obbä wäi des ä mol is, wenn dä Menschnsohn kummt, wäi
dou di Leit dann senn, ob sies nen glaam, dass äs is – des
wemmer wisserd...«

Das Beispiel vom Pharisäer und vom Zöllner: 18,9–14

9 Dou hots ä boa gem, däi hom si eibildt, sie weärn die
Gräißtn und hom aff die Glann ä weng arch nuntägschaut.
Denän hot dä Jesus aa ä Gschicht däzillt: 10 »Dou sen zwaa
Mannsbildä zon Templ naafgangä, walls betn hom wolln;
dä aa woa ä Pharisäer, dä andä woä ban Zoll. 11 Und dou
hot si dä Pharisäer higschtellt und hot ganz leis zon läibm
Gott gsacht: ›Läibä Gott, bin iech frouh, dass i net su bin
wäi die andern: di Raibä, di Betrücher, di Hurnböck oddä
su wäi der Zöllner dou hintn. 12 Zwaamol in dä Wochn halt
i is Fastn und mei Templsteiä zohl i aa!‹ 13 Obbä dä Zöllner is
ganz hintn stäihbliem. Der hot si net ämol traut, dass ä die

andern ooschaut oddä zon läibm Gott hi. Mit dä Faust hat ä si aff die Brust ghaut und hot zon läibm Gott gsacht: ›Läibä Gott, schau net aff des, wos i oogschtellt hob!‹ [14] Iech sooch aich anns: Den Zöllner is dänouch bessä gangä, den andern abbä net. Wall, wennst maanst, du bist dä Gräißt, nou host Bech ghabt ban läibm Gott. Obbä wennst däs waßt, dassd alli Dooch wos ooschtellst in dein Lem und des in läibm Gott sagst, nou gäihts dä bessa.«

Die Segnung der Kinder: 18,15–17

[15] Dou sen ä boä kumma und hom ihre Kinder zon Jesus bracht, walls gwollt hom, dass ä nä sein Seng gibt. Wäi des seini Freind gseng hom, homs gescheit gschimpft und homs widdä fortschickn wolln. [16] Den Jesus hot des obbä goä net basst. Der hot di Kinder hergwunggn. Und zo seini Freind hot ä gsacht: »Horcht ä mol! Di Kinder derft ä fei net fortschickn! Däi derfm immä her zo mir. Wall: Su wäi di Kinder sen, su mäisserdn alli Leit sei, wou mitn läibm Gott banandä sei wolln. [17] Gell, wer net su neigieri affm läibm Gott is wäi a Kind, der kummt net in Himml.«

Lothar Bedacht (Zeil am Main), Kap. 18,18–43

Von Reichtum und Nachfolge: 18,18–30

[18] Eener va danna Mannsbilder, die wu wos ze soong koot ham, hat Jesus gfräächt: »Gueter Mäster, wos muss i mach, däss mer amall es ewiche Laam zetääl wäd?« [19] Jesus hat na zerachtgewiesn: »Tu mi nit guet hääß. Kenner it guet. Blos Gott allee ist guet. [20] Dir senn doch gwieß die folchndn Gebote bekannt: Du söst kee Ehebracher sei, du derfst kenn ümbreng, vergreuf di nit aa annera Leut ihrn Eichntum, blei bei der Wohrett, wennsd aussooch musst, tu den Vatter und dei Motter acht und ehr?« [21] »Die Gebote howi doch ölla scha

va klee auf kaltn«, woer dann Maa sei Antwort. 22 Da hat
Jesus gsocht: »Wenn döös so ist, na fahlt dir blos nu eens:
Verkaaf ölles, wos da hast, und gab es Gald, wusd defür krigst,
die arma Leut. Na tu mer noechfolch. Wos diich in Himml
amall erwart, it mit ölla irdischa Schätz nit aufzewieng.«
23 Wos Jesus va dann Maa verlangt hat, it dann ganz schöa
nei die Knochn gfoern. Ar woer nämli eener va die ganz
Betuchtn. 24 Jesus hat natürli gleich gsah, wos in dann annern
vorganga it, und hat mitleidi gsocht: »Ja, ja, aa dir kann mer
deutli sah, wie hart si a Reicher tut, nein Himml ze kumma.
25 Da zwengt si ehra a Kamel dorch a Noedlöhr, bevor sowos
eitritt.« 26 Dadrauf hat eener va die Leut, wu Jesus zukört
ham, verwunnert gfräächt: »Kann mer doa üwerhaupt nu
auf Rettung hoff?« 27 En Jesus sei Antwott woer: »Gott kann
ölles, aa döös, wos si a menschlis Hern goer nit zu derklärn
wääß.« 28 Auf döös hat Petrus gsocht: »Guck haar, mir ham
ölles, wos mer koot ham, för diich aufgaam und senn dein
Ruf gfolcht.« 29 En Jesus sei Erwiderung doadrauf it gwast:
»Woehr it, wenni euch sooch: Es wädd amall kenn eenzin
gaam, daar wu Haus odder Fraa oder Brüeder, Vatter und
Motter odder sei Kinner aufgeit, demit er es Reich Gottes
erwerbt, 30 wus nit nu doa in seiner Ardnzeit mit Zinz und
Zinzeszinzn zerrückkricht. Und denoech wädd na es Höchsta
zetääl: Es ewicha Laam in Himml.«

Die dritte Ankündigung von Leiden und Auferstehung: 18,31–34

31 Wie sa unter sich woern, Jesus und sei zwölf Apostl, hat er
na verkünd: »Mir gänn hetz nauf auf Jerusalem, demit ölles
döös eitraff kann, wos die Prophetn übern Menschnsohn
aufgschriem ham. 32 Nämli: Die Judn wern na aa die Heidn
ausliefern, die wu na geißln, verhöhna, drangselìern, aa-
schpätzn, 33 mit Ruten blueti schlong und zeletzt naan Kreuz

nogln, wurer draa schterbt. Noech drei Tooch kummt er,
widder lawendi worn, ower aus sein Groob raus.« 34 Die
Zwölf ham blos dumm aus der Wesch geguckt, wal sa Jesus
nit verschtanna ham. Sie senn aus sein Gered nit schlau
worn. Nu niit…

Die Heilung eines Blinden bei Jericho: 18,35–43

35 Wie Jesus mit seina Jünger auf Jericho zugezong it, hat
korz devor a Battler aan Waach gsatzn und gabattlt. 36 Sah
hat daar blind Maa ja negs gekönnt, ower aus dann lautn
Schtimmgewerr und Füeßgetrampl woersch förn nit schwer,
rauszefinna, däss doa vill Leut unterwags senn und wos
Besondersch loes sei muss. Auf sei neugieria Fraach, wos
döös bedeut, 37 it na gsocht worn: »Jesus va Nazareth kummt
grod mit seinera Gfolchschaft verbei.« 38 Dann Blindn it ganz
plötzli die Erleuchtung kumma, dass na der Herrgott demit
die wohl eenzi Gelangheit geit, sei Aanglicht ze krieng. Drüm
hat er gschria: »Jesus, du Sohn Davids, hälf mer doch! So
hälf mer doch!« 39 Ower die vödern va dann langa Zuch ham
na aagfoern, aar söll es Maul halt. Daar Blind hat si ower nit
eischüchter lass, in Gechntääl, aar hat nu lauter gebläckt:
»Sohn Davids, ho Erbarma! Tu mer doch hälf!« 40 Da it Jesus
schtea gebliem und hat dann Maa zu si haarführ lass. Wierer
vorn gschtanna it, fräächt er na: »Dü möchest, dass i wos för
diich tua. Sooch mer doch, woos?« 41 Da hat der Blind gebitt:
»Harr, bewerk doch, dassi mei Aanglicht kriech! Gott hat
dir die Kraft dezu gaam.« 42 Jesus hat geknaukt und gsocht:
»Es söll so sei, wie du dersch wünscht. Dei Vertraun auf
Gott it dir debei ze Hilf kumma.« 43 In nämlin Moment it
die Nacht aus dann Blindn sei Aang gewichn und aar hat
ölles üm si sah gekönnt. Mit Lob und Dank aa Gott auf sei
Lippn hat aar si Jesus aagschlossn. Und ölla, die des miterlabt
ham, ham Gott gepriesn.

Erika Stenglin (Nürnberg), Kap. 18,18–43

Von Reichtum und Nachfolge: 18,18–30

[18] Anner vo dennern Männer, wou wos zu soong ghabt hom,
hot nern gfroucht: »Horch, gouter Master, wos sollin machn,
dass i amol in Himml kumm?« [19] Dou hat der Jesus draf
gsacht: »Wos sagstn du gout zu mir? Gout is ner blouß unser
Herrgott allaans. [20] Und du waßt doch, wosser uns oogschafft
hot: Du sollst in deiner Eh net neemnausgäih, du sollst kann
umbringer, du sollst kann wos nehmer, du sollst net läing,
und du sollst aff deiner Leit schauer.« [21] Dou hot der Ander
gsacht: »Des mach i doch scho malledder, i waß doch, wos si
ghärt.« [22] Wäi der Jesus des ghärt hot, hotter gsacht: »Obber
ans mouerder nu soong: Du mousst dei ganzer Woar verkaafn
und es Geld mousst die armer Leit schenkn, nou werd der für
immer a Schatz im Himml ghärn. Und nochertler gäihst mit
mir.« [23] Wäi er des ghärt hot, hot si der Moo gscheit ootou,
waller neemli an Haffn Zeich ghabt hot. [24] Dou hot nern der
Jesus oogschaut und hot gsacht: »Für reiche Leit is halt werkli
net einfach, dass in Himml kummer. [25] Dou konnst neemli
leichter an Bärn es Tanzn lerner, bevur dass a Groußkupferter
seelich werd.« [26] Die andern Leit hom zoughorcht und hommnern gfroucht: »Wer konn denn nou ieberhapts nu miet
rechner?« [27] Dou hotter innern zur Antwort geem: »Wos die
Menschn net fertibringer, is fürn Herrgott a Kinderspiel.«
[28] »Gell, obber mir hom doumols allers liengerstäih loun«,
hot der Petrus gsacht, »und sin dir nouchgloffn.« [29] »Wos
woahr is, mou woahr bleim«, hot der Jesus draff gsacht.
»I will eich wos Schäins soong: Anner, der wou weechern
Reich Gottes allers aafgibt und der wou sugoar sei Fraa und
sei Verwandtschaft zrucklässt, [30] der werd etzertla scho mehr
kräing als wos er braucht, und wenn er gschtorm is, kräicht
er es ewiche Leem.«

Die dritte Ankündigung von Leiden und Auferstehung: 18,31–34

[31] Nou hot der Jesus seina zwölf bestn Freind gschrier und
hot zu innern gsacht: »Horcht amol, etz genger mer nach
Jerusalem naaf. Dou werder nou seeng, dass allers passiert,
wos doumols die altn Woahrsoocher übern Menschnsohn
gschriem hom: [32] Däi wou goar nix glaam, wern über ihn
herzäing und wern nern auslachn und massakriern und
ooschpotzn [33] und nou werns nern mit der Peitschn schloong
und umbringer. Obber nach drei Tooch werder widder
lebendi sei.« [34] Obber dou sen fei däi Zwölf net mietkummer.
Däi woarn gschtandn wäi der Ochs am Berch und hom ka
Ahnung ghabt vo den, wosser soong hot wolln.

Die Heilung eines Blinden bei Jericho: 18,35–43

[35] Wäis nemmer weit aff Jericho ghabt hom, woar su a armer
Teifl am Straßnrand ghockt, der hot bettlt, waller blind woar.
[36] Wäi er des Gwerch vo dennern Haffdn Leit ghärt hot,
hotter wissn wolln, wos dou lous is. [37] Sie hom nern gsacht,
dass grood der Jesus vo Nazaret verbeikummt. [38] Dou hotter
gschrier wäi net gscheit: »Jesus, du stammst doch vo unsern
Könich David ab! Gäih zou, helf mer halt!« [39] Die andern Leit
sen fuchti worn und hom gsacht: »Halt doch dei Maul, alte
Plääggoschn!« Obber er hot nu a größers Gschraa gmacht
und hot numol es selbiche gsacht. [40] Wecher den ganzn Getou
is der Jesus stäih bliem und hot nern herkummer loun und
hot nern gfroucht, [41] wosser vo ihn will. Der Moo hot nern
zur Antwort geem: »Master, i meechert halt su gern widder
wos seeng.« [42] Dou hot der Jesus draff gsacht: »Sigsters, walsd
su fest droo glabt host, drum kräigst etz aa dei Aunglicht
widder.« [43] Und werkli, im selm Moment hot er widder allers
gseeng. Dou hotter si goar nemmer kennt vur Freid und hot

in anner Tuur sein Herrgott dankt und is glei mitn Jesus mietgloffn. Und die andern Leit, wou zougschaut hom, is grood su ganger. Däi hom aa goar nemmer aufhärn kenner zum Dankschäi-Soong.

Friedrich Ach (Fürth), Kap. 19,1–27

Jesus im Haus des Zöllners Zachäus: 19,1–10

1 Und dann, dann is dä Jesus nach Jericho neiganga. 2 Doat
hoat dä Zachäus gwohnt. Und dä, dä hoat sei Hend aff die
Einnoahma vomm Zoll ghabt. Zwoa issä desweeng a reichä
Mo gwen, obbä doudäfir hoatnän a in dä ganzn Schtadt ka
anzichä gmecht. 3 Und groat dä, dä wollt in Jesus wenigstns
amoal ganz ass dä Näh seeng. Und wallä omdrei anu kla
woa, 4 issä dämitä a jou alläs genau sicht, groat doatn aff
an Maulbeerfeignbaum naufgschtiegn, dou wou dä Jesus
hundätprozenti vobeikumma hoat mäin. 5 Und wäinan dann
dä Jesus su im Baum hockn hoat seeng, hoatä zu ihm gsacht:
»Zachäus, kumm runtä, schickti, wall iich boa dir eikährn
will, und zwo etz glei.« 6 Dou is dä Zachäus ganz schnell
vo seim Baum runtäghupft und hoat si gfreit, dass dä Jesus
ausgrechnt ihn bsoung will. 7 Di andän obbä, däi hämsi dou
dribä ganz schäi aufgrecht. »Suäna wäi dä Zachäus, des is
doch ka Umgang firn Jesus«, häms gmaant. 8 Dä Zachäus
obbä, dä hoat zum Herrn gsacht: »Iich väschenk nu heit die
Hälft vo meim Geld an die Arma. Und fallsi sunst nu an woss
otou hoab, dann gleichi dess bo demm bis zu viermoal widdä
aus.« 9 Dou drauf hoat dä Jesus zu ihm gsacht: »Zachäus,
asuu bist genau affm richtichn Wech. Und des licht a bissla
dou dro, dassd a vomm Abraham abschtammst. 10 Iich bin
nemli genau desweeng kumma, däijenichn zu rettn, ibä
däi, dou wou die Leit soong: ›Boa dennän, dou is scho lang
Hopfn und Malz välurn!‹«

Das Gleichnis vom anvertrauten Geld (Es Gleichnis vomm treuhänderischn Geld): 19,11–27

[11] Däi, däi wou des alles ghärt ghabt hämm, däi hämm
gmant, dass in demm Moment, in demm wou dä Jesus in
Jerusalem eitreffn tout, es Reich Gottes assm Nichts raus
plözli vur ihnän schtenät, sozusaang mit am Schlooch. [12] Und
desweeng, dou hoatä ihnän numoal a Gleichnis däzihlt. Er
hoat gsacht: »A vornehmä Mo hoat si aff a Reise vorbereitet.
In am Land, dess wou ganz schäi weit wegg woa, wolltäsi als
Könich vo seim Land kröna lassn und dann widdä hamm-
foahn. [13] Zuvur hoatä zehr vo seini Dienä jeweils a Goldstickla
geem und zu ihnän gsacht: ›Schaut, dassä in däre Zeit, in dä
woui net dou bin, woss draus macht!‹ [14] Wallnän obbä fast
alli vo seini zukünftichn Untätana net amoal a ganz klans
bissäla leidn hämm kenna, hämms a poa hintä ihm häghezt,
däi wou dottn, dou wouäsi zum Könich kröna lassn hoat
wolln, soong hämm main: ›Kannä vo uns will, dass groat
dä unsä neiä Könich wätt.‹ [15] Es hoat obbä nix gnitzt, ä is
trotzdem Könich woan. Kaum dassä widdä dahamm woa,
hoatä di Dienä, denänn wouä di Goldstickli geem ghat
hoat, kumma loun. Und etz wolltä vo ihnän wissn, woss
däi in seinä Abwesenheit mit seini Goldstickli su ogschtellt
hämm. [16] Dä äschte hoat gmeld: ›Herr, iich hoab ass deim
Goldschtickla zehr gmacht.‹ [17] Dess hoat in Könich gfalln.
Und drum hoatä väkünd: ›Du bist a goutä Dienä. Wallst as
meim ana Goldschtickla zehr gmacht hoast, drumm däfsd
a ab heit in meim Reich zehr Schtädt verwaltn.‹ [18] Dä zweite
hoat gsacht: ›Herr, finf Goldschtickli hoabi ass deim ann
Goldschtickla gmacht.‹ [19] Und dä Könich hoat gmaant: ›Wenn
des asuu is, dann kräichst du a finf vo meini Schtädte.‹ [20] Und
dann is annä kumma und hoat gsacht: ›Herr, iich gibtä dei
Goldschtickla widdä asuu zrick, wäiis vo dir kräicht hoab.

[21] Ass Angst vur dir, dou hoabbis di ganze Zeit väschteckt. Iich waß nemli, dass du a dess nimmst, woss dä net ghärt, und dassd a des erntn toust, woasd goa net ogseet hoast.‹ [22] Drauf dä Könich: ›Du Lump, dei Urteil, des hoastä grod selbä gschprochn! Du hoast doch gwisst, dassi a dess nimm, woss mä net ghärt, und dassi des ernt, wossi goar net gseet hobb. [23] Und warum hoastn dann trotzdem mei Golschtickla net aff di Bank bracht, su dassis etz mit Zinsn abhem hätt kenna?‹ [24] Und zu di andän hoatä gsacht: ›Nemt nän es Goldschtickla ab und gäbts demm, dä wou scho zehr hoat.‹ [25] Däi widdä hämm gmaant: ›Dess langt fei scho lang, dess woss dä andä dou hoat.‹ [26] In Könich sei Antwort obbä woa: ›Wä scho woss hoat, dä kräicht nu mär, wä obbä sugout wäi ibähapt nix hoat, demm wätt des bissla, wossä hoat, anu weggnumma. [27] Soa, und etzätla zu denän, däi wou net gwollt hämm, dass iich ihr Könich wär – däi hullst här und bringst um, und zwoa glei etz und glei dou!‹«

Hanne Preißinger (Memmelsdorf), Kap. 19,1–27

Jesus im Haus des Zöllners Zachäus: 19,1–10

[1] Dann isser noch Jericho und nei die Schtodt ganga. [2] Dort hot a Moo gäwohnt, der hot Zachäus khaasn. Des woä dä alleröberscht Zollinschpektä und der woä schtinkreich. [3] Der hett halt gern sääng gemöcht, wos der Jesus für aaner woä, obbä do woän so an Haufn Leut, dassä nix gsääng hot, wallä halt so a orch glaaner Zwoggl wor. [4] Do isser halt vorausgäloffn zu an Maulbeä-Feingbaam. Des is so wos ähnlichs wie a Zwetschgäbaam. Do isser naufgeklettert und wollt na sääng, wall er gäwisst hot, dasser dort väbeikumma muss. [5] Wie Jesus dort nookumma is, hot er naufgeguckt und hot gschria: »Zachäus, hobb, geh schnell runter, wall ich heut bei dir eikeärn möchät.« [6] Doo isser obber schnell

runterghüpft und hottna eigälodn und hot a Mordsfreud
ghobt. 7 Wie obber die Leut des gsääng homm, homm sa sich
mordsmäßig aufgäreecht und homm gschümpft: »Etz geht
der zu so an Halsabschneider, zu so an schlechtn Menschn!«
8 Obber der Zachäus hot blos aufn Herrn gämerkt und hot
zuna gsocht: »Mastä, die Hälft vo mein Zeuch könna die
Orma homm, und wenn ich aans beschissn hobb, gib ichs na
dobblt und dreifoch retuä!« 9 Do hot dä Jesus gsocht: »Des is
heut fei a glückseelichä Dooch füä dich und deina Leut.« Und
zu die andern hot er gsocht: »Do gibts gor nix zu meckern!
Der Zachäus, des iss doch a aaner vo uns, vo der gleichn
Rass, aaner wie du und iich. Jednfolls bin ich dodäfüä do,
10 dass ich schau, wus fehlt und helf, wu ich konn.«

Das Gleichnis vom anvertrauten Geld: 19,11–27

11 Jetz wors gornimmer weit noch Jerusalem. Drum homm
die Leut gämaant, es himmlischa Reich tät etzt gleich auf
der Stell kumma, noch allem wos mä so hört und sicht vo
den Jesus. Deswechä hottä nuch a andersch Gleichnis erzellt.
12 Er hot gsocht: »Es wor amoll a feiner Moo. Der hot nein
Ausland fohrn gäwöllt. Dort wollt er a weng Kriech führn,
damit er sich a Ehr eileecht, dass er bärühmt wärd und dann,
wenn er widder haamkummt, dä Könich vo alla werd. 13 Er
hot zeävoä seina Leut herzitiert, hot an jedn Fünfhundert
Euro nei die Hend gädrückt und hot gsocht: ›Etzt schaut,
dasser a Gschäft macht mit den Geld, bis ich widderkumm.‹
14 ›Des fehlät uns nuch, dass der Könich werd!‹, homm die
andern Leut in den Land gsocht und homm na a poä Schpitzl
hintnnoochgschickt, dass die des hintertreim. 15 Hot obber
nix gänützt, Könich isser trotzdem worn. Wie er widder
haamkumma is, hotter seine Leut, denna wu er des Geld
geem ghobt hot, zammghollt und wollt wissn, wos a jeder mit
den Geld gschafft hot. 16 Der erscht is kumma und hot gsocht:

›Mastä, ich hob aus dein Fünfhunderder zeä gämacht.‹ 17 Do
hot der Könich gsocht: ›Bravo! Du bist a tüchticher Kerl!
Du konnst mitn Geld umgeh. Drum sollst du mei Oberkom-
missär über zeä Städt wern.‹ 18 Der zweit is kumma und hot
gsocht: ›Ich hob aus dein Fünfhunderder fünf gämacht.‹
19 Zu dem hot der Könich gsocht: ›Du sollst Kommissär über
fünf Städt wern.‹ 20 Dann is dä ander kumma und hot rum-
gädruckst: ›Mastä, do host dei Geld widdä retur. Ich hobs nei
an Schnupftüchla gäbundn und fei gut aufghobm. 21 Ich hob
mich gförcht, weil du so a strenger Patron bist. Du willst an
Profit, wust net neibäzohlt host, und willst erntn, wust net
gsät host!‹ 22 Do hot der Könich losgäleecht und gschümpft:
›Du sogst es ja selbä und des gschieht der Recht: Du bist a
Toochdieb und a fauler Hund! Du willst gäwisst hom, dass
ich a strenger Patron bin, dass ich mein Profit auf Teufl
kumm raus durchsetz, 23 und trotzdem host mei Geld net auf
die Schporkassa gätoo? Dann hett ich etzät wenigstns a poä
Euro Zinsn däfo!‹ 24 Und zu die andern, die wu nuch dort
rumgschtandn sin, hot er gsocht: ›Nehmt na des Geld ob
und gäbts den, der wu die zeä Fünfhunderder hot!‹ 25 Do
homm si gemaant: ›No, Mastä, der hot doch sowieso scho
so vill!‹ Hot der drauf gsocht: 26 ›Losssts euch gsocht sei: Die
an, wu scho vill homm, griegn nuch mehra, die andern, wu
nix homm, denna werd des bissla, wu sie homm, aa nuch
wechgätoo. 27 Ober die ganz andern, die wu dägechä worn,
dass ich überhaupts Könich wern soll, die holt er etzt auf der
Stell her und macht sa hie!‹«

Hartmut Roßner (Goldkronach), Kap. 19,28–48

Der Einzug in Jerusalem: 19,28–40

28 Wie ä sei Red ghaltn kat hot, is Jesus weitä ganga und
zwor noch Jerusalem nauf. 29 Und als ä in die Näh vo Betfage

und Betanien kumma is, o den Berch, der Ölberch haßt,
schicktä zwa vo seina Freind vor und sogt: 30 »Gätt in des
Dorf do, des vor uns ligt. Wennä neikummt, dann wärdä
a jungs Esela ogebundn finna, auf dem nuch nie a Mensch
gsessn is. Tatn obindn und herbränga! 31 Und wenn dä gfrogt
wärd: ›Warum tatn ihr obindn?‹, dann sogt: ›Unner Master
braucht na.‹« 32 Die zwa ham sich aufn Wech gmacht und
alles su gfunna, wie ä es ihna gsogt hot. 33 Als sa des jung
Esela lusbindn, ham die Leit, dena des Esela ghert hot, gsagt:
»Warum bind ihr den Esel o?« 34 Do ham sa drauf gsogt:
»Unner Master braucht na.« 35 Dann ham sa des Viech zum
Jesus gführt, ham ihr Haklabasch auf des Viech glegt und
Jesus naufgsetzt. 36 Und wie ä su drauf grietn is, ham seina
Freind ihra Juppn und ihra Husn, halt ihra Glader, auf dä
Stros ausglegt. 37 Als sa o die Stell kumma sän, wu der Wech
zum Ölberch hiegeht, ham alla Freind vom Jesus ogfangd,
vuller Freid und ganz laud Guds vom liem Gott zu derzehln.
38 Sie ham gschriea:

»Gsengt is der Kenich,
dä kummt im Noma vom Herrn!
Im Himml Friedn und Guts in der Heh!«

39 Do worn dann Pharisäer, die ham zu ihn gschriea: »Master,
sorch däfier, dass deina Freind ruhich sän!« 40 Obä er hot
zä ihna gsogt: »Iech soch eich: Wenn sa ruhich sän, dann
schreia die Sta.«

Die Ankündigung der Zerstörung Jerusalems: 19,41–44

41 Und als ä nehra nu gkomma is und die Stodt gsäng hot, hot
ä des Greina ogfangd 42 und gsogd: »Wenn doch a du heit
ärkenna test, wos dir Friedn brängd. Izt obä bläbts vor deina
Ang verschlossn. 43 Obä es wäd die Zeid kumma, wu deina
Feind um dich rum a Haufn Dreg aufbaua, dich einsperrn
und vo alla Seidn ogreifn. 44 Sie wärn dich und deina Kinner

niedermachn und kann Sta auf den annern lossn, denn du
host die Zeid net richtich erkennt.«

Die Tempelreinigung: 19,45–48

45 Dann is ä in den Templ ganga und hot alla Stondleid naus-
gschmissn. 46 Er hot zu ihna gsocht: »Mei Haus is a Haus
zum Betn. Ihr obä habt a Raiberhöln draus gmachd.« 47 Er
obä hot jedn Toch im Templ glehrt. Die Hungpriestä und die
Schriftgelehrtn und die annern Fiehrer vom Volk ham obä
versuchd, na umzebränga. 48 Sie ham obä net gewisst, wie
ses machen solln, denn die ganzn Leid hamna gern ghabd
und ham gern zugherd.

Günther Hießleitner (Weißenbronn), Kap. 20,1–26

Die Frage nach der Vollmacht Jesu: 20,1–8

1 Und innermool hadder im Dembl widder zu di Leid gredd
und inna woss iebers Evangelium dezähld. Do senn aff amool
di ganz Groossn und Gscheidn zu ihm kumma, di obersdn
Briesdä, Schrifdglehrdn und de, de wo in dä Bollidigg woss
zum soogn homm. 2 »Woss nemmsdn du dir do eigendli
raus? Hadd dir anner dess Reechd däzu geem, immer doo
aufzudredn, wos dä grood bassd?«, hommsn gfroochd.
3 »Wenn ihr miech woss froochd«, hadd dä Jesus gsachd,
»dann frooch iech eich a woss: 4 Kennd ihr mier soogn,
wer in Johannes denn Aufdrooch geem hadd, zu daafn; di
Menschn odder unser Vadder im Himmel?« 5 Midd derä
Frooch homms nedd grechnd und sie homm ganz arch
drieber noochdenggd und ganz lang midänander ieberlegn
messn, walls nix verkehrds soogn homm wolln: »Wemmä
soogn ›vom Himmel‹, weddä uns froogn, warum mä in
Johannes nix glabbd homm. 6 Und soogn mä, dass ä denn
Aufdrooch nedd vom Vadder im Himmel, sondern dass dä

Aufdrooch bloss vo di Menschen aff dä Eddn kumma iss,
dann nemma uns dess di Leid su iebel, dass unser Leem kann
Pfifferling mehr wert iss. Denn di Leid glaam ganz fesd, dass
de Johannes a Prophet vo unserm Vadder im Himmel gwesn
iss.« 7 Drumm homms dann in ihrer Nood gsochd: »Mir
wissns nedd.« 8 Dä Jesus drauf: »Dann brauch iech eich a ka
Rechenschafd geem ieber dess, woss iech mach.«

Das Gleichnis von den bösen Winzern: 20,9–19

9 Und dann haddä di Leid a Gleichnis dezähld: »Do woor
amool a Moo, der hadd an Weinberch uugliechd. Obber dann
haddän nedd selber beärbädn kenna, wallä weid fodd in a
anders Land ganga iss. Also haddä sein Weinberch verpachd.
10 Wies Zeid woor fiern erschdn Pachd, haddä an Kneechd zu
di Pächder gschiggd. Obber schdadd dass dankboor worn,
dass inna der Moo denn Weinberch ieberlassn hadd, homms
denn Kneechd nedd näbloos nix geem, sonder aa nu gscheid
herghaud. 11 Do hadd der, demm dä Weinberch ghädd, nu-
mool an Kneechd gschiggd, obber denn homms genausu
verschloogn, däzu homms nu gschböddld und ausglachd
homms nen und ohne ärcherdwoss foddgschiggd. 12 Dann
haddä nu a dridds Mool an Kneechd losgschiggd, obber
denn homms glei su gschloogn, dass ä ieberool bluud hadd;
und dess nedd gnuuch, hommsn aa nu nausgschmissn, wie
an reidichn Köder. 13 Doo hadd der Moo midd demm Wein-
berch nemmer gewissd, wosser nu machen soll, und er
hadd aus lauder Guudmüdichkeit sein eigna Sohn, dennä
ganz arch gern ghabbd hadd, zu dennä Pächder gschiggd.
Er hadd hald gmaand, dass vuur demm beschdimmd in
näädin Reschbeggd homm. 14 Und wie dann dä sei Sohn zu
di Pächder kumma iss, homms glei gwissd, wer dess iss und
dass der denn Weinberch amool vo seim Vadder griechd. Sie
worn obber su gierich, dass beschlossn homm, denn Erbn

einfach wechzuraama. Wenn der nemmä doo iss, homms
gmaand, dann ghädd ihna der Weinberch. 15 Und sie homm
nen baggd und rauszerrd ausm Weinberch und umbrachd.
»Woss«, froochd dä Jesus edz di Leid, »wedd der Besitzer
vo dem Weinberch midd dennä Pächder edz machn? 16 Er
wedd selbä hiegeh und alle seina Pächder umbringa«, hadd
dä Jesus gsachd, »und denn Weinberch an ganz andere Leid
verpachdn.« *(Obber de Leid, zu dennä dä Jesus dess gsachd hadd, de homm
dess Gleichnis aff amool kapiert. Sie homm verschdandn, dass midd demm
Weinberch ess jüdische Volk gmaand iss und midd demm Weinberchbesitzer
unser Vadder im Himmel. Di Priesder obber senn in dem Gleichnis di Pächder
und dä Jesus selber iss dä Sohn vo demm Weinberchbesitzer, also vo unserm
Vadder im Himmel.)* Doo senns ganz furchdboor deschroggn
und homm gsachd: »Naa, dess konn unser Vadder im Him-
mel doch nedd machn, dasser uns su schdroofd.« 17 Obber er
hadd inna widder bloss a Frooch gschdelld: »Woss maandn
ihr, woss dess hassd, wenn in dä Haalichn Schrifd schdedd:
Der Stein, den die Bauleute verworfen haben, er ist zum
Eckstein geworden?« Und midd dem Eckstein hadder sich
selber gmaand. 18 »Dee, wo denn Schdaa *(also unsern Herrn)*
nedd beachdn, genna kabudd. Und ieber dee der Schdaa als
Stroof kummd, vo dennä wedd nix mehr iebribleim.« 19 Do
homm de gscheidn Leid und de Boliddiger gmerggd, dass
di ganze Zeid ieber sie selber gmaand woorn und sie homm
su a Wuud griechd, dassn am liebsdn gleich wechgraamd
häddn. Obber ess woorn a vüül einfache Leid doo, de in
Jesus glabbd homm; vuur denna homm sä si gforchdn.

Die Frage nach der kaiserlichen Steuer: 20,20–26

20 Obber sie homm alles droo gesetzt, dassn a anders Mool
baggn kenna. Deswegn homms anne zum ihm hiegschiggd,
de su doo homm, als kärädns zu ihm. De hommn nen obber
woss rausloggn wolln, woss glangd hädd, um ihn an de

auszuliefern, de nedd lang midd ihm gfaggld häddn. 21 Drum
homms ganz scheihaali doo midd ihm und gfroochd: »Mas-
der, mier wissen, dass du aufrichdi bisd und wergli dess
lehrst, woss de Vadder im Himmel vo uns verlangd. 22 Des-
weg wolln mier vo dir wissen: Däffn mier nach demm,
woss du maansd, in Kaiser Steiern zohln odder nedd?«
23 Er obber hadd gleich gwissd, dassn midd der Frooch affs
Gladdeis fiehrn wolln, denn de Phärisäe homm gmaand, er
sochd, dass dess nedd richdi iss, wenn dä römisch Kaiser
vo di Juden Steiern verlangd. Dess hädd glangd, um ihn
wechschaffn zu lassn. 24 Obber er hadd bloss zu inna gsachd:
»Zeichd mä amool a Geldstiggla. Wer iss doo drauf?« Und
sie homm gsachd: »Dä Kaiser.« 25 »Also«, su dä Jesus zu
ihna, »dann gebdä demm Kaiser, woss in Kaiser ghädd,
und unserm Vadder im Himmel, woss unserm Vadder im
Himmel ghädd.« 26 Doo homms bloos nu glodzd und homms
bloss nu dumm gschaud und homm si gärcherd, dass dä
Jesus vuur all de Leid widder nix gsachd hadd, woss glangd
hädd, ummän ausm Weech zu raama.

Hans Schüßler (Roßbach-Zeitlofs), Kap. 20,1–26

Die Frage nach der Vollmacht Jesu: 20,1–8

1 Äänes Tags woar er emo wier em Tempel, hot zu de Läüt
geredt, hot ene vom Herrgott vezehlt, on dass der etz ball
kömmt. Do sein e poar von dene hoche Herrn, also Priester,
Beamte, Stadträt hie bei en 2 on hon en gfreecht: »Sog emo,
ber hot dich dos gehässe on ber git dir es Recht dezu, do so
röm ze deklamiern?« 3 Do seegt er: »Do well ich erst emo
äüch ebbes freeg. Sogt mir emo, 4 bie der Johannes die Läüt
getafft hot, von bem hat dann der sein Auftrag?« 5 Do hon
se die Köpp zomme gesteckt on hon üwerlegt: »Soge mer
etz ›vom Himmel‹, do segt der ›on bröm hotrsch em net

gegläbbt?‹. [6] Soge mir ›von Mensche‹, do wörd ons es Volk
steinige, weil die Läüt üwerzäücht sein, dass der Johannes
en Prophet woar.« [7] Deswege hon se zu Jesus gesogt: »Mir
wösses net.« [8] »Also«, segt Jesus, »do sog ich äüch a net, ber
mich gehässe hot.«

Das Gleichnis von den bösen Winzern: 20,9–19

[9] Drauf hot er sich römmgedreht on hot de Läüt dos Beispiel
vezehlt: »En Mann hot en Weiberg ogepflanzt, hot en on
e poar Weigärtner vepacht on is für längere Zeit veräst.
[10] Bies nod Zeit woar, hot er en Knecht zu dene Weigärtner
gescheckt, dass sem sein Otäl von de Ern gab söllte. Die
Weigärtner hon ewer der Bote recht vehawe, on hon en mit
leere Hän devo gejogt. [11] Do hot der Mann en zwäte Knecht
hiegescheckt. Mit dem hon ses grod so gemocht, hon en a
vespott on furtgejogt. [12] On noch en drette hot der Mann
gescheckt. Aach der hon se blutig geschloge on hon en naus
geschmesse. [13] Do segt der Weibergbesitzer: ›Bos söll ich ner
mach? Ich wer ene mein ägene Jong hie schecke, für dem
wern se doch wohl Respekt hon.‹ [14] Bie die Weigärtner der
Jong hon seh komm, hon se gesogt: ›Dos is der Erbe, der
brenge mer ömm, nod erbe mir die Weiberg.‹ [15] On sie hon
en aus em Weiberg naus gestompt on hon en ömmgebrocht.
Bos würd etz der Weibergsbesitzer mit dene mache? [16] Er
würd komme, die Weigärtner ömmbrenge on würd sein
Weiberg annere Läüt gawe.« Bie se dos gehört hon, hon
se gesogt: »Ner bloß net! Dos dürf net sei!« [17] Jesus hot se
ogeguckt on hot gesogt: »Bos gläbbt ihr, bos gemänt is,
bann geschriewe steht: ›Der Stä, der bu die Mäüere furt
geschmesse hon, weil se gemänt hon, der daagt nijeß, der
is noch zum wichtigste Stöck wurn. [18] Ber do drauf fällt,
der würd veschmettert, ber ewer drönt kömmt, der würd
vemalmt.‹« [19] Do hon die Priester on Gelehrte gemerkt, dass

sie gemänt woarn. Om liebste hätte se en jo sofurt vehoft on
furt geschafft, ewer sie hatte Angst fürm Volk.

Die Frage nach der kaiserlichen Steuer: 20,20–26

20 Etz hon se genau aufgepasst, ebb er net ebbes segt, bu
sen mit drogegrich on beim römische Regierungs-Öwerste
ogezäch könnte. 21 Dröm hon sen ganz scheiheilig gefregt:
»Mäster, mir wösse, dass du alles wäßt on a frei segst, ganz
gleich, mit bem dus ze tun host. 22 Is dos richtig, dass mir dem
Kaiser Stäüer bezohle ower net?« 23 Er hot ewer die Hinnerlist
gemerkt on hot gesogt: 24 »Nahmt emo en Silbergrosche on
guckt en o! Bem sei Bild on Önnerschrift is do droff?« »Die
vom Kaiser«, hon se geandwuedd. 25 »Also«, hot Jesus drauf
gesogt, »nod gabt dem Kaiser, bos dem Kaiser gehört, on
gabt dem Herrgott, bos dem gehört.« 26 Do hon se gemerkt,
dass sem nijeß ogeho kannte bei dene Läüt all on hon sich
ob gemocht.

Adolf Kunzmann (Untermerzbach), Kap. 20,27–47

Die Frage nach der Auferstehung der Toten (Die Froch waacher die Auferstehung vo die Duedn): 20,27–40

27 Vo danner Sadduzäer, die wu die Auferstehung oostreitn,
senn a boa zu Jesus kumma und hammner wölln was freech:
28 »Mäster, der Mose hot uns doch eigetrichtert: ›Wenn a
Mo, da wu an Bruder hot, stirbt, un sei Witfraa hot kaaner
Kinner, dann söll der Bruder die Fraa heier und fürna für
Kinner sorch.‹ 29 Do hamm a mol siem Brüder gelabbt. Der
erscht hot gheiert, is gschdorm, hot ower kaaner Kinner
kott. 30 Do hot se der zwätt gheiert, 31 dann der dritt und su
nochernanner zu bis zum sibdn. Ölla ham kaaner Kinner
kott, wie se gschdorm senn. 32 Zu guter Letzt is aach die

Fraa gschdorm. 33 Wann sei Fraa isser hinza bei der Aufer-
stehung? Sie wor doch mit ölla siem verheiert.« 34 Do secht
der Herr Jesus: »Blues in darer Wald werd geheierd. 35 Die
wu in Himml kummer, heiern nimmer. 36 Sie könner ach
nimmer gschdarb, weilser grad su wie die Engel durch die
Auferstehung an Herrgodd seiner Kinner worn sinn. 37 Des
ower die Dueden auferstehn, hot scho der Moses in seiner
Gschicht vom Dornbusch loss durchblick. Dorter nennt er ja
den Herrn ›Godd Abrahams, Godd Isaaks un Godd Jakobs‹.
38 Er is ka Godd für die Duedn, sondern für die, wu lahm. Für
Godd sen ölla lebendig.« 39 Do ham a poar Schriftgelehrter
gsocht: »Mäster, des wor fei super erklärt.« 40 Und kenner
hot sich getraut, nuch wos ze fregn.

Die Frage nach dem Messias (Die Sach mitn Davidssohn): 20,41–44

41 Dann hot er sie gfreecht: »Wie kammer denn behaupt,
der Messias is an David sei Jung? 42 Der David secht ja selber
in seim Psalmbuch: ›Der Herr hot zu meim Herrn gsocht:
Setz dich ra zummer, 43 und ich leg dir deiner Feind wie a
Fußbankla furder hie.‹ 44 Der David secht also zunner ›Herr‹.
Wie ko er dann en David sei Jung sei?«

Worte gegen die Schriftgelehrten: 20,45–47

45 Jesus hot vor ölla Leut zu seiner Jünger gsocht: 46 »Hüt
euch vuer dannerna Schriftgelehrten! Die ziegn garn langer
Kläder aa und wölln garn auf der Stross un überall gegrüsd
sei. Die setzen sich in der Synagogn vurner na und wölln bei
jedn Fest die Ehrengäst sei. 47 Sie luchsen owwer dannerna
Witweiber die Häuser o und tun scheinheilig lang badn.
Owwer am Jüngsten Tag wern die sich umgugn – frooch
net!«

Alfred Bräuer (Heilsbronn), Kap. 21,1–19

Das Opfer der Witwe (Des Scherfla vo der Widfraa): 21,1–4

1 Nachert hat der Jesus aufgschaut und hat gseng, wie die
bessern Leit in Klinglbeitl eiglecht hom. 2 Es is ober ah a arma
Widfraa dort gwesn, de blos zwa Zehnerli eiglecht hat. 3 Do
hatter gsocht: »Fei werkli, ich sooch eich: De arm Widfraa
hat mehr eiglecht wie all di andern. 4 Wal de hom alle blos
des hergem, wos zviel kabt hom; de Fraa obber, de sowieso
nix hat, de hat in ihrer Noot alles hergem.«

Die Ankündigung der Zerstörung des Tempels (Di Vorhersooch, dess der Templ eigrissn werd): 21,5–6

5 Wie a poor Leit drieber gred hom, des ihr Templ mots schee
rausputzt is mit scheene Staa und viel Weih-Gschenker, do
hat der Jesus gsocht: 6 »Ihr werd scho nu seng, des di Stund
kummt, wo des alles eigworfn werd, wos do stet. Ka Staa
bleibt aufn andern, alles werd hiegmacht wern.«

Vom Anfang der Not (Wie es Elend sein Ufang nemmt): 21,7–19

7 Do drauf homsn gfrocht: »Master, wenn fengt des u und wie
merkmers, wenns los get?« 8 Die Antwort is gwen: »Obacht
gem mister, des eich kanner in verkehrtn Wech weist! Viel
wern si vier miech ausgem und song: ›Ich bin der, auf denner
horng misst, etz is soweit‹, denerna defter auf kann Fall
nochlaafn! 9 Und wenner hert, des ercherdwo Krieg und
Unruh is, do defter ka Angst krieng. Wal so muss nemli
ugeh, obber des End is nunni glei do.« 10 Weiter hatter gred:
»Die ana genna gegn die andern vor, a Land streit gecher
des andere. 11 Arche Erdbem und ieberol große Hungersneet
und Seing werds gem. Furchtbor werds wern und drom

am Himmel sichtmer große Zeing. 12 Obber bevor des alles
gschicht, wert mer eich nochstelln und ka Ruh mehr lassen.
Waler zu mir kert, werder in di Synagogen vor Gricht gstellt
und ins Gfängnis gsperrt, vorn König und alle Großkopferten
werder bracht. 13 Do kennter dann zeing, woer dezukert und
desser derzu stent. 14 Ihr breicht eich devor nit odoo, wieer
eich wehrn werd und woser song sollt, um do widder rauszu-
kumma. 15 Wenns so weit is, grichter vo mir nemli di richtin
Wort und di Weisert, so des die andern ka gscheite Wider-
part mehr gem kenna. 16 Sugor eier eigna Leit, di Gschwister,
di Verwandtschaft und di Freind wern eich verrotn. Und a
poor vo eich wern umbracht. 17 Waler zu mir kert, werder
vo alle Leit kasst. 18 Obber merkt eich ans, ka Herla vo eiern
Kopf werd hergem. 19 Wenner des alles aushalten dent und
nit nochgebt, gwinnter des wohre Lem.«

Harald Wilhelm (Wiesenbronn), Kap. 21,1–19

Das Opfer der Witwe: 21,1–4

1 Der Herr Jesus hat gsaang, wie bessera Leut mords eigeleicht
hamm. 2 A arma Witfraa it aa vorbeikumma, hot obber blooss
a poor Kreitn nei dia Opferbox gsteckt. 3 Do hot der Herr Jesus
gsocht: »Eens derft ihr mir gleeb, dass die Fraa im Prinzip
mehr gaam hat wia olla annera zamm, 4 weil die blooss von
dem gaam hamm, wos ieberi wor, obber des arm Fräla hot
werkli olles gaam, wos sie ghoot hat.«

Die Ankündigung der Zerstörung des Tempels: 21,5–6

5 Sou mancher wor racht ougetoon, wie schää der Templ
zammgericht wor in olla seiner Pracht. Der Herr Jesus hot
obber zu na gsocht: 6 »Es wern Zeitn kumma, wu von alla
dem, wu ihr etzet do sacht, nix mehr iebere it, nit amol ee
Stee werd aufn annern bleim, ollees machn sie hie.«

Vom Anfang der Not: 21,7–19

7 Do hamm si na gfräächt: »Mäster, wia it n des nachert
und wie markt mer des, dass es losgeht?« 8 Do hat er zu na
gsocht: »Lasst euch nit fer dumm verkeff, weil an haufn
Leut sich fer mich ausgaam und soong ›Iich bins‹ und ›Etz
is souweit‹. Lafft na joo nit nooch! 9 Wann ihr wos derfohrt
von Kriech und Unruhn, bleibt ruhig, weil des muss sou
sei, des muss zuerscht passier, obber mit em richtin End,
do dauerts nu a weng.« 10 Und dann hat er nu zu na gsocht:
»Ee Volk geht aufs annera loos und ee Staat geichern annern
11 und Erdbeim kumma und segoor Hunger und Seuchn. Am
Himmel sicht mer bääsa Erscheinunga und großa Zäichn.
12 Obber dodervor gänn si euch nooch und namma euch
fest, dann schläffn si euch vor Gericht und schmeissn euch
nein Gfängnis, weil ihr mit mir zamm gsaang worn seid.
13 Fer euch werd des sou ausgeh, dass ihr guate Zeugn seid.
14 Macht euch obber nit scho etzert dodrüber Serng, wie des
mit euera Verteidigung aussicht, 15 weil iich selber euch dann
es richtia sooch und des it sou, dass si euch nix ouhob könna.
16 Euer eichner Vadder und Modder dann euch sergor verroot
genau sou wie euer Gschwister, Leut aus der Verwandtschaft
und euer Freund. Ä poor von euch machn si hie 17 und olla
hamm en Brass auf euch, weil ihr derzua steht, dass ihr zu
mir ghert. 18 Goor nix und scho überhaupt goor nix passiert
euch. 19 Wenn ihr derchholt, dann habt ihr es richtia Laabn
gwunna.«

Norbert Limmer (Hallstadt), Kap. 21,20–38

Vom Gericht über Jerusalem: 21,20–24

20 »Wenn iä obä mitkricht, däss Jerusalem bald vo die Feind
zerbröslt werd, donn müsst iä aa spanna, däss es mit der

Stodt nimmä long her is. 21 Däbei gilt: Weä in Jerusalem däham is, soll sei Geraffl lieng und steh lossn und so schnell wie möglich nei die Bärch obhaua. Weä obä auf die Käffä läbt, soll net so blöd sei und nuch amoll in die Stodt nei geh. 22 Denn des sin genau die Tooch, wu alles passiert, wies die Prophetn scho längst vorhergsocht hom. 23 So richtig mies werds denana Weibä geh, die wu a Bobbäla erwartn, und die, die wu klaana Kinnä stilln. Denn es werd kaum meä wos zum Nong und Beißn gem und Gott werd sei Mütla om Volk obkühln. 24 Vill wern niedägemetzlt odä als Gfangäna in allä Herrn Ländä verschleppt. Leut, die nix glaam, wern Jerusalem kurz und klaa haua. Obä denena werds irchendwann amoll aa on Krong geh.«

Vom Kommen des Menschensohnes: 21,25–28

25 »Und mit Sunna, Mond und Stärn wern Dingä passiern, däss die Leut ausm Stauna und Glotzn gor nimmä rauskumma, wenns auf die Meere so richtich druntä und drübä geht. 26 Ka Mensch waaß meä, wos überhaupt los is, und die Leut wern schloddern vor Angst, wos nuch alles auf sie zukumma werd. Denn o alla Eckn und Endn werds knalln und krachn und alles auf dera Welt werd ausm Lot gerotn. 27 Ganz zän Schluss werd mä donn unnän Mastä auf anä Wolkn kumma säng mit Glonz und Gloria. 28 Wenn iä vo all dem Zeuch bloß a Bissäla spannt, donn rafft euch zamm und schaut noch oom: Denn etzät seid iä ganz noh droo on euära Erlösung.«

Mahnungen im Hinblick auf das Ende: 21,29–36

29 Und eä hot eänäna donn mit am einfochn Beispiel es Licht aufgeh gelossn: »Secht doch bloß amoll den Käschnbaam und die annän Baamä genau oo: 30 Wenn etzät es junga Grün treibt, donn waaß a jedä Depp, däss deä Summä bald do

is. [31] Genauso is es, wenn iä des ganza Zeuch kumma secht,
wu ich euch grod erzählt hob. Donn konn a jedä nämlich
Gift drauf nehma, däss es Himmlreich voä dä Tür stet. [32] Ich
sogs euch klipp und kloä: Vo dera Generation werd kannä
sterbm, bevor des net alles passiert is. [33] Mitm Himml und
deä Erdn werds irchendwann amoll aus sei, obä des, wos
ich gsocht hob, gilt ewich. [34] Etzät müsst iä natürlich Obacht
gem, däss euch es Saufn, der Diridari und deä täglich Stress
net so orch durchänandä bringa, däss iä vo dem Tooch,
wu ich grood gsocht hob, übähaupts nix mitkricht. [35] Denn
ka anzichä auf dera Erdn werd des alles verhindän könna.
[36] Denkt also droo, jedn Tooch und jeda Stund! Bitt euän
Herrgott um die Kraft, däss iä bei dem ganzn Schlamassl gut
dävokummt und däss iä euch donn vor Gericht einigermoßn
rechtfertign könnt.«

Die Lehrtätigkeit Jesu im Tempel: 21,37–38

[37] So wor Jesus togsübä im Templ, hot drübä gschprochn,
wos Gott will, und wie noh die Stund scho is, worüber eä
oom geredt hot. Om Omd is er donn nausn Ölbärch geloffn
und is dort die ganz Nocht übä gebliem. [38] Und scho bald in
dä Früh hom sich widdä alla Leut aufgerappIt und sän nein
Templ, bloß wal sie na gern hörn gewollt hom.

Wolfgang Buck (Puschendorf, Rangauer Dialekt), Kap. 22,1–23

Der Beschluss des Hohen Rates: 22,1–2

[1] Es woar nimmer weid hie afs »Fest der ungesäuerten Brote«,
die Judn sohng derzu »Passa«. Des is su wos wi bo uns
Ostern. [2] Und di Großkubferdn und di Pfarra worn ganz
siererd, wis nern umbringa kennerdn. Obber sie ham an
gscheidn Schiß ghabd vuur di Leid.

Der Verrat durch Judas: 22,3–6

3 Und der Deifl is neigfohrn innern Judas – do is der Judas
gmaand, zu dem wu die Leid aa »Ischariot« sohng – aaner
vo di Zwölf. 4 Und der is nooganga und had mid dena Groß-
kubferdn blaudert und mid die Öberschdn vo der Bolizei
und had si berodn mid inna, wi sis ohstelln kennerdn, däss
er inna in Jesus ans Messer lieferd. 5 Des had ihna gfalln,
däss der kumma is, und na hams midanander abgmachd,
dässnern aa a weng wos gehm deedn, wenners macherd.
6 Und der Judas had eigschlohng und vo dera Stund oo hadder
drauf abbassd, dässern ihna ans Messer lieferd, wenn di Leid
grod nix dervo merkn.

Die Vorbereitung des Passamahls: 22,7–13

7 Dann is der Festdooch kumma, der Dooch, wus immer
in jedn Haus an Betzn gschlachd ham. 8 Und der Jesus had
in Petrus und in Johannes in di Stadt nei gschickd und had
gsachd zu ihna: »Gehd scho amoll nei und ded awall den
Brodn richdn, dässmern dann midanander essn kenna.«
9 Und die hamnern gfroochd: »Wu nacherd sollmern den
Brodn awall richdn?« 10 Na hadder gsachd: »Wenn er in die
Stadt nei kummd, nacherd sechders scho. Wall do begehngd
eich a Mo, der wu an Gruuch Wasser derbei had. Denn
gedder einfach noch, und wenn der Mo in a Haus nei gehd,
do gehd ihr dann aa nei. 11 Und zu demm, wu des Haus
gherd, zu demm sachder: ›Der Masder lässd frohng, wu der
Sool is, wu er mid seina Freind heid ohmd den Betznbrodn
essn koo.‹ 12 Und nacherd zeichder eich scho den Sool drohm
im obersdn Stock und do stenna dann aa an Haufm Sessl
und Sofa. Und dord kennder dann den Brodn richdn.« 13 Do
drauf sins dann ganga und ham a werkli alles ganauersu

oodroffm, wi ers ihna gsachd had, und do hams nacherd den Fesdbrodn grichd.

Das Mahl: 22,14–23

14 Wies nacherd dann su weid woär, had si der Jesus mid
seine Abosdl no an Diesch ghockd. 15 Und er had zu ihna
gsachd: »Des hob iech mier fei arch gwünschd, däss iech
des nuamoll derleb, däss mier nuamoll alle midananander
Passa feiern und nuamoll su an Festbrodn midananander essn,
bevuurs fier miech ball nix mehr zum Feiern gibd. 16 Wall,
iech sogs eich: Des is is letzte Mol, däss iech a su an Festdooch
erlehm därf bis dann amoll suweid is, dässmer im Himml
widder midananander feiern kenna.« 17 Und er had in Kelch
gnumma und had a Dankgebed gschbrochn und na hadder
gsachd: »Nehmd in Wein und dednern midnander daaln.
18 Wall, iech sogs eich: Vo etzerd oo wär iech ka aanzigs
Schlückla mehr vo dem Wein drinkn bis amoll der Dooch
kummd, wu mer midnander feiern denna.« 19 Und nacherd
hadder is Brod gnumma und had a Dankgebed gschbrochn
und er had des Brod aufdeild und hads na hieglangd und had
gsachd: »Des bin iech und a su verschenk iech miech an eich.
Des sollder aa immer a su machn und doderbei an miech
denkn.« 20 Genauersu hadder nachn Essn in Kelch gnumma
und had gsachd: »Der Kelch do stehd doderfier, däss mier
alle zamghern in mein Blud, des fier eich ausgschütt werd.
21 Obber Obachd: Der, der wu miech verkaffd und ans Messer
lieferd, der hockd mid mier do an dem Diesch. 22 Mei Weech
is zwoär a beschlossne Sach, mier blabbd nix annersch iebri.
Obber drotzdem wehe dem, der wu miech verkaffd.« 23 Und
wis des gheärd ham, sins ganz durchananander kumma und
aaner had in annern gfroochd, wen er dodermied maana
kennerd, und wer des wohl saa kennerd, der wu suwos
dud.

Willi Sack (Weißenstadt), Kap. 22,24–46

Vom Herrschen und vom Dienen (Da Owa sticht nan Unda): 22,24–30

[24] Ma ko ned song, wer do draf kumma is, owa af amoll
hamse as Schtreidn ogfangd, wer unda ihnan as mast zan
song hedd. [25] Owa unna Herr Jesus hots ihnan scho gsagd:
»Jedara, der wo sich mit Gwald und Ellbong durchboxd
hod, der schaut, dass seina Leid kuschn, und ausgrechnt so
ana lesst sich aa no Wohltäta nenna, des is doch allahand!
[26] Bassd auf Männa, dassd wengstns ihr ned so werd wie
die Großkopfadn! Schaut liewa, dass da Gresst unda eich
ned mehra zan song hod wie da Glennst und da Noblst ned
mehra wie sei Schuhbutza. [27] Denn, wer maant denn ihr,
wer gressa is: der wo am Disch sitzt und fuddat oder der,
der wo ihm as Essn vorleggt? Des is doch allawahl der, der
wo am Disch sitzt. Ich owa bi imma der, der eich allas schää
hieleffld. [28] Bis itzad hadda ja imma fest za mia ghaldn, so oft
ich eich brauchd hob. [29] Destweng sell eich amoll allas ghern,
wos mir mei Vodda aa gschenkd ghadd hot. [30] Wennda amoll
ba mir im himmlischn Reich saa werd, nochad werda an
meim Disch essn und drinkng kenna, wos eich schmeckd.
Und ihr werd in schänn Polstasessln sitzn und dazu eia
Maaning iwa die zwelf Israelstämm song däffm.«

Die Ankündigung der Verleugnung und der Umkehr des Petrus (Wie der Herr Jesus nan Petrus durchschaud hot): 22,31–34

[31] »Siema, Siema (*so hot nämlich der Petrus eingtlich ghaßn*), wie
da Deifi so sei Gschpill mecht, willa unda eich die Sprei
van Waaz drenna. [32] Ich hob ganz oft fier dich bedt, dass
dei Gottglaam net aufherd. Owa wennst die Briefung gud
iewastandn host, nochad musstma vasprechng, dassd dein

Briedan widda aweng Mud mechst.« [33] Dodraf hot da Petrus
gmaant: »Herr Jesus, fier dich tu ich allas, mit dir gengade
aa ins Gfängnis, mit dir dedi sugor schterbm.« [34] »Olda
Spruchbeidl«, hot do da Herr Jesus gsagd, »bevor heit da
Hannagockl dreimol grähd hot, werst du dreimol bahaupdn,
dass du mich iewahapts ned kennst.«

Die Stunde der Entscheidung (Etzad werds ernst): 22,35–38

[35] Nochad fregd da Herr Jesus seina Jinga: »Wie ich eich
ohne Geldbeidl, ohne an Rucksoog und ohne Schuh weg-
schickd hob, hod eich do ewa awos gfehld?« »Naa, owa
scho gor nix«, hammsa gsagd. [36] Dodraf maant da Herr Jesus:
»Etzad owa is fei annaschd. Wer heid no an Geldbeidl oda
an Rucksoog hot, der sell nan ruhich midnehma. Und wer
ka Schwerd hot, der sell sein Mandl vakaafm und dodafier
ans aaschaffm. [37] Denn aans kanne eich song: Allas muss so
komma, wies in da haalichng Schrift steht: ›Ma hod ihn za
die Vabrecha ziehlt‹. Allas, wos ma iewa mich gredt hod,
des werd itzad pfaalgrod eidreffm.« [38] Do hamm seina Jinga
gsagd: »Herr Jesus, mir hamm gleich zwaa Schwerda!« »Des
langd«, hod draf der Herr Jesus gsagd.

Das Gebet am Ölberg (Wie da Herr Jesus afm Eelberch bedn dud): 22,39–46

[39] Nochad is da Herr Jesus aus da Stood nausganga und is,
winnas so gwähd wor, nauf afm Eelberch gstieng und seina
Jinga senn midgloffm. [40] »Leid«, hodda gsagd, wie se obm
worn, »dad bedn! Ned dassda eich in die Bundawie (durch-
einander bringen, aus dem Französischen) brenga lassd!« [41] Nochad issa
alaa weidaganga, ugfehr so weid, wiema an Schtaa schmeißn
ko, hod sich niedaknied und hod ganz arch bedt: [42] »Vadda,
wennst miechadst, nochad weri scha arch froh, wenni im

den Leidnskelch drimnimkummad. Owa allas gschichd na-
dierlich noch dein Willn und ned noch mein.« 43 Do is af
aamoll a Engl van Himml rundakumma und hod ihn gud
und kreftich zugredt. 44 In seina Dodangst hod unna Herr
Jesus no vill ärcha bedt wie sinst und da Schwaaß isnan
afm Bodn nundagloffm wie Blut. 45 Winna nochm Bedn
aufgstandn is, issa widda za sein Jingan hieganga und wos
sichda? Die Schlofhaum senn alla eigschlofm gwesn. Danoch
hammse gmaant, da Kumma hedse imgschmissn. 46 Do hod
da Herr Jesus owa sei Maaning gsagd: »Wiedana in so an
Aungblick eischlofm kennd! Etzad stehd owa amoll gschwind
auf und bedt aastendich, sinst gwinnt etzad da Deifl!«

Karl Theiler (Ebermannstadt), Kap. 22,47–71

Die Gefangennahme: 22,47–53

47 Wie ea nu bom Redn woa, sänn an Hoftn Männa kumma.
Da Judas, ana vo die zwölf Apostl, is vorausganga. Ea is auf
Jesus zugloffn und hotnan küssn wölln. 48 Do hot Jesus zu
ihm gsogt: »Judas, mit an Kuss willst du an Mänschnsohn
vorotn.« 49 Als sei Freund gmerkt hom, wos etzad passiert,
homs gfrocht: »Herr, sölln mia mit unara Säbl neihaua?«
50 Ana hot sein Säbl zung und an Knächt vom öberstn Priesta
mit an Schloch as rächta Oha okiem. 51 Jesus hot oba gsogt:
»Höa auf!« Donn hot ea des Oha genumma, hots auf die
Wundn ghaltn und scho woas wiede fest dro, als wöa goa
nex gschäng. 52 Noch hot Jesus zu den Priestan, den Haupt-
männan vo dea Tämplwach und zu dänan Altn, die vora
ihm gschtandn sän, gsogt: »Wie gecha an Räuba säd iha
mit Säbl und Brügl ausgezung. 53 Jedn Toch woa ich bo euch
im Tämpl und kana hotsi draut, mich ozagreifn. Etzedla is
eua Schtund do, wal die dunkln Kräft o die Macht kumma
sän.«

Die Verleugnung durch Petrus: 22,54–62

54 Dodrauf hom sie Jesus gefässlt und ihn zum Haus vom
höchstn Priesta gefühad. Da Petrus is mit a wäng Obschtond
hindadrei gloffn. 55 Middn im Huf hot a Feua brännt. Dot
woan an Hoftn Leut gsässn und da Petrus hot si a mit no-
gsetzt. 56 A Maad hotnan bom Feua sitzn gsäng, hot nan
genau betracht und noch hot sie gsogt: »Dea woa a imma
mit ihm bosamm.« 57 Des hot da Petrus valeugnet und hot
gsogt: »Fra, den Kerl känn ich goa net.« 58 A bissala schbeta
hot ihn a anara genau ogsäng und gmahnt: »Die Maad hot
scho rächt kobt. Du gehöast a zu dänan.« Do hot da Petrus
energisch gsogt: »Na, Mo, mit dän hob ich nu nie wos za
to ghabt.« 59 Ungefäha a Schtund schbeta hot a anara Mo
behaupt: »Ea woa wirkli mit ihm bosamm. Ea is doch a ein
Galiläa.« 60 Petrus hot dodrauf gsogt: »Mo, ich waaß wirkli
net, vo wäm du redn dust.« Im selbn Angblick, sei Red woa
noni za Änd, hot da Güga kreht. 61 Do hotsi Jesus ümdreht
und an Petrus ogsäng. Do is an Petrus a Licht aufganga und
ea hot drodänkt, wos da Hea za ihm gsogt hot: »Bevoa da
Güga kreht, host du scho drei Mol gsogt, dass du mich net
kännst.« 62 Do hot si da Petrus rümdreht, is fortganga und
hot orch gegrinna.

Die Verspottung durch die Wächter: 22,63–65

63 Die Wächta hom ihan Gschput mit Jesus getriem. Sie
hom nan gschlong, ogschpotzt, 64 as Gsicht zubundn, die
Ang vohüllt, damit ea nex gsäng hot, und donn saudumm
gfrocht: »Du bist doch da Prophet und waaßt allas. Etz soch
amol, wea dich vo uns grod gschlong hot.« 65 Noch homsnan
dräggad ausglacht und ausgschpott.

Das Verhör vor dem Hohen Rat
(As Vohöa voam Huchn Rot): 22,66–71

66 Als da Toch graud hot, sän die Altn, die höchstn Priesta
und die Lehra, die wu die Schrift kännt hom, halt alla Leut,
die zum Huchn Rot ghöad hom, zamm kumma. Noch hom
sa si an Jesus voagnumma. 67 Sie homnan gfrocht: »Wänn
du da Messias bist, noch tu uns des beschtätigen.« Do hot
ea ihnan za Antwoat gehm: »Wänn ich euch des soch, noch
glabt iha des doch net, 68 und wänn ich euch wos froch,
noch grich ich nie a Antwoat. 69 Vo heit o wead ich zua
Rächtn von Gott, dem Allmächtichn, sitzn und mit ihm
herrschn.« 70 Do homs a Gschrei ogfangt: »Du bist also dea
Sohn Gottes!?« Do hot ea ihnan za Antwoat gehm: »Iha
hobt des etz sälba gsogt – ich bin des wirkli.« 71 Do homs
nu lauda gschriea: »Etz braung ma ka Zeugn meha, wal ea
des sälba gsogt hot. Und mia hom des allazam mit unara
eigana Ohan grod gehöad.«

Stefan Keppner (Breitengüßbach), Kap. 23,1–12

Die Auslieferung an Pilatus: 23,1–5

1 Dorauf hot sich die versommelda Mannschaft aufgämacht
und sie ham den Jesus zum Pilatus gschleppt. 2 Vorn Pila-
tus ham sie na on Prangä gstellt und gsocht: »Der Bankert
hätzt unsä Leut gechä euch auf, er red ihna ei, dass sie ka
Steuern meä zohln sölln und gibt oo, er sei der Messias
und Könich.« 3 Des hot Pilatus gleich aufgänumma und na
gfroocht: »Stimmt des, wos die übä dich verbreitn, bist du dä
Könich der Judn?« Er hot äna entgechnd: »Du soggsd des.«
4 Pilatus woär erscht amol recht verdaddät und hot denna
Hoha Priestä, denna geistlichn Würdndrächä und zer die
Leut gsocht: »Ihr könnt sogn, wosä wollt, abä der Kerl hot

meinä Meinung nooch nix ausgfressn.« [5] Die versommelda Mannschaft is haabüchert gebliem und hot weitä gschürt: »Der wiechelt des ganza Volk auf und verbret seina Leärn im ganzn Land, vo Galiläa bis do heä.«

Die Verspottung durch Herodes: 23,6–12

[6] Als Pilatus des ghört hot, hot er gfroocht, ob der Moo a Galiläer is. [7] Do hot er vo denna erscht erfohrn, dass Jesus ausm Herodes seinä Gechnd kummt. Herodes hot Jesus auf der Stell zu sich bringa lassn. Der wor grod zu dera Zeit in Jerusalem. [8] Der Herodes hot sich scho längst amol drauf gfreut khot, den Jesus kenna zu lerna, denn allawei hom die Leut viel übä na geredt. Nun hot er drauf khofft, dass er na aans vo seina Wunder präsendierd. [9] Herodes hot na ausgfroocht bis auf die Knochn, abä Jesus hot ka Wort rausgerückt. [10] Die Hoha Priestä und die Schriftgelehrdn, die neber na gstandn worn, ham na gecherübä Pilatus schlecht gämocht und na schwer beschuldicht. [11] Zum krönenden Höhepunkt hot Herodes mit seina Soldodn aa nuch sein Spott mit na gedriem und sie ham na a weiß Gäwand übergezogn und na zerück zum Pilatus gschickt. [12] Seit dem Dooch worn Herodes und Pilatus dicka Freunde, obwohl sie sich vorher übähaupt net ausstehn konntn.

Dr. Eberhard Wagner (Bayreuth), Kap. 23,1–25

Die Auslieferung an Pilatus: 23,1–5

[1] Und dann hods kaaßn: Auf gehds! Und sie ham na Jesus zammbaggd und vorn Guferneer Pilatus noogschlaafd. [2] »Der Moo doo«, hams gsogd, »hedsd unner Volk auf. Er sogd, mir solln na Kaiser kaana Steuern mehr zohln. Außerdem sogd er, er wär der sell Keenich, den wo unner Herrgodd uns verschbrochn hod.« [3] Der Pilatus will wissen: »Is des

wohr? Bisd du wergli der Keenich vo die Judn?« Und der
Jesus sogd: »Ja!« Schlichd und einfoch. 4 »Na, wenn scho«,
maand der Pilatus zu denan, wu na Jesus hergschlaafd
brachd ham, »des is nuch lang ka Grund, dass ma den Moo
zu erchenwos verdonnerd.« 5 Ober sie ham na weider die
Höll haaß gemachd. »Er wiegeld mid seina Redn es ganza
jüdische Volk auf. Vo Galiläa oogfangd, nauf und nunder,
bis dooher.«

Die Verspottung durch Herodes: 23,6–12

6 Wie der Pilatus des heerd, frogd er, ob der Moo ebba aus
Galiläa wär. »Ja«, haaßds, »der Jesus, der is aus Galiläa.«
7 Ober in Galiläa is ja der Herodes fier in zuschtändich,
fällds na Pilatus ei. No, edsd hod er innerlich aufgschnaufd,
wal: »Wenn des a su is«, hod er gedochd, »dann gehd mich
der Foll nix oo und ich breng den Jesus doo widder los.«
Also hod er na Richdung Herodes weiderexpedierd, wal
sich der zufällicherweis grood aa in Jerusalem aufghaldn
hod. 8 Der Herodes hod zuerschd a rechda Freid ghabd,
wie er na Jesus gesehng hod. Er wolld na scho länger amol
perseenli kenna lerna, wal er scho vill vo in gheerd ghabd
hod. Und nadierli hod er aa drauf gschbannd, selber amoll
bei su an Wunner dabei za saa, wies der Jesus scho efders
vor alle Aung vollbrochd hod. 9 Er hod nan an Haufn Zeich
gfrogd, des und sell, ober der Jesus hod na gor ka Andword
geem. 10 Und die Priester und die Schriftglehrdn, wu da-
beigschdandn worn, ham na Jesus widder verklogd, dass
när su grauschd hod. 11 Do ham dann der Herodes und seina
Wachsoldotn na Jesus a weng aufzwiggd und verorschd,
ham nan in an longa, weißn Mantl gschdeggd und widder
Richdung Pilatus gschiggd. 12 Iebrichens sen auf die Ord der
Herodes und der Pilatus widder Freindla worn, wal: zuvor
is der aa aufn annern ned gud za schbrechn gween.

Die Verhandlung vor Pilatus: 23,13–25

13 Der Pilatus hod widder die Priester und annere Grußkebf
und es Volk eibschdelld 14 und hod gsogd: »Ihr habd mir den
Moo doo hergschlaafd und die Behaubdung aufgschdelld, er
tät die Leit aufwiegeln. Ober Ihr seid ja selber dabeigween,
wie ich na ausgfrogd hob. Ergebnis: Null-Komma-Nullzich!
15 Es Gleiche ban Herodes. Also, vo weecha Umbränga: doo
werd nix draus. 16/17 Ich wer nan hald pro forma a weng
ausbeidschn und dann laafn lossn. Eiverschdandn?« 18 »Naa«,
hams allazam gschriea, »auf gor kan Foll. Ramm na weg und
loss selln Barabbas laafn!« 19 Do dazu mussma wissn, dass am
Passahfest jedes Mol a Gfangener ausn Knasd entlossn worn
is und dass dersell Barabbas tatsächli weecha Aufruhr und
Mord in Gfängnis ghoggd wor. 20 Der Pilatus hod widder a
guds Word fiern Jesus eiglegd, 21 aber die Leit ham gschriea:
»Schlooch nan ons Kreiz, schlooch nan ons Kreiz!« 22 »Ober
er hod doch nix oogschdelld«, hod der Pilatus zum driddn
Mol gsogd. »Er hod in jedara Hinsichd a reina Wesdn. Ich
loss nan a weng es Fell germ und dann loss i na geh.« 23 Ober
sie ham nan mid ihrn Gschrei immer ärcher zugsedsd, 24 bis
na Pilatus die Sach za haaß worn is: »Also, meindweecha
nehmd na miid und schloochd na ons Kreiz«, hod er schließli
gsogd, »ober auf eier einga Verandwordung.« 25 Und den,
der wu weecha Aufruhr und Mord verurdaald gwesn wor,
den hod er auf freia Fuß gsedsd. Dodamid is der Foll fiern
Pilatus erledichd gween.

Wolfgang Leicht (Naisa), Kap. 23,26–56

Die Kreuzigung: 23,26–43

26 Wie sie Jesus naus gfüät hom, is Simon von Zyrene grod
vom Ackä hamganga. Do hom sie na äs Kreuz aufgälodn und

eä mussts hintä Jesus heätrong. 27 A Haufn Leut sän hintädrei
gäloffen, besondäs viel Weibsbildä woän däbei, die gägrinna
hom. 28 Do hot sich Jesus ümgädreht und hot zänäna gsocht:
»Iä Frauen vo Jerusalem, greint net übä mich, sondän übä
euch und euä Kinnä. 29 Denn es kumma Toch, do weät mä
song: ›Wohl deä Fra, die unfruchtboä is, die net gebuän und
die net gstillt hot.‹ 30 Donn weät mä zä die Berch song: ›Bollät
auf uns!‹ und zä die Hügl: ›Deckt uns zu!‹ 31 Denn wenn mä
scho mit grüna Hulz su umgieht, wos söll donn oäscht aus
döän weän?« 32 Mit Jesus hom sie nuch zwa Väbrächä zuä
Kreuzichung gfüät. 33 Wie sie om Berch, deä Schädlstätte
ghaßn hot, ohm woän, hom sie alla drei gekreizicht. An
Väbrächä rächts, än andän links und Jesus nei die Mitt.
34 Jesus hot mit denna, die na gekreuzicht hom, Mitleid ghobt
und hot gäbät: »Vorrä, väzeihsäna, denn sie wissn ja net, wos
sie tun.« Donn hom sie sei Kleidä untä sich välost. 35 Die Leut
woän rächt neugiärich dabei gstandn und hom alläs gänau
väfolcht, zägoä die Grußköpfätn, die hom na ausgälacht
und gägröhlt: »Andära hotä gholfn, sich sälbä konnä net
hälfn, und des söll Gottessohn sei?« 36 A die Soldotn hom
na ogäpöblt und hom gämant: 37 »Wennst scho der Könich
dä Judn bist, nocht hilf dä doch sälbä« und hom na Essich
zä trinkn gem. 38 Übä sein Kupf hom sie a Tofl non Kreuz
gänoglt, do woä draufgstandn: »Das ist der König der Juden.«
39 Anä vo die Väbrächä hot na vääplt und hot gsocht: »Wennst
scho der Messias bist, donn hilf dä doch sälbä und uns öbä
a!« 40 Do secht dä andä zuna: »Halt doch dei Maul, öbä host
net aweng Engstn voäm Herrgott, dich hots doch gänau su
däwischt! 41 Uns gschieht doch rächt, mia büßn füä des,
wos mä gäto hom; öbä deä hot sich nix zä Schuldn kumma
lossn.« 42 Donn sechtä: »Jesus, vägiss mich net, wennst nei
dein Reich kummst!« 43 Dodrauf secht Jesus zunna: »Amen,
välass di drauf: Heit nuch weäst mit miä im Paradies sei.«

Der Tod Jesu
(Wie Jesus gstorm is):
23,44–49

44 Mittoch umä zwölfa rum is im ganzn Land finstä wuän
und des hot gädauät bis zomt ummä dreia. 45 Bei dära Sun-
nafinstänis woäs stucknocht. Deä Voähong im Templ is
uäplötzlich ausännandä gärissn. 46 Und Jesus hot laut gschria:
»Vorrä, nei dei Hend lech i mein Geist!« Noch den Sotz
isä gstorm. 47 Wie der Hauptmon des gsähng hot, wos al-
läs passiät woä, hotä gäbät und gsocht: »Des woä wirk-
lich a gärächtä Mensch, deä woä bästimmt unschuldich!«
48 Und alla Neugiärichn, die haufnweis kumma woän, sän
reumütich umgäkeät und hamganga. 49 Alla sei Bekanntn
woän a ganz Stück vom Kreuz wächgstandn, zägoä die
Weibsbilder, die na scho seit Galiläa nochgäloffn sän. Sie
hom öbä alläs gänau väfolcht.

Das Begräbnis Jesu
(Wie sie Jesus nein
Grob gälecht hom):
23,50–56

50/51 Bei den Mitgliedern des Hohen Rates woä a frommä Mo
däbei, deä absolut net mit dem eivästandn woä, wos sie
mit Jesus gämacht hom, weil eä fromm und gärächt woä.
Eä hot Josef ghaßn und woä aus Arimathäa. 52 Deä is zän
Pilatus ganga und hot na gfrocht, ob eä den totn Jesus hom
könnt. 53 Nochdem Pilatus zugstimmt hot, hot na Josef vom
Kreuz runtä, nei Leinatüchä gäwicklt und nei sein einga
Felsengrob gälecht, do woä voäheä nuch kans din gäleng.
54 Des woä om Freitochomds, kuäz bevoä dä Sabbat ogfangt
hot. 55 Nochdem die Frauen aus Galiläa alläs gänau gsähng,
beobocht und festgstellt hom, däss nix meä weitä zotoh is,

56 sän sie hamganga, hom Öl, Crem und Salm zamgsücht,
um den Leichnam eizubalsamiän. Dazu kumma sän sie öbä
nimmä, weil bei die Juden am Sabbat übähaupt nix gäto
weät.

Dr. Helmut Haberkamm (Spardorf), Kap. 24,1–35

Die Botschaft der Engel im leeren Grab: 24,1–12

1 Am erschdn Dooch vodder Wochn in aller Frieh hammsi
die Weisbilder na aufn Weech gmachd zum Groob, mid-
sammsd all ihr Salm mid dem wunderboorn Gruch, die
wussersi derhamm zammgmachd kadd hamm. 2 Etz wissi
dodd sinn, sehngsi, dass der Drumm Staa wechgrolld woor
vom Groob. 3 Doo sinnsi na neiganga, obber der Leich-
noom vom Herrn Jesus woor nercherds zer sehng. 4 Un
wissi so doddstenna un nedd wissn, wossi haldn solln vo
dera Sach, doo kumma zwaa Mannsbilder auf na zu in
Glaader aus lauder Glanz un Lichd. 5 Di Weisbilder sinn
doo mächdi derschroggn un hamm mid ihr Gsichder noo-
gschaud aufn Boodn. Die zwaa Mannsbilder hamm nacherdla
zunna gsachd: »Wos suuchdern in Lewendin bei die Doodn?
6 Den finder doo fei nedd! Der is auferstanna, wennis eich
sooch! Kennder eich woll goor nämmer denggn, wosser
eich amoll gsochd hadd in Galiläa? 7 Iech muss die sindhafdn
Menschn in die Händ falln un ans Greiz gschloong wern,
hadder gsochd, obber am driddn Dooch werri na widder
aufersteh vom Dood!« 8 Doo sinn die Weisbilder sei Wodde
vo doomools na widder in Sinn kumma. 9 Nacherdla sinnsi
vom Groob widder foddganga un widder in die Stadd nei
un hamm die Woor na die elf Jinger derzälld un die ganzn
annern. 10 Doo woor die Maria Magdalena derbei un die
Johanna un die anner Maria, in Jakobus sei Mudder. Un
aa die annern Weisbilder alla, die wu midna dodd derbei-

woorn, hamm die Gschichd na die Jinger derzälld. 11 Obber
die Jinger hamm dengd, des Ganze is nix wie a aafäldis
Gwaaf, un hamm die Weiber ka Werdla doo dervoo glabbd.
12 Der Beedrus obber is na aufgstanna un is foddganga, naus
zum Groob. Dodd hadder sein Groong weid neigreggd un
rumgschaud, obber hadd nix weider gsehng als wie bloß
die Leinadiecher, wu liengbliem woorn. Na isser widder
foddganga un hamm un haddsi bloß nu gwunnerd ieber
des, wos doo woll vorgfalln woor.

Die Begegnung mit dem Auferstandenen auf dem Weg nach Emmaus: 24,13–35

13 Am selm Dooch woorn aa grood zwaa voddi Jinger aufm
Weech in des glanne Derfla Emmaus, des wu vo Jerusa-
lem zer Fuß a guuda Stund wech woor. 14 Die zwaa hamm
die ganz Zeid midnanner gredd ieber des, wossi dodd zu-
droong kadd hadd. 15 Un wissi so blaudern denna un jee-
der soong dudd, wossersi dengd un wosser maand, doo
gselldsi auf aamoll nu aaner derzu un leffd neeberna her
auf dem Weech; des woor der Jesus. 16 Obber die Aang
vo die zwaa Jinger woorn wie mid Bredder vernoogld un
drum hamm die in Jesus ieberhabbds nedd kennd. 17 Der
haddsi na gfroochd: »Vo wos habbdern doo grood in
aana Duur die Reed, sochd amoll?« Doo sinn die annern
zwaa na stehbliem un hammna ganz drauri oogschaud.
18 Der aane hadd Gleobas kaaßn un der haddn na zurigg-
froochd: »Du bisd gwieß nedd vo Jerusalem doo, wallsd
nedd waßd, wossi in die letzdn Dooch doddn oogspilld
hadd?« 19 »Ja, wosn na?« haddersi gfroochd. Doo hammsn
na die ganz Gschichd derzälld: »Des mid dem Jesus vo
Nazaredd. Des woor a Brofeed, mid mächdia Reedn un mid
mächdia Werge. 20 Obber unner grooßkopferdn Briesder un
di Obrichkeid hammna zum Dood verurdaald un ans Greiz

schloong lassn. [21] Mir obber hamm koffd kadd, dasser der
is, der wu unnerm Volg amoll die Reddung bringa kennerd.
Un heid sinn etz scho drei Dooch verganga, wu des Ganze
bassierd is. [22] A boor Weisbilder, die wummer guud kenna
denna, die hamm uns etz nu ganzergoor narrisch gmachd
mid ihra Gschichd. [23] Wie die heid frieh noogenna zum
Groob, doo finners dodd ieberhabbds kann Doodn mehr!
Un wissi widder hammkumma sinn, hammsi derzälld,
dassna zwaa Engl erschiena sinn, die wunna gsachd hamm,
dasser fodd is, un am Leem! [24] A boor vo uns sinn na aa
nooganga un hammsi umgschaud am Groob. Die hamm
wergli alles so vorgfunna, wies die Weisbilder derzälld kadd
hamm. Obber vom Jesus woor nercherds wos zer sehng.«
[25] Doo hadder na zu denna zwaa Jinger gsochd: »Gell, ihr
seid scho a weng schwer von Begriff? Sunsd däders doch
längsd glaam, wos eich di aldn Brofeedn gsachd hamm!
[26] Hadd nedd der Messias alla Leidn un alla Schmerzn auf
si gnumma, dasser zu seina Herrlichkeid kumma kann?«
[27] Un nacherdla hadderna ausfiehrli Wissnschafd geem vom
Moses un alla Brofeedn un wos in der Schrifd drinnasteh
dudd iebern Messias selber. [28] Nooch aana Waal sinns na
ookumma in dem Derfla Emmaus. Der Jesus hadd na so
doo, wie wenner weidergeh wellerd, obber die annern
zwaa hamm na alls aufna eigredd: [29] »Kumm, bleibner doo
un geh etz nedd fodd! Des werd doch scho Nachd! Den
Dooch hammer etz die längsd Zeid gsehng!« Na isser midna
neiganga ins Haus un is beina bliem. [30] Un wissi all midnan-
ner am Diesch dodd hoggn, doo nimmder is Brood, dudd
beedn un danggn un brichd is Brood ausernanner un gidd
an jeedn a Stigg dervoo. [31] Doo isna auf aamoll wie Schubbm
voddi Aang gfalln. Etz hammsn kennd! Obber im gleing
Aungbligg woorer aa scho fodd un wie vom Erdboodn
verschluggd! [32] Doo hamm die annern zwaa na gsachd:

»Hadd nedd is Herz in unnera Brusd brennd wia Feier,
wirrer mid uns gredd hadd aufm Weech un uns Wissn-
schafd geem hadd, wos gschriem stehd in der Schrifd?«
[33] Un in der gleing Stund nu hammsersi widder aufn Weech
gmachd zurigg nooch Jerusalem. Dodd hammsi na die
elf Jinger oodroffn un die annern alla iebrernanner. [34] Die
hamm zunna gsachd: »Unner Herr is wergli auferstanna!
Der is fei in Simon leibhafdi erschiena!« [35] Doo hamm na die
zwaa aa derzälld, wossi derlebbd hamm auf ihrm Weech
nooch Emmaus, un wissn na erschd kennd hamm, wirrer
is Brood brochn hadd doddn am Diesch.

Wolfgang Leicht (Naisa), Kap. 24,1–35

Die Botschaft der Engel im leeren Grab (Wos die Engl zä die Frauän om leän Grob gsocht hom): 24,1–12

[1] Om Sunntoch, also om öäschtn Toch in dä Wochn, sän
die Frauän mit gutschmeckäta Crem und Salm, die sie sälbä
ogämacht und zamgärüät hom, in alla Hergottsfrüh zän
Grob. [2] Do hom sie gsähng, däss deä Obschlussstaa vom
Grob wech woä. [3] Sie sän nein Grob ganga, hom öbä kan
Totn meä gsähng. [4] Do woän sie sprochlos und hom sich
net zä hälfn gewisst; doch plötzlich sän zwa Männä mit
stroländhälla Gäwändä auf sie zukumma. [5] Die Frauän woän
su gäblend und äschrockn, däss sie blos nuch aufn Budn
schaua hom könna. Die Männä hom öbä zu ihna gsocht:
»Wos sucht iä dänn den Lebendichn bei die Tutn? [6] Deä is
net do, des sächtä doch, deä is aufästandn. Denkt dro, wos
eä euch in Galiläa gsocht hot, wie eä nuch dot woä: [7] ›Dä
Menschnsohn muss o die Sündä ausgäliefät und gäkreuzicht
weän und om drittn Toch aufästehn.‹« [8] Do isäna alläs
brühwarm eigfalln. [9] Do drauf sän sie vom Grob nei die

Stodt und hom alläs denna Älf und die andän Leut äziehlt.
[10] Des woän Maria von Magdala, die Hanni und die Marie,
die Murrä vom Jokl, und die andän Weibsbildä, denna hon
sie des alläs ausfüälich gschildät. [11] Die hom öbä des füä
Gäwaaf ghaltn und homs net gäglabt, sie hom zägoä gsocht,
sie sölln iä Maul haltn, dass des kans äfeät. [12] Den Petrus
hots öbä net ghaltn, eä is auf, is zäm Grob gäloffn und hot
neigschaut, hot öbä wirklich nix als die Leinatüchä gsähng.
Drauf isä ganz nochdenklich widdä hamganga.

Die Begegnung mit dem Auferstandenen auf dem Weg nach Emmaus (Dä Emmausgong): 24,13–35

[13] Om sälbn Toch hom sich zwa Jüngä aufgämacht, um
noch Emmaus zä geh. Des liecht ungfeä zeä Kilometä odä
zwa Stund Fußwech von Jerusalem entfernt. [14] Sie hom sich
übä alläs untähaltn, wos die letztn Toch passiät is. [15] Sie
woän su in iä Gspräch vätieft, däss sie goä net gämerkt
hom, däss nuch ans mit inäna löft und ihna zuhöät. [16] Des
woä Jesus, öbä sie hom na net gäkennt. [17] Do hotä sich
nei iän Gspräch gämischt und gfrocht, übä wos sie sich
eigentlich untähaltn. Sie sän traurich stehgäbliem [18] und deä,
deä Kleopas ghaßn hot, hot gsocht: »Bist etz du dä anzich
Fremd in Jerusalem, deä net waß, wos bei uns die letztn
Toch passiät is?« [19] No secht Jesus: »Wos dänn?« Kleopas
secht: »Des mit Jesus vo Nazareth! Des woä vielleicht a
gscheitä Mo, den hot kanä wos vuägämacht, deä hot sich
im Testament und sämtlicha prophetischn Schriftn bestens
ausgäkennt, öbä net blos des, eä hot a großa Tatn vollbracht.
[20] Des hot unä Hohenpriester und Rotsmitgliedä saumäßich
gäärchet, däss na kanä vo inäna des Wasser reing hot könna.
Do hom sä na zän Tod väuäteilt und gäkreuzicht. [21] Miä
hom natüälich alla ghofft, däss eä Israel älöst, öbä nix

woäs. Etz is scho widdä drei Toch heä, seitdems passiät
is, do sän notüälich alla Hoffnungän dahie! 22 A poä vo
unnä Weibsbildä hom uns allädings ganz schö in Schreckn
väsetzt, die woän heit früh beim Grob, 23 do woä öbä ka
Mensch dingäleng. Sie hom äziehlt, sie hättn a Äscheinung
vo Engl ghobt und die hettn gsocht, dässä läbt! 24 Do hom
sich a poä vo uns auf die Sockn gämacht und hom alläs su
ogätroffn, wie die Frauän äziehlt hom; vo ihn sälbä öbä ka
Spuä!« 25 Drauf hot deä Fremd zänäna gsocht: »Fellts euch
dänn su schweä, alles zä glaam, wos die Prophetn gsocht
hom? 26 Hot des net su kumma müssn? Hot deä Messias des
net alläs leidn müssn, däss eä zu sei Herrlichkeit kummt?«
27 Und eä hot ihna äkleät, ogfangt vo Moses übä die Prophetn
und die ganzn Schriftn, wos übäna gschriem stieht. 28 Su
sän sie mittläweil in Emmaus eigätroffn, Jesus hot öbä su
gätoh, als ob eä weitägeh wöllät. 29 »Bleib doch do«, hom
sie zäna gsocht, »du kost bei uns übänochtn, gässn host
ja a nix und in a poä Minutn is stuckfinstä, do välöfst die
vielleicht.« Des hotä sich notüalich ka zwamol song lossn.
Also is eä mit nein Haus ganga, um bei inäna zä bleim.
30 Sie hom äs Omdässn nogstellt und wie sie alla üm Tisch
rümghöckt woän, hotä äs Brot gänumma, den Herrgott
gädankt, hots ausänandä gäbrochn und jedn a Stück gem.
31 Etz hom sie öäscht gämerkt, wos gspielt weäd und weä
sich inäna do ogschlossn ghobt hot. Öbä in dem Moment
worä scho fot, spuälos väschwundn. 32 Do hom sie gsocht:
»Hom miä net su a Brenna in dä Heäzgegnd ghobt, wie
eä mit uns gäredt hot und uns alläs übä die Schriftn und
Prophezeiungen äkleät hot!« 33 Do hom sie iä Ässn steh
gälossn und sän sofoät noch Jersusalem zurück. Wie sie dot
eigätroffn sän, woän die Älf und nuch väschiedäna Frauän
beiänandä. 34 Die hom zänana gsocht: »Dä Härr is wirklich
aufästandn, dä Simon hot na gsähng und kos bästätichn.«

35 Do hom sie des Äziehln ogfangt, wos inäna passiät is und
wie sie na beim Brotbrächn öäscht gäkennt hom.

Regina Baumgärtner (Weisendorf), Kap. 24,1–35

Die Botschaft der Engel im leeren Grab
(Die Engl derzähln: »Äss Groob iss leer«): 24,1–12

1 Am ärschdn Dooch vo dä Wochn, gwaasi unnern Osder-
sunndooch, sänn die Weiber scho in aller Herrgoddsfrieh
zän Groob ganger. Selbergmachde Salbn, die arrch guud
grochn homm, homms derbei ghabbd. 2 Ihna iss glei auf-
gfalln, dass der drumm Schdaa vom Groob wechgwälzd
woar, 3 obbä wies drinna woarn, homms die Leich vom
Herrn Jesus nedd gfunna. 4 Wies edz so doogschdanndn
sänn und rechd dumm gschaud homm, sänn auf amoll
zwaa Mannsbilder auf sie zukumma. Deena ihre Gwänder
homm direggd gleichd. 5 Die Weiber sänn gscheid der-
schroggn und hommsi goarnemmer aufschaua draua. Doo
homm die zwaa Mannsbilder gfroochd: »Warum suchd ihr
an Lebenndichn bei die Doodn? 6 Doo isser nedd, waller
lebbd. Erinnerd eich amoll oo dees, wosser immer zä eich
gsachd hodd, wieä nu in Galiläa woar: 7 ›Ich muss oo die
Sinnder ausglieferd und ons Greiz gschloong wärrn und om
driddn Dooch aufschdehn vo die Doodn.‹« 8 No fraali, der-
voo hodder doch immer gredd, edz wusis hearn, fälld ihna
jeds Worrd widder ei. 9 Doodrauf sänns schnurschdraggs
vom Groob in die Schdadd haam und homm glei alles
briehwarm den Elfn und die annern Jinger derzähld. 10 Dees
woarn Maria Magdalena, die Johanna und die Maria, die
Mudder vom Jakobus, und aa die annern Weiber, die doo
nu mied derbei woarn, homms den Abossdln derzälld.
11 Obbä die Abossdln homm gmaand, doo wu a boar Weiber
beiernanner schdehn, doo wärrd a vill gaggerd, und drum

homms ihna nedd glabbd. [12] Bis aufm Bedrus, der iss glei
aufgschbrunga und zän Groob grennd. Obbä mehr als a
boar Schdränng Bindn aus Leinen hodder nedd voargfunna.
Nach isser widder hamm und woar ganz durchernanner,
wallersi ieberhabbdsnimmer auskennd hodd.

Die Begegnung mit dem Auferstandenen auf dem Weg nach Emmaus (Dä lebendich Doode aufm Weech nooch Emmaus): 24,13–35

[13] Am selbn Dooch woarn zwaa vo die Jinger aufm Weech
nooch Emmaus, a Dorf wu ungefähr a Schdund zä Fuß
vo Jerusalem wech lichd. [14] Geschbrächsdeema Nummer 1
woar nadierli dees, woss heid frieh bassierd iss. [15] Wie säsi
so underhalldn und ihre Gedanngn ausdauschd homm, iss
dä Jesus däzukumma und mid ihna weiderganga. [16] Doch
die zwaa homm vo lauder Walld en Baam nedd gsehn und
hommna nedd kännd. [17] Er sachd zu na: »Derffmer froong,
ieber woss iher eich so oongreechd underhalldn dädd?«
Ganz niedergschloong sänns schdeh bliem [18] und der aa
vo ihna, des woar dä Gleofas, hoddn zu Andworrd geem:
»Bisdu so fremd in Jerusalem, dass du als aanzicher nedd
waßd, woss in die ledzdn Dooch dord bassierd is?« [19] »Woss
issn bassierd?« hodd dä Jesus gfroochd. Und drauf sie: »No,
dees mimm Jesus vo Nadzaredd. Dees woar a Broffeed,
mächdich in dem, wosser gsochd und doo hodd vor Godd
und änn ganzn Vollg. [20] Obbä unsre Obern und die an-
nern scheena Brinnzn, die in unnern Land wos zä soong
homm, hommna zum Dood verurteiln und oos Greiz
schloong lossn. [21] Und mir homm ghoffd, dass er derjee-
niche iss, der Israel amoll reddn wärrd. Däzu kummd nu,
dass heid aa scho dä dridde Dooch iss, seiddem dess alles
bassierd iss. [22] Obbä nedd bloß dess! Heid in aller Herr-
goddsfrieh homm uns scho a boar Weiber aus unnern Greis

ganz närrisch gmachd. Die woarn heid frieh beim Groob,
23 obbä än Leichnam vom Jesus homms nedd gfunna.
Wies zriggkumma sänn, homms gsochd, dass zwaa Engl
doogschdandn woarn, die ihna derzälld homm, dasser
lebbd. 24 A boar vo uns sänn dann zän Groob noogrumm-
bld und homm alles so gfunna, wies die Weiber derzälld
homm; obbä ihn selber homms nedd gsehn.« 25 Doo sachd
dä Jesus zu ihna: »Ja begreifd denn ihr nedd? Ihr dädd eich
soo harrd, alles zu glaam, woss die Brofeedn gsachd homm.
26 Hodd der Messias nedd alles so durchleidn missn, um so
in sei Herrlichkeid zä kumma?« 27 Und dann hodder ihna
alles Schridd fier Schridd ausgleechd, oogfangd beim Moses
ieber die Brofeedn und alles, woss in dä ganzn Bibl ieberna
gschriebn schdehd. 28 So sänns dann nooch aaner Zeid in
dem Dorf eidruudld, zä dems underweegs woarn. Dä Jesus
hodd zärschd so doo, als wollerder weider, 29 obbä sie
hommnern reglrechd bedrängd und zä na gsochd: »Bleib
doch doo bei uns, es wärrd eh ball Nachd, die Sunna
wärrd glei forrd sei.« Also issser mid nei und iss bei ihna
doobliem. 30 Wieä so mid ihna beim Essn ghoggd woar,
hodders Brod gnumma, hodd den Lobbreiss gschbrochn,
hoddes Brod brochn und hodds ihna dann zän essn geem.
31 Und doo sänn ihna dann aufaamoll die Aung aufganga
und sie hommnern derkännd, obbä im sellm Augnbligg
woarer scho ford. 32 Dann homms zuananner gsachd: »Hodd
nedd unner Herz in der Brussd brennd, wieä mid uns so
miedgloffn iss und mid uns gredd hodd?« 33 Nu in der
selbn Schdund hommsersi aufgmachd und sänn widder auf
Jerusalem zriggloffn, und wies ookumma sänn, homms
die Elf und die annern Jinnger versammld oodroffn. 34 Und
die homm gsachd: »Dä Herr Jesus iss wärrgli vo die Doodn
aufgschdanndn und lebbd, er iss änn Simon erschiena.«
35 Doodrauf homm aa sie derzähld, wossi underweegs der-

lebbd homm und wiesin derkännd homm, wieä äss Brod brochn hodd.

Hans Pfähler (Wendelstein), Kap. 24,36–53

Die Erscheinung des Auferstandenen
in Jerusalem: 24,36–53

[36] Und wäi si nou soo übba alles gredd ham, is er aff amohl
selber middn drinna gstandn und socht: »Nan Friedn sollt
ihr ham!« [37] Dou sins abber derschrockn un Schiss hams
gräicht, wals gmahnt ham, er wär a Gspenst. [38] Abber nou
sachtr: »Worum zuckt ihr sou zamm? Ihr derft doch net in
eire Herzn solchane Zweifl hom. [39] Etz schaut amol meina
Händ und meina Fäiß oh, nou wisstrs gwieß: Selber bin is!
Wenn ihr mi ohlangt, no kapiertrs: Sou wäi i dostäi, konn
i kah Gspenst sei. Dees hätt ka Flasch un kanne Knochn!«
[40] Wäi er abber nou seine Händ und seine Fäiß hiehält, sins
echt platt. [41] Vor lauter Fraid wolln sas abber immer nou ned
glahm. Aff amol fängt er as Redn oh: »Kennt ich vu eich wos
zun Essn ham?« [42] Sie ham blous a weng an broatna Fisch,
[43] obber er langt zou und isst nan auf und sie kumma as nan
Stauna net naus. [44] Und er redd weidr: »Wos hob i eich scho
domols gsacht, wäi ich nu bei eich glebt hob: In Erfüllung
mous gäi, wos im Gsetz von Mose, bai die Prophetn und in
die Psalma stöit.« [45/46] Nochert denkt er si, etz mou is werkli
überzeugn und socht: »Sou is as gschriebn in dr Schrift:
›Leidn mou der Messias, abber am drittn Dooch stäiht er
aff vo die Totn [47] und in sein Noma werds von Jerusalem
aus alle Völker deitli gsocht: ›Denkt doch endli nooch und
ändert eich! Blouß asou wern eire Sündn vergebn.‹ [48] Ihr
werd des derlebn und dafier die Zeign sei. [49] Mei Vadder
hot versprochn, eich den Heilign Geist zu schenkn, also
bleibt mer in dera Stoodt, bis sei Kraft vo dort droma in

eich lebendi werd.« [50] Dernoch is er no vur ihna herganga
a Stückla bis naus aff Bethanien. Wäis nou dortn worn, hot
er seina Händ affghobn und hot an Segn gebn. [51] Und nou
is passiert: Wäi er grood drübr wor zon Segna, hout er sie
plötzli verlassn und is nauf an Himmel ghobn worn. [52] Die
Jünger worn sou derschrockn, dass sie hiekniet sin, donoch
sins mit ara riesing Fraid in die Herzn widda noch Jerusalem
zrück. [53] Abber die Fraid homs dann danooch in Templ alle
Leit weiderderzüllt.

Matthias Einwag (Ebern), Kap. 24,36–53

*Die Erscheinung des Auferstandenen
in Jerusalem: 24,36–53*

[36] Und während sa noch da drüber gredt ham, is er selwer
zu ihna komma und hod zu ihna gsochd: »Friede sei
mid euch!« [37] Wie sa na gsänn hom, sin sa erschd sehr
erschroggn, weil sa gemaant ham, sie sehertn an Geisd.
[38] Abber da had er zu ihna gsachd: »Warum habtern so a
Angst? Warum denktern gleich an sowas Schlimms? [39] Guggd
amoll auf mei Händ und auf mei Füß – ich bins doch selwer.
Baggd mich amoll oo, nacher mergder, dass ichs sei muss,
weil a Geisd ka Fleisch und ka Gnochn had wie ich sa hobb.«
[40] Und wie er des gsachd ghabbd had, had er ihna die Händ
und die Füß gezeichd. [41] Sie ham gewaldich gschdaund,
hamms abber immer noch ned glaum könna. Do had er
sa gfraachd: »Habder amend a Brodzeid da?« [42] Sie ham
bloß a Stüggla von am gebrodna Fisch ghabbd. [43] Er hodds
genomma und vor ihra Aang aufgessn. [44] Nacherd hadder
zu ihna gsachd: »Ich saach nochamoll des, wos ich scho
gsachd hab, wie ich noch bei euch wor: Alles des, wos im
Gsetz vom Mose drinna schdedd, wos die Brofedn über mich
gewissd ham, und wos in die Bsalma schdedd, des muss

wohr wern.« 45 Und dann hadder ihna die Aang geöffnd,
dass sa des verschdenn, wos in der Schrifd drinnaschdedd.
46 Er hod ihna glorgemachd, dass Grisdus leidn wird, abber
dasser drei Dooch schbäder vo die Dodn auferschdedd und
widder lebendich wird: 47 »In seim Noma wird mer in alla
Herrn Ländä, oogfanga in Jerusalem, die Leut auffordern,
dass sa umkehrn solln, wenn sa wolln, dass ihra Sündn
vergeem wern solln. 48 Ihr habbd des mid eura einga Aang
gsänn. 49 Und ich wer derfür sorng, dass des, wos mei Vadder
verschbrochn hod, aa wohr wädd. Bis es abber so weid is
und bis ihr mid dera Grafd vo da droom gschdärgd seid, so
lang müssder in der Schdadd bleim.« 50 Und nacher hadder sa
nausgführt in die Näh vo Bedanjen. Wie sa dord ookomma
worn, hadder seina Händ ghoom und sa gseechnd. 51 Und
noch im selbm Aungbligg wie er sa gseechnd had, hadder
sa verlassn und is nein Himml naufgschwebd. 52 Wie sa des
gsänn hom, sin sa vor na auf ihra Gnie gfalln. Freudich sin
sa dann nach Jerusalem zurügg geloffn. 53 Derhamm sin sa
gleich nein Templ und ham gebädd.

Sacherklärungen in Mundart

Apostl

Bein Lukas sän die Apostl die zwölf Männer, die der Jesus vo seina Jünger rausgsucht und für a besondera Aufgab bestimmt hot. »Zwölf« erinnert an die zwölf Stämme vom Volk Israel. Die zwölf Apostl solln des neua Gottesvolk darstelln. Sie sän aa Zeugn dodäfür, dass der Jesus vo die Totn auferstandn is. Der Paulus hot net bloß »die Zwölf«, sondern aa noch andera Mitarbeiter aus der Gemaa als Apostl bezeichnt, und zwar södda, die vom auferstandna Jesus den Auftrag kriegt hom, rumzureisn und Leut fürn christlichn Glaabn zu gewinna und neua Gemeindn zu gründn. Oft secht mä aa: »Sie hom den Missionsauftrag ghabt.«

Dämona, bösa Geister

Mir hom tausnd Noma für die verschiednstn Krankheitn, ob des der Krebs is oder a Herzschwäche oder die psychischn Störunga oder die Geisteskrankheitn. Manchmol waaß mä, wus herkummt, oft obä aa net. Meistns erlebt mä die Krankheit wie an bösn Feind, der an Menschn zerstörn kann. Früher hot mä net so viel medizinischa Noma däfür ghabt, oft hot mä gsocht: »Do steckt a böser Geist dähinter, der an Menschn quält.« Mä hot wie bei uns die Krankheit mit Medizin bekämpft, mä hot obä aa geglabt, dass Menschn mit an gutn Einfluss und mit aner besondern Kraft den Geist verjagn könna, der an Krankn quält. Der Jesus muss so a Kraft ghabt hom. Mir wissn heut aa, dass Leib und Seel zammhänga und dass Leut krank werdn könna, wenn sie mit irgndwos net fertig werdn oder wenn sie fertig gemacht werdn. Dann tuts gut, wenn mä jemand hot, der an versteht und hilft und vo den a guter Geist ausgeht. Des is aa dann gut, wenns andersrum geht und a körperlicha Krankheit sich auf den seelischn Zustand auswirkt. Wenn aans andauernd Schmerzn hot oder a Behinderung oder a unheilbara Krankheit, dann braucht die Seele besondera Kräfte.

Etz zu die »Dämona«. Mir sagn manchmol: »Wos is denn in den neigfahrn?« Und mir maana, dass do aner wos Schlimms anstellt, wos mä gar net begreifn kann. Do is a Mensch nimmer er selber, er macht sich selber und die andern kaputt, er steht unter an Zwang oder unter aner fremdn Macht. So wos haaßt in der Bibl »Dämon« oder »es is aner besessn«, heutzutooch könnt mä sagn, dass aner vo Geldgier oder Angst oder Rassnhass besessn is. Mä kann aa an Alkoholismus denkn oder andera Süchte und Drogn, die an Menschn und ganza Familien zerstörn. Manchmol packts ganza Völker. Rassnwahn, Fremdnhass, Größnwahn – die Leut sän wie besessn und begehn die schrecklichstn Verbrechn. Sie sän vo alla gutn Geister verlassn, und die bösn Geister, die Dämona, könna hausn. Es is a schwerer Kampf, wenn aner die Menschn helfn und befrein will, heut noch und net bloß seiner Zeit, wie der Jesus gechä die Dämona gekämpft hot. Do braucht mä den Herrgott sei Kraft, den »Heilign Geist«, und Leut, wu der »landn« kann.

Engl

Wenn Engl gemalt werdn, dann sän des oft putziga Wesn mit Flügela. Wos andersch sän die Gottesengl. In der Bibl haaßn sie »Botn«, griechisch »angeloi«. Die Engl solln a wichtiga Nachricht vom Herrgott überbringa. Mä erkennt sie net am Aussehn, oft hom die Leut ärschd dänach gemerkt: »Die Fraa oder der Moo warn a Engl für mir, der Herrgott hot sie gschickt.« Im richtign Moment is jemand kumma, der wos gsocht oder getan hot, wos an Menschn gholfn hot. Und dann sagn die ana: »Zufall, Glück ghabt«, und die andern: »Do hot der Herrgott seina Händ im Spiel ghabt, er hot mir an Engl gschickt.«

Des Wort »Engl« kann noch a zweita Bedeutung hom. Mä hot sich vorgstellt, dass der Herrgott in seiner unsichtbarn Welt net allaa is und dass er Wesn um sich hot, mit dena er redn kann. Die führn seina Befehle aus, sie sän die Kräfte, die in der Natur waltn. Sie sän gewissermaßn die Minister, die sich bei ihrn Regierungschef versammeln und die manchmol aa a Loblied auf na singa, »die himmlischn Heerscharen« haaßn sie hinawieder.

Englbilder und Englfigurn hom die Menschn scho viel Freud gemacht. Sie sän halt positiva Gstaltn in aner Welt, wus a Haufn Horrorfigurn gibt. Bloß muss mä aufpassn, dass an bei die Engl in der Bibl, bei die Gottesengl, net die Fantasie durchgeht. Bei dena is gut, wenn mä an aan Buchtitl denkt, der secht: »Gottes Engel brauchen keine Flügel«.

Herr – im Blick aufn Jesus

Mir redn uns an als »Frau Maier« oder »Herr Müller« oder mir sprechn vom »Herrn Fischer«. In der Zeit vom Lukas hot mä höher gstellta Persona mit »Herr« angeredt. In sein Evangelium obä hot der Lukas sehr oft den Jesus als »Kyrios« bezeichnt, wos in die meistn Bibln mit »Herr« übersetzt werd, und des kann zu Missverständnissn führn, weil es wos ganz andersch bedeut, als wenn mir »Herr Müller« sagn. »Kyrios« is die griechische Übersetzung vom hebräischn »Herrgott« ausn Altn Testament. In die andern Völker hom die Leut ihra Götter als »Kyrios« angeredt. Wenn also der Lukas secht: »Der Jesus is der Kyrios«, dann kann unser Wort »Herr« des net wiedergebn, wos do alles drinsteckt. »Kyrios« is der höchste Titl, den mä an Menschn gebn kann. Deswechä haaßts in der fränkischn Übersetzung von Hartmut Preß überoll, wu Jesus als Kyrios angeredt werd oder wu er als Kyrios bezeichnt werd, überoll do haaßts »der aans is mitn Herrgott« und net bloß »Herr«, wie in andera Übersetzunga. Damols wie heut is der Titl »Kyrios« a Provokation, wenn er auf an einfachn Menschn angewendt wird.

Heilig

Allaans der Herrgott is heilig, allaans der Herrgott is gut, allaans der Herrgott verdient totala Verehrung. Wenn vo an Menschn gsocht werd, dass er heilig is, dann deswechä, weil er fürn Herrgott do is oder weil er vom Herrgott berufn is. Er is net deswechä heilig, weil er besonders gut oder anständig wär. Der Apostl Paulus redt die Leut in aner christlichn Gemaa als »Heilige« an, und zwar alla, des haaßt: »Ihr alla ghört zum Herrgott.« Ärschd dänach secht er ihna, dass sie aa entsprechnd lebn solln. So a Ermahnung war berechtigt, denn manchmol hom »die Heilign« ganz schö dänebn ghaut. Wenn Leut sich selber für heilig haltn, dann werds kritisch. Der Jesus hot sich energisch mit die Scheinheilign ausnandergsetzt und ihna ihrn Heilignschein runtergerissn. Manchmol hot er sie däzu gebracht, dass sies selber eingsehn und ihrn Heilgnschein »eingrollt« hom.

Oft spricht mä vo »Die Heilign Schriftn« oder vo »heiliga Räume« oder vo »heiliga Geräte«. Die muss mä obä net besonders verehrn; sie sän däzu do, dass sie dem Herrgott diena. Sie solln däzu helfn, dass die Leut zum Herrgott findn oder dass sie bei na bleibn. In »Die Heilign Schriftn« hom Menschn aufgschriebn, wos sie mitn Herrgott erlebt und wos sie vo na ghört hom. Net die Buchstabn sän heilig, obä der Herrgott, den sie bezeugn. Wenn im Vaterunser gebett werd »dein Name werde geheiligt«, dann is gemaant, dass mir vom Herrgott bloß so redn solln, wies wirklich zu na passt. Mir solln obä net in sein Noma Sachn sagn oder machn, die in Wirklichkeit unsra eigna Intressn diena. Wer im Noma vom Herrgott Krieg führt oder Andersgläubiga verfolgt, der hot den Herrgott sein Noma total ent-heiligt.

Himml

»Der Weg nach oben«, »die oberen Zehntausend«, »er ist der Höchste« – in viel Rednsartn werd bildlich vo »oben« und »hoch« gsprochn; gemaant is, dass aans Macht hot, und es is net gemaant, dass aans aufn Berg wohnt oder a paar Kilometer über der Erdn kreist. »Gott is im Himml«, »Gott is obn« bedeut, dass er die Macht hot, und es haaßt net, dass er irgendwu im Weltall hockt. »Himml« is also wos andersch als wie irgend aa Stell in der klan oder großn Welt. Er is überhaupt a ganz andera Art vo Wirklichkeit, als wie mir sie mit unsern wissnschaftlichn Denkn und Forschn erfassn könna. Wenn mir sagn wolln, wer der Herrgott is und wos mir vo na glaabn, dann müssn mir mit Vergleiche und Bilder vo na redn.

»Gott is obn im Himml« is so a Versuch, obä dann hot Himml noch a zweita Bedeutung. »Ich hab mich gfühlt wie im Himml«, »es war himmlisch« – do maant »Himml« an Zustand. Gott sei Dank hom so wos scho viel Leut wengstns a weng erlebt. Do, wu der Herrgott wos zu sagn hot, und wu des passiert, wos er will, do is scho a Stückla Himml. Der Jesus hot gemaant, es langt net, wenn jeds für sich a weng »Himml auf Erdn« schafft. Er hots zammgebracht, dass aa die Ärmstn wos vom Himml gemerkt hom. Er hot ihna gezeigt, dass der Herrgott sie mooch. Wenn mä scho bildlich dävo redt, dass »Gott im Himml obn« is, dann könnt mä etzd sagn: Durch den Jesus is der Himml vo obn zu uns runter kumma.

»Nein Himml kumma« haaßt: a Zeit erlebn, wu in unsern Herz und um uns rum und zwischn den Herrgott und die Menschn und aa bei die Menschn unternander bloß nuch die Art lebendig is, die der Jesus ausgstrahlt hot.

Hölle

»Des war die Hölle« – wenn jemand so anfängt, dann kumma schlimma Gschichtn. Aans steht fest: Der Herrgott will net, dass a Mensch »die Hölle erlebt«, etzd net und aa net in Ewigkeit. Der Jesus hot alles getan, dass er die Leut aus ihra verschiedna »Höllen« rausgholt hot, und er hot ihna verbotn, dass sie sich gegnseitig des Lebn zur Höll machn. Es hot Zeitn gebn, do hot mä in der Kärng die Leut gedroht: »Ihr kummt nei der Höll, wenn ihr net des glabt und macht, wos mir sagn.« Mä hot die Höll im Jenseits mit Redn und Bilder ausgemalt. Do hom sich oft sadistischa Fantasien ausgetobt. Die Menschn hom große Ängstn kricht. Wie soll do aner den Herrgott mögn?

In der Kärng obä soll mä vom Himml redn und dass die Leut endlich aufhörn, sich des Lebn zur Höll zu machn. In der Kärng soll mä alles tun, dämit södda, die die Höll auf Erdn hom, wieder a weng Himml erlebn. Ärschd dann derf mä dävor warna, den Herrgott zu verlassn und selber Herrgott zu spieln, weil des der Anfang vom Weg nei der Höll is, des haaßt nei an Lebn, wu nix Schöns und Guts mehr heilig is; ärschd dann derf mä sagn, dass es a letztes Gericht gibt, wu alles offn gelegt werd, und dass die, die aa dann nuch gechän Herrgott sän, in Ewigkeit ohne den Herrgott auskumma müssn – und des is die Höll, a Lebn ohne Liebe.

Die Bibl, die 1500 Seitn hot, redt bloß a paar Mol vo der Höll, außerdem hot mä in die altn Übersetzunga die hebräischn und griechischn Wörter für »Totnreich« fälschlich mit »Hölle« wiedergebn. Nuch mol: auf 1500 Seitn werd bloß a poor Mol vo »Hölle« geredt, obä über vierhundert Mol vo »Himml«!

Jünger

Wie die »Schriftgelehrtn« hot aa der Jesus Schüler ghobt, die mit na durchs Land gezogn sän. Sie hom na als ihrn Chef akzeptiert und hom vo ihm die Heilign Schriftn lerna wolln. Zu die »Jünger« hom nuch viel mehr Leut als wie die zwölf Apostl ghört, und aa Frauen warn däbei. Dass der Jesus die Frauen genauso ernst und wichtig genumma hot wie die Männer, des war damols in derer Gsellschaft und in derer Religion a Sensation und für viel a Skandal. Für an Rabbi wär des unmöglich gewesn, a Fraa bei seina Schüler zu hom. Wenn der Jesus des andersch gemacht hot, dann hot er sich ganz schön wos getraut und war arg progressiv.

Menschnsohn

Wenn mir »Menschnsohn« lesn, dann denkn mir: Es is aaner a Mensch wie du und ich. Die gläubign Judn hom des Wort aus ihrer Bibl noch ganz andersch gekennt, do is »Menschnsohn« der Titl vo aan, den der Herrgott bein Weltgericht die Macht über die Völker gibt (Buch Daniel, Kap. 7,13). Der Jesus hot oft vom »Menschnsohn« gsprochn, wie wenn er vo an andern redn tät, obä er hot sich selber gemaant. Den Herrgott sei Bevollmächtigter, so wollt er sagn, kummt net ärschd zum Weltgericht, er is etz scho da. Wie der Herrgott selber vergibt der Jesus mancha Leut ihra Sündn. Wos er vo die andern verlangt, nämlich »menschlich« lebn, so wies der Herrgott will, des macht der Jesus selber vor. Däbei muss er viel aushaltn, leidn und sterbn. Er will kana Vorrechte, er will bloß »lebn wie a Mensch«, als »Menschnsohn«. Ärschd am End vo der Zeit werd mä sei Macht sehn und merkn, dass der arm »Menschnsohn« und der Weltnrichter »Menschnsohn« aa und derselba war und is.

Messias

»Messias« kummt vo den hebräischn Wort »maschiach« und bedeut »der Gesalbte«. In Israel hot der König bei seiner Einsetzung ka Krona kricht, sondern er is mit an kostbarn Öl »gsalbt« worn. Deswechä hot er net bloß König ghaaßn, sondern aa »der Gesalbte«, »der Messias«.

Wie der Jesus gelebt hot, obä aa scho lang dävor, hom viel Judn ghofft, dass der Herrgott an besondern König schickt, der endlich Israel vo die Römer befreit und a groß Reich schafft, wu mä in Friedn und Freiheit lebn kann. Immer wieder hom welcha gemaant, dass der Jesus den Herrgott sei König, »der Messias«, wär. Der Jesus hot des immer abgewehrt: »So a Messias, wie ihr denkt, bin ich net.«

Trotzdem hom na die Christn später »Messias« ghaaßn, auf Griechisch »Christos« und auf Lateinisch »Christus«. Des is sogar wie a Eignnoma worn, »Jesus Christus«. Die Christn maana, dass der Jesus än Herrgott sei Heilbringer is, obä ka politischer, sondern aner, der die Menschn ohne Gewalt auf seiner Seitn zieht bloß mit sein Wort und sein Lebn und mit sein Leidn und Sterbn. Er baut a Gemeinschaft auf und sucht sich sei Leut unter alla Völker und Rassn und Religiona und sozialn Schichtn. Auf die Art wächst des »Reich Gottes«.

Obä so, wie des amol sei soll, is des nuch lang net. Des kann bloß er selber schaffn, wenn der Tooch kummt, wu er zu End bringt, wos er in Herrgott sein Auftrag angfangt hot. Auf so an Messias, der alles gut macht, wartn die Juden aa, obä dass des mitn Jesus scho angfangt hot, des könna sie net glaabn, weils nuch zu viel Unheil und Elend und Ungerechtigkeit auf der Welt gibt. Die Christn derfn vo die andern net verlanga, dass sie an den Jesus als Messias glaabn müssn; die Christn sän ärschd dann glaabwürdig, wenn sie selber so lebn, wie sies bein Jesus gelernt hom. Wenn mä a weng wos von Jesus seiner Art bei die Christn sieht, dann is scho viel gewonna.

Passafest

Überoll auf der Welt feiern die Judn des Passafest am ärschdn Sabbat nachn Frühjahrsvollmond. Es fängt mit an festlichn Essn in der Familie an, wu aa Gäste däbei sän. Mä erinnert sich an den Auszug aus Ägyptn und hofft, dass der Herrgott bald den Messias schickt und a endgültiga Erlösung schafft. Aufn Tisch stehn lauter Sachn, die an die Sklavnzeit in Ägyptn und an die Nacht vom Auszug erinnern. Wenn des jüngsta Kind gfragt hot, wos für a besondera Nacht des is, nochäd erzählt der Hausvorrä die Gschicht aus der Bibl. Weil des ganza a festa Ordnung hot (hebräisch »Seder«), haaßt der ärschda Ohmnd vom Fest aa »Seder«. Wie der Jesus gelebt hot, war des Passa a Wallfahrtsfest, wos mä bloß in Jerusalem gfeiert hot. Deswechä hots zu dera Zeit zig Tausnde vo Pilger gebn. Am Donnerstooch nachmittoochs hom die Priester die Passalämmla im Templ gschlacht, dies nochäd bein Festmahl in der Nacht vo Donnerstooch auf Freitooch gebn hot. In derselbn Zeit hot des »Fest der ungesäuertn Brote« angfangt. Des hot siebn Tooch gedauert und war a alts Erntefest. In dera Zeit hots Brot ohna Sauerteig gebn (Mazzn). Die zwaa Feste hom sich immer mehr vermischt.

Der Jesus hot am letztn Ohmnd in sein Lebn a Passamahl mit seina Jünger gfeiert. Er war däbei der Hausvorrä und er hot die vorgschriebna Ordnung an zwaa Stelln entscheidnd verändert: Bei die Segnsworte zum Brot und zum Wein hot er gsocht: »Des bin ich, ich werd für euch zu Tod gebracht« und »Der Becher is der neue Bund, den der Herrgott mit euch schließt. Gültig is der Bund, weil mei Blut für euch vergossn werd.«

Pharisäer

Die Pharisäer warn a besondera Gemeinschaft im Judntum. Sie hom die Gsetze ganz genau genumma, net bloß die gschriebna, sondern aa die mündlich überliefertn. Sie hom sich ihrn Glaabn wos kostn lassn. Den zehntn Teil vo dem, wos sie verdient und angebaut hom, hom sie im Templ abgeliefert. Zuärschd warn sie a reina Laienbewegung, später hom sich ihna viel Theologn angschlossn.

Reich Gottes

Wörtlich übersetzt haaßt »Reich Gottes« eigntlich »Königsherrschaft Gottes«. Der Jesus hot oft dävon gsprochn und die Judn seiner Zeit aa. Mancha hom gedacht, der Herrgott schickt den

Messias und der richt a Herrschaft auf, wu alla in Friedn lebn könna – des war mehr politisch gedacht. Andera hom gemaant, der Herrgott schickt den »Menschnsohn« als Weltnrichter und dann fängt wos ganz Neus an, dann gibts für die Gutn des Paradies. Der Jesus hot solcha Hoffnunga auf die »Königsherrschaft Gottes« aa gekennt, obä er hot sie net einfach übernumma, er hot ganz neua Sachn däzu gsocht. Net politisch und net mit Gewalt kummt des »Reich Gottes« und aa net irgndwann plötzlich in der Zukunft bei an letztn Gericht. Der Jesus hot gsocht, dass des »Reich Gottes« scho angfangt hot, und zwar dort, wu er, der Jesus, kranka Leut gsund macht; wu er die Nächstn- und Feindesliebe predigt und die Leit des aufnehma; wu Menschn erlebn, dass der Herrgott sie mooch, obwohl sie religiös und moralisch und sozial als minderwertig angschaut werdn. Wenn der Herrgott, so wie na der Jesus verkündt und gezeigt hot, in die Herzn vo die Menschn regiert, dann is des »Reich Gottes« scho do. Und wenns bloß a paar sän, die mitmachn – des is wie a Somakörnla, do wächst wos draus.

Es is scho do, öbä es is aa noch net fertig. Es muss und es werd noch viel passiern, vo die Menschn aus und vom Herrgott aus. Der Jesus hot seina Leut viel gebn und viel vo ihna verlangt. Er hot ihna viel für die Zukunft versprochn, vor allem, dass wirklich amol rauskummt, wos gut und wos bös auf dera Welt war, und dass der Herrgott an endgültign Friedn schaffn werd und dass des Lebn nachn Tod a wunderbars Fest is, wus kan Tod und kana Träna mehr gibt.

Es steckt viel drin, wenn in die Evangelien vom »Reich Gottes« geredt werd: Wer oder wos regiert im Herz vo an Menschn? Wer oder wos bestimmt des Zammalebn? Wer bringt die anzlna Lebnsgschichtn und die Weltgschicht zum End und zu wos für an End? Der Jesus hot gsocht (dem Sinn nach): »Ihr hörts und sehts und spürts bei mir, bein ›Menschnsohn‹«.

Sabbat

Der Sabbat is der wöchentlicha Feiertooch in der jüdischn Gemaa und der letzta Tooch vo der Wochn. Er fängt am Freitooch ohmds um sechsa an und geht bis Samstooch ohmds um sechsa. Wie a

Taal vom Gottesvolk um 600 v. Chr. im Exil in Babylonien war, do is der Sabbat besonders wichtig worn. Die Judn hom sich versammelt und ihrn Herrgott verehrt, sie hom auf kan Fall zu die heidnischn Götter wechsln wolln. Der Tooch sollt ganz dem Herrgott ghörn, und deswechä hot mä do nix geärbet. Der Sabbat war a richtiger Bekenntnistooch: Mir ghörn zum Herrgott und haltn seina Gebote. Mit der Zeit hots immer mehr Gsetze gebn, die die Sabbatruh schützn solltn. Die Theologn hom aufgezählt, wos alles verbotn war. So hot mä net mehr wie 800 Meter laafn derfn. Mancha fromma Leut hom gemaant, es wär des wichtigsta Kennzeichn fürn Glaabn, dass mä alla Sabbatgsetze hält. So allmählich hom die Leut immer mehr Angst kriegt, dass sie wos falsch machn könntn. Der Feiertooch war dann mehr a Last als wie a Freud.

Der Jesus hot den Sabbat ghaltn, er is aa nei der Synagogn ganga, er hot obä net gewollt, dass die tausnd Vorschriftn wichtiger werdn als wie der Sinn vo den Tooch. Und der Sinn war: Die Menschn solln Zeit füranander und fürn Herrgott hom, sie solln erlebn, dass sie net bloß zum Ärbetn auf der Welt sän; am Sabbat derf mä aa wos Guts tun wie an Krankn gsund machn oder mit der Familie auf an Ausflug gehn. Wechä seiner Auffassung hot der Jesus mit die Theologn und Pharisäer viel Streit kriegt. Die hom gemaant, wenn mä net alla Sabbatgsetze hält, dann werd der ganza Glaabn zerstört. Der Jesus hot deutlich gsocht, dass mä kana Gsetze haltn braucht, die die Freud an dem Tooch und am Lebn kaputt machn, und wenn die Gsetze noch so fromm daherkumma. Die fromma Leut müssn aufpassn, dass sie ihra eigna Gsetze net mit dem verwechsln, wos der Herrgott will.

Sadduzäer

Die Sadduzäer warn »die obern Zehntausend« im jüdischn Volk; sie hom zu die vornehma Priester- und Adelsgschlechter ghört. Politisch hom sie sich mit die Römer arrangiert, religiös warn sie konservativ und hom bloß die fünf Bücher Mose geltn lassn. Alla Auslegunga und des Modernisiern war ihna verdächtig. Weil bein Mose nix vo der Auferstehung steht, hom sie aa die Auferstehung vo die Totn abgelehnt.

Schriftgelehrta

Die Schriftgelehrtn warn gstudierta Theologn, die an der Hochschul in Jerusalem ihr Ausbildung gemacht hom. Sie warn aa Juristn oder »Gesetzeslehrer«, weil in die fünf Bücher Mose und in die Auslegunga däzu viel Vorschriftn fürn Alltag drinna gstandn warn. Besonders fürn Sabbat hom sie a Haufn Vorschriftn ausgärbet. Am liebstn hättn sie für jedn Handgriff a Vorschrift gemacht. Den Herrgott hom sie sich scheints wie an großn Gsetzeslehrer vorgstellt, und wehe mä hot a Vorschrift übertretn! Auf der andern Seitn warn natürlich die Gläubign besonders angsehn, die alla Gsetze ghaltn hom.

Wie Professorn an der Uni hom die Schriftgelehrtn aa Studentn ghabt, die sogenanntn »Jünger«, wörtlich »Schüler«. Mancha sän mit ihra Studentn im Land rumgezogn und hom die Synagogn besucht. Als Anred für die Theologn war »Rabbi« üblich, des haaßt »mei Herr«, »mei Lehrmaster«. Die meistn Theologn hom zu die Pharisäer ghört.

Sohn Gottes

Manchmol secht die Bibl, dass des ganza Volk Israel »Sohn Gottes« is, des haaßt, dass der Herrgott und des Volk Israel zammghörn wie Vorrä und Sohn. Besonders hot mä vom König als »Sohn Gottes« geredt und hot gemaant: Der Herrgott hot an bestimmtn Menschn »adoptiert«, und der hot etz vom Herrgott a besondera Aufgab. Die ärschdn Christn hom geglabt, dass der Jesus so aner war; bei seiner Taaf hot na der Herrgott »adoptiert«. Mit der Zeit hot mä geglabt, dass der Jesus noch viel mehr »Gottes Sohn« is als wie a besonderer Mensch oder wie der König. Es is amolig, wie der Herrgott und der Jesus zammghörn. Der Jesus selber hot manchmol zum Herrgott »Abba« (Papa) gsocht – des hätt sich bei die Judn ka Mensch getraut.

Bei die Griechn hot mä großa Herrscher wie den Alexander den Großn als »Göttersöhne« angschaut. Mä hot Gschichtn erzählt, dass sie vo an Gott mit aner Jungfraa gezeugt worn wärn. So wos hätt a jüdischer Gläubiger vo sein Herrgott nie sagn könna. Weil der Lukas obä für Griechn schreibt und dena klar machn will, dass der Jesus noch viel wichtiger is als wie alla »Göttersöhne«, erzählt er des Geheimnis vom Jesus seiner Geburt. Auf die Art spricht der Lukas des Bekenntnis aus: »Der Jesus is der Gottessohn.« Der Paulus, der Markus und der Johannes bekenna desselba, aa wenn sie vo aner besondern Geburt nix erzähln. Alla biblischn Schriftsteller sän sich in demselbn Bekenntnis einig: Es is amolig, wie der Herrgott und der Jesus zammghörn.

Sünde

»Aber bitte mit Sahne«, hot der Udo Jürgens gsunga, a Liedla über södda, die gechä ihr Gsundheit sündign. Mä muss sich wundern, wie oft mir vo »sündign« und »Sündn« redn, und jedsmol is wos andersch gemaant. Bei Zeitungsüberschriftn und Filmtitl is des Wort »Sünde« besonders beliebt, wenns um Sex geht. Wenn der Jesus vo Sündn redt, dann hot des a andera Richtung: Aner is hochmütig und schaut auf die andern runter, er bildt sich ein, dass er wos Bessers is, er zerreißt sich über die andern des Maul – so aner kann der anständigsta Mensch sein, obä wos der macht, is a Sünd. Wus lieblos zugeht, do is die Sünd däham. Außerdem hot der Jesus aa dodrauf »Sünde« gsocht, dass Menschn andera verletzn und ungerecht behandeln, dass sie nebn naus gehn und lügn und betrügn und stehln – alles, wos halt so in die Zehn Gebote steht. Die Wurzl vo alla Sündn obä is, dass aner bloß noch sich selber sieht und des, wos er will und braucht. Wenn er wos schafft, dann is er stolz auf sich selber und maant, des müssät aa der Herrgott anerkenna. Wenn wos dänebn geht, dann sän alla andern und sogar der Herrgott schuld, bloß aner net – er selber. Des Gegnteil wär, dass aner noch »Dankschö« zum Herrgott secht und auf na hört, dass er sich um seina Mitmenschn kümmert, dass er sei Verantwortung für die Natur sieht, dass er seina Fehler merkt und um Vergebung bittn kann und dass er a Herz für södda hot, die mitn Lebn net zurecht kumma. Und genau dodäzu will der Jesus helfn.

Die Sünd is in an jedn drin. Des waaß a jeds, des sich ehrlich vorn Herrgott betracht. Obä die Sünd derf uns net dirigiern, deswechä betn mir: »Kyrie eleison, Jesus, du bist aans mitn Herrgott, vergeb uns, wenn mir lieblos warn. Helf uns, dass mir uns auf dich verlassn und des machn, wos in deina Augn gut is!«

Synagoge

In der Synagogn kumma die jüdischn Gemeindn zamm. Am Sabbat feiern sie Gottesdienst mit Gebet, Lesung aus die Heilign Schriftn, Predigt und Segn. An der Wänd in Richtung Jerusalem is a Schrank, do drin werd a Rolln aus Leder aufghobn, wu die fünf Bücher Mose, »die Tora«, drin sän. Im Gottesdienst werd die Rolln feierlich ausgebraat und an jedn Sabbat a bestimmts Stück aus der Tora vorgelesn, däzu a Abschnitt aus die Prophetnbücher, do hot mä aa die gschichtlichn Bücher däzu gerechnt. Des Lesn und des Auslegn hot a jeder frommer Moo machn derfn. In der Jesuszeit is nach der Lesung auf Hebräisch gleich nein Aramäischn übersetzt worn, weil des die Muttersprach vo die Leut war. Aa der Jesus hot aramäisch gsprochn. Die Leitung vom Gottesdienst hot der Synagognvorsteher, er macht aa die Verwaltung in der Gemaa.

Im Hauptraum vo der Synagogn sitzn die Männer, die Frauen sän seitlich auf die Emporn. Der Gottesdienst fängt ärschd an, wenn zehn Männer do sän. Am Werktooch is die Synagogn des Schulhaus für die Kinner; die Lehrer warn Leut ausn Stamm Levi, die Levitn. Oft hom sich aa Männer getroffn und hom die Heilign Schriftn studiert und diskutiert, manchmol hom ihna studierta Theologn, die »Schriftgelehrtn«, däbei gholfn.

»Synagoge« haaßt net bloß des Haus, des is aa der Noma für die Gemaa, also für die Leut, die in der Synagogn (des is a griechischs Wort und bedeut »Versammlung«) zammkumma. Des is so ähnlich wie bei den Wort »Kärng«, des bedeut aa zwaaerlei: des Gebäude und die Gemaa, die sich dort trifft. In viel fränkischa Städt und Dörfer hots amol Synagogn gebn, des Gebäude war do und die jüdischa Gemaa…

Templ

Mä derf sich den Templ net vorstelln wie a großa Kärng. Wos in der Bibl Templ haaßt, is a riesiger Platz vo 300 mal 500 Meter. Und dodrauf war a ganza Templanlag mit aner großn Mauer rum.

Drinna is zuärschd der »Vorhof der Frauen« kumma und nochäd der »Vorhof der Männer«. Des Zentrum war wieder wos Extras: do war der »Priesterhof« mitn Opferaltar und dann ärschd is des eigntliche Templgebäude kumma. Do hom bloß die Priester neigederft, die grad Dienst ghabt hom. In den Templhaus hots a Vorhalle gebn, nochäd »des Heilige«, wu der Räucheraltar drinna war, und schließlich »des Allerheiligste« mit der »Bundeslade«. Die war a Kastn mit die Zehn Gebote und an Thron obndrauf für den unsichtbarn Herrgott. In Jesus seiner Zeit war des Allerheiligste leer. Bloß der öberst Priester hot aa Mol im Jahr do neigederft. Vor dem Allerheiligstn war der Templvorhang.

Der riesig Templplatz um die Templanlag rum war der »Vorhof der Heidn«; do hom die Heidn betn könna, des war a Treffpunkt für Menschn aus aller Welt. Dort sän aa Opfertiere verkafft worn und Geld is gewechslt worn, für normala Münzn hot mä a Templgeld kriegt. In der Templanlag selber hot mä ka normals Geld spendn derfn, weil do des Bild vom römischn Kaiser drauf war mit der Inschrift »Göttlicher Vater Augustus« oder »Augustus, Weltheiland«. Aufn Templgeld war ka Bild vo an Menschn drauf.

Wie der Jesus zwölf Jahr alt war, is er net im Templhaus gewesn, sondern in der Templanlag, und dort im »Vorhof der Männer«. Die »Templreinigung« hot sich draußn aufn Templplatz abgspielt.

Im Jahr 70 n. Chr. hot der Kaiser Titus den Templ zerstört, und dann is er nie mehr aufgebaut worn. »Die Klagemauer« is noch a Stück vo der altn Templanlag. Heut stehn aufn Templplatz der »Felsndom« und die Al-Aksa-Moschee; des sän für die Muslime großa Heiligtümer.

Teufl, Satan

Mir redn vo satanischa Gedankn und teuflischa Verbrechn und mir maana, dass do wos ganz Schlimms gedacht oder getan werd – irgndwos, wos Menschn seelisch oder körperlich quält oder zerstört: Des geht vo Mobbing bis Völkermord. Mä kanns oft net fassn, zu wos Menschn fähig sän. Des sän obä net bloß die andern. Des Böse steckt in uns selber drin, aa wenns – Gott sei Dank – oft net zur Tat werd. Scho immer hom Menschn nachgedacht, wu des herkummt. Viel glaabn, dass es a bösa Macht gibt, die den Menschn vom Herrgott wegbringt, aa Noma is »Teufl«, a anderer Noma is »Satan«. Teufl kummt ausn griechischn Wort »Diabolos«, des haaßt »aner, der alles durchanander bringt«. Satan is a hebräischs Wort und bedeut »Ankläger«.

Wenn mä vom Teufl redt, dann is des ka Entschuldigung däfür, dass Menschn wos Bös tun, obä des Redn vom Teufl soll ausdrückn, dass do wos is, wos größer is wie die Kraft vo an Menschn. Dera bösn Macht kann mä bloß Herr werdn, wenn mä sich mit jemand verbündn tut, der gut und vor allem stärker is. Die Christn glaabn, dass des der Herrgott is; so hots der Jesus verkündt und gezeigt.

Leider Gottes hot mä in der Christnheit immer wieder amol andera Menschn verteuflt und sich eingebildt, mä tät wos Guts, wenn mä sie verfolgt, quält und umbringt – der Hexnwahn is bloß aa Beispiel. Wenn die andern »die Bösn« sän, dann braucht mä des Bösa net bei sich selber suchn, und genau des hot der Jesus als an teuflischn Trick entlarvt. Er hot gsocht, dass des Bösa in an jedn Menschn drinsteckt. Er wollt deswechä die Menschn net schlecht machn. Er wollt bloß sagn, wies is, und er wollt vor allem helfn, dass mir mit uns selber besser zurecht kumma.

Es bringt auf der andern Seitn obä aa nix, wenn mä secht: »Der Teufl is a Märchn.« So einfach is des leider net. Des Bösa oder der Böse treibt sei teuflischs Werk trotzdem. Mä liests und siechts und erlebts jedn Tooch. Der Lukas obä verkündt: »Lests und sehts und erlebts, dass der Jesus stärker is. Er secht, wos wahr is, er heilt, er verjagt die bösn Geister, er verurteilt die Leut net, die nebn naus gratn sän, er hilft ihna zurecht, er stift a Gemeinschaft, wu mäs probiert, aufn Herrgott zu hörn und gut zunander zu sein.«

Wunder

»Hör auf mitn Greina, ich mooch dich doch!« So a Sätzla kann Wunder wirkn. A Mensch lebt wieder auf. »Nehm an Schluck vo dera Medizin, ich hab sie scho ausprobiert.« So a Rat kann Wunder wirkn. A Mensch hot kana Schmerzn mehr. – Der Jesus hot Wunder gewirkt, er hot Leut gsund gemacht, er hot ihna Mut zum Lebn gebn, er hot ihna gezeigt: »Der Herrgott mooch dich.« Der Jesus wollt net sensationella Tricks vorführn oder Beweise für sei göttlicha Macht abliefern, er wollt die Menschn helfn – und dodäbei sän aa erstaunlicha Sachn passiert, plötzlicha Heilunga zum Beispiel. Es warn obä net bloß die Wunder, mit dena er Wunder gewirkt hot. Es war sei ganza Art, wie er mit die Leut umganga is und wie er vom Herrgott geredt hot.

Mä kann Wunder verschiedn deutn, des war scho in Jesus seiner Zeit so. Mancha Leut hom gstaunt, warn begeistert und hom ihrn Herrgott gedankt. Andera hom gsocht: »Des geht net mit rechta Dinge zu. Der Jesus is mitn Teufl im Bund.« Und wieder andera hom gemaant: »Den könna mir brauchn. Der soll die Krankheitn wegzaubern und Wohlstand für alla herzaubern.« Vor dena is der Jesus ausgerissn. Wos helfn alla Wunder, wenn die Menschn net aufn Herrgott hörn und wenn sie net gut zunander sän?

Mancha sagn: »A Wunder wenn ich sehn tät, dann tät ich glaabn.« Dägechä spricht, dass scho viel aans erlebt hom, und trotzdem wolln sie nix vom Herrgott wissn. Es is aa net wahr, wenn andera sagn: »Ich hab a wunderbara Heilung erlebt, des is a Beweis, dass es den Herrgott gibt.« Auf die Art kann und derf mä andera Leut net zum Glaabn zwinga wolln. Wos isn, wenn aner net gsund werd und sterbn muss? Is für den der Herrgott net do? Der Jesus hot seina Wunder net als Beweise verstandn. Er war aans mitn Herrgott und hot mit seiner ganzn Kraft die Menschn gemöcht. Und des hot Wunder gewirkt. Mancha sän gsund worn däbei, mancha hom die Kraft kriegt, a schwers Schicksal zu tragn, mancha hom sich wie der Jesus um die arma Leut gekümmert, aa wenns die Öbern net gepasst hot. – Wunder sän Zeichn, dass net alles so bleibn muss wies is. Scho viel Leut, die aufn Jesus ghört hom, hom Wunder gewirkt.

Zöllner

Die Zöllner warn damals wos ganz andersch als wie die Zöllner heutzutooch. Seiner Zeit hots überoll an die Stadttore und an die Brückn Zollstelln gebn. Wer do vorbei is und wos verkaafn wollt, der hot zahln müssn. Die Besatzer, die Römer, hom die Zollstelln verpacht und däfür kassiert. Die Zollpächter hom des auf die Leut umgelegt und däzu nuch möglichst viel für sich selber rausgholt. Deswechä warn sie bei die Leut verhasst. Auf der an Seitn hom sie ihna des Geld abgenumma und auf der andern Seitn hom sie mit die Besatzer zammgeärbet. Weil die Römer »Heidn« warn, war sella Kumpanei für an fromma Judn nuch a besondera Schand. Wer mit an »Heidn« verkehrt is, war »unrein«, mä hot gsocht: »Mit södda will der Herrgott ka Gemeinschaft mehr.« Für die Fromma hot des bedeut, dass sie »mit södda« ärschd recht nix zu tun hom wolltn. Deswechä warn die Zöllner praktisch »gstorbn« für ihna.

Verzeichnis der Mitarbeiterinnen und Mitarbeiter

Friedrich Ach, Kap. 19,1–27

Nürnberg, Mundart: Fürth, geb. 1948 in Fürth. Mundarttexte schreibe ich in einem fürthbetonten Mittelfränkisch. Mehrere Veröffentlichungen. Mitgliedschaften: Verband Fränkischer Schriftsteller (VFS), Gruppe Nürnberg, Arbeitskreis »Mundart in der Kirche«, Collegium Nürnberger Mundartdichter, Verband deutscher Schriftsteller (VS), Gruppe Nürnberg.

Regina Baumgärtner, Kap. 10,25–42, 14,1–35 und 24,1–35

Weisendorf (westlich Erlangen), geb. 1958 in Zwochau, Tschechien, verheiratet, ein Sohn, Koordinatorin von EDV-Dienstleistungen. Meine erste Mundart ist egerländisch, die zweite fränkisch; Mundart ist für mich Ausdruck einer gewissen Eigenart, einer Originalität, die mir gefällt. Das Wort Gottes ist mein Lebensberater und Jesus mein bester Freund, der mir zeigt, wie das Leben geht.

Lothar Bedacht, Kap. 18,18–43

Zeil am Main, geb. in Karbach, Gemeinde Rauhenebrach im Steigerwald. Mehrere Veröffentlichungen in Mundart und Schriftdeutsch. Theaterstücke, Weihnachtsgeschichten, Gedichte und Lieder, bearbeitete Sagen aus dem Steigerwald und den Haßbergen.

Elfriede Bidmon, Kap. 11,27–54

Rednitzhembach (bei Schwabach), geb. 1937, veröffentlichte u. a. drei Bücher mit Lyrik und Kurzgeschichten in Schwabacher Mundart. »Aamol Christkindla saa!« enthält auch die nach den Lukas- und Matthäus-Evangelien geschriebene Weihnachtsgeschichte »Di Hali Nacht«, die die Autorin bereits in mehreren Kirchen, u. a. in St. Sebald, Nürnberg, anlässlich »Fränkischer Weihnachten« las, auszugsweise auch in Funk und Fernsehen.

Alfred Bräuer, Kap. 2,21–40 und 21,1–19

Heilsbronn (östlich Ansbach), geb. 1964. Ich bin aufgewachsen im zentralen Mittelfranken, in Dietenhofen/Landkreis Ansbach. Ich bin gelernter Bauingenieur, habe mich zum Immobiliengutachter weitergebildet und lebe gerne in der fränkischen Feinsinnigkeit. Dabei ist ein kleines Buch mein ständiger Begleiter, dem ich meine Gedanken in Fränkisch und Hochsprache anvertraue. Der Weisheit der Bibel auf der Spur zu sein und Mundartleser neugierig zu machen, waren meine Gründe fürs »Mitübersetzen«.

Wolfgang Buck, Kap. 22,1–23

Erlau (bei Bamberg), Mundart: Puschendorf bei Fürth, »Rangauer Dialekt«, geb. 1958, aufgewachsen in Puschendorf im Landkreis Fürth, später befördert vom Mittel- zum Oberfranken, evangelischer Pfarrer, verheiratet, zwei Kinder, lebt in Erlau bei Bamberg. Seit 1987 Auftritte als Liedermacher, mittlerweile freischaffend, mit Konzerten in ganz Franken, aber auch darüber hinaus. Bisher veröffentlichte Werke (LP und CD): »Unkraud vergeht ned« (1988), »Grüne Streifm im Nudella« (1990), »Schaunerhie« (1993), »Gemmeraweng« (1996), »Aganzallaans« (1998), »Sambesi« (2001). Kontakt: www.wolfgang-buck.de.

Wolfgang Christa, Kap. 3,7–18

Hallstadt (bei Bamberg), geb. 1950. Beruflich bin ich bei der Deutschen Bahn in der Betriebszentrale in München. Als »alter« Hallstadter mit Familie und drei Kindern, die gerne fränkisch plaudern, interessiert mich natürlich die heimische Mundart. Sie spiegelt die eigene Identität und ist ein Stück lebendige Kultur.

Dr. Günther Denzler, Kap. 7,1–23

Memmelsdorf (bei Bamberg), geb. 1948, verheiratet, zwei Töchter, Verwaltungsjurist, Landrat von Bamberg und Bezirksrat von Oberfranken, Landesvorsitzender der katholischen Männergemeinschaften, Mitglied des Zentralkomitees der Katholiken in Bayern.

Wolfgang Ehemann, Kap. 1,57–80

Bad Bevensen, Mundart: Heroldsbach (bei Forchheim), geb. 1962 im oberfränkischen Hausen; ab 1984 als Redakteur beim »Fränkischen Tag«; 1992 Theodor-Wolff-Preis. Seit 1998 Redakteur bei der »Welt am Sonntag« in Hamburg. Buchveröffentlichungen (u. a.) »Wos Woäs woä scho dro«, »Gedangnschdrich« und »Häggäläsmachä«. Lebt heute mit Frau und zwei Töchtern im niedersächsischen Bad Bevensen.

Matthias Einwag, Kap. 24,36–53

Naisa (bei Bamberg), Mundart: Ebern, geb. 1964 in Göppingen, aufgewachsen in Ebern, verheiratet, zwei Kinder. Seit 1985 beim »Fränkischen Tag« in Bamberg angestellt, derzeit in der FT-Redaktion in Staffelstein.

Christa Enders, Kap. 2,1–14

Bischofsheim an der Rhön, Mundart: Rannungen bei Bad Kissingen, geb. 1940 in Rannungen, Landkreis Bad Kissingen, seit Heirat 1967 Hausfrau und Mutter, wohnhaft in Haselbach am Fuß des Kreuzbergs, Berufsabschluss: Staatlich geprüfte Hauswirtschafterin. Freie Mitarbeiterin bei der Main-Post, seit 1990 Mitautorin im »Heimat-Jahrbuch« des Landkreises Rhön-Grabfeld, Interesse an Heimatforschung und viele Veröffentlichungen zur Rhöner Heimatkunde einschließlich der rhönerisch-fränkischen Kochkunst.

Werner J. Ettinger, Kap. 5,33–39 und 13,1–21

Höchstadt /Aisch. Würde wieder mitmachen, wenn es noch einmal ein Bibelprojekt geben sollte.

Helene Geist, Kap. 17,1–19

Retzbach (nördlich Würzburg), geb. 1931, gestorben 1999, war Oberlehrerin i.R. Bei der Zulassungsarbeit für ihr Staatsexamen hat sie über unterfränkische Mundart geschrieben. Interessant war ihr die Tatsache, dass sich die Dialekte oft nur »um Mainesbreite« unterscheiden. Bei der Vorbereitung des Lukasprojektes schrieb sie: »Was meenst, wia gara i doa mitmacha täet.« Sie hat viele Gedichte und Geschichten in Mundart geschrieben, die aber nicht veröffentlicht sind.

Bernd Graf, Kap. 9,1–27

Gehülz (bei Kronach), geb. 1955, wohnt in Kronach-Gehülz. Er leitet am Landratsamt Kronach das Sachgebiet »Öffentlichkeitsarbeit, Kreisheimatpflege«, führt den Verein für Heimatpflege Gehülz/ Seelach/Ziegelerden und wirkt als evangelischer Laie im Predigtdienst. Graf ist Initiator der Veranstaltungsreihe »Mundart-Advent an der Heimatkrippe« in St. Michael (Gehülz) sowie Schriftleiter heimatkundlicher Buchreihen und »bekennender Franke«.

Helga Güntzer, Kap. 1,1–25

Bamberg, geb. in Bamberg, lebt jetzt in ihrer Wahlheimat Südfrankreich. Sie war von dem Lukasprojekt gleich begeistert, bei näherem Zusehen wurde ihr aber auch die Schwierigkeit des Unterfangens klar. Dennoch hat ihr die Arbeit sehr viel Freude gemacht.

Christa Haager, Kap. 6,36–42

Nürnberg, dort 1947 geboren, aufgewachsen und zu Hause, Religionsphilologin (Oberstudienrätin am Gymnasium). Mitarbeit im Arbeitskreis »Mundart in der Kirche«, Bibelarbeiten auf Fränkisch über 2. Mose 1,1–2,10 und Markus 5,21–43 im MundARTzentrum bei den Kirchentagen 1999 in Stuttgart und 2001 in Frankfurt, Dekanatsfrauenbeauftragte im Prodekanat Nürnberg-Mitte.

Luise Habel, Kap. 4,1–23

Rothenburg ob der Tauber, Schriftstellerin, u. a. »Herrgott, schaff die Treppen ab«.

Dr. Helmut Haberkamm, Kap. 24,1–35

Spardorf (bei Erlangen), geb. 1961 in Dachsbach (Mfr.), aufgewachsen im Aischgrund. Er lebt und arbeitet als Gymnasiallehrer in Spardorf bei Erlangen. Als fränkischer Dialektschriftsteller veröffentlichte er die Gedichtbände »Frankn licht nedd am Meer« (1992), »Wie di erschdn Menschn« (1993), »Leem aufm Babbier« (1995), »Lichd ab vom Schuß« (1999) und »Des sichd eich gleich« (2001). Außerdem verfasste er die erfolgreich aufgeführten Theaterstücke »Schellhammer« (1996–1998), »Der Kartoffelkrieg« (2000) und »No Woman, No Cry – Ka Weiber, ka Gschrei« (2001). Von ihm sind zwei CDs erhältlich: »Frankn lichd nedd am Meer und mehr und mehr« (1997) sowie »Komm süßer Tod« (2001).

Hans Hagel, Kap. 8,22–56 und Kap. 11,27–54

Hallstadt (bei Bamberg), geb. 1934, »echtes Hallstadter Urgewächs«, Diplom-Verwaltungswirt, Telekom-Ressortleiter a. D., Pflege der Hallstadter/Dörfleinser Mundart. Veröffentlicht: »Unser Hallstadter Gemüt«, Mitarbeit beim »Markus-Evangelium auf Fränkisch«, druckreif vorliegend: »Unser Fränkisches Herz«. Aktivitäten: Autorenlesungen, Moderationen, Sendungen im Bayerischen Rundfunk, Mundartlesungen beim Nürnberger Altstadtfest in der Elisabethenkirche mit Egon Helmhagen.

Edith Held, Kap. 4,24–37

Neukirchen (bei Oldenburg), Mundart: Lichtenfels, geb. 1938 in Bayreuth, von 1944 bis 1963 in Lichtenfels gelebt, deshalb spreche ich die dortige Mundart. Viele Jahre Mitarbeiterin beim »Ostfränkischen Wörterbuch«, das die Uni Bayreuth zusammenstellt. Trotz vieler Versetzungen meines Mannes immer in andere Bundesländer habe und werde ich am fränkischen Dialekt festhalten. Ich bin jetzt Rentnerin.

Günther Hießleitner, Kap. 20,1–26

Weißenbronn (westlich Ansbach), geb. 1955, ist in der Öffentlichkeitsarbeit der Diakonie Neuendettelsau tätig. Veröffentlicht Mundarttexte seit seinem siebzehnten Lebensjahr, zunächst hauptsächlich im Bayerischen Rundfunk. 1997 erschien sein Gedichtband »Eipflanzd und Worzln gschloogn«. Ein zweites Buch mit Gedichten ist für 2002 geplant.

Anneliese Hübner, Kap. 7,36–50

Rödental (bei Coburg), geb. 1946 in Coburg, zweifache Mutter und Großmutter, seit drei Jahrzehnten in der Verwaltung und ebenso lange in der Brauchtums- und Heimatpflege tätig, schreibt Mundart und Hochdeutsch. Veröffentlichungen in Zeitschriften, Zeitungen und Anthologien, eigene Publikationen. Seit 1980 freie Mitarbeiterin des Bayerischen Rundfunks, zahlreiche Wortbeiträge und Hörspiele. Die Lust am Schreiben verbindet sich mit dem Vergnügen, Fränkin zu sein und fränkische (Cobarche) Lebensart und Kultur zu vermitteln. Die Erhaltung und Pflege der Mundart und ihre Anerkennung als eigenständige Sprache wird als Hauptanliegen gesehen, wobei Mundartdichtung als Ausdruck gelebter Zeitgeschichte verstanden wird.

Stefan Keppner, Kap. 23,1–12

Breitengüßbach (bei Bamberg), geb. 1965, Finanzbeamter und Familienvater. Als Kirchengemeindemitglied bin ich immer wieder von den Mundartveröffentlichungen unseres früheren Pfarrers Preß angetan. Dadurch habe ich mich selbst für die Übersetzung eines Bibelabschnitts ins Fränkische begeistert. Die Mundart ist für mich als eine Person mit viel Umgang mit bodenständigen Franken eine große Chance, mit den Menschen schnell einen persönlichen, unkomplizierten Umgang zu bekommen.

Adolf Kunzmann, Kap. 20,27–47

Untermerzbach (zwischen Bamberg und Coburg), geb. 1943 in Böhmen, aufgewachsen in Mittelfranken, ab 1967 sesshaft in Untermerzbach als Lehrer an der Volksschule und ab 1977 an der Hauptschule Ebern, seit 1996 (Früh-)Pensionist. An theologischen, biblischen und ökumenischen Themen interessiert.

Wolfgang Leicht, Kap. 23,26–56 und 24,1–35

Naisa (bei Bamberg), geb. 1934 in Memmelsdorf, Frieseurmeister i. R., die Liebe zur Mundart wurde durch den Bamberger Mundartdichter Hans Morper, genannt »Haanzlesgörch«, geweckt. Seit vielen Jahren beim Theaterspielen in Mundart dabei. »Wir müssen die Mundart weiter pflegen.«

Norbert Limmer, Kap. 21,20–38

Hallstadt (bei Bamberg), geb. 1937, Konrektor i. R., 15 Jahre lang Ministrant in St. Heinrich, Bamberg, also aufgewachsen im Struzä-Viertel. 38 Jahre lang Erteilung von katholischem Religionsunterricht in Abschlussklassen. »Die Lehrkraft sollte sich mehr der deutschen Schriftsprache befleißigen« – »Der Lehrer spricht eine Sprache, die voll auf die Belange der Schüler eingeht.« (Aus zwei aufeinander folgenden dienstlichen Beurteilungen.)

Harald Metzner, Kap. 17,22–37

Hallstadt (bei Bamberg), geb. 1964, verheiratet und Hallstadter. Die ersten Berührungen mit der Mundart-Literatur hatte er, wie viele andere auch, durch die Bücher »Lachendes Bamberg« von Hans Morper. Einige der Geschichten daraus, z. B. »Dä Hannes im Theadä«, sind Klassiker in der Familie Metzner und wurden gelegentlich bei Familienfesten dargeboten. Seine Verbindung zu zeitgenössischen Mundart-Projekten besteht vor allem aus der Mitwirkung bei der Erstellung der Musik-CDs der Mundartband »Saitenwynd« aus Altenkunstadt. (www.sondwand.de)

Christl Müller, Kap. 7,24–35

Hallstadt (bei Bamberg), geb. 1940, immer in Franken gelebt. Zwei Kinder, vier Enkelkinder, arbeitet im Büro der Altenpflegeschule in Bamberg. Hat den Enkeln gerne »Märchen in fränkisch« vorgelesen. Interessiert und engagiert in religiösen und sozialen Fragen »der einen Welt«, arbeitet mit im »Ökumenischen Netz«.

Hans Müller, Kap. 4,16–23

Memmelsdorf (bei Bamberg), geb. 1928, Metzgermeister i. R., Ortsheimatpfleger von Memmelsdorf. Ich habe mich schon in der Schule mit Mundart beschäftigt und festgestellt, dass auch Ur-Berliner »mir und mich« verwechseln. Dass ich mal die Bibel mitübersetzen darf, hätte ich nie geglaubt.

Diethard Nemmert, Kap. 1,1–25

Mitwitz (zwischen Kronach und Coburg), geb. 1954, Studienrat am Gymnasium Ernestinum Coburg für katholische Religionslehre und Deutsch, Radio- und Zeitungspredigten, Inspiration durch den Tiefgang vieler Texte fränkischer Volksmusik, Bibelübersetzung in den Coburger Dialekt mit einer 7. Klasse mit folgenden Zielen: den Dialekt als keine Sprache minderer Art, sondern als Ausdruck und Ort von Identität und Ursprünglichkeit erfahren lassen; den aramäischen Dialekt Jesu als Weg zu den Menschen aller Gesellschaftsschichten verstehen; auf kreative Weise die biblische Botschaft in die Gedankenwelt des heutigen Menschen »übersetzen« und damit indirekt ihre anhaltende Bedeutsamkeit nachweisen.

Christian Neubauer, Kap. 12,1–21

Windheim (nördlich Kronach), geb. 1976, Gymnasium in Bamberg, Zivildienst in München, ab 1999 Studium der Theologie und der Sozialpädagogik in Benediktbeuren, nach schwerem Autounfall im Jahr 2000 für lange Zeit in Rehaeinrichtungen. Südlich der Donau ist ihm die Mundart Verbundenheit mit der Heimat im Frankenwald.

Eva-Maria Neumann, Kap. 14,1–14

Gunzenhausen, Mundart: Nürnberg, geb. 1938, zur Zeit der Textübertragung noch berufstätig (STRin), jetzt im Ruhestand. Mit der fränkischen Großmutter habe ich in deren letzten Lebensjahren nur Fränkisch gesprochen. Außerdem hatte ich zeitlebens Kontakt mit dem Nürnberger Mundartdichter Wilhelm Malter. Da die Bibel ein großartiges Buch ist, erschien mir die Übertragung ins Fränkische einfach reizvoll.

Dieter Ölschlegel, Kap. 4,1–23

Bamberg-Gaustadt, geb. 1940 in Bamberg, seit 50 Jahren Mitschüler, Kollege und Freund von Hartmut Preß. 1968 Pfarrer in Pfofeld (St. Michael), der ältesten Pfarrkirche im fränkischen Seenland bei Gunzenhausen, 1971 im fürstlichen Wallerstein im Nördlinger Ries, seit 1976 in Gaustadt (St. Matthäus). Als Bamberger liebe ich unsere und alle anderen Mundarten.

Hans Pfähler, Kap. 24,36–53

Wendelstein (bei Nürnberg), geb. 1940, selbständiger Kaufmann. Obwohl geborener Schwabe gelang mit 13 Jahren noch die Dialektumstellung aufs Fränkische. Dialekt-Fan durch berufliche Außendiensttätigkeit in Franken und Bayern. Glaube ist mir wichtig – so auch der Lukas!

Bernd Ph. Pommer, Kap. 10,1–22 und 13,22–35

Nürnberg, geb. 1954, verheiratet, Kaufmann, selbständig, derzeit aus gesundheitlichen Gründen befristet in Rente. Kirchenvorsteher, Mitglied der Dekanatssynode in Nürnberg und der Prodekanatssynode Nürnberg-Nord, Vorsitzender des Kirchenbauvereins St. Bartholomäus Nürnberg-Wöhrd e.V., Mitglied in der Lebendigen Gemeinde Nürnberg. Mitglied in der CSU und im Evangelischen Arbeitskreis der CSU. Mitglied in diversen Vereinen und Organisationen.

Hanne Preißinger, Kap. 19,1–27

Memmelsdorf (bei Bamberg). Ich mag unsere Mundart, ich pflege sie als ein Erbe meiner lieben »Omma«, die mich trotz Kriegs- und Nachkriegszeit eine frohe Kindheit erleben ließ. Während sie unermüdlich aus Wollrestchen Bulloberla strickte, Bohna auskerntelte oder – mitten in Bamberg – glaana Ziebäla aufn Küchntisch fütterte, hat sie mir Gschichtla und Meäla erzählt und mich unsere Sprache lieben gelehrt.

Hartmut Preß, alle Kapitel

Bamberg, geb. 1940, aufgewachsen in Schwürbitz, Kreis Lichtenfels. Weitere Orte, wo ich gelebt habe: Bamberg, Erlangen, Berlin, Bayreuth, Landau/Isar, Burghaslach im Steigerwald, Hallstadt. 35 Jahre war ich im Pfarrdienst, seit Februar 2000 bin ich im Ruhestand. Verheiratet, zwei Kinder und zwei Enkelkinder. Veröffentlichungen in Mundart: »Obä Jesus hot gsocht – Das Markusevangelium auf fränkisch«, »Für Unbefugte Zutritt geboten«, »Der klaa Prinz«, »Grimms Märchen auf fränkisch«, »Äs Winnie-Bärla Puh«. Kindersprüchesammlungen: »Als Papa noch ein Affe war«, »Mama ist 1000 Flöhe wert«, »Oma steht unter Naturschutz«, »Gell Opa, wir küssen keine Weiber« – Eintrag ins Guinness Buch der Rekorde 2002 für »Größte Sammlung von Kindersprüchen«. 1995 Verleihung des Frankenwürfels. Schönste Aufforderung der letzten Zeit: »Der Opa soll tommen!«

Alfred Raab, Kap. 17,20–37

Nürnberg, geb. 1925 in Nürnberg, dort aufgewachsen, dort wohnhaft, verheiratet, Studiendirektor a. D., Autor von Übertragungen in Nürnberger Mundart: »Unsä Göte«, »Max und Moritz«, »Dä Struwlbeda« und in Sammelbänden »Hans Huckebein« (W. Busch), »Die Weihnachtsgeschichte in deutschen Dialekten«: »Seinazeit, dou is villeicht wos bassiert…«

Gunda Rechter, Kap. 9,28–43a und Kap. 12,22–59

Bad Windsheim, geb. 1935, Rentnerin, schreibt mit Vorliebe in Mundart. Sie war schon im Bayerischen Rundfunk zu hören und liest ihre Verse und Geschichten bei verschiedensten Anlässen vor, z. B. zur Weihnachtszeit im Fränkischen Freilandmuseum. Einiges wurde schon veröffentlicht, doch an ein eigenes Buch wagte sie sich noch nicht. »Lukas auf Fränkisch« sah sie neben der Freude an der Aufgabe als Herausforderung, sich intensiv mit dem Evangelium zu beschäftigen, was wohl ganz im Sinne des Erfinders war.

Hartmut Roßner, Kap. 15,1–32 und Kap. 19,28–48

Zeil am Main, Mundart: Goldkronach (bei Bayreuth), geb. 1951 in Goldkronach bei Bayreuth. Zur hochdeutschen Schriftsprache habe ich seit meiner Kindheit ein schwieriges Verhältnis, da in meinem Elternhaus der Dialekt gepflegt wurde. Obwohl ich die Schule gerne besuchte, war der Zwang, Hochdeutsch zu sprechen für mich immer ein Gräuel. Durch mehrere Wohnortwechsel habe ich die Vielfalt fränkischer Dialekte kennen und schätzen gelernt. Auch jetzt in Unterfranken habe ich meinen Goldkronacher Dialekt beibehalten. Als Prädikant (Prediger) bin ich aufgrund meiner Aufgabe in der evangelischen Kirchengemeinde Zeil an der Übersetzung biblischer Texte interessiert. Beruflich bin ich als selbständiger Kaufmann im Außendienst tätig.

Gert Rückel, Kap. 8,4–15

Bayreuth, Mundart: Nürnberg, geb. 1938 in Nürnberg, Regierungs-Direktor a. D., Verfasser heimatkundlicher und -geschichtlicher Texte, u. a. »Literarischer Spaziergang durch Bayreuth, Stadtführer Bayreuth«. »Von einem Paradies durch das andere – Auf den Spuren berühmter Wanderer im Landkreis Bayreuth« (Mitautor). Obwohl ich meinen »Närmbärcher Dialeggd« sehr liebe, habe ich in Mundart bisher nur für die Schublade geschrieben. Umso reizvoller war die Mitarbeit an einem biblischen Text auf Fränkisch.

Klaus Ruppert, Kap. 4,24–44 und Kap. 16,1–31

Nürnberg, geb. 1937 in Nürnberg, früher Bankkaufmann, jetzt im (Un-)Ruhestand. Schon immer Interesse für Literatur, ein Roman: »Endspiel auf Urgus« (Mischung aus Science-Fiktion und Sportroman mit fränkischem Einschlag), ein Gedichtband: »Middn assm Leem« (neben Gedichten Klassiker und Aphorismen in Nürnberger Mundart), zu bestellen beim Verfasser. Veröffentlichungen in Tageszeitungen und im Rundfunk.

Willi Sack, Kap. 22,24–46

Weißenstadt (westlich Wunsiedel), geb. 1927, früher Kaufmann, seit 1989 Natur- und Landschaftsführer, liebt seine Heimat, sein Fichtelgebirge; liebt die Menschen und schaut ihnen wie Martin Luther aufs Maul.

Gerhard Schleier, Kap. 18,1–17

Zeil am Main, Mundart: Nürnberg, geb. 1961 in Nürnberg, dort aufgewachsen, deshalb mittelfränkischer Dialekt, Pfarrer in Zeil am Main, Mitglied im Arbeitskreis »Mundart in der Kirche«, Mundartgottesdienste.

Christa Schlund, Kap. 1,26–38

Schwabach, geb. 1921, als Verwaltungsangestellte schriftstellerisch tätig: Lyrik und Prosa in Mundart und Hochsprache, Mitglied des Collegiums Nürnberger Mundartdichter, Autorin von »O Leit naa« (Nürnberger Schmunzelgedichte).

Gerhard Schmidt, Kap. 8,1–3 und 8,16–21

Lichtenfels, geb. 1935, OStD i. R., Interesse und Freude an Mundart seit frühen Jahren, da mütterlicherseits häufige Begegnung mit Maurern (Baufirma) und väterlicherseits mit Korbmachern und als Stadtrat seit 1972 (und 2. Bürgermeister) mit den Bürgerinnen und Bürgern der eingemeindeten Ortsteile.

Renate Schmidt, Kap. 18,1–17

Nürnberg, geb. 1943 in Hanau, aufgewachsen in Coburg, lebt heute in Nürnberg, sie hat drei erwachsene Kinder und drei Enkelkinder. Sie ist stellvertretende Vorsitzende der SPD Deutschlands, Mitglied der SPD-Landtagsfraktion in Bayern, bis zum Oktober 2000 war sie Vorsitzende der SPD-Landtagsfraktion und Landesvorsitzende der SPD. Von 1980 bis 1994 war sie Mitglied im Deutschen Bundestag; zuletzt als Bundestagsvizepräsidentin tätig. Der Alltag der Spitzenpolitikerin verlangt Organisationstalent, Kompetenz, Überzeugungskraft und ständigen Einsatz. Privat kann sie hervorragend abschalten und entspannen, mit einem guten Buch, beim Pilzesammeln im Wald oder wenn sie für Freunde kocht. Außerdem interessiert sie sich sehr für Kunst. Als sie das Angebot bekam, den »Lukas« ins Fränkische zu übersetzen, hat sie sofort zugesagt.

Albert Schramm, Kap. 6,1–11 und 6,17–21

Hallstadt (bei Bamberg), geb. 1951 in Bamberg, seit 50 Jahren in Hallstadt wohnhaft, Schriftsetzermeister/DTP-Fachmann.

Franziska Schumm, Kap. 9,43 b–62 und 11,1–26

Hirschaid (bei Bamberg), geb. 1925, verheiratet seit 53 Jahren, sechs Kinder, zwölf Enkel, Hauswirtschaftsmeisterin, Mundartautorin seit vielen Jahren, Mundart soll erhalten und gepflegt werden. Veröffentlichungen: »Mei Weihnachdsgschichd«, »So wors halt du so is«, »Ich maan halt«, »A blanka Muttä«, »No und«, »So a Zeuch«. Mitarbeit beim Bayerischen Rundfunk, viele öffentliche Lesungen, Zusammenarbeit mit dem Bamberger Vokalquartett. Bibeltexte in Mundart können oft eindringlicher und gefühlvoller sein.

Hans Schüßler, Kap. 20,1–26

Roßbach-Zeitlofs (bei Bad Brückenau), Mundart: »Thüngisch-Centisch«, geb. 1926, Heizungs- und Lüftungsbaumeister mit eigenem Betrieb, seit 1989 Rentner. Zeitlebens gerne Mundarttexte und Gedichte aller Art geschrieben wie Kirmessprüche und Büttenreden, dafür den »Till von Franken« bekommen. Broschüre von 70 Seiten herausgebracht mit dem Titel: »So wüedd bei ons geredd«, eine Art Lehrbuch über die Mundart der »Thüngenschen Cent« (Gebiet der heutigen Gemeinde Zeitlofs, Name von den früheren Eigentümern, den Grafen bzw. Freiherren von Thüngen). Für dieses Büchlein 1997 den Kultur-Ehrenbrief des Landkreises Bad Kissingen bekommen.

Thomas Spätling, Kap. 1,57–80

Bamberg, gegenübä vo Kla-Venedich däham geborn, im Dom getaaft, a echtä Bamberchä.

Walter Stadelmann, Kap. 5,1–19 und 9,1–27

Rummelsberg, Mundart: Enheim-Martinsheim (südlich Ochsenfurt), geb. 1962 und aufgewachsen in Enheim, Landkreis Kitzingen. Mitwirkung in Dorfjugend (Kerwapredigt in Mundart) und Vereinen bis 1983. Nach Diakonenausbildung im Krankenhaus Rummelsberg als Krankenpfleger tätig. Verheiratet, drei Söhne, durch Hobbys (Geschichte und Archäologie) noch mit Mainfranken verbunden, daneben ehrenamtlich in Brüderschaft und Kirchengemeinde tätig.

Michaela Steinhauser, Kap. 5,20–32

Wiesentheid (östlich Würzburg). 1981 kam ich nach dem Abitur auf die seltsame Idee, eine Ausbildung zur Porzellandekorentwerferin zu machen. Frei nach dem Motto »Was man nicht verstecken kann, muss man betonen!« bin ich im Gymnasium doch des öfteren wegen des »furchtbaren unterfränkischen Dialekts« angeeckt. Umso begeisterter war ich natürlich von der Idee »Lukas auf Frängisch«.

Erika Stenglin, Kap. 18,18–43

Nürnberg, geb. 1929 in Nürnberg, Hausfrau, Mundartautorin. Buchveröffentlichung: »Für a Fümpferla Allererhand«, 1993 und 1998. Mitglied im Verband fränkischer Schriftsteller, Collegium Nürnberger Mundartdichter, Arbeitskreis »Mundart in der Kirche«. Anliegen beim Schreiben: Die Mundart nicht auf billige Unterhaltung einzugrenzen, sondern ihre vielfältigen Ausdrucks- und Anwendungsmöglichkeiten aufzuzeigen.

Heidi Taubenreuther, Kap. 10,23–42

Bayreuth, geb. 1935, seit sechs Jahren im Ruhestand, seit zwanzig Jahren aktives Mitglied der Naturbühne Trebgast. »Die Heilige Nacht« von Ludwig Thoma ins Fränkische übertragen und 2000 veröffentlicht. Sehr interessiert am Erhalt des fränkischen Dialekts.

Karl Theiler, Kap. 5,1–11 und Kap. 22,47–71

Ebermannstadt (Fränkische Schweiz), geb. 1926, außer den Kriegsjahren immer in Ebermannstadt gelebt. Hatte drei Berufe: Seiler, dann nach einem Unfall Elektroniker, war 24 Jahre Bürgermeister.

Schreibt seit 1948 Gedichte, hat fünf Mundart-Gedichtbände herausgebracht und selbst illustriert. Für das Seniorenblatt des Landkreises Forchheim schreibt er regelmäßig Texte, zum Teil in Mundart. 1990 bekam er den Frankenwürfel. Zwölf Jahre lang war er 1. Hauptvorsitzender des »Fränkische Schweiz Vereins« und betreute 43 Ortsgruppen und 14 Arbeitskreise. Beschäftigt sich viel mit heimatkundlichen Studien.

Holger Tischer, Kap. 5,20–32

Rödental (bei Coburg), geb. 1943, selbständiger Versicherungskaufmann (IHK), Mitglied im erweiterten Kirchenvorstand, schreibt seit 30 Jahren Mundart-Prosa und -Gedichte im Heimatverein Rödental. Da finden Evangelium und Muddersprouch fix zamm.

Dr. Eberhard Wagner, Kap. 23,1–25

Bayreuth, geb. 1938 in Weimar, seit 1945 in Franken. 1964 Promotion mit einer Arbeit über Dialekte des südlichen Bayreuther Raumes. Redaktor des Ostfränkischen Wörterbuchs der Bayerischen Akademie der Wissenschaften in Bayreuth. Zahlreiche wissenschaftliche Veröffentlichungen, zuletzt: »Das fränkische Dialektbuch«, 1987. Mitbegründer der Studiobühne Bayreuth. Seit 1969 viele Theaterstücke und Hörspiele, ein Roman »Der Dollack«, 1982. Mundartlyrik: »des gwaaf wu ma sichd«, 1976, »durchs bunda lichd gedrehd«, 1979, »Mit der Zindschnur gmessn«, 1986, »Anawengsawengwos«, 1998. Viele hochdeutsche und mundartliche Beiträge zu Anthologien und zu Sendungen des Bayerischen Rundfunks. Preise: Kulturpreis der Bayerischen Volksstiftung (1978), Kulturpreis der IHK Oberfranken (1981), Mitglied der Neuen Gesellschaft für Literatur Erlangen. Lehraufträge an der Uni Erlangen-Nürnberg und Uni Bayreuth. In Vorbereitung: »Das Ostfränkische Handwörterbuch«.

Günther Weiß, Kap. 3,1–20

Nürnberg, geb. 1949 in St. Peter/Nürnberg, bin waschechter »Peterlesbou«. Seit 1965 bin ich in Banken beschäftigt. Als bekennender Christ bin ich zu dem Entschluss gekommen, am »Lukas auf Fränkisch« mitzuarbeiten.

Harald Wilhelm, Kap. 2,1–21 und 21,1–19

Wiesenbronn (östlich Würzburg), geb. 1949 in Wiesenbronn, Studium der internationalen Agrarwirtschaft, auch »tropische Landwirtschaft« genannt. Mehrjähriger Einsatz in Thailand und Togo (Westafrika) als Entwicklungshelfer. Seit der Rückkehr Arbeit mit psycho-sozial schwachen Erwachsenen und Jugendlichen. Ehrenamtlich tätig als Kirchenvorstand und Lektor. Laienschauspieler mit Vorliebe für Stücke in Mundart, die bei Bedarf ins Underfränggische übersetzt werden.

Theo Wunderlich, Kap. 15,11–32

Mundart: Tauberrettersheim, (südlich Würzburg), geb. 1963, aufgewachsen in Tauberrettersheim, der südlichsten Gemeinde Unterfrankens. Gymnasialzeit am bischöflichen Kilianeum in Würzburg. Hauptschullehrer, aus beruflichen Gründen an den Untermain verschlagen. »Mundart ist für mich Heimat.«

Ein charakteristischer Laut der dortigen Mundart ist das »offene O«, ein Laut »zwischen A und O«, der im schriftlichen nicht wiederzugeben ist.

Wolfgang Wußmann, Kap. 2,21–40

Bamberg, geb. 1948 in Bamberg und dort geblieben, arbeitet seit 1972 als Volksschullehrer in Grund- und Hauptschulen. Er ist verheiratet und hat zwei Söhne. Er war zwanzig Jahre Mitglied des Pfarrgemeinderats St. Otto, davon acht Jahre in der Jugendarbeit. Seit 1988 ist er Gästeführer für die Stadt Bamberg. Veröffentlichungen:

»Bamberg – kurz und bündig«, 1990, »555 x Bamberg + 111 Zusatzfragen«, Frage- und Antwortspiel, 1992, »Mit Poldi durch Bamberg«, 1994, »Bamberg-Lexikon«, 1996, »Bamberger Mundartwörterbuch«, 1998.

Theodor Zöller, Kap. 6,1–19

Mellrichstadt, Mundart: Sondheim im Grabfeld, geb. 1922 in Sondheim im Grabfeld, welches bis 1808 zu Römhild im Henneberger Land gehörte. 1938 habe ich die »Kermese-Predich« (Kirchweihpredigt) meines älteren Bruders mit Schreibmaschine abgeschrieben. Beim Feldzug in Afrika verlor ich 1942 mein rechtes Bein. Seit 1963 bin ich Mitarbeiter des »Ostfränkischen Wörterbuches«. Beruflich war ich Landwirtschaftsdirektor.

Manfred Zwiers, Kap. 1,26–38

Breitengüßbach (bei Bamberg), geb. 1959. Ein regionaler Dialekt ist ein historischer Wert, den es zu erhalten gilt. So hoffe ich, dass sich viele Menschen durch dieses Buch mit dem »Wort Gottes« befassen, denn für den Frieden auf der Welt genügt es nicht, im Notfall aus einer verstaubten Bibel unverständliche Verse vorzulesen.

Klasse 7 d /e (1998), im Ernestinum Coburg, Kap. 12,22–32

Bei einem »Klassenprojekt im katholischen Religionsunterricht« haben u. a. mitgearbeitet: Verena Gebert, Horst Heublein, Tobias Hofmann, Frank Paucke, Andreas Pfister, Nina Pfister, Martin Piekert, Isabel Schauder, Boris Scheppe, Julian Wabroschek. Leitung: Diethard Nemmert (s. o.)

1506